管理学系列教材

管理学信息系统原理与应用

（第二版）

郑文礼 周红刚 钟锃光 编著

厦门大学出版社 XIAMEN UNIVERSITY PRESS 国家一级出版社 全国百佳图书出版单位

前言

21世纪是信息经济时代，是知识和数据的时代，信息技术已被广泛地应用于商务管理和经济管理的各项工作中。为了获得竞争优势，企业在决策、管理中离不开信息系统的支持，而管理信息系统（MIS）是使用最广、最为重要的一种信息系统，其内容涉及系统的规划、开发、管理和信息技术工具的运用等，其目的是帮助人们完成与信息处理和信息管理相关的一切任务。

管理信息系统在企业经营管理和社会经济生活中的作用越来越重要，因而已经成为高等院校经济类和管理类专业的核心课程之一。本书主要面向非计算机专业人员，在结构设计上略去了系统具体开发及程序设计等软件开发技术方面的内容，将重点放在“系统的管理和应用”方面，旨在让更多的非技术性管理人员理解管理信息系统的组成原理，进而能综合运用多种工具（系统）实现企业的信息化管理。如何充分发挥管理信息系统在管理活动中的作用，是本书关注的核心问题，

本书分为三大部分，共九章。第一章至第三章介绍管理信息系统基础知识，包括信息系统相关概念与构成要素，管理信息系统战略规划及开发方法，信息技术基础知识等；第四章至第八章介绍了当前应用最广的几个管理信息应用系统，包括客户关系管理系统（CRM）、供应链管理系统（SCM）、企业资源计划系统（ERP）、决策支持系统（DSS）和企业电子商务应用系统等；第九章介绍了管理信息系统的安

全问题。本书每章均以开篇案例作为开端，使阅读者带着问题开始学习，以增加阅读者的感性认识。

在写作过程中，本书吸收和参考了国内外有关管理信息系统的著作、教材、论文等，在此谨对原作者致以深深的谢意。由于时间仓促和作者水平有限，书中的疏漏和谬误，还请读者不吝赐教。

目 录

第一章 信息系统概述

生产技术的进步，社会活动的复杂化，使管理工作越来越离不开信息，信息处理已成为当今世界上一项主要的社会活动。每个人在工作中有大量的时间耗于记录、查找、消化和处理信息。企业经理80%的时间用于信息的通信和处理。要想随时了解企业生产经营活动中的各种运行情况，并且能够适时地作出正确决策，必须有先进的信息管理系统为其提供科学的依据。而管理信息系统就是为了适应现代管理的需要，在管理科学、系统科学和计算机科学等学科的基础上，形成的一门新兴学科。

管理信息系统作为一门新兴的边缘学科，虽然它的理论、内容、方法等还都处在发展之中，许多方面还有待于进一步完善，但是，就管理信息系统本身来说，它已经形成了一套比较完整独立的科学体系，建立起了自己明确的研究对象和解决问题的方法及手段。目前，以电子计算机为主要工具的管理信息系统，已经是企业管理现代化的一个重要标志，在帮助企业进行现代化管理方面正发挥着越来越大的作用。

新时代背景下的信息管理

今天“大数据”(Big Data)已经成为整个社会一个重要的关键词，无论对于产业界还是科技界，政府还是民间都产生了重要影响。2012年3月美国奥巴马政府投资2亿美元启动了“大数据研究和发展计划”，从而拉开了各国关于大数据这一新型经济形式的争夺战。而就影响的深广度而言，我们甚至可以说信息数据已经成为科技与经济，社会与文化的重要影响因子。因此在今天当我们认真思考中国如何与世界接轨这一重大时代命题之际，“大数据”无疑可以作为其中的一个重要维度进入观察视野，这也是新世纪中国参与世界竞争所面对的一次机遇与挑战，因为对于大数据的研究世界各国几乎处于同一起跑线，在这一开放、平等的竞争平台上，无论是理念层面、技术层面还是应用层面，我们都有机会走到世界的前列。

(一)大数据的概念

关于“大数据”(Big Data)这一学术概念早在1980年代就已在美国出现，借以描述人类大量增长的数据信息，这一提法在当时主要指向数据在“量”方面的特征，在概念上相当于“数据大”，与今天意义上的“大数据”存在一定差异，因此并未引起广泛关注。2008年9月《自然》杂志刊发“Big Data：Science in the Petabyte Era”一文，将大数据作为一种全新的理念正式推出，是其超越于数据在“量”上的单方面描述，指向了在海量数据基础上所衍生出来的对待数据的全新态度、理念与处理方法。随着人们对于大数据研究与开发的日益加深，大数据所特有的资源的无限性、再生性、共享性特征越来越引起人们的关注，甚至有人将大数据看做一种新的自然资源。达沃斯在《大数据，大影响》的报告中也将大数据定义为与货币、黄金一样的经济资产类别。由此可见人们对于作为一种新经济实体的大数据在资产转化上的信心与认可。

1.大数据概念的界定

目前在学界，大数据并未形成权威性的本质主义定义，互动百科与维基百科都是从数据的量与常规软件无法进行技术处理等方面进行界定的，对于大数据的认识略显滞后，基本停留于大数据的初级阶段。而互联网数据中心将大数据定义为：为更经济地从高频率的、大容量的、不同结构和类型的数据中获取价值而设计的新一代架构和技术。这种定义看到了大数据的价值获取与技术革新，更为接近大数据的现实指向。从研究情况与应用效果来看，大数据向我们提供的最重要的资源是一种全新的理念，即在新技术的支持下以一种全新的视角观察数据，以一种全新的方法处理数据，并将所得结果应用于政治、经济、社会生活等领域，以此获取经济利益与社会价值。可以说概念的界定并非大数据关心的话题，从它对于问题的思考维度可见一斑。

大数据不关心事物“为什么”这类带有本质主义色彩的因果关系，而是着重于“是什么”这类实用性的相关关系，因为在经济社会探讨本质没有意义，只有预测结果才能获取最大利益。这种反本质主义的思考逻辑本身就在排斥本质主义的意义界定。

2.大数据的基本特征

大数据在特点上的研究同样处于未完战状态，目前较为流行的定位来自布赖恩·霍普金斯与鲍里斯·埃韦尔松，他们在《首席信息官，请用大数据扩展数字视野》报告中将大数据特征概括为：海量性(Volume)、多样性(Variety)、高速性(Velocity)与易变性(Variability)。海量性用以形容全球数据量之大,据不完全统计,2011年全球数据总量就已经达到18ZB,而据IDC在《数字宇宙膨胀:到2010年全球信息增长预测》中的最近预测,全球数据量在2020年将再扩大50多倍,令人叹为观止。多样性主要用来形容新型多结构数据的大量涌现,比如网络日志、社会媒体、互联网搜索、手机通话记录及传感器网络等。高速性描述的则是数据分析和处理的速度。易变性主要概况了大数据所呈现出来的多变的形式和类型,大数据具有多层结构,因此会表现出不规则和模糊不清的特性,这将造成对其分析所产生的不确定性结果。

(二)大数据在信息处理技术与分析方法上的革新

1.云计算在信息存储功能上的飞跃

大数据所指向的是PB以上级别的数据。因此对于计算机CPU及存储技术提出了更高的要求,而云计算的出现无疑解决了这一关键性技术要求。今天云计算正日益受到学术界与工业界的关注,它所提供的强大的存储和计算能力使其立刻成为大数据的有效储存工具与应用途径。可以说云计算的出现与成熟在技术上造就了大数据的繁盛。而云计算中的“云”可以再细分为“存储云”和“计算云”,云存储是在云计算概念基础上延伸和发展出来的,是一个以数据存储和管理为核心的云计算系统,是大数据储存的主要载体。

2.大数据在信息处理技术上的创新

人们对于数据价值挖掘,尤为关注计算效率与结果,因此在提高大数据处理效率与速度方面先后开发出多种方法,比如在VC中利用0040包含的oracle C++ class library提供的一些基本类库对大数据的高效处理法;在ASP.NET中大数据量分页技术的研究;在SOAP协议下对大数据量传输性能的改进;为了提高软件执行的高效率与大数据消息数据处理速度而开发的WMB算法;为适应大数据的新情况对支持向量机(SVM)参数寻优方法的改良,等等。

3.大数据在信息分析方法上的变革

大数据在数据分析处理方面的快速进步,其主要推动力源于数据应用的实践,面对大数据所提出的新情况、新问题,人们不断去探索更为行之有效的数据分析技术,其中2004年google公司最先提出了MapReduce技术。作为面向大数据分析和处理的并行计算模型,这一模式迅速引起了人们的广泛关注,并在不断的应用与改良过程中成为非关系数据管理和分析技术的重要代表。同时非关系数据管理技术的出现并没有将传统的关系数据管理技术完全取代,相反二者在竞争中互为补充共同发展,成为今天大数据分析的重要方法。

大数据在具体分析方法的应用上主要采用两种:全数据分析法与相关关系分析法。

(三)大数据在信息管理层面的应用

1.大数据在宏观信息管理层面的应用

今天大数据已经成为一种数字经济与知识经济的新型产业。关于大数据的科学价值与社会价值,正如牛津大学的维克托·迈尔·舍恩伯格教授所言,主要表现为两大方面:一方面,对大数据的掌握程度可以转化为经济价值的来源;另一方面,大数据已经撼动了世界的方方面面,从商业科技到医疗、政府、教育、经济、人文及社会的其他各个领域。大数据的潜在经济价值很快在现实中表现出来,伦敦智库政策交易所宣布大数据每年能为英国政府节省330亿英镑,麦肯锡公司研究显示大数据的运用每年能为欧洲政府减少1 000亿欧元的开支,并有效避免偷税漏税行为。因此无论出于利益还是效率方面的考虑,各国政府对于数据在宏观信息层面的管理都已提到议事日程上来。美国奥巴马政府2亿美元的"大数据研究和发展计划",中国工信部在物联网"十二五"规划中提出了与大数据密切相关的四项关键技术创新工程信息感知技术、信息传输技术、信息安全技术、信息处理技术。由此可见,各国政府充分意识到了大数据的潜在价值,试图从宏观上对信息结构进行合理的开发与应用。而在政府宏观信息管理范畴内较为重要的一个问题是"数据开放",只有在保证数据透明开放的前提下,大数据的潜在价值才有被开发的可能。

以大数据在政务管理方面的应用为例。今天政府工作在电子政务方面的发展已经相对普及,但始终停留于低层次的初级水平,这不仅涉及政府工作效率,更是政府职能的一次叩问。而电子政务根本性转变的发生与O'Reilly Media公司联合创始人兼CEO、被称为Web2.0之夫的蒂姆·奥莱利有关,蒂姆·奥莱利在Web2.0概念基础上提出了政府2.0。所谓政府2.0是指政府利用互联网上的多元信息平台,打造形成一个国民互动、共同创新的整合开发平台。以此保证与民众直接互动和沟通,从条件分割、封闭的架构迈向一个开放、协同、合作、互动的架构,使政府真正成为服务型政府。其基本特征是公开透明、互动沟通、开放创新、平台服务。大数据对于政府2.0以及政府工作的推动无疑是革命性的,它最终推动了政府信息资源的公开化和有效利用,打破了政府与社会民众间的无形藩篱。

2.大数据在中观信息管理层面的应用

大数据在信息管理中观层面的影响主要通过对于信息系统的管理完成的,主要应用于某一部门或某一区域的信息管理。比如大数据在公共事务管理方面的应用,在电子商务、医疗卫生、新闻通信、教育管理、公共交通等部门领域内的事务管理,极大提高了公共事务的处理效率,并为公共事务的管理建立起新方法与新秩序。

在中观层面信息管理的应用过程中,大数据能够在具体领域起到关键作用。比如大数据对于图书馆在信息数据获取与服务等方面提供的机遇与挑战;大数据在当前企业竞争情报系统管理方面的强大优势;大数据在城市交通管理体系建构中的积极作用;大数据在医疗方面能够有效预测流感的发生,并及时采取合理的治疗手段,保证社会医疗卫生安全;甚至对于电力通信、地理测绘等,大数据也能产生效能。大数据的积极影响已经深入社会生活的各个层面,并且已经开始干预生活,影响人们的生活模式。

3.大数据在微观信息管理层面的应用

大数据在信息管理微观层面的应用,主要表现为对于信息以及信息资源的处理等方面,具体针对某类客户、某一问题的信息收集、整理、分析工作。例如汽车导航、航海路线、设备维修、人员管理等微观事务的信息管理,能够切实解决现实生活中的具体问题。

大数据的这种微观信息管理在商业、经济领域的应用效果表现得最为突出,甚至很多企业正是以大数据的开发而闻名。正如著名的O'Reilly公司说的那样:"数据是下一个'Intel inside',未来属于将数据转换成产品的公司和人们。"其中世界最早的大数据公司之一Farecast公司,他们创建了一个相对稳定的预测系统,在对某一行业的数据进行合理分析的基础上,用以预测某类产业价格的升降趋势。比如在机票价格、宾馆预订、二手车购买等方面,通过Farecast公司的预测系统可以发现价格的走势与增幅,且具有较高的命中率,从而帮助很多消费者节省大量开支。其后微软公司、国际商业机器公司、甲骨文公司、谷歌公司、亚马逊公司、Facebook等等各大跨国巨头也都先后进入大数据领域,一方面推动着大数据处理技术快速发展,另一方面从大数据中获取巨额利润。比如以图书销售为主要业务的亚马逊公司,采用机器生成的个性化图书推荐系统,极大地降低了投入成本,增长了销售量,并最终彻底改变了电子商务,使电子商务在今天得以全面普及。同时亚马逊公司与各大出版公司协商将图书数据化的工程也取得了巨大成功,将大数据的应用推向了新的方向,走向新的高峰。今天大数据在经济领域的应用可谓深入而广泛,已经成为不可逆转的一种趋势。

资料来源:宋学清,刘雨.大数据:信息技术与信息管理的一次改革[J].情报科学.2014(9).

(四)小结

云计算、大数据是社会发展的必然,内外环境的变化对信息系统的相关行业与从业人员带来了新挑战,这些技术与方法的应用已经彰显出其巨大的威力,但目前仍处于初级阶段,在信息技术与信息管理方面尚有较大提升空间,应用范围也有待进一步扩展。如何在信息管理领域应用好这些新理念、新技术,管理信息系统需要从多个维度顺应这种变化的环境。

第一节　信息与信息管理

组织是为实现一定的目标而存在的，实现组织的目标离不开科学有效的管理。一般来说，管理有四大要素（也称为管理的四大基本职能），即计划、组织、领导和控制。企业是组织的一种形式，企业的生产除了需要人、财、物的投入之外，还需要掌握市场供求、政策环境、金融环境等多方面的信息，对于现代企业来说，我们可以把人才比作企业生存与发展的支柱，而信息则是为企业输送养分的血液。

一、信息的含义

信息与其他商品一样，具有价值和使用价值。信息的收集、加工和传递等工作需要付出劳动，要消耗一定的人、财、物资源，因而信息是具有劳动价值的。有效信息在传递给接收者并被接收、理解和应用后，能够产生相应的社会效益或经济效益，因而信息又具有使用价值。所以说，信息本质上也是商品，是一种特殊的商品。

信息（Information），广义上讲是物质和能量在时间、空间上定性或定量的模型或其符号的集合。而在经济生活中，信息通常指的是与企业的生产、经营、销售相关的商业消息、情报、数据、密码、知识等，可称为经济信息（商务信息）。

信息是反映客观世界中各种事物的特征和变化，并可借助某种载体加以传递的有用知识。

二、数据与信息

1.数据（Data）

数据，又称资料，是人们用来反映客观世界而记录下来的可识别的、抽象的物理符号或物理符号的组合。如字母、数字、文字等。根据数据的这个定义，数据实质上包括两个方面的含义：

一方面是它的客观性。数据是对客观事实的描述，它反映了某一客观事实的属性。这种属性通过属性名和属性值来表达。例如，“产量10台”是反映企业生产成果的一个数据，其中“产量”是这个数据的属性名，而“10”则是这个数据的属性值。属性名和属性值必须同时存在，数据才能完整地反映客观事实。如果离开了属性名，数据就失去了所反映的对象，属性值也就失去了意义。同样，如果数据没有属性值，就不能反映客观事实的具体特性，因而也就失去了作为数据的价值及意义。

另一方面是它的符号特性。数据是对客观事实的记录，这种记录必然要利用一些特定的符号，这是数据的具体表现形式。常用的符号是数字、文字、字母和一些专用的符号。另外，图形、图表、图像等也是数据的表现形式。

为了便于更好地解释，往往需要对数据进行处理，经过解释，数据便具有了确切的意义，成为信息。数据经过处理后，其表现形式仍然是数据。因此，信息是经过加工以后、并对客观世界产生影响的数据。

对同一数据，每个信息接收者的解释可能不同，其对决策的影响也可能不同。决策者利用经过处理的数据作出决策，可能取得成功，也可能得到相反的结果，关键在于对数据的解释是否正确。这是因为不同的解释往往来自不同的背景和目的。

2.信息与数据的关系

信息与数据既有联系，又有区别。人们将数据和信息的关系，形象地解释为原料和成品之间的关系，将数据看作是原料，而信息则是制成品。因此，同样的一组数据，对另外的人来说，可能就是信息。这如同某个部门的原料，就是另外一个部门的成品一样。同理，一组数据对某个人来说是信息，对另外的人来说可能就是数据。

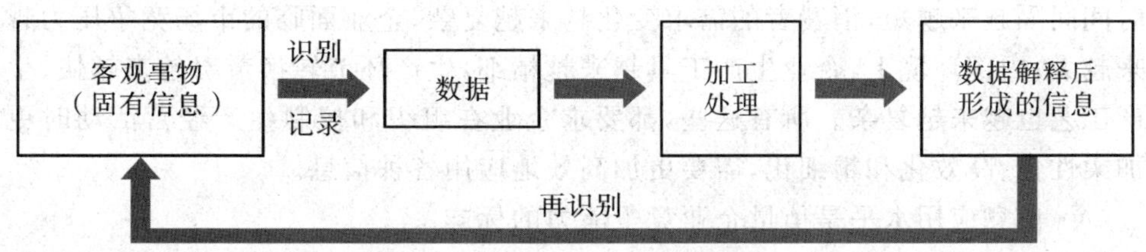

图 1-3 数据与信息关系示意图

数据和信息这两个词在实际应用中是经常容易混淆的。应当清楚它们之间的区别：数据是纯客观物理符号的，它只是反映某一客观事实，而不能说明这一事实与我们的行动是否有关；信息是人们对数据进行加工处理之后所得到的并对决策产生影响的数据，是逻辑性（观念性）的，它取决于人们的客观要求，要对人们的决策或行动产生一定的影响。数据是信息的表现形式，信息是数据某种意义的解释或表示。

三、管理信息

1.管理信息的概念

管理信息又称企业信息，它是以从企业生产经营活动中收到的原始数据为依据，经过加工处理、分析解释、明确意义后，对其后的企业管理决策产生影响的信息资料。它可以通过实物指标、劳动指标和价值指标与文字图表等形式反映企业所进行的生产经营活动以及与之相关的外部环境状况，是现代企业管理工作的依据。

2.管理信息及信息处理技术在现代企业中的重要作用

• 信息是企业的宝贵资源

现代企业存在的客观作用是为社会创造物质财富，它通过对各种生产要素的有机组织，把各种输入加工为具有特定功能的产出(产品)。企业创造物质财富的生产要素包括劳动对象、劳动工具、劳动力和信息。

• 信息是生产经营决策的依据

所谓决策就是从若干备选方案中择优选用的过程。评价各备选方案孰优孰劣，需要相应的评价指标和评价依据，而各类信息则是形成评价指标和依据的基础。

• 信息是组织和控制生产经营活动的依据

现代企业是一个内外环境交叉的复合系统。外部环境上，产品更新换代的时间间隔越来越短，消费者的需求变化越来越复杂，企业面临的市场竞争压力越来越大；内部环境上，企业生产工具越来越精细，生产环节转换节奏越来越快，生产工艺也越来越复杂。所有这些，都要求企业在组织和控制生产经营活动时更加柔性化、高效化和精细化，需要更加高效地应用各种信息。

• 信息应用水平是衡量企业竞争能力的标志

现代市场条件下，由于环境的变化，信息管理的重要性更为突出。越来越多的企业面临的不再是单一的、本地化的市场，开始更多地参与国际市场的竞争，市场范围不断扩大。消费者的消费行为也发生了显著的变化，网上购物、定制消费等已开始成为重要的消费方式。单纯的价格竞争方式已开始被市场所淘汰，非价格竞争成为重要的竞争手段。所有这些都要求企业更及时、更准确地掌握并使用信息，信息应用能力和水平已经成为衡量企业竞争能力的重要标志。

3.管理信息的特点

• 离散性

任何一个现代企业(或组织)都是由多个部门所构成的，企业的生产过程也包含众多不同的生产环节,和企业相关的每个部门(不仅仅限于企业内部)、每个生产环节都是企业管理信息的信息源。正是由于信息源的分散性,导致企业的管理信息必然具有离散性的特点。

• 时效性

企业的生产经营活动和外部的环境都是在不断变化的,管理信息也会随着时间的推移发生老化,因此,管理信息是有寿命有时效的。任何时间的延续,都可能使管理信息失去原有的价值。

• 动态连续性

信息的收集、加工、存储、传递、反馈是一个连续往复的动态过程。企业的生产经营活动,在任何一个时段都不能缺少信息的沟通与指导,一旦信息发生中断,必将导致生产经营活动的中止或错误。

• 共享性

信息是一种特殊的生产要素,不同于其他物质性生产资料,不会因为被使用而产生耗损。信息的非消耗性决定了信息可以被多次利用,但其价值会因为被使用次数的增加而发生变化(可以变大,也可能变小)。

• 可压缩性

信息的存储与传递都需要借助数据载体,由于数据的特性,导致信息可以按特定的需要进行压缩、归纳和整理,但其应用价值不会因为压缩而发生变化。

• 不完全性

不完全性是信息的另一个重要特性,因为受成本、能力和时间等诸多因素的限制,任何一个企业都不可能完全掌握所有的信息。企业对信息的收集、处理和使用等需要掌握“充分但不完全”的原则。

• 增殖性

信息在不同的时间段内可能被重复使用,时效期内可获得当前效益,时效期后可作为经验数据。不论哪种使用方式,都会帮助企业进行管理和决策,为企业创造物质财富。

4.管理信息的内容及其分类

(1)按信息的稳定程度分

• 固定信息。指在一定时期内相对稳定、且可重复利用的信息,如法规、流程等,此类信息具有较长的有效期。

• 流动信息。指在生产经营中不断产生和变化的信息,具有较强的时效性。

(2)按信息的作用分

• 决策信息。指企业在制定发展战略、经营决策时所依据的信息,主要包括企业自身的经营要素、供销产现状与变化趋势,以及企业外部的政治经济环境、自然资源状况、人文环境、市场供求状况、竞争对手情况、政策法规等信息。

• 控制信息。指组织与控制生产经营过程所依据的信息，主要包括各种计划指令、定额、标准、规章制度、动态统计数据、报表以及新的调整指令等。此类信息绝大多数来自企业内部职能部门和生产部门。

• 作业信息。指反映企业生产经营活动过程动态状况的信息，主要包括原始记录、台账、凭证、基层报表等，主要用于考核评价作业岗位、基层部门的工作成果，并为控制信息和决策信息提供基础性依据。

(3)按信息的来源分

• 内部信息。主要包括计划指令信息、质量信息、核算信息、业务管理信息等。

• 外部信息。主要包括政治信息、经济信息、法律信息、人文信息、地理信息、供求关系信息、竞争对手信息、本企业的市场地位信息、行业科技发展趋势信息、资源供应信息、客户信息等。

四、企业的信息管理

1.信息管理的概念

信息管理是指为了满足企业管理需要而进行的信息产生、识别、遴选、收集、加工、传递、储存、检索、输出等项工作的总称。包括从信息产生到丧失应用价值为止的整个信息寿命周期内的全部工作。

信息管理有四项基本原则，即迅速、广泛、准确、经济。迅速性原则是指对信息的收集、识别、处理等各项工作均要求迅速及时，确保信息的时效性，最大可能地发挥信息的应用价值；广泛性原则是指对管理信息的收集要尽可能地全面细致，尽量避免缺失和遗漏；准确性原则是指对信息的各项处理工作都要保证其内容与客观事实相符，避免产生信息失真的情况；经济性原则是指对信息的各项处理工作要考虑处理成本，在保证信息“够用”的情况下尽量降低信息的使用成本。

2.信息管理的基本理论

(1)层次理论

层次理论认为各类信息应按其不同作用和管理要求在不同管理层间合理分流，避免信息的无效传递。根据不同层级管理者对信息的不同需求，把管理信息分为战略计划层、管理控制层、运行控制层和业务处理层等几个不同层次。

战略计划层需要的信息是那些与组织战略目标能否实现直接相关的各类信息，如厂址选择、新产品研发、市场开拓等。来自组织外部的各类信息是该层次的管理信息的重要组成部分，在数量上一般会多于来自企业内部的管理信息。为保证组织战略决策的准确与及时，对该层次的管理信息一般要求少而精。

管理控制层需要的信息是与企业的管理控制直接相关的各类信息，如生产计划完成情况、库存控制情况等。其目的是使管理人员能掌握资源利用情况，并将实际结果与计划相比较，从而了解是否达到预定目的，并指导其采取必要措施更有效地利用资源。对该层次管理信息的基本要求是全面、准确和及时。

运行控制层所需的信息是与企业的日常生产组织活动相关的各类信息，主要用于组织和协调企业生产线的生产和运作，如每日各产品生产计划的完成情况、设备的运行情况、产品质量情况等。

业务处理层所需的信息更多的是一些规程性的信息，如工资发放情况、考勤情况等。

对后两个层次管理信息的基本要求是详尽、及时、准确和连续。

(2)反馈控制理论

信息反馈控制理论认为管理过程是一个从信息输入到输出，经过反馈和修正，再形成新信息输入的不断循环的过程，每次循环的延续时间就是管理周期；延续时间的长短则反映了管理工作效率的高低。要缩短管理周期、提高管理效率，不仅要保证信息正向传递渠道的畅通，还要确保信息反馈控制的实现。

(3)流速时效理论

信息的流速时效理论认为，信息管理的目的并不是要完全消除事实上不可能消除的信息流与物流之间的时滞，而是要尽一切可能加快信息流速，使这种客观存在的时间差尽可能缩短。具体来说，就是要从管理体制、组织机构、人员素质、信息管理手段、工具、方法等多方面作出最大地努力，以缩短信息收集、加工、传递、储存、检索、输出等环节的时间，促使信息更快、更准、更高效地流动。

五、信息管理的基本内容和要求

1.信息管理的主要内容

信息管理工作主要包括原始数据收集(包括识别、遴选)、信息加工、传递、存储、检索、输出等六大基本内容。

• 收集

信息收集所遇到的第一个问题是确定信息需求的问题，即信息的识别。确定信息需求要从系统目标出发，在客观调查的基础上，再辅之以必要的主观判断和推理。信息识别的方法有三种：一是由决策者进行识别，决策者是信息的用户，他最清楚系统的目标，也最清楚信息的需要；二是由系统分析员亲自识别，信息分析员不直接询问信息的需要，而是了解工作，与管理人员交谈，从客观的角度分析信息的需要，并把信息的需要和其用途联系起来，弄清企业的信息需求；

三是上述两种方法结合，先由系统分析员观察得到基本信息需求，再向决策人员调查，补充信息。

信息识别以后，下一步就是信息的采集。由于目标不同，信息采集的方法也不相同，大体上说有自下而上地广泛收集、有目的地专项收集和随机积累三种方法。

信息的收集工作需要遵循目的性、准确性、适用性、系统性、及时性、经济性等几项原则。目的性是指收集的信息要有针对性；准确性是指收集的信息要可靠真实；适用性是指收集的信息须适当可用；系统性是指信息收集整理时要规范科学；及时性是指信息收集工作要及时，以保证信息的时效；经济性是指注意控制信息搜集的成本。

• 信息加工

信息加工就是将各类杂乱、独立的信息结合实际处理为有用信息。一般要经过鉴别、校验、分类整理、加工分析四步。具体的加工方法包括变换、排序、计算、合并、抽出、分配、生成等。

• 信息传递

信息传递又称信息传输。信息传输理论最早是在通信中研究的。它一般遵守香农(Shannon)模型。

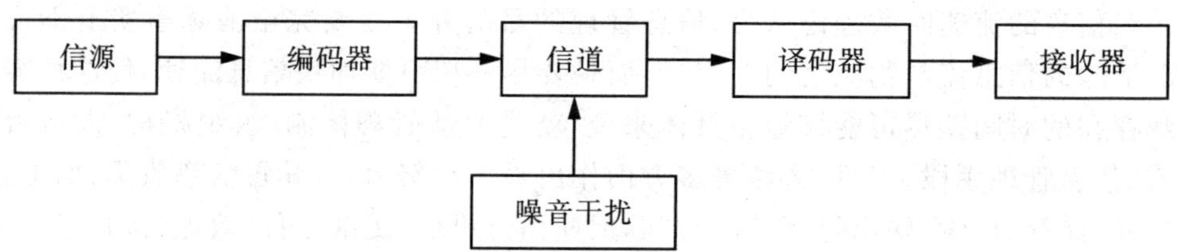

图 1-4 信息传输的一般模式

由图 1-4 我们可以看出，信源发出的信息要经过编码器变成信道容易传输的形式，如在电报传输中首先要把报文转成数字码，为了防止出错往往又加上纠错或检错码。变成电码以后，还要加以调制以便于信息传输。现代的信道形式多种多样，有明线、电缆、无线、光缆、微波和卫星等。无论信道怎么好，都可能带来杂音或干扰，它或由自然界雷电形成，或由同一信道中其他信息引起。在接收端首先要经过译码器译码，译码器的作用是解调、解码，把调频载波信号恢复成电码脉冲，用检错或纠错码查纠错以后舍去这些码，由代码译成文字等。经过译码器译好后的符号，接收者就可以识别了。信息的接收者可能是人也可能是计算机，他们把信息存储起来就转入下一个阶段。

• 信息存储

信息存储是指将信息保存起来以备将来应用。信息存储和数据存储使用的设备是相同的，但信息存储强调储存的思路，即为什么要储存这些数据，以什么方式储存这些数据，存在什么介质，将来有什么用处，对决策可能产生的效果是什么等。

信息存储的概念比数据存储的概念广得多。其主要问题是确定要存哪些信息，存多长时间，用什么方式存储，如何支持目标，经济上怎么合算等。

要存什么信息，主要由系统目标确定。在系统目标确定以后，根据支持系统目标的数学方法和各种报表的要求确定信息存储的要求，如为了预测国家长远的经济发展，我们要存几十年内每年的经济信息；而要了解仓库物品的数量，则要存每种产品现在数量的数据。

信息保存时间的长短，也要根据系统的要求确定。信息的存储方式也是由系统目标确定的。

信息存储的形式有分类台账、档案、录像、数据库等。存储方式有顺序存储和随机存储两类。

• 信息检索

信息检索有广义和狭义之分。广义的信息检索全称为“信息存储与检索”，是指将信息按一定的方式组织和存储起来，并根据用户的需要找出有关信息的过程。狭义的信息检索为信息存储与检索的后半部分，通常称为“信息查找”或“信息搜索”，是指从信息集合中找出用户所需要的有关信息的过程。狭义的信息检索包括三个方面的含义：了解用户的信息需求、信息检索的技术或方法、满足信息用户的需求。

信息检索的前提是要具备信息意识，即人们利用信息系统获取所需信息的内在动因，具体表现为对信息的敏感性、选择能力和消化吸收能力等方面。信息检索的基础是要有相应的信息源，信息源有各种不同的表现形式，如按文献载体可分为印刷型、机读型、声像型等，按文献内容和加工程度可分为一次信息、二次信息、三次信息等。信息检索的核心是要提高信息获取能力，能对检索效果进行判断和评价。

信息检索方法包括：普通法、追溯法和分段法等。普通法是利用书目、文摘、索引等检索工具进行文献资料查找的方法。运用这种方法的关键在于熟悉各种检索工具的性质、特点和查找过程，从不同角度查找。普通法又可分为顺检法和倒检法。顺检法是从过去到现在按时间顺序检索，费用多、效率低；倒检法是逆时间顺序从近期向远期检索，它强调近期资料，重视当前的信息，主动性强，效果较好。追溯法是利用已有文献所附的参考文献不断追踪查找的方法，在没有检索工具或检索工具不全时，此法可获得针对性很强的资料，查准率较高，查全率较差。分段法是追溯法和普通法的综合，它将两种方法分期、分段交替使用，直至查到所需资料为止。

对信息检索的基本要求是准确、迅速。

• 信息输出

信息管理的目标是按管理职能的要求，定时定向、保质保量地输出信息。信息输出是信息管理的归宿。衡量信息的有效性的关键是信息输出的时效、精度、数量等能否充分满足管理的要求。除此之外还要选择有效的媒体、格式和方式、输出的内容等。

2.实现有效信息管理的途径

(1)信息管理标准化

• 原始数据收集制度化

即对原始数据的收集形成制度和习惯，这样有利于确保低成本、及时、有效地获取信息。

• 信息载体规范化

即对各类信息的数据载体在种类、格式等方面要形成规范，这样有助于防止信息失真，提高信息加工处理及应用的效率，也方便信息二次加工利用。

• 信息加工程序化

信息加工处理所使用的技术手段、方法工具，信息加工过程中各环节的顺序关系，不同信息的存储方式及表现形式等都应当流程化、固定化，从而使信息的加工处理过程更迅速，加工结果更准确。

• 信息传递工艺化

信息传输需要借助各种传输媒介和工具，要充分考虑信息的具体形式和传输渠道的特点，提高信息传输的工艺技术水平，既要保证信息及时准确地传输，又可提高传输渠道的使用功效。

• 信息分类代码化

对信息载体——数据要按照国际化或国家标准进行编码，这既是信息高效存储、加工与检索的基础条件，也是信息共享和二次利用的必然要求。

(2)信息管理高效化

高效的信息管理首先要求信息管理的及时性，这包含两层含义：一是信息的采集要及时，二是信息的加工处理和利用要及时。其次是准确性要求，即信息管理的各项工作都要保证其内容与客观事实相符，避免产生信息失真的情况。再次是适用性要求，即信息管理的各项工作都要具有针对性和计划性，要做到有的放矢。最后是经济性要求，即信息管理的各项工作都要考虑成本与质量的平衡关系，在保证信息“够用”的情况下尽量降低信息的管理和使用成本，努力做到成本低，质量高。

(3)信息管理现代化

信息管理的现代化主要体现在四个方面:一是要有合理完善的队伍建设;二是要有合理高效的信息管理机构、信息传递网络及健全的信息管理机制;三是要充分运用先进的信息处理工具和方法;四是要建立计算机管理信息系统,形成现代化的数据处理中心及传输网络。

六、网络信息管理

我们把通过计算机网络传递的信息(包括文字、数据、图表、影音等能够被人或计算机识别的符号内容)称之为网络信息,它是电子商务活动中信息的主要组成部分。信息在网络空间内的流动(传递)则可称为网络信息通信,在网络上停留时则可称为网络信息存储。

1.网络信息管理的特点

• 全球化的运作空间

Internet 进入寻常百姓家中已超过 15 年,如今网络几乎已经成为家庭及办公都必须具备的基础条件。通过网络,人们已经打破了国家、地域等物理界限,可以方便地获得全球范围内的各种信息,也可以很方便地将信息传递到世界任何一个角落。

• 实时性更强

由于各种 IT 技术与工具的使用,信息管理活动各环节的处理时间明显缩短,信息流动与交换速度显著提升,大大减少了传统价值流的延迟环节,充分实现了企业内外的实时互动。

• 管理内容更多更广

由于网络环境的使用和普及,企业信息管理的内容向更广的范围延伸,除了传统信息管理的内容外,与互联网络相关的内容也成了信息管理的重要对象。

• 信息安全问题更为突出

互联网络的使用,客观上为企业的信息获取与沟通提供了方便,但同时也带来了来自网络的各种安全威胁。网络时代,安全管理已经成为企业信息管理工作不可忽视的重要环节。

2.网络信息管理的内容

互联网络如今已被现代企业广泛使用,具体的应用方式很多,而且还在不断地创新与发展,其中有很多内容都是网络信息管理所特有的,如在线销售、在线产品设计、网络营销、电子客户关系管理、虚拟企业运作等。

3.网络信息管理的安全问题

互联网络的使用,使网络中的任何一台计算机都暴露在他人面前,黑客的入侵、商业间谍的破坏等都会使企业的利益蒙受损失。因此,网络信息管理面临的首要问题就是信息安全问题,信息管理需要采用多种方式有效地防范非法入侵和欺诈。

• 网络攻击的主要方式

网络攻击方式有很多,而且仍在不断发展和更新,常见的攻击方式包括物理信号监听、流量与数据格式分析、Sniffing 攻击、IP 欺骗、字典攻击、程序欺骗与捕获、消息轰炸等。

• 主要防范措施

伴随着网络攻击方式的不断发展,网络信息安全防范措施也在不断发展和完善,一般说来,企业常用的网络安全防范措施包括使用防火墙技术、内部安全保护、审核跟踪等几类。

第二节 信息系统

一、信息系统的概念

1.系统

(1)系统的概念

系统是一系列相互作用以完成某个目标的元素或组成部分的集合,它通过接受输入、经过有目的的处理过程生产出产出,以实现特定功能。

按照一般系统论的观点,系统具有以下的特点:

• 系统是由部件组成的,部件处于运动状态;

• 部件之间存在联系;

• 系统行为的输出也就是对目标的贡献,系统的各组成部分和的贡献大于各组成部分贡献之和,即 1+1>2;

• 系统的状态是可以转换的,在某些情况下系统有输入有输出,系统状态的转换是可以控制的。

(2)系统的分类

从不同的角度出发,系统分类有不同的方法。

• 按系统的抽象程度,可把系统分为三类,即概念系统、逻辑系统和实在系统。概念系统是最抽象的系统。它是人们根据系统的目标和以往的知识初步构思出的系统雏形。它在各方面均不很完善,有许多地方很含糊,也有可能不能实现,但是它表述了系统的主要特征,描绘了系统的大致轮廓,从根本上决定了以后系统的成败。逻辑系统是在概念系统的基础上构造出的原则上可行得通的系统。它考虑到总体的合理性、结构的合理性和实现的可能性,但它没有给出实现的具体元件。它确信,现在的设备一定能实现该系统所规定的要求。所以逻辑系统是摆脱了具体实现细节的合理的系统。实在系统也可以叫做物理系统,它是完全确定的系统。如果是计算机系统,那么机器是什么型号、用多少终端、放在什么位置等应当完全确定。这时系统已经完全能实现,所以叫做实在系统。

• 按照系统功能来分,即按照系统服务内容的性质分,可把系统分为社会系统、经济系统、军事系统、企业管理系统等。不同的系统为不同的领域服务,有不同的特点。系统工作的好坏主要看这些功能完成的好坏,因此这样的分法是最重要的分法。

• 按系统和外界的关系,可以把系统分为封闭系统和开放系统。封闭式系统是指可以与外界分开的系统,如我们在超净车间中研究制造集成电路。开放式系统是指不可能与外界分开的系统,如商店若不进货,不让顾客来买东西,就不称其为商店;或者是可以与外界分开的系统,但分开以后系统的主要性质将会变化。封闭式系统和开放式系统有时也可能互相转化。我们说企业是个开放式系统,但如果我们把全国甚至全球都当成系统以后,那么总的系统就转化为封闭式系统。

• 按系统内部结构分,可把系统分为开环系统和闭环系统。开环系统又可分为一般开环系统和前馈开环系统。闭环系统可分为单闭环系统和多重闭环系统,闭环中既可包括反馈,又可能包括前馈。

(3)系统性能的评价

判断一个系统的好坏可以从四个方面进行观察:一是目标明确,每一个系统都是为某一目标而运动的,这个目标选择得是否合适、明确,是评价系统好坏的主要方面。二是结构清晰,一个系统可以由若干子系统组成,子系统还可以划分为更细的子系统,比如一个公司由若干工厂组成,一个工厂由若干车间组成。结构清晰是说这种组织及其内部联系便于实现目标的要求,且条理清楚,信息流畅。三是联系清楚,指上述联系是通过定义清楚的接口进行的。四是能观控制,即系统和外界有清楚的界面,外界可以通过输入控制系统的行为,又可以通过输出观测系统的行为。

(4)系统的结构

系统由输入部分、处理部分、输出部分和反馈控制机制组成:输入部分是将所需要处理的要素收集到系统;处理部分则是一个转换过程,可以将输入转换为输出;输出部分将系统转换出来的要素提供给系统的服务对象;反馈是指描述系统状况的数据;控制是指监督和评价反馈。

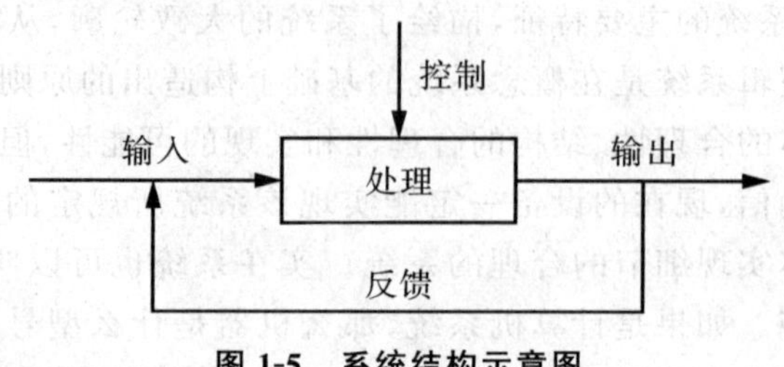

图 1-5 系统结构示意图

2.信息系统

信息系统是人、硬件、软件、通信网络和数据资源的集合,它能够在组织中收集、处理和分发信息,支持企业的计划、管理、决策、协调和控制。

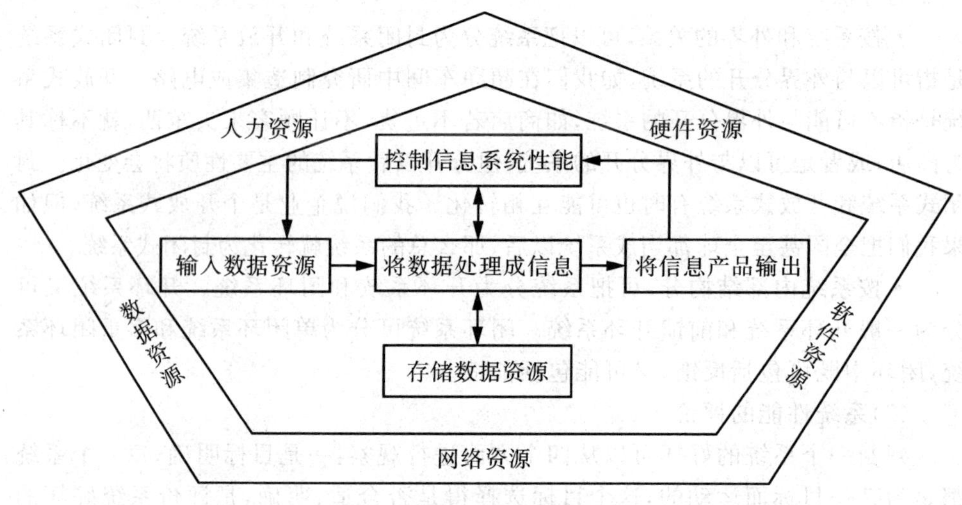

图 1-6 信息系统示意图

• 人力资源

主要包括信息系统的用户和专业人员。信息系统的用户即指信息系统的使用者,他们利用信息系统来完成或者辅助完成自己的工作,包括最终用户、知识工人等。信息系统专业人员是指那些具有信息系统和信息技术方面专业技能的人,他们负责信息系统的开发和运行,主要包括信息系统的开发人员、维护人员等。

• 软件资源

信息系统的软件资源指的是所有信息处理指令的集合,包括各类系统软件和应用软件。

• 硬件资源

信息系统的硬件资源包括所有的物理设备和材料，主要包括计算机系统和各类外围设备。

• 数据资源

信息系统的数据资源主要包括各种数据库、数据仓库等。

• 网络资源

信息系统的网络资源指的是为保证信息网络的畅通和应用所需的网络环境（包括网络设施、设备及网络软件等）的总称。

二、信息系统的作用和影响

现代社会中，信息系统无处不在地发挥着作用，人们的生活、组织的管理、管理理论都因信息系统的发展而不断发生着变化。

首先，信息系统的广泛应用对人们的生活和行为方式产生了巨大的影响，自助式金融服务、网上银行、在线购物等已经成为我们生活中的常态。

其次，信息系统和信息工具的应用对组织结构及管理方式等也产生了重要影响，组织结构越来越扁平化，工作位置越来越分散化，组织的工作流程、工作方式等都发生了巨大的变化，组织的边界进一步扩大，管理和运作方式更加灵活。

最后，信息系统的发展和应用对传统的管理理论与经济理论也产生了重大影响。对管理理论来说，信息系统的应用极大地丰富了管理的内容和手段，产生了许多新的管理方法和管理理论，如即时化生产管理、全面质量管理、企业流程再造等。对经济理论来说，信息系统的应用为经济理论模型增加了新的变量，许多经典的理论模型都需要因此而重新构建。

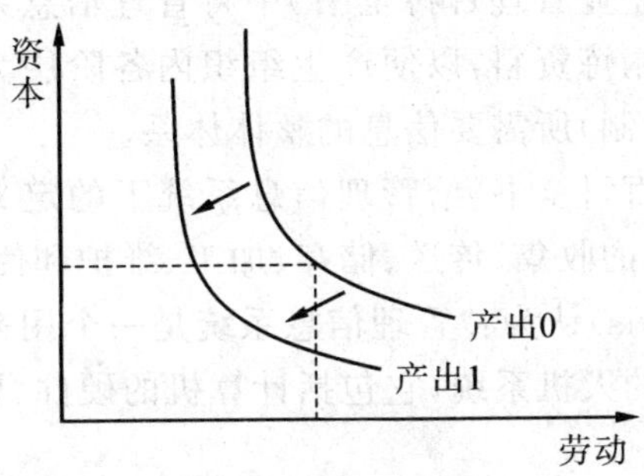

图 1-7 信息系统应用对生产函数的影响

说明：等产量曲线（产出 0）在信息技术的作用下向左下方移动，表示信息技术可以提高企业生产效率，减少资本和劳动要素的投入。

第三节 管理信息系统

一、管理信息系统的概念

管理信息系统(Management Information System,MIS)是信息系统在管理领域应用发展起来的一个重要分支,是继电子数据处理系统(EDPS)之后信息系统发展的一个新阶段。它是用系统的思想建立起来的,为一个组织(企业)的各级领导提供管理决策服务的信息系统。

广义管理信息系统:指存在于任何组织内部,为管理决策服务的信息收集、加工、存储、传递、检索和输出系统。

狭义管理信息系统:指按照系统思想建立起来的以计算机为基础,为管理决策服务的信息系统。

• 从组织的角度来看,管理信息系统是组织的一个组成部分或者是组织的自然延伸。

• 从管理的角度来看,管理信息系统是企业的管理人员应付环境挑战的一种解决方案。

• 从技术的角度来看,管理信息系统是企业的管理人员为了解决面临的问题而采用的一种集成了计算机硬件和软件的工具。

管理信息系统定义的相关表述有:

• 哈佛管理丛书《企业管理百科全书》中将管理信息系统定义为:管理信息系统是为制作、处理及精炼资料,以便产生组织内各阶层为达成管理上目的(计划、指导、评估、协调、管制)所需要信息的整体体系。

•《中国企业管理百科全书》给管理信息系统下的定义是:"一个由人、计算机等组成的能进行信息的收集、传送、储存、加工、维护和使用的系统。"

• 戴维斯(G.B.Davis)认为:"管理信息系统是一个用来提供各种作业、管理和决策信息的、集成化的人机系统,它包括计算机的硬件、软件、手工规程以及用于分析的模型等。"

• 劳顿(K.C.Laudon)认为:"管理信息系统是一个基于计算机的信息系统,它通过收集、处理、存储和扩散信息,来支持组织的管理、决策、合作、控制、分析活动,并使之可视化。"

二、管理信息系统的组成、功能与特点

1.管理信息系统的组成

• 管理系统:由组织机构、管理人员、规章制度等构成,既是信息的需求者和使用者,又是信息的产生和反馈的环节。管理信息系统功能要与管理职能相适应,并受到管理科学的指导和管理技术的支持。

• 信息处理系统:由软硬件、数据库、信息处理规程及信息管理人员等组成。它是 MIS 的核心。

• 信息传输系统:由终端设备、通讯线路和通讯控制设备组成。它是信息沟通的渠道。

2.管理信息系统的功能

根据管理信息系统的定义,人们可以看出管理信息系统具有以下基本功能:

• 数据处理功能:管理信息系统能对各种形式的原始数据进行收集、整理和保存,以便向管理者及时、全面、准确地提供所需要的各类信息。

• 预测功能:根据一定的数学方法和预测模型,可以利用历史的数据对未来进行预测。

• 计划功能:对各种具体工作能合理地计划和安排,对不同的管理层次提出不同的要求,提供不同的信息,以提高管理工作效率。

• 控制功能:对整个生产经营系统的各个部门及环节的运行情况进行监测,可以及时发现问题,进行纠正。

• 决策优化功能:在系统中利用运筹学的方法和技术,可以为最佳决策提供科学依据,以便合理地利用企业的各项资源,提高企业的经济效益。

3.管理信息系统的特点

• 具有集中统一的数据库,由数据库管理系统集中管理信息资源,并为各种用户所共享。

• 具有能够发现问题、分析并寻找最优解的数学模型库。

• 具有预测、状态报告和控制能力。

• 面向决策,能为企业各管理层次提供决策支持。

三、管理信息系统的发展过程与类型

1.管理信息系统的发展过程

• 单项信息处理阶段

这一阶段开始于1954年美国通用电气公司安装的第一台用于商业数据处理的电子计算机，经历了10年左右的时间，也称电子数据处理(EDP)阶段。在这一阶段，管理信息系统主要以单项事务处理子系统为主，如工资核算、物资管理等。当时，人们考虑的主要问题是提高工作效率，减轻工作强度，降低工人费用等。

• 综合信息处理阶段

这一阶段是从19世纪60年代中期至70年代中期，也经历了大约10年的时间。在这段时间内，计算机的功能快速提高，并开始在商业和企业事务管理中大量应用。该阶段管理信息系统的主要特点是以电子计算机为中心，采用分散管理和集中服务的形式，人工参与明显减少，信息处理效率大大提高。应用形式主要集中于单项业务管理信息系统的开发和应用。

• 系统信息处理阶段

这一阶段是从1974微型计算机开始出现并迅速普及开始直至今天，管理信息系统由单一功能发展到多功能、多层次、系统化的高级阶段。高性价的机器、数据库管理系统(DBMS)、经济管理模型库管理系统、分布式网络通讯系统等的发展及应用，使不同地域、不同层次的各项业务管理成为一个整体，并实现了各种资源的共享，进一步提高了设备利用率和系统可靠性。管理信息系统的基本理论也渐趋完善，有了自己明确的研究对象和解决问题的方法及手段。目前管理信息系统正向着人工智能化的方向发展，并且已研制出了许多类型的决策支持系统和专家系统。

2.管理信息系统的类型

由于企业的规模和组织结构不同，所采用的技术以及对信息的处理方式不同，对管理信息系统可以从不同的角度进行分类。通常按照以下几种方式划分管理信息系统的类型。

(1)按管理信息系统所使用的技术分类

按管理信息系统所使用的技术手段不同，可以将其分为手工系统、机械系统和电子系统三种类型。手工系统是指所有信息处理工作全部由人工完成，这是最简单也是最原始的。机械系统是指用一些机械装置来代替手工的信息处理工作，如利用打字机、收款机、自动记账机等机械来加速数据处理工作，以提高系统的工作效率。电子系统是指以电子计算机作为信息处理主要工具的系统，利用电子计算机存贮量大、计算迅速的特点，可以快速准确地为各级管理人员提供所需要的信息，提高了信息的使用价值。

(2)按信息处理方式分类

根据信息处理的方式不同，可以将管理信息系统分为联机的、脱机的和实时的三种类型。脱机的处理方式的特点是按一定的时间间隔，将数据成批送入中央处理机进行处理，因此机器的效率较高；其缺点是系统中的数据不一定处于最新状态。联机的和实时的信息处理系统的主要特点是各种终端机和中央处理机相连接，因此可以始终保持系统中的信息处于最新状态；但对设备要求较高，设计也比较复杂。

(3)按信息服务对象分类

由于管理活动可以分为战略计划级、管理控制级、作业控制级和业务处理级几个层次，每一个层次的管理活动都需要不同的信息服务，因此，可以按信息的服务对象将管理信息系统分成战略计划级、管理控制级、作业控制级和业务处理级四种类型。

(4)按管理组织的职能分类

由于管理信息系统可以按管理组织的职能进行设计和建立，因此可以把管理信息系统按照管理组织的职能分成市场销售、生产、供应、人事、财会、信息处理和高层管理等 7 个子系统。

以上是按照一定的标准将管理信息系统划分成不同的类型，其主要目的是加深对它的认识。在实际应用中，往往是几种不同的类型共存于一个管理信息系统中，而不会单独出现某一类型。

第四节 管理信息系统的结构

MIS 的结构是指 MIS 各个组成部分之间相互关系的总和。从不同的侧面观察和理解，MIS 有多种结构形式，包括概念结构、物理结构、软件结构和功能结构等。

一、概念结构

从概念上看，MIS 由四大部分组成：信息源、信息处理器、信息用户、信息管理者。

信息源：即信息的来源，信息的产生地。

信息处理器：负责对来自信息源的信息进行各种加工处理工作，包括信息的搜集、传输、加工、存储、检索等。

信息用户：指信息的最终使用者，包括企业决策者、领导者和普通员工。

信息管理者：指那些具有信息系统和信息技术方面专业技能的人，他们负责

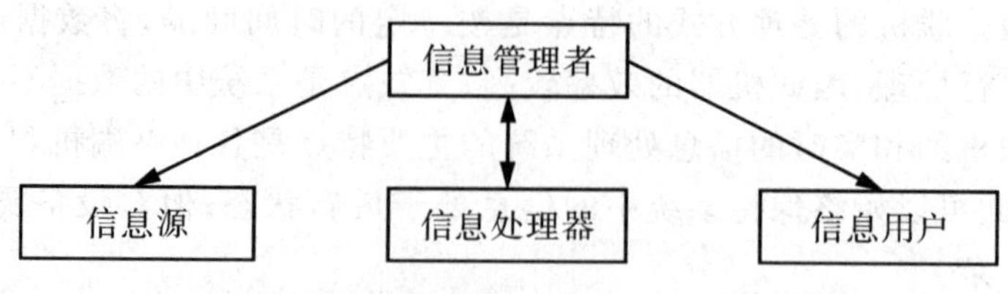

图 1-8 管理信息系统的概念结构

信息系统的开发和运行，主要包括信息系统的开发人员、维护人员等。

二、物理结构

信息系统的物理结构是指作为该系统核心部分的信息处理系统的物理组成。包括硬件、软件、数据库、规程和人员五部分。以硬件为依据，常见的物理结构有以下几类。

单机结构：信息系统硬件由一台机器及相应的外部设备组成，集中处理，同一时刻只能供一个用户使用。该结构的信息系统数据共享度高、一致性好、操作简便、开发周期短、费用低，但输入速度慢、存储容量小、系统处理能力低。该结构多见于微型企业或小型企业。

联机结构：信息系统硬件由一个主机加多个终端组成，主机与终端之间通过通讯线路实现信息传输。该结构的信息系统的优点与单机结构相似，但无法满足多个用户在同一时间对信息处理的要求。该系统适用于数据输入量大、集中处理时限要求较低、用户时间冲突较少的大中型企业。

网络结构：该结构的信息系统通过网络将主机（可以是多个）与具备独立处理能力的工作站连接起来。其优点是充分实现了信息共享和分布式处理，提高了数据处理的可靠性和灵活性；缺点是结构复杂，费用较高。

三、软件结构

从企业的业务类型和部门职能出发，企业的管理信息系统可看作是由生产计划、技术管理、运作质量控制、市场营销、财务、物流管理、人力资源、信息处理、高层管理等若干功能子系统组成。同时，每个功能子系统都涉及业务处理、运行控制、管理控制和战略计划四个层次的信息管理活动。

四、功能结构

一个完整意义的 MIS 应当包括业务处理、运行控制、管理控制、战略计划四个层次的资源管理和过程管理职能，至少应包括生产计划、技术管理、运作质量控制、市场营销、财务、物流管理、人力资源、信息处理、高层管理等 9 个子系统。

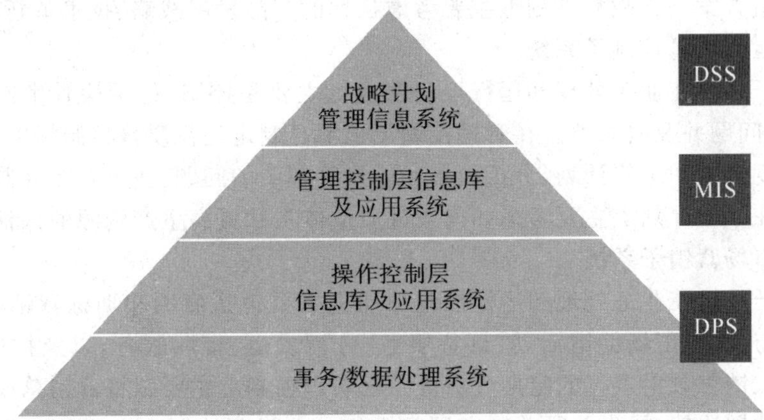

图 1-9　管理信息系统的功能结构

1.功能结构说明

• 管理信息系统的最基层是事务处理系统，也称数据处理系统(Data Processing Systems，简称 DPS)，它的功能是处理企业的各种具体业务。例如工资计算、账务处理中的原始凭证录入等。

• 第二层是操作控制系统，它由支持日常运行和控制的信息资源组成。

• 第三层是管理控制系统，它的主要任务是实现管理控制和制定战术计划。

• 第四层是战略计划系统，它是最高层次的管理活动，处理的是长期和全局性的问题。

2.主要功能子系统

管理信息系统的结构也可以从组织功能的角度来划分，即将企业内部同类经济信息集中在一起，建立起若干个专业性的信息子系统。例如营销管理子系统、生产计划子系统、财务管理子系统等。

• 生产计划子系统

该子系统在业务处理方面的功能包括产品需求与资源能力数据、计划完成情况等基础数据的收集整理，生产订货、装配订货单的编制下达等。在运行控制层次主要是将实际进度与计划相比较，发现问题所在，并制定调整措施。在管理控制层次的功能是进行需求能力和可用能力间的平衡，制订主生产计划和资源需求计划等。在战略计划层主要考虑生产资源的优化配置问题。

• 技术管理子系统

该子系统在业务处理功能上包括产品试制、工程技术数据日常管理、向其他系统提供工程技术数据、工程技术数据管理、技术改造具体方案的制订与实施等。在管理控制上其主要任务是分析现有产品和制造工艺，提出新产品开发和技术改造方案。在战略计划上主要考虑长远的产品发展战略、技术革新战略等。

• 运作质量控制子系统

该子系统在业务处理和运行控制层次上主要是控制、记录检查生产进程状态，发现问题并及时调整。在管理控制上主要是制定运作质量控制标准、生产设备的调度计划和维修计划，分析设备和质量管理中的问题，找出差距并制订调整方案。在战略计划上主要考虑如何改进质量体系和提高生产资源的保证能力。

• 市场营销子系统

该子系统在业务处理和运行控制功能上主要包括雇用和训练营销人员、市场调查与预测、市场促销活动、订货服务、分配发运、售后服务，以及按区域、产品、顾客、销售数量进行的定期分析等。在管理控制上主要是将营销总成果和市场营销计划比较，找出差距并制定调整措施。在战略计划上主要负责新市场的开发和新市场的战略的制定与实施，实现企业资源的优化配置。

• 物流管理子系统

该子系统在业务处理功能上包括采购申请、订货单、收货单、提货单、出库单、短缺项目、积压项目、库存报告、供应商分析等。在运行控制和管理控制功能上主要任务是将每一物流环节的实际与计划比较，找出差距并制定调整措施，对物料需求与供应进行分析，以及制定物料采购、库存、分发优化方案等。在战略控制方面主要包括新的物料分配战略分析、对供应商的新政策以及供应战略的调整等。

• 人力资源子系统

该子系统在业务处理功能上包括雇用需求的说明、工作岗位责任说明、培训说明、人员基本情况数据、工资和业绩变化、工作时间和离职说明等。运行控制方面关心的是雇用、培训、离职、变化工资率、劳动生产率、安全情况等。管理控制方面主要是进行实情与计划的比较、找出差距并制定调整措施。战略计划包括人力资源状况分析、人力资源战略和方案评价、人力资源政策的制定等。

• 财务会计子系统

该子系统在业务处理功能上包括各类业务的会计核算和凭证、账簿、报表等账务处理，以及预算计划、成本数据的分类与分析等。运行控制方面关心的是每天的差错和异常情况报告、延迟处理的报告和未处理业务的报告等。管理控制功能包括预算计划和成本数据的分析比较、综合财务状况分析、改进财务运作的途径等。战略计划方面关心的是投资理财效果、对企业战略计划的财务保证能力,以及中长期的投资、融资、成本和预算系统计划等。

• 信息处理子系统

该子系统在业务处理方面的内容包括处理请求、监控管理信息系统运行、报告硬件和软件的故障、网站内容的更新等。运行控制的重点是软件和硬件故障维护、信息安全保障等。战略计划上关心信息系统运行效果、信息保证能力,提出管理信息系统建设的长远规划。

• 高层战略管理子系统

该子系统在业务处理和运行控制方面的功能主要包括查询信息和支持决策、日常公文处理、会议安排、内部指令发送及外部信息交流等。在管理控制上要求进行各功能子系统执行计划的总结和计划的比较分析,找出问题并提出调整方案等。战略计划层的重点是确定企业的定位和发展方向,制定竞争策略和融投资战略等。

3.基于组织功能的系统结构

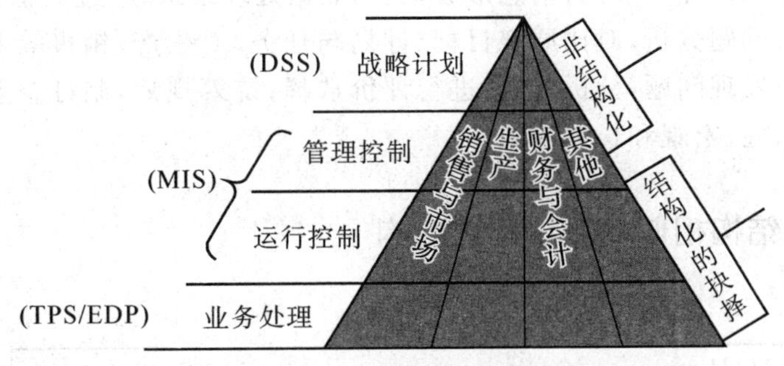

图 1-10 基于组织功能的管理信息系统结构

五、MIS 的三维总体结构

我们还可以把企业管理信息系统的总体结构用一个三维图形体现出来,这样可以更加直观地了解管理信息系统的整体结构情况。图 1-11 的第一维是管理与运行层次,包括战略管理、战术管理、运行管理、业务运行层,自上而下共四个层次。第二维是职能部门的划分,例如生产部门、市场营销部门、财务部门、人事部门、技术部门等,这些部门的最上层领导是统一的。第三维是信息的处理功能,有四个层次:数据处理,包括数据的采集、整理、处理和存储,是最接近生产现

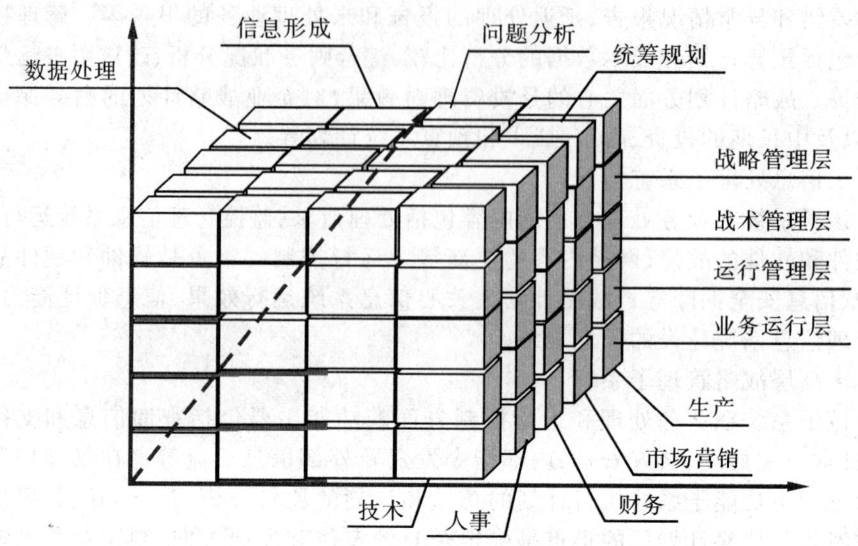

图 1-11 管理信息系统的三维总体结构

场、业务活动和外界环境的;信息形成,利用数据处理结果,经过汇总、分析,形成有用的信息;问题分析,对比原定目标、计划与任务,对生产、销售等业务活动现状进行分析,发现问题,分析方案,进行评价选择;统筹规划,制订企业长远发展目标、战略措施、宏观和长远计划。

六、与网络结构相似的系统七层结构

层号	名 称	说 明
1	用户层	用户面向对象操作
2	业务层	信息系统业务模型
3	功能层	信息系统功能模型
4	数据层	信息系统数据模型
5	工具层	信息系统开发工具
6	操作系统层	网络操作系统
7	物理层	网络与通信硬件

图 1-12 管理信息系统的七层层次结构

从技术角度出发，我们还可以把企业管理信息系统的构成情况用一个与网络层次结构模型(OSI)相类似的层次结构图进行表述。用户在第1、2层上工作，程序员在第3层上工作，信息系统分析员在第4层上工作，数据库管理员(DBA)与系统管理员在第5、6层上工作，硬件安装与维护人员在第7层上工作。上述七层的相互关系是：下一层是上一层的基础，上一层是下一层的实现目标。由上向下是系统分析的过程，而由下向上是系统实现的过程。

第五节 管理信息系统的典型实例

一、COPICS系统

Communication Oriented Production Information and Control System，是1973年IBM开发出来的MIS。COPICS具有12个功能子系统，主要面向综合制造业的MIS。

• 订货服务子系统：登记和分析合同，准确估计产品的成本和价格，确定交货日期，在整个合同生命期内加强对合同执行情况的监控。

• 预测子系统：收集和整理数据，选择预测模型，修正长期预测，维护和发展预测模型，预测产品需求，估计消耗和成本趋势。

• 工程技术和生产数据管理子系统：保证生产出来的产品符合客户要求，同时也要向其他系统提供数据。

• 主生产调度计划子系统：拟订生产计划大纲，作为材料需求、生产作业计划等的出发点；估计企业资源的长期需求；实际环境发生变化时维护主生产调度计划并提供一套模拟的方法。

• 库存管理子系统：出入库登记，库存盘点，计算保险库存和订货提前期，制订物料需求计划，决定订货数量与时间，产生生产任务的初步计划。

• 制造活动计划子系统：进行生产能力平衡，协调计划需求能力与工厂实际能力，从而将初步计划的生产任务转变成切实可行的生产任务计划，达到最经济的库存和最短的生产周期。

• 生产任务下达子系统：把生产任务从“计划”变成“执行”状态。审核计划生产任务，检查所需材料是否备齐，产生物料申请单，通过行动文件向仓库提出提货请求，并向管理部门、技术部门请求提供图纸和数控带等。

• 工厂监控子系统：起反馈执行的作用，追踪与检查任务完成情况。

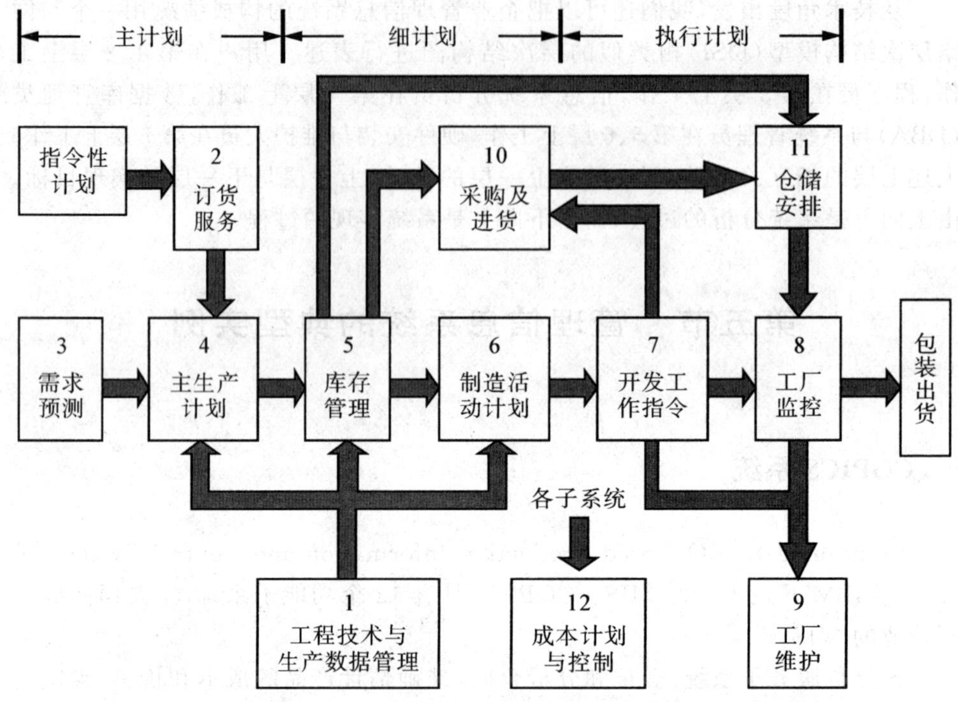

图 1-13　COPICS 功能子系统结构示意图

• 工厂维护子系统：制订维修计划，对任务所需人力与费用作出估算。

• 采购和验收子系统：物资采购和验收的计划、执行和控制。

• 仓库控制子系统：具有库位管理、仓库供应、物料查询等功能，可实现自动化仓库管理，提高库存空间利用率。

• 成本计划与控制子系统：具有直接劳动成本计划与控制、材料成本计划与控制、管理费处理、资产消耗计划与控制等功能，并利用生产信息系统建立的信息，进行成本计算分析。

二、MRPⅡ系统

Manufacturing Resources Planning 是关于制造企业生产全过程管理的一种处理逻辑、一种方法和一种哲学思想，是以物料需求计划为核心，以计划排产为主要内容的闭环生产管理系统。

MRPⅡ系统的设计思想主要是从五个核心问题出发，即社会需要什么、我们能制造什么、用什么来制造和怎样制造、我们现在拥有些什么、我们还应该得到什么，围绕这五个核心问题的解决与平衡来设计整个管理信息系统。

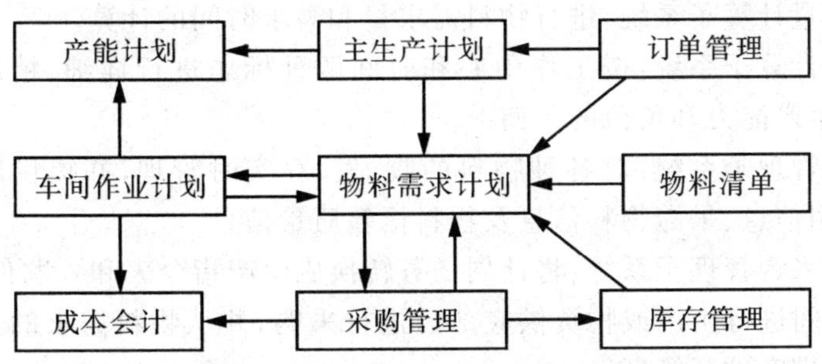

图 1-14　MRPⅡ系统的功能结构

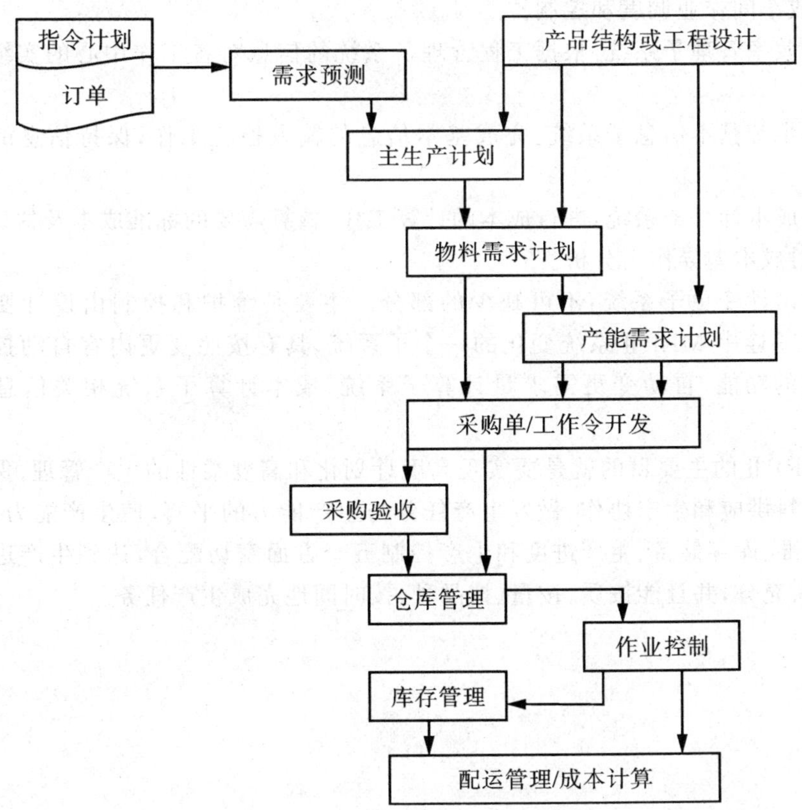

图 1-15　MRPⅡ系统流程示意图

MRPⅡ系统的功能结构

• 生产计划模拟子系统：在顾客订货、市场需求预测的基础上作出中长期产品生产任务的生产计划大纲及中短期产品生产任务的主生产计划。

• 需求量计算子系统：进行物料需求量和需求时间的计算。

• 负荷计算子系统：按工作中心和时间两种标志进行详细、精确的负荷计算，并进行生产能力和负荷的平衡。

• 库存管理子系统：对各种物料的收、发、存实时管理，并提供库存明细信息、资金占用信息、呆滞物料信息及物料检验质量信息。

• 自制采购管理子系统：将计划任务转换成生产指令表和外购件订货单，正式下达给车间进行生产或物资供应部门进行采购，并从物料需求的角度对生产进度和采购进度进行管理。

• 工程管理子系统：对工程作业优先度及进度进行管理，并根据生产现场情况，完成车间作业调度和控制。

• 效率管理子系统：根据工程管理子系统的信息对各工作中心的实绩进行统计。

• 生产基本信息子系统：完成基本信息的输入检验工作，保持信息的一致性。

• 成本计算子系统：进行成本的计算工作，核算需要的标准成本及估计新成本，并对成本差异作出分析。

• 设计变更子系统：不可缺少的部分。主要是维护和控制由设计变更而引起的一连串 MRPⅡ系统变化的一个子系统，具有按照变更内容自动控制产品结构的功能，自动变更需求量计算子系统、成本计算子系统相关信息的功能。

MRPⅡ的主要目的就是要实现高度计划化和高度柔性的生产管理，保证正常的物料供应和生产协作，做好生产任务与生产能力的平衡，使生产能力、生产期量标准、库存储备、生产进度和生产控制五个方面密切配合，达到生产进度均匀，负荷充分，并且能按质、按量、按品种、按时间地完成生产任务。

第二章 管理信息系统的战略规划与开发

管理信息系统战略规划是一个组织战略规划的重要组成部分，是关于管理信息系统长远发展的规划。由于建设管理信息系统是一项耗资大、历时长、技术复杂且涉及面广的系统工程，在着手开发之前，必须认真地制订有充分根据的管理信息系统战略规划。这项工作的好坏往往是管理信息系统开发成败的关键。

系统开发是一项烦琐而又细致的工作。所谓系统开发，就是根据企业管理的战略目标、规模、性质等具体情况，从系统论的观点出发，运用系统工程的方法，按照系统发展的规律，为企业建立起计算机化的信息系统。其最核心的工作是设计出一套适合于现代企业管理要求的应用软件系统。认识不足、不重视、组织混乱、方式不当、定位不准、缺乏沟通是导致系统失败的主要原因。

开篇案例

上海××食品公司信息系统实施案例

（一）公司的发展历程

该公司诞生于台湾，已经营近 20 年，有 40 家分店，其产品不仅在台湾家喻户晓，还远销美国、加拿大、东南亚等华人集中的地方。

1992 年 12 月，该公司出资 66 万美元，与虹口区烟糖公司签订了合作协定。第二年 4 月 25 日，正式进入祖国大陆。短短几年中，该公司在上海已有 42 家食品店，并在北京、无锡、杭州、成都等地建立了分公司及 100 余家直销连锁店。

该公司作为一家台资企业，能在大陆取得成功，一个重要原因就是始终继承民族精华，融合中国国情，不断创新开拓，“精致礼品名家”是企业的宗旨。

（二）公司发展战略

1.精致礼品

这种战略在将烘焙食品转变成为高附加值的文化礼品的同时，也建筑起对该公司的竞争对手高高的进入壁垒。因为，人们对食以果腹的粮食是无需选择的，但人们对精致礼品却有着极高的品牌认同感和忠诚度。

精致礼品的战略要求该公司具有敏锐的市场感觉，以及快速的运作反应能力。但面对各地近百家门店，市场销售信息靠什么传递，研发决策如何准确制定，庞大的系统如何协调运作，这些都成为该公司在推行其战略决策时不得不面对的问题。而这些问题依靠陈旧的管理方法是很难解决。

2.连锁经营十特许经营

由于该公司新产品的研发力量并不是很强，所以作为扩展产品线的替代战略，连锁经营是该公司迅速铺开市场，同时建筑起对竞争对手的进入壁垒的秘诀。但在发展过程中，由于受经济体制、市场环境、经济实力及经营管理水平等方面因素的制约，仍然遇到了一些问题和困难。

(1)连锁形式单一。受制于资金不足，该公司非常重视发展自由连锁、特许连锁，加快扩大连锁规模。而随着加盟店的数量不断增多，对加盟店的控制和获取加盟店市场信息以支持自身快速反应能力将越来越困难，这就需要新的管理手段为企业提供“延伸的市场触角”。

(2)规范管理手段落后，管理人才缺乏，员工素质低。规范化是连锁经营的核心，因此，实施规范化、标准化管理，采用现代化管理手段，是该公司的当务之急。目前，该公司在增加连锁店或加盟店数量、扩大规模的同时，企业的管理压力也越来越大。

该公司的管理人员有一部分是从以前的生产技术人员转移来的，在创业初期既是生产者又是管理者，缺乏现代化的管理技术。同时，目前烘焙企业连锁经营发展速度快，辐射范围广，为了实现各方面统一管理必须建立信息化的系统管理，传统的管理人员若没有接受专业性、针对性的培训显然难以胜任。

（三）公司信息系统发展历程

在快速发展过程中，该公司的管理者想到应用飞速发展的信息技术帮助企业解决这些困难，而该公司的信息系统发展历程也并非一帆风顺。

通过几年的努力，该公司在上海的经营业务开始上了一定的规模。相应的，也开始在门店引进了 CASIO 收款机进行一些简单的收款管理活动，但远未达到 POS 所应具备的销售管理以及和总部的实施通讯。同时在公司总部，该公司的 IT 部门自行开发出了一套小型进销存系统。就凭这样的自已“攒”出来的系统，该公司开始了依靠信息系统进行企业管理的道路。

1.失败的经历

随着门店数量的增多,该公司在1999年底决定引进POS系统,并决定与在POS系统开发方面具有很强的实力的邮通公司合作。该公司虽然意识到了门店数量增加对企业管理造成的压力和问题,但却简单地把解决的方法简化到了门店POS系统层面上,未能从整个企业的层面上来系统地思考全部业务流程。因此即使是擅长开发POS系统的邮通也难以用通过孤立的门店POS环节来解决该公司想要解决的企业管理问题。这个投资20万元的项目最终于2000年年底结束。仅从门店POS系统的引进来看,这个项目是如期完成的。但事实上,它并没有解决该公司面临的管理问题。因此从整个企业层面上来看,这个项目是失败的。

2.从跌倒的地方爬起来

2001年8月,公司董事长摆脱邮通POS系统失利的阴影,专门任命了一位"空降兵"为关乎该公司未来生死存亡的ERP项目的实施项目经理,并完全放权,给予全力支持,开始进行ERP系统的设计开发。

公司充分分析了烘焙业所具有的"制造+零售"的行业特征。首先,作为一个制造商,该公司的信息系统必须包含控制制造过程的资源计划,也就是一般意义上的ERP。其次,作为零售商,该公司的信息系统必须包含POS(Point of Sale)系统。而且由于该公司制造过程的特殊性,ERP与POS系统必须是联系紧密、相辅相成、互为一体的系统。这套系统必须有传统ERP系统的健壮性和POS系统的快速反应能力。

在软件商的选择上,公司放弃了许多著名的ERP厂商和POS系统提供商,选择了知名度并不高的金盛公司。金盛软件在业内名气并不大,但其长处除了在软件技术方面过硬之外,做事情认真也是其一大优势。同时公司想要的是一套为自己量身定制的ERP系统,这是一种投入大且冒风险的方式,但如果成功了的话,它能带给企业巨大的好处。

金盛认为,实施信息系统,对有的企业来说,钱并不是个最主要的问题。但事情的结果,即究竟是成功了还是失败了才是影响企业的大问题。因为搞信息系统,往往不光是一些IT技术的东西,更要牵扯到很多企业管理中的问题,对企业有着很大的冲击和影响。

3.项目启动

在完成了供应商选择后,该公司正式开始进入信息系统开发实施过程。公司的董事长非常支持信息系统的实施,委任IT部门经理为项目经理,给予他很高的地位,全权委托他放手实施,并且每周例会董事长都会亲临现场压阵。

金盛在接受该开发项目后,便采用多种方式深入到公司的各部门、各岗位进行了详细、细致的需求调研，在充分了解了企业的软硬件现状及预算计划、各部门的真实需求后，开始了系统的设计开发工作。一个星期，后金盛先提交了POS系统的设计原型，再一个月后开发出了一套令人满意的POS系统，使整个项目开始向好的方向发展。

在POS系统的实施阶段，公司采用“胡萝卜加大棒”的方式，通过培训、奖励等方式让新老员工迅速掌握了新系统的使用技能，并迅速完成了旧系统向新系统的移植工作。同时，公司又用了一个月的时间对新系统进行大数据量的实际测试和优化。

在POS系统大获成功之后，公司又开始了ERP系统的开发，借鉴POS的成功经验，经过数月的努力，该套为该公司量身定制的ERP系统也得以成功实现。

（四）信息系统带来的收益

1.漏洞的堵塞

首先，在实施信息系统前，该公司的管理流程在许多地方存在漏洞，直接导致了对账时出现的财务漏洞和盘点时出现的大量的误差，信息系统防止了此类漏洞。

比如，原来该公司没有规范的物料代码、客户代码、供应商代码，甚至没有完整的员工代码，使这边记过的账别的地方又重记一笔，账物不符已是常事。原来手工记账留下漏洞使第一次盘点后账面上有一个几十万的漏洞。但随着信息系统逐渐融入该公司的日常管理运作中，对账和盘点的难度和差错都在急剧下降。到了第三次盘点时，盘点的正确率达到了98%。如此喜人的成绩，金盛和该公司的员工都感觉出乎意外。

2.管理模式的复制

信息系统使管理模式可以在全国的任何地方快速复制，为该公司的地域扩张战略提供了基础和支持。

3.市场的快速反应

烘焙业讲求的是对市场需求的快速反应。但随着门店数量的增加，对市场需求的把握越来越困难。而现在，直营店和加盟店的信息系统直接将销售数据定时传送到公司总部，有专人对数据进行分析，该公司可以知道什么时段卖什么产品最好，可以知道该公司所发放的购物券究竟产生了多少价值，甚至还可以对特许加盟店的商业价值作出评估。

资料来源：http://elc.xmu.edu.cn

（五）小结

企业管理信息系统的开发与实施是一个系统工程，许多管理信息系统在耗费了大量的人力、物力、财力之后要么夭折了，要么根本没有实现原定系统的设计目标，这是长期以来困惑着人们的一大问题。在经历了众多的挫折与失败后，人们开始深刻地认识到，信息技术的应用与其应用环境是不可分离的。管理信息系统不仅是技术系统，而且是社会系统。推进管理信息系统的变革犹如推进社会变革。MIS技术的复杂性、需用资源的密集性和用户需求的多样性仅是问题的一个方面，而更重要的则涉及管理思想、管理制度、管理方法、权力结构和人们习惯的变化。这是在开发和实现MIS过程中必须十分明确的一个关键性的认识问题。

第一节　管理信息系统战略规划的概念

一、信息系统发展的阶段

把计算机应用到一个单位(企业、部门)的管理中去，一般要经历从初级到成熟的成长过程。诺兰(Nolan)总结了这一规律，于1973年首次提出了信息系统发展的阶段理论，被称为诺兰阶段模型。到1980年，诺兰进一步完善模型，把信息系统的成长过程划分为六个不同阶段。

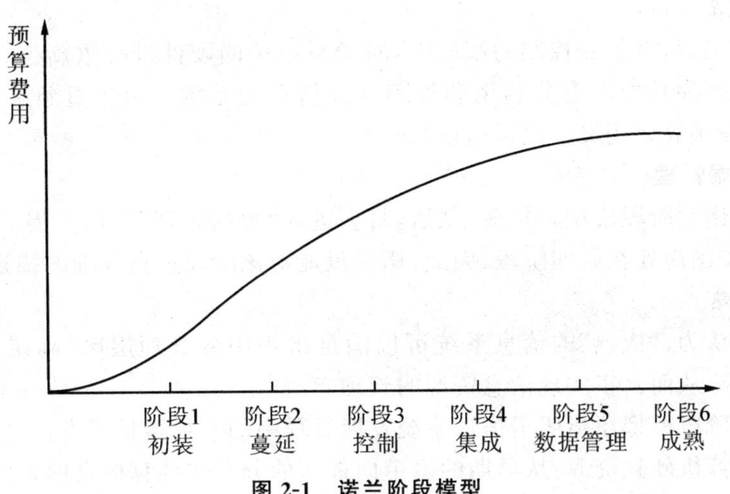

图 2-1　诺兰阶段模型

1.初装

初装阶段指组织(企业、部门)购置第一台计算机并初步开发管理应用的过程。在该阶段,计算机的作用被初步认识到,个别人具有了初步使用计算机的能力。一般而言,“初装”阶段大多发生在单位的财务、人事等数据处理量大的部门。

2.蔓延

随着计算机应用初见成效,信息系统(管理应用程序)从少数部门扩散到多数部门,并开发了大量的应用程序,使组织的事务处理效率有了提高,这便是所谓的“蔓延”阶段。在该阶段中,数据处理能力发展得最为迅速,但同时出现了许多有待解决的问题,如数据冗余性、不一致性、难以共享等。在此阶段,只有一部分计算机的应用收到了实际的效益。

3.控制

管理部门了解到计算机数量超出控制,计算机预算每年以 30%～40%或更高的比例增长,而投资的回收却不理想。同时随着应用经验逐渐丰富,应用项目不断积累,客观上也要求加强组织协调,于是就出现了由领导和职能部门负责人参加的领导小组,对整个组织的系统建设进行统筹规划,特别是利用数据库技术解决数据共享问题。这时,严格的控制阶段便代替了蔓延阶段。根据诺兰阶段模型,第三阶段将是实现从以计算机管理为主到以数据管理为主转换的关键,一般发展较慢。

4.集成

所谓集成,就是在控制的基础上,对子系统中的硬件进行重新连接,建立集中式的数据库及能够充分利用和管理各种信息的系统。由于重新装备大量设备,此阶段预算费用又一次迅速增长。

5.数据管理

根据诺兰阶段模型,“集成”之后,将会进入“数据管理”阶段。但 20 世纪 80 年代时,美国尚处在第四阶段,因此,诺兰没能对该阶段进行详细的描述。

6.成熟

一般认为,“成熟”的信息系统可以满足组织中各管理层次(高层、中层、基层)的要求,从而真正实现信息资源的管理。

诺兰阶段模型还指明了信息系统发展过程中的六种增长要素:

- 计算机硬软资源:从早期的磁带向最新的分布式计算机发展;
- 应用方式:从批处理方式发展到联机方式;
- 计划控制:从短期的、随机的计划发展到长期的、战略的计划;
- MIS 在组织中的地位:从附属于别的部门发展为独立的部门;

• 领导模式：开始时，技术领导是主要的，随着用户和上层管理人员越来越了解 MIS，上层管理部门开始与 MIS 部门一起决定发展战略；

• 用户意识：从作业管理级的用户发展到中、上层管理级。

诺兰阶段模型总结了发达国家信息系统发展的经验和规律。一般认为模型中的各阶段都是不能跳跃的。因此，无论是确定开发管理信息系统的策略，还是制定管理信息系统规划，都应首先明确本组织当前处于哪一生长阶段，进而根据该阶段特征来指导 MIS 建设。

二、开发管理信息系统的总体策略

管理信息系统的开发是一项大的系统工程，开发这样的系统必须确定合理的系统目标，组织系统性的队伍，遵循系统工程的开发步骤。

1."自下而上"的开发策略

"自下而上"的开发策略是从现行系统的业务状况出发，先实现一个个具体的功能，逐步地由低级到高级建立 MIS。因为任何一个 MIS 的基本功能都是数据处理，所以"自下而上"方法首先从研制各项数据处理应用开始，然后根据需要逐步增加有关管理控制方面的功能。

一些组织在初装和蔓延阶段，各种条件(设备、资金、人力)尚不完备，常常采用这种开发策略。

"自下而上"开发策略的优点是可以避免大规模系统可能出现运行不协调的危险，缺点是不能像想象的那样完全周密，由于缺乏从整个系统出发考虑问题，随着系统的进展，往往要作许多重大修改，甚至重新规划、设计。

2."自上而下"的开发策略

"自上而下"的开发策略强调从整体上协调和规划，由全面到局部，由长远到近期，从探索合理的信息流出发来设计信息系统。由于这种开发策略要求很强的逻辑性，因而难度较大。

"自上而下"的开发策略是一种更重要的策略，是信息系统的发展走向集成和成熟的要求。整体性是系统的基本特性，虽然一个系统由许多子系统构成，但它们是一个不可分割的整体。通常，"自下而上"的策略用于小型系统的设计，适用于对开发工作缺乏经验的情况。

在实践中，对于大型系统往往把这两种方法结合起来使用，即先自上而下地做好 MIS 的战略规划，再自下而上地逐步实现各子系统的应用开发。

三、管理信息系统战略规划的作用和内容

管理信息系统的战略规划是关于管理信息系统的长远发展计划，是企业战略规划的一个重要部分。一个有效的战略规划可以使信息系统和用户有较好的关系，可以做到资源的合理分配和使用，从而节省信息系统的投资。一个有效的规划可以促进信息系统应用的深化，还可作为一个标准，考核信息系统人员的工作，明确他们的方向，调动他们的积极性。同时，进行一个规划的过程本身将迫使企业领导回顾过去的工作，发现可以改进的地方。在战略规划过程中，管理者要详细地考虑以下四个问题，即：(1)我们要做什么？(2)我们可以做什么？(3)我们能做什么？(4)我们应当做什么？这既了解了企业信息系统的现状，又对企业现行的信息系统进行挖潜，并对未来提出了设想。

管理信息系统的战略规划的内容包含甚广，它涉及企业的经营方面、技术方面和组织方面的因素。一个有效的管理信息系统的战略规划，应该能够实现这样的目标：在一定的组织中使用恰当的技术有效地解决相应的企业经营问题，提高企业的竞争优势。因此，管理信息系统的战略规划必须是企业战略规划的一个组成部分，它必须与企业的经营目标协调一致；整个管理信息系统的信息结构必须与企业的组织结构相适应；管理者在选择所要开发的信息系统时，不能盲目地求大求全，而应该从本企业的需求出发，从企业现存的信息系统的实际情况出发。同时，在管理信息系统的规划中，还应当明确信息系统部门和用户部门在系统规划中所扮演的不同而又互相补充的角色。

1.MIS 战略规划的作用

(1)合理分配和利用信息资源(信息、信息技术和信息生产者)，以节省信息系统的投资。

(2)通过制订规划，找出存在的问题，正确地识别为实现企业目标 MIS 系统必须完成的任务，促进信息系统的应用，带来更多的经济效益。例如，存在产品质量问题的某企业在战略规划中确定的战略是：为新产品建立全面质量管理控制规程；由此导出的管理信息系统的战略为：建立新产品的全面质量管理控制数据库系统。

(3)指导管理信息系统开发，用规划作为将来考核系统开发工作的标准。

2.MIS 战略规划的内容

MIS 战略规划一般包括三年或更长期的计划，也包括一年的短期计划。规划的内容包括：

(1)信息系统的目标、约束及总体结构。其中信息系统的目标确定了管理信

息系统应实现的功能;信息系统的约束包括 MIS 实现环境、条件(如管理的规章制度、人力、物力等);信息系统的总体结构则指明了信息的主要类型和主要的子系统。

(2)组织(企业、部门)的状况。包括计算机软件及硬件情况、产业人员的配备情况以及开发费用的投入情况等。

(3)业务流程的现状、存在的问题和不足,以及流程在新技术条件下的重组。企业业务流程是管理信息系统实现的逻辑基础,存在的问题和不足是管理信息系统应用的方向,企业流程重组实际上是根据信息技术的特点,对手工方式下形成的业务流程进行根本性的再思考、再设计。

(4)对影响规划的信息技术发展的预测。这些信息技术主要包括计算机硬件技术、网络技术及数据处理技术等。信息技术的不断更新将给管理信息系统的开发带来深刻的影响(如处理效率、响应时间等),与管理信息系统的性能有着密切的联系,决定着管理信息系统的优劣。因此,在规划过程中需要吸收相关技术的最新发展,从而使所开发的管理信息系统具有更强大的生命力。

四、管理信息系统战略规划的组织

管理信息系统战略规划制订的恰当与否,决定着管理信息系统最终能否开发成功,因此,制订管理信息系统的开发规划需要一个领导小组,并需要对有关人员进行相应的培训,同时要明确规划工作的进度。

1.规划领导小组

规划领导小组应由组织的主要决策者之一负责。领导小组的其他成员应该是组织中各部门的主要业务骨干,他们的主要任务是协助系统分析人员完成有关业务的调研和分析工作及数据准备工作。

2.人员培训

制订战略规划需要掌握一套科学的方法,为此,需要对组织的高层管理人员、分析员和规划领导小组的成员进行培训,使他们正确掌握制订管理信息系统战略规划的方法。

3.规定进度

在明确和掌握制订战略规划的方法后,应进一步为规划工作的各个阶段给出一个大致的时间安排,便于对规划过程进行严格管理,避免因过分拖延而丧失信誉或被迫放弃。

4.制订战略规划的具体步骤

(1)确定规划的性质。明确 MIS 战略规划的年限及要使用的具体方法,如系统规划法或关键成功因素法等。

(2)收集相关信息。包括企业过程、系统用户需求、可供使用的信息技术、人才储备等。

(3)进行战略分析。对管理信息系统的目标、开发方法、功能结构、计划活动、信息部门的情况、财务情况、风险度和政策等进行全面综合性的分析。

(4)定义约束条件。根据单位(企业、部门)的财务资源、人力及物力等方面的限制,定义管理信息系统开发的约束条件和政策。

(5)明确战略目标。根据上述(3)、(4)步的结果,进一步明确管理信息系统的开发目标,明确新系统应具有的功能、服务范围和质量要求等。

(6)提出未来的框架结构图。给出管理信息系统的初步框架,包括各子系统的划分,系统间的连接关系等。

(7)选择开发方案。根据企业的具体情况,进一步选定优先开发的项目并确定总体开发顺序、开发策略和开发方法。

(8)提出系统开发实施进度,估计项目成本和人员需求,并列出开发进度表,各步骤应有明确的完工衡量标准。

(9)审核并通过战略规划。将战略规划形成文档,经组织(企业)部门领导批准后生效。

第二节　制订管理信息系统战略规划常用的方法

制订管理信息系统战略规划的方法很多,如企业系统规划法(BSP)、关键成功因素法(CSF)、战略目标集转化法(SST)、投资回收法(ROI)等,其基本过程如图 2-2 所示。本节我们仅简单介绍企业系统规划法和关键成功因素法两种方法。

一、企业系统规划法

1.企业系统规划法(Business System Planning,BSP)

企业系统规划法是由 IBM 公司于 20 世纪 70 年代提出的一种自上而下识别系统目标、企业过程和数据,自下而上设计系统,支持系统目标实现的结构化规划方法。它从企业目标入手,逐步将企业目标转化为管理信息系统的目标和结构,从而更好地支持企业目标的实现。

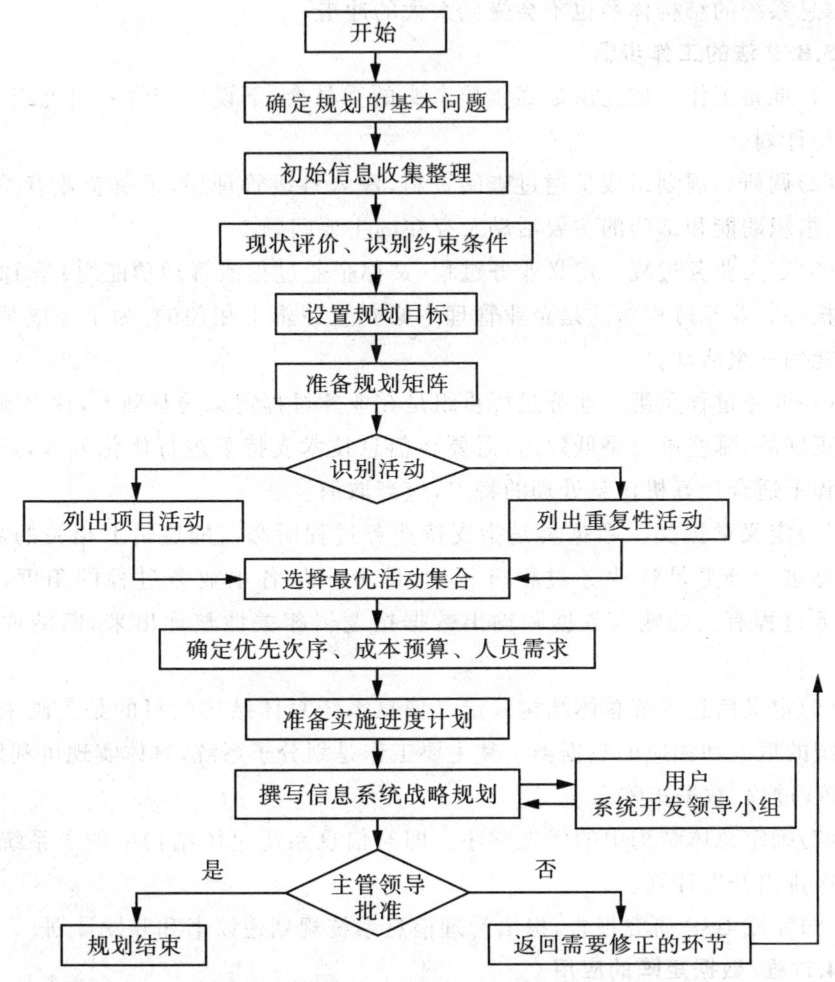

图 2-2　制定 MIS 战略规划的基本过程

2.BSP 法的作用

企业系统规划法是一种能够帮助规划人员根据企业目标制定出 MIS 战略规划的结构化方法。通过这种方法可以确定出未来信息系统的总体结构，明确系统的子系统组成和开发子系统的先后顺序。BSP 法对数据进行统一规划、管理和控制，明确了各子系统之间的数据交换关系，从而保证了信息的一致性。

BSP 法的优点在于利用它能保证信息系统独立于企业的组织机构，使信息系统具有对环境变更的适应性。即使将来企业的组织机构或管理体制发生变化，信息系统的结构体系也不会受到太大的冲击。

3.BSP 法的工作步骤

(1)准备工作。成立由最高领导牵头的委员会，下设一个规划研究组，并提出工作计划。

(2)调研。规划组成员通过查阅资料，深入各级管理层，了解企业有关决策过程、组织职能和部门的主要活动及存在的主要问题。

(3)定义业务过程。定义业务过程(又称企业过程或管理功能组)是 BSP 方法的核心。业务过程指的是企业管理中必要且逻辑上相关的、为了完成某种管理功能的一组活动。

(4)业务过程重组。业务过程重组是在业务过程定义的基础上，找出哪些过程是正确的，哪些过程是低效的，需要在信息技术支持下进行优化处理，还有哪些过程不适合计算机信息处理的特点，应当取消。

(5)定义数据类。数据类是指支持业务过程所必需的逻辑上相关的数据。对数据进行分类是按业务过程进行的，即分别从各项业务过程的角度，将与该业务过程有关的输入数据和输出数据按逻辑相关性整理出来，归纳成数据类。

(6)定义信息系统总体结构。定义信息系统总体结构的目的是刻画未来信息系统的框架和相应的数据类。其主要工作是划分子系统，具体实现可利用 U/C 矩阵(过程/数据矩阵)。

(7)确定总体结构中的优先顺序。即对信息系统总体结构中的子系统按先后顺序排出开发计划。

(8)完成 BSP 研究报告，提出管理信息系统规划建议书和开发计划。

4.过程/数据矩阵的应用

BSP 方法将过程和数据类两者作为定义企业信息系统总体结构的基础，它利用过程/数据矩阵(也称 U/C 矩阵)来表达两者之间的关系。矩阵中的行表示数据类，列表示过程，并以字母 U(use)和 C(create)来表示过程对数据类的使用和产生。

图 2-4 是由某企业内各项管理功能组和数据类之间的关系形成的 U/C 矩阵。表中用功能与数据类交叉点上的符号 C 表示这类数据由相应的功能产生，用交叉点上的符号 U 表示这类功能使用相应的数据类。

例如，经营计划功能需要使用有关财务和成本数据，则在这些数据下面的经营计划一行上画一个“U”号，最后产生的是计划数据，则用“C”号标明。同理，销售功能需要使用有关产品、客户和订货方面的数据，则画以“U”号，而销售区域

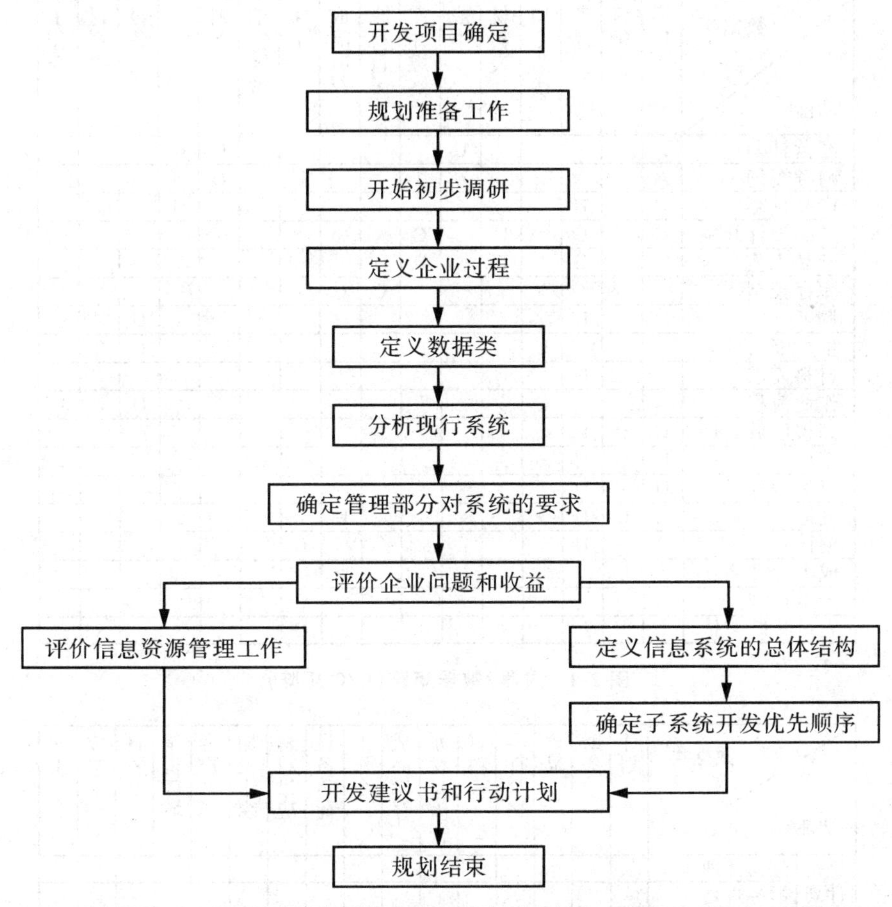

图 2-3　BSP 法管理信息系统规划过程

数据产生于销售功能，因而画以"C"号。

在初始的 U/C 矩阵完成后，进一步地，需要对矩阵进行重新排列，即针对"功能"这一列，把各功能按功能组（即功能类型）排列，每一功能组内按组中各功能发生的先后次序排列。然后调换"数据类"的横向位置，使得矩阵中"C"最靠近对角线（见图 2-5）。

按照上述方式调整后，整个系统被划分成为经营计划、技术准备、生产制造、销售、财会和人事等六个子系统（图 2-5 中用阴影框进行区分，框外的"U"则说明了各子系统之间的数据流向）。

数据类 / 功能	客户	订货	产品	加工路线	材料表	成本	零件规格	原材料库存	成品库存	职工	销售区域	财务	计划	设备负荷	材料供应	工作令
经营计划						U						U	C			
财务规划						U				U		U	U			
产品预测	U		U								U		U			
产品设计开发	U		C		U		C									
产品工艺			U		C		U	U								
库存控制								C	C						U	U
调度			U											U		C
生产能力计划				U										C	U	
材料需求			U		U										C	
作业流程				C										U	U	U
销售区域管理	C	U	U													
销售	U	U	U								C					
订货服务	U	C	U													
发运		U	U						U							
会计	U		U							U						
成本会计		U				C										
人员计划										C						
人员招聘考核										U						

图 2-4 过程/数据矩阵(U/C 矩阵)

功能		计划	财务	产品	零件规格	材料表	原材料库存	成品库存	工作令	设备负荷	材料供应	加工路线	客户	销售区域	订货	成本	职工
经营计划	经营计划															U	
	财务规划															U	U
技术准备	产品预测	U											U	U			
	产品设计开发												U				
	产品工艺						U										
生产制造	库存控制																
	调度			U													
	生产能力计划																
	材料需求			U		U											
	作业流程																
销售	销售区域管理			U													
	销售			U													
	订货服务			U													
	发运			U				U									
财会	会计			U									U				
	成本会计													U			
人事	人员计划																
	人员招聘考核																

图 2-5 功能重组后的过程/数据矩阵(U/C 矩阵)

二、关键成功因素法

1970 年哈佛大学教授 William Zani 在 MIS 模型中用了关键成功变量，这些变量是确定 MIS 成败的关键因素；10 年后，麻省理工学院教授 John Rockart 进一步完成了这种系统规划方法，并成为 MIS 的规划战略，人们称之为关键成功因素法(Critical Success Factors，CSF)。

1.原理

在现行系统中，总存在着多个变量影响系统目标的实现，其中若干个因素是关键的和主要的(即成功变量)。通过对关键成功因素的识别，找出实现目标所需的关键信息集合，从而确定系统开发的优先次序。关键成功因素法(CSF)就是通过分析找出使得企业成功的关键因素，然后再围绕这些关键因素来确定系统的需求，并进行规划。

2.步骤

(1)了解企业或 MIS 的战略目标；

(2)识别所有的成功因素，主要是分析影响战略目标的各种因素和影响这些因素的子因素；

(3)确定关键成功因素，不同行业的关键成功因素各不相同，即使是同一个行业的组织，由于各自所处的外部环境的差异和内部条件的不同，其关键成功因素也不尽相同；

(4)明确各关键成功因素的性能指标和评估标准。

这四个步骤可以用图 2-6 表示。

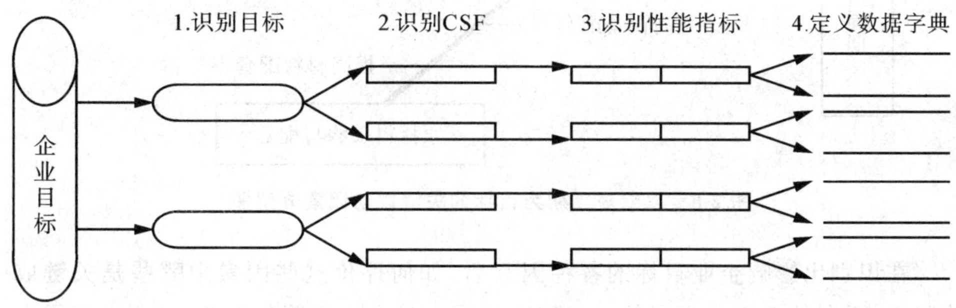

图 2-6　关键成功因素法

关键成功因素法的优点是能够使所开发的系统具有强烈的针对性，能够较快地取得收益。应用关键成功因素法需要注意的是，当关键成功因素解决后，又会出现新的关键成功因素，必要时需要重新开发系统。

识别关键成功因素所用的工具是树枝因果图（鱼骨图）。例如，某企业有一个目标是提高产品竞争力，可以用树枝因果图画出影响它的各种因素，以及影响这些因素的子因素。

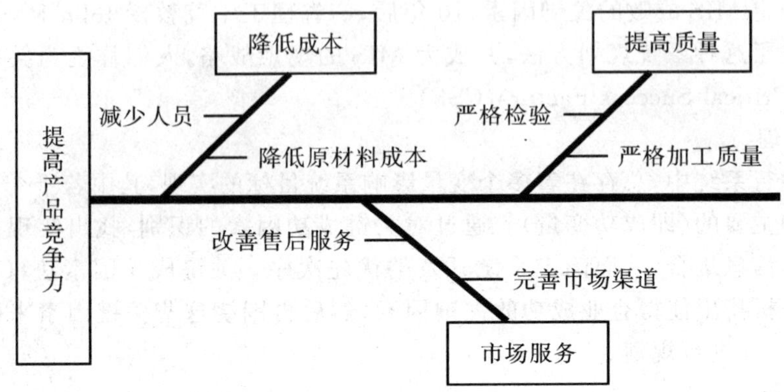

图 2-7 以提高产品竞争力为目标的关键成功因素分解图

图 2-8 是以缩短制造工期为主要目标的关键成功因素识别示意图。

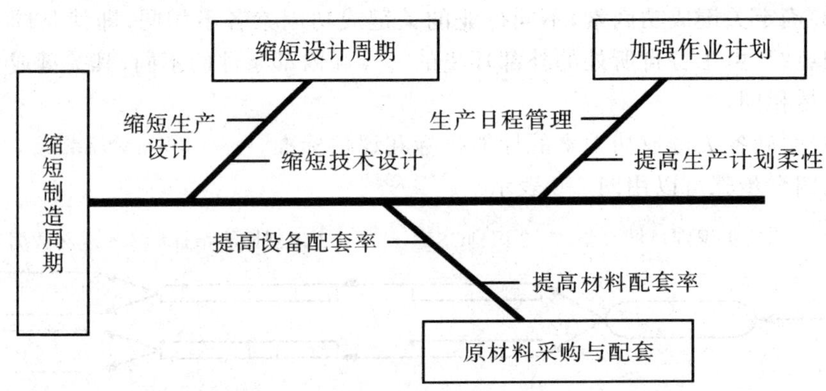

图 2-8 以缩短工期为目标的关键成功因素分解图

在识别出影响企业目标的各种因素后，如何评价这些因素中哪些是关键成功因素，不同的企业是不同的。习惯于高层人员个人决策的企业，主要由高层人员个人在此图中选择；习惯于群体决策的企业，则可以用德尔菲法或其他方法把不同人设想的关键因素综合起来。关键成功因素法在高层应用时效果较好，因为每一个领导者日常总在考虑什么是关键因素；对中层领导来说则一般不大适合，因为中层领导所面临的决策大多数是结构化的，其自由度较小，对他们最好应用其他方法。

第三节　开发管理信息系统的方法

一、开发管理信息系统的基础条件

信息系统的开发是有条件的。前人开发系统的经验和教训告诉我们，要使建立的系统获得成功并达到预期的目标，必须具备下列条件：

1.有一个适宜的开发环境

即要有明确的系统开发目标，要有实现现代化管理的紧迫感，要有领导的重视、决策、协调、支持，要有资金、人员和必要的内外部工作环境。否则不是无法建立系统，就是即使建立起来，系统也是不适用的、无效益的。

这里要特别强调一下领导的问题。由于信息系统的开发耗资巨大，历时相当长，并且是涉及管理方式变革的一项任务，因而必须主要领导亲自抓才能成功。美国的经验表明，信息系统之所以失败，原因是主要管理者不是参加者，却是旁观者。我国这几年实践也证实了这一点。因而可以说，主要领导者参与是管理信息系统开发的先决条件。因为主要领导者最清楚自己企业的问题，可以根据企业的现状和未来的发展要求提出企业的真正需求，最能合理地确定系统目标，他拥有实现目标的人权、财权、指挥权，他能够决定投资，调整机构，确定计算机化水平等，这是任何其他人都不能替代的。现在我国许多企业领导还缺乏管理信息系统方面的知识。

2.有一定的科学管理基础

一定的科学管理基础是建立系统的前提，只有在具备合理的管理体制、完善的规章制度、稳定的生产秩序、配套的科学管理方法和完整准确的原始数据的基础上，才能有效地建立计算机管理信息系统。因此，信息系统与企业管理基础工作的关系是相辅相成、共同发展的。为了适应计算机管理系统的管理要求，必须首先健全企业的基础管理工作，逐步实现基础管理规范化、管理业务程序化、定额指标科学化、报表文件统一化、信息名称代码化、编码体系标准化。

3.有一支专业技术队伍

管理信息系统是一个为企业领导进行管理决策提供信息的综合性的人机系统。那些数据量大需重复处理，而处理过程不但烦琐而且要求快速准确的结构化信息,需进行高度程序化的决策等业务最适合用计算机处理。反之。那些非结构化的信息处理和非规范化问题的决策最终还要由人来进行手工处理,因此要合理地安排好人、机各自该做的工作。在整个系统开发过程中,需要解决复杂的管理问题、计算机信息处理通信技术问题、系统运行操作维护问题等高科技技术问题,所以必须建立一支强有力的专业、技术队伍,才能保证系统开发的顺利进行,取得成功并使之正常运行。

管理信息系统的开发团队一般包括系统开发管理人员、系统分析人员、系统设计人员、程序员、数据录入员、运行操作人员、应用管理人员、系统维护人员、数据库管理人员、信息员、文档资料员等若干类。不同层次的人员可以相互兼职使用,但他们应具有较好的业务素质和适应能力。

4.数据录入必须正确可靠

管理信息系统采用最先进的科学技术进行分析管理,但是如果得不到正确的数据,那就根本谈不上科学管理。能否得到正确的数据,是否愿意输入正确的数据,人是起决定作用的。分布在各个子系统的操作员,应该是数据维护的主要责任者,他们必须具有高度的事业心、责任心和强烈的系统意识。他们首要的工作任务是确保计算机存储数据的准确性、可靠性和一致性。如果一个管理信息系统各管理环节收集上来的数据不及时、不准确,那么无论它采用了多么先进的技术和设备,无论它开发得多么成功,都不会为企业产生任何价值。

二、结构化系统开发方法

开发管理信息系统的具体方法很多。结构化系统开发方法是目前应用得最普遍的一种开发方法。

1.结构化系统开发方法的含义

结构化系统开发方法(Structured System Development Methodology),亦称为结构化生命周期法,诞生于20世纪70年代初期。它其实是一类方法的总称,是指用系统工程的思想和工程化的方法,按照用户至上的原则,由顶向下整体性分析与设计和自底向上逐步实施的系统开发过程。

结构化系统开发方法强调从系统的角度出发来分析问题和解决问题。面对要开发的系统,从层次的角度,自顶向下地分析和设计系统,在开发过程中强调严格的规范管理,工作文档要成文、标准化。

2.结构化开发准则

结构化开发方法是系统工程思想和工程化方法在系统开发领域的运用。它先将整个信息系统开发过程划分成若干个相对独立的阶段,如系统规划、系统分析、系统设计、系统实施等，再严格规定每一阶段的任务和工作步骤，同时提供便于理解和交流的开发工具方法（图表）。在系统分析时，采用由顶向下逐层分解，由抽象到具体的逐步认识问题的过程；在系统设计时，先考虑系统整体的优化，然后再考虑局部的优化问题；在系统实施时，则坚持自底向上，先局部后整体，通过标准化模块的链接形成完整的系统。

3.结构化系统开发方法的开发过程

结构化系统开发方法将整个开发过程划分为首尾相连的五个阶段，即一个生命周期（Life Cycle），在生命周期的不同阶段重点完成不同的工作任务。

• 系统规划阶段：根据用户的系统开发请求，进行初步调查，明确问题，确定系统目标和总体结构，确定分阶段实施进度，然后进行可行性研究。

• 系统分析阶段：分析业务流程，分析数据与数据流程，分析功能与数据之间的关系，最后提出分析处理方式和新系统逻辑方案。

• 系统设计阶段：进行总体结构设计、代码设计、数据库（文件）设计、输入/输出设计、模块结构与功能设计，根据总体设计，配置与安装部分设备，进行试验，最终给出设计方案。

• 系统实施阶段：同时进行编程（由程序员执行）和人员培训（由系统分析设计人员培训业务人员和操作员）以及数据准备（由业务人员完成）工作，然后投入试运行。

• 系统运行与维护阶段：进行系统的日常运行管理、评价、监理审计，然后分析运行结果，如果运行结果良好，则送管理部门，指导生产经营活动；如果发现轻微问题，则要对系统进行修改、维护或者是局部调整；如果出现了不可调和的大问题（这种情况一般是系统运行若干年之后，系统运行的环境已经发生了根本的变化时才可能出现），则用户将会进一步提出开发新系统的要求，这标志着老系统生命的结束，新系统的诞生。

在上述生命周期的每一阶段中，又包含若干步骤，各步骤可以不分先后，但它们之间仍有因果关系，总体上不能打乱。

4.结构化系统开发方法的特点

结构化系统开发方法主要强调以下几个方面：

(1) 自顶向下整体性的分析与设计和自底向上逐步实施的系统开发过程，即在系统分析与设计时要从整体全局考虑，要自顶向下地工作（从全局到局部，从领导到普通管理者）；而在系统实现时，则要根据设计的要求先编制一个个具体的功能模块，然后自底向上逐步实现整个系统。

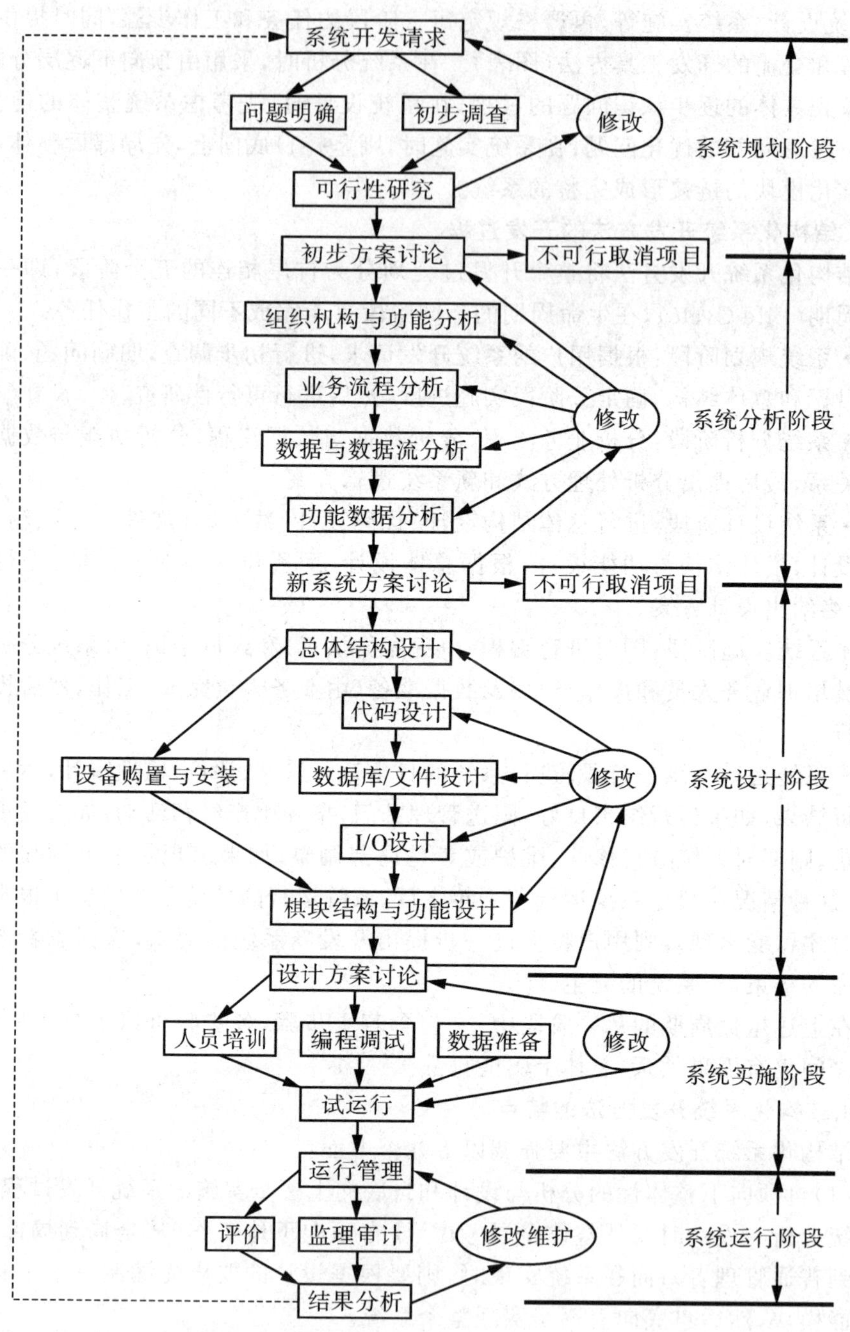

图 2-9　结构化系统开发方法开发阶段示意图

(2)强调用户至上的指导原则。用户至上是影响系统成败的关键因素,整个开发过程中,要面向用户,充分了解用户的需求与愿望。调查分析过程要客观、科学,其结果要与实际情况相符,即强调在设计系统之前,深入实际,详细地调查研究,努力弄清实际业务处理过程的每一个细节,然后分析研究,制订出科学合理的目标系统设计方案。严格区分工作阶段,把整个开发过程划分为若干工作阶段,每一个阶段有明确的任务和目标、预期达到的工作成效,以便计划和控制进度,协调各方面的工作。前一阶段的工作成果是后一阶段的工作依据。

(3)强调深入调查研究。即强调在设计系统之前,深入实际单位,详细地调查研究,努力弄清实际业务处理过程的每一个细节,然后分析研究,制订出科学合理的新系统设计方案。

(4)严格区分工作阶段。把整个系统开发过程划分为若干个工作阶段,每个阶段都有其明确的任务和目标。在实际开发过程中要求严格按照划分的工作阶段,一步步地展开工作,如遇到较小、较简单的问题,可跳过某些步骤,但不可打乱或颠倒之。

(5)充分预料可能发生的变化。系统开发是一项耗费人力、财力、物力且周期很长的工作,一旦周围环境(组织的内外部环境、信息处理模式、用户需求等等)发生变化,都会直接影响到系统的开发工作,所以结构化开发方法强调在系统调查和分析时对将来可能发生的变化给予充分的重视,强调所设计的系统对环境的变化具有一定的适应能力。

(6)开发过程工程化。要求开发过程的每一步都按工程标准规范化,文档资料也要标准化。强调先自顶向下整体地进行分析与设计,然后再自底向上逐步实施系统开发工作。在系统规划、分析与设计时,从整体全局考虑,自顶向下地工作;在系统实施阶段则根据设计的要求,先编制一个个具体的功能模块,然后自底向下逐步实现整个系统。

结构化系统开发方法较多应用于一些大型的、复杂的管理信息系统的开发。

5.关于结构化系统开发方法的评价

结构化系统开发方法是在对传统的自发的系统开发方法批判的基础上,通过很多学者的不断探索和努力而建立起来的一种系统化方法。这种方法的突出优点就是它强调系统开发过程的整体性和全局性,强调在整体优化的前提下考虑具体的分析设计问题,即自顶向下的观点。它强调的另一个观点是严格地划分各个阶段,强调一步一步地严格地进行系统分析和设计,对每一步工作都及时地予以总结,发现问题及时地反馈和纠正。从而避免了开发过程的混乱状态,是一种目前广泛采用的系统开发方法。

但是，随着时间的推移，这种开发方法也逐渐暴露出了很多的缺点和不足。最突出的缺点是它的起点太低，所使用的工具(主要是手工绘制各种各样的分析设计图表)落后，致使系统开发周期过长，带来了一系列的问题(如在这段漫长的开发周期中，原来所了解的情况可能发生较多的变化等)。另外，这种方法要求系统开发者在调查中就充分地掌握用户要求、管理状况以及预见可能发生的变化，这不大符合人们循序渐进地认识事物的规律性。因此这种方法在实际工作中实施起来有一定的困难。

三、原型法

原型法(Prototyping Approach)是20世纪80年代随着计算机软件技术的发展，特别是在关系数据库系统、第四代程序设计语言和各种功能强大的辅助系统开发工具产生的基础之上，提出的一种具有全新的设计思想和开发工具的系统开发方法。与结构化方法相比，它扬弃了那种一步步周密细致地调查分析，然后逐步整理出文字档案，最后才能让用户看到结果的烦琐做法。而是一开始就凭借着系统开发人员对用户要求的理解，在强有力的软件环境支持下，迅速给出一个具备一定功能、可运行的系统原型，然后与用户反复协商修改，最终形成实际系统。

1.原型法的含义

所谓原型，是指由系统分析设计人员与用户合作，在短期内定义用户基本需求的基础上，开发出的一个只具备基本功能、实验性的、简易的应用软件。该软件是可运行的管理信息系统软件，但功能并不十分完善。

所谓原型法，是指借助功能强大的辅助系统开发工具，按照不断寻优的设计思想，通过反复的完善性实验而最终开发出符合用户要求的管理信息系统的过程和方法。

2.原型法的应用条件

原型法的开发必须满足四个条件，即：

• 原型的开发周期必须短，成本低；

• 要求用户参与评价原型；

• 原型必须是可运行的；

• 根据原型的运行结果，要评价原型，再根据评价结果，要很容易修改原型。

3.原型法的开发模式和过程

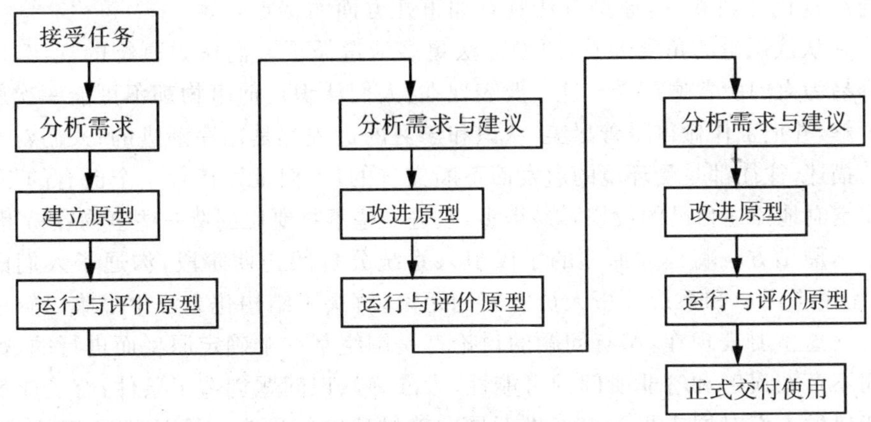

图 2-10　原型法信息开发过程示意图

4.原型法所需的软件支持环境

原型法的运用必须有一个前提，那就是要有一个强有力的软件支持环境。一般认为，原型法所需要的软件支撑环境主要有：

• 一个方便灵活的关系数据库系统(RDBS)，它具有高度适用性，允许直接进行数据的模型化和简化程序开发；

• 一个与 RDBS 相对应的、方便灵活的数据字典描述工具，它具有存储所有实体和控制信息的功能；

• 一套与 RDBS 相对应的快速查询系统，能支持任意非过程化的(即交互定义方式)组合条件查询；

• 一套高级的软件工具(如第四代程序设计语言或信息系统开发生成环境等)用以支持结构化程序，并且允许采用交互的方式迅速地进行书写和维护，产生任意程序语言的模块(即原型)；

• 一个非过程化的报告或屏幕生成器，允许设计人员详细定义报告或屏幕输出样本；

• 自动文档编排，提供与数据字典相联系的自动文档化功能。

5.关于原型法的评价

原型方法是在信息系统研制过程中的一种简单的实验模拟方法，它扬弃了结构化系统开发方法的某些烦琐细节，继承了其合理的内核，是对结构化开发方法的发展和补充，因而较前者有着明显的优势，但对开发环境的要求更高。

(1)原型法的优点

从上述流程来看，原型方法无论从原理到流程都是十分简单的，并无任何高深的理论和技术，但为什么会备受推崇，在实践中获得了巨大的成功呢？这是因为与结构化方法相比，原型方法具有如下几方面的特点：

• 从认识论的角度来看，原型方法更多地遵循了人们认识事物的规律，因而更容易为人们所普遍接受。这主要表现在：人们认识任何事物都不可能一次就完全了解，并把工作做得尽善尽美；认识和学习的过程都是循序渐进的；人们对于事物的描述，往往都是受环境的启发而不断完善的；人们批评指责一个已有的事物，要比空洞地描述自己的设想容易得多，改进一些事物要比创造一些事物容易得多。

• 原型方法将建立原型的手段引入系统分析的初期阶段，沟通了人们的思想，缩短了用户和系统分析人员之间的距离，解决了结构化方法中最难以解决的一环。这主要表现在：所有问题的讨论都是围绕某一个确定原型而进行的，彼此之间不存在误解和答非所问的可能性，为准确认识问题创造了条件；有了原型后才能启发人们对原来想不起来或不易准确描述的问题有一个比较确切的描述；能够及早地暴露出系统实现后存在的一些问题，促使人们在系统实现之前就加以解决。

• 原型法充分利用了最新的软件工具，摆脱了老一套工作方法，使系统开发的时间、费用大大减少，效率、技术等方面都大大地提高。

(2)原型法的局限性

• 原型法对开发工具提出了很高的要求。原型法有很多长处，但它的推广应用必须要有一个强有力的软件支持环境作为背景，没有这个背景它将变得毫无价值。

• 解决复杂系统和大系统问题很困难。根据目前的支持工具状况，原型法基本上都是在进入设计阶段之后才具有开发基础。这是因为，在分析阶段直接模拟用户业务领域内的活动，从而演绎出需求模型是相当困难的。这就意味着可实现的原型都是经过设计人员加工的，设计人员的误解总是映射到原型中，因此，在对大型系统原型化的过程（原型制作、评审、反馈）中，反复次数多、周期长、成本高的问题很难解决。对于大型的系统，如果不经过系统分析来进行整体性划分，想要直接用屏幕来一个一个地模拟是很困难的。对于复杂系统（如复杂的控制系统），由于其功能种类多、技术复杂、实现困难，而与应用业务领域知识密切相关的性能仿真工具进入实用阶段的很少，所以原型法很难解决大系统和复杂系统问题。这是第二个局限性。

• 原型法对企业管理水平要求较高。对于原基础管理不善、信息处理过程混乱的问题，使用原型法时有一定的困难。首先是由于工作过程不清，构造原型有一定困难；其次是由于基础管理不好，没有科学合理的方法可依，系统开发容易走上机械地模拟原来手工系统的轨道。

• 系统的交互方式必须简单明了。对于大量运算的、逻辑性较强的程序模块,原型法很难构造出模型来供人评价,因为这类问题没有那么多的交互方式,也不是三言两语就可以把问题说清楚的。另外,对于有大量批处理的系统,由于交互方式问题,使用原型法也会遇到某些困难。

6.原型法的应用范围

综上所述,我们可以看出,作为一种具体的开发方法,原型法不是万能的,有其一定的适用范围和局限性。原型法较适用于处理过程明确、简单系统或涉及面窄的小型系统的开发。而对于大型、复杂、难以模拟的系统,存在大量运算、逻辑性强的处理系统,或者管理基础工作不完善、处理过程不规范的系统则不适合使用原型法作为开发方法。另外,对于一个大量批处理系统,由于其大部分是内部处理过程,这时用原型方法也有一定的困难。

四、面向对象开发方法

面向对象开发方法(Object Oriented,简称 OO 方法)摒弃了那种功能分解方法只能单纯反映管理功能的结构状态,数据流程模型只是侧重反映事物的信息特征和流程,信息模拟只能被动地迎合实际问题需要的做法,而从面向对象的角度为我们认识事物,进而为开发管理信息系统提供了一种全新的思路和方法。

1.基本概念

(1)对象(Object)

对象是客观世界中的实体在特定问题空间(软件域)中的映象。它是对实体抽象的结果。可见,对象并不完全等同于实体的概念。由于需要解决的问题不同,面向的对象也就不同,因此对象是不固定的。每种对象都有各自的内部状态和运动规律,不同的对象之间的相互作用和联系就构成了各种不同的系统。对象是 OO 方法的主体,它至少应有以下特征:

• 相对独立性。对象首先应该对应一个独立存在的实体,从外部可以了解它的功能,但其内部细节是“隐蔽”的,它不受外界干扰。对象之间的相互依赖性很小,因而可以独立地被其他各个系统所选用。

• 继承和类比性。在对象之间有属性关系的共同性,在 OO 方法中称之为继承性,即子模块继承了父模块的属性,通过类比方法抽象出典型对象的过程称之为类比。

• 动态连接性。即各种对象之间统一、方便、动态的信息传递机制。

(2)类(Class)

所谓类就是指一组具有相同结构、操作和约束条件的对象集合。对象类由

“类说明”和“类实现”两大部分组成。“类说明”统一描述对象类的结构、应遵守的约束规则以及执行的操作，以便用户了解对象类的具体作用与功能；而“类实现”则由开发人员掌握，用户不必了解。对于超类、类和子类来说，结构肯定是一种层次结构。一个类可以有多个超类，也可以有多个子类。超类是下层子类的概括，因此子类可以继承超类的属性、操作和约束规则，这就是类继承机制。这样，如果在一个对象类中加入新对象，则这个新对象可自动地继承本对象类的全部属性、操作和约束。继承性使面向对象的系统具有较好的可扩充性和灵活性，因而有利于软件系统的维护。

(3)封装(Encapsulation)

封装，即信息隐蔽。这个概念可以从面向对象的程序设计上得到某种启发。一个程序一般由数据及其操作的代码组成。面向对象程序设计把数据和程序(代码)封装在一个对象中，数据称为对象的状态，程序称为对象的行为。对象的状态是该对象定义的属性的值的集合，行为是代码的集合。对象的封装性是面向对象技术的一个重要特征。对象的封装性实际上是一种信息隐蔽技术，对象的使用者只能看到对象封装界面上的信息，对象的内部对使用者是隐蔽的，其目的在于将对象的使用者和设计者分开。对象的封装性体现在以下几个方面：

• 对象具有清楚的边界。对象的内部软件(数据结构及操作)的范围隐蔽在这个边界之内。

• 对象具有统一的外部接口。对象的接口(信息模式)描述该对象与其他对象间的相互作用。

• 对象的内部实现是不公开的。对象的实现给出了对象提供的功能细节，外部对象是不能访问这个功能细节的。

2.基本思想

面向对象开发方法的要点可以归纳为以下几个方面：

• 客观事物都是由对象描述的，对象是在原事物基础上抽象的结果。任何复杂的事物都可以通过对象的某种组合构成。

• 对象由属性和方法组成，属性反映了对象的信息特征，如特点、值、状态等，方法则是用来定义改变属性状态的各种操作。

• 对象之间的联系主要是通过传递信息来实现的，传递的方式是通过信息模式和方法所定义的操作过程来完成的。

• 对象可按其属性进行归类，类有一定的结构，类上可以有超类，类下可以有子类，这种对象或类之间的层次结构是靠继承关系维系着的。

• 对象是一个被严格模块化了的实体，称之为封装。这种封装了的对象满足软件工程的一切要求，而且可以直接被面向对象的程序设计语言所接受。

3.开发过程

(1)系统调查和需求分析：对系统将要面临的具体管理问题以及用户对系统开发的需求进行调查研究，即先弄清要干什么的问题。

(2)分析问题的性质和求解问题：在繁杂的问题域中抽象地识别出对象以及其行为、结构、属性、方法等。一般称之为面向对象的分析，即 OOA。

(3)整理问题：对分析的结果作进一步的抽象、归类、整理，并最终以范式的形式将它们确定下来。一般称之为面向对象的设计，即 OOD。

(4)程序实现：用面向对象的程序设计语言将上一步整理的范式直接映射(即直接用程序设计语言来取代)为应用软件。一般称之为面向对象的程序，即 OOP。

面向对象开发方法的系统开发过程包括四个主要环节，即：识别客观世界中的对象以及行为，分别独立设计出各个对象的实体；分析对象之间的联系和相互所传递的信息，由此构成信息系统的模型；由信息系统模型转换成软件系统的模型，对各个对象进行归并和整理，并确定它们之间的联系；由软件系统模型转换成目标系统。

4.面向对象开发方法的特点及应用范围

(1)面向对象开发方法的特点

• 封装性。面向对象开发方法中，程序和数据是封装在一起的，对象作为一个实体，其操作隐藏在方法中，其状态由对象的"属性"来描述，并且只能通过对象中的"方法"来改变，从外界无从得知。封装性构成了面向对象开发方法的基础。面向对象就是"对象＋属性＋方法"。

• 抽象性。面向对象开发方法中，把从具有共同性质的实体中抽象出的事物本质特征概念，称为"类"(Class)，对象是类的一个实例。类中封装了对象共有的属性和方法，通过实例化一个类所创建的对象，自动具有类中规定的属性和方法。

• 继承性。继承性是类特有的性质，类可以派生出子类，子类自动继承父类的属性与方法。这样，在定义子类时，只需说明它不同于父类的特性，从而可大大提高软件的可重用性。

• 动态链接性。对象间的联系是通过对象间的消息传递动态建立的。

(2)面向对象开发方法的应用范围

在大型管理信息系统开发中，若不经自顶向下的整体划分，而是一开始就自下向上地采用 OO 方法开发系统，会造成系统结构不合理、各部分关系失调等等问题。OO 方法和结构化方法在系统开发中相互依存、不可替代。

5.关于面向对象开发方法的评价

根据以上讨论,面向对象开发方法的出发点和所追求的基本目标是使分析、设计和实现一个系统的方法尽可能接近人们认识一个系统的方法,也就是使描述问题的问题空间和解决问题的方法空间在结构上尽可能一致。这一目标的实现,首先是通过对问题空间进行自然分割(对象及其关系),以便以接近人类思维的方式建立问题域模型;然后对客观实体进行结构模拟和行为模拟,从而使设计出的软件尽可能直接地描述现实世界,构造出模块化的、可重用的、应变能力和维护性好的软件,并达到控制软件的复杂性和降低开发维护费用的目的。

面向对象开发方法是从系统应该“做什么”的角度出发,在需求分析的基础上提炼出解决问题的对象;它从实际中抽象出分析和设计对象时所需要的名词、动词、操作等这些十分具体和规范的技术步骤;它是从小到大、自下而上的,这个思路与结构化分析方法的思路是正好相反的;其首要的就是找出对象及其关系,并将其模块化,然后通过把这些基本单元进行不同组合,最终便产生了应用软件。所以,从某种意义上说,面向对象开发方法比结构化方法和其他方法更加接近现实的世界。

由于面向对象的方法更接近于现实世界,因而可以很好地限制由于不同的人对于系统的不同理解所造成的偏差。越到开发的底层,这种限制越明显。该方法的最主要特点是以对象为基础,利用特定的软件工具直接完成从对象客体的描述到软件结构之间的转换。该方法的应用解决了传统结构化开发方法中客观世界描述工具与软件结构的不一致性问题,缩短了开发周期,解决了从分析和设计等到软件模块结构之间多次转换映射的繁杂过程。但是,同原型法一样,面向对象开发方法的缺陷是需要功能强大的软件支持环境才可以应用。

另外,更重要的是,在大型的信息系统开发中,如果不经过自顶向下的整体划分,而是一开始就自底向上地采用面向对象开发方法开发系统,很难得出系统的全貌,就会造成系统结构不合理、各部分关系失调等问题。因此,面向对象开发方法必须与其他方法(如结构化开发方法)综合运用才能充分发挥其优势。

五、CASE 方法

CASE(Computer Aided Software Engineering)是一种自动化或半自动化的方法,能够全面支持除系统调查外的每一个开发步骤。严格地讲,CASE 只是一种开发环境而不是一种开发方法。它是上世纪 80 年代末从计算机辅助编程工具、第四代语言(4GL)及绘图工具发展而来的。目前,CASE 仍是一个发展中的概念,各种 CASE 软件也较多,没有统一的模式和标准。采用 CASE 工具进行系统开发，必须结合一种具体的开发方法，如结构化系统开发方法、面向对象开发方法或原型化开发方法等。CASE 方法只是为具体的开发方法提供了支持每一过程的专门工具。因而，CASE 工具实际上把原先由手工完成的开发过程转变为以自动化工具和支撑环境支持的自动化开发过程。

CASE 方法具有下列特点：

- 解决了从客观对象到软件系统的映射问题，支持系统开发的全过程。
- 提高了软件质量和软件重用性。
- 加快了软件开发速度。
- 简化了软件开发的管理和维护。
- 自动生成开发过程中的各种软件文档。

现在，CASE 中集成了多种工具，这些工具既可以单独使用，也可以组合使用。CASE 的概念也由一种具体的工具发展成为开发信息系统的方法学。

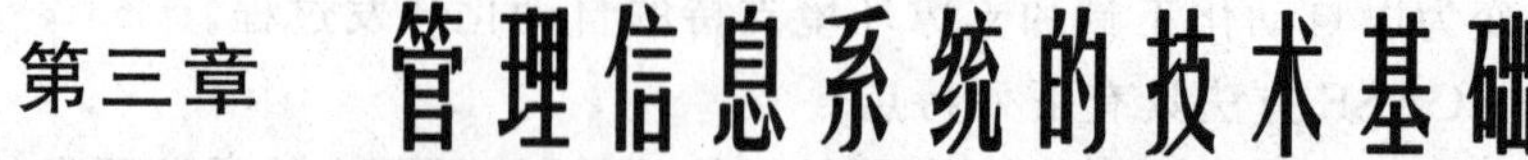

第三章 管理信息系统的技术基础

为了理解管理信息系统的规划、分析与设计，以及管理信息系统的实施与运行管理方面的方法和技术，需要具备一定的信息技术基础知识。本章介绍管理信息系统相关的基本技术内容，包括计算机的硬件技术、软件技术、数据库技术、数据通信和计算机网络的基本概念及相关领域的概况。

信息技术是计算机硬件技术、软件技术及通信技术的总称。这些技术可以帮助执行特定的信息处理任务，例如打印机可以把电子文档输出到纸张，网络可以让身在世界各处的公司实时沟通，数据库技术可以把一个普通的图书馆数字化并存放在一个小小的机柜里。信息技术是管理信息系统的基础，只有把信息技术和管理结合起来，才能真正发挥管理信息系统的作用。如图 3-1 所示，一项事务作业处理，需要计算机硬件、计算机软件和计算机网络的协同。

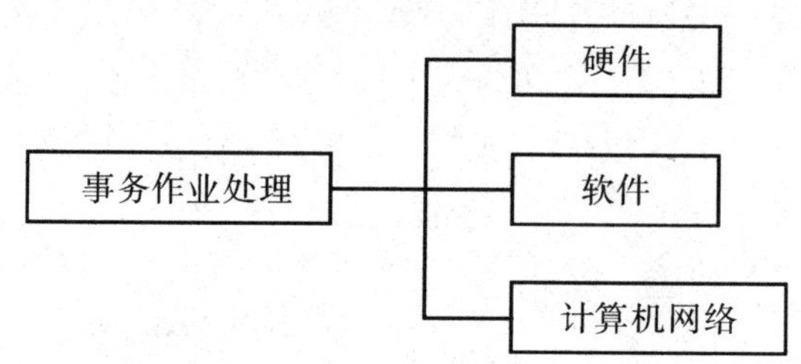

图 3-1 计算机信息技术的关系

计算机硬件是指包括计算机中所有物理的零件，例如主板、电源、内存、硬盘、光驱、打印机等其他的外设。

计算机软件是一系列按照特定顺序组织的计算机数据和指令的集合。软件通常被划分为程序语言、系统软件、应用软件和介于这两者之间的中介软件。其中系统软件为计算机使用提供最基本的功能，不针对某一特定应用领域，如操作系统（OS）、数据库管理系统（DBMS）、各种语言编译系统等。而应用软件则恰好相反，是指面向用户的、为用户服务的软件。不同的应用软件根据用户和所服务的领域提供不同的功能,如科学计算类软件、数据处理类软件、辅助设计类软件、财务会计类等。

网络通信技术是信息技术的另一个重要组成部分。数据通信是20世纪50年代后期随着电子计算机的广泛应用而发展起来的。计算机网络系统就是利用通信设备和线路将地理位置不同、功能独立的多个计算机系统互联起来,以功能完善的网络软件实现网络中资源共享和信息传递的系统。通过计算机的互联,实现计算机之间的通信,从而实现计算机系统之间的信息、软件和设备资源的共享以及协同工作等功能,其本质特征在于提供计算机之间的各类资源的高度共享,以便捷地交流信息和交换思想。

某企业供销公司营销系统的硬件结构设计

(一)案例背景

某大型供销公司决定建设计算机供销管理系统,在完成了系统分析工作之后确定了整个系统由物资供应子系统、产品销售子系统及服务于公司领导的综合查询三个子系统构成。

该系统涉及的主要办公部门分布在一个主办公大院内(见图3-2)。

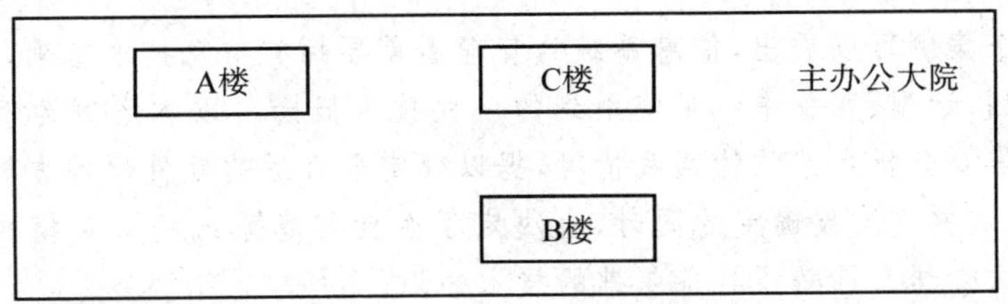

图3-2 办公部门分布图

物资管理部门集中在A楼,产品销售部门集中在B楼,C楼是公司领导的办公地点。

其中A楼有三层,B楼两层,C楼两层。A、B、C三楼间距离分别为:AC=300米,CB=200米。除了上述管理部门之外,物资管理还有四个物资仓库,产品销售管理还有两个货场及一个货运站,这些机构离主办公大院都在2～10千米。

根据上述情况,开发组给出了下面的硬件结构方案:

(1)主办公大院内计算机应用系统的计算模式采用B/S模式。

(2)在主办公大院内建立连接A、B、C三楼的主干光纤网。

(3)从主干光纤网在A、B、C三楼分别接出三个星型网络用于建立物资子系统、产品销售子系统及综合信息查询子系统。

(4)对于离主办公大院较远的物资仓库、产品货场及货运站,通过电话拨号的方式接入办公大院内的系统,考虑到拨号接入的速度较低,该部分的应用采用C/S计算模式。

整个系统的硬件结构见图3-3。

在A楼、B楼的子网中各有两台服务器分别担当物资供应子系统及产品销售子系统的数据库服务器及应用服务器。

系统软件配置方案为:

A、B两楼内的四台服务器均采用Windows 2008 Server网络操作系统。

A、B两楼内的两台数据库服务器均采用Oracle作为数据库服务器软件。

A、B两楼内的两台应用服务器均采用IIS作为Web应用服务器软件。

主办公大院内的客户端应用采用B/S模式工作,客户端操作系统采用Windows 7/10,浏览器采用IE,应用开发工具采用ASP.Net和Visual Studio 2013。

物资仓库、产品货场、货运站的客户端采用C/S模式工作,这样可以减少网络上的数据传输量,操作系统可采用Windows 7/10、Unix、Linux等,应用开发及运行环境采用C# winform和Visual Studio。

(二)小结

从这个案例可以看出,信息系统的管理者需要拥有信息技术基础,了解信息系统在策划、选型、实施中经常使用到的一些技术概念。以本案例为例,信息系统管理者需要分析本单位的实践情况,据以确定最合适的软件硬件方案、网络配置方案等,这些方案被确定的同时,也决定了企业信息系统的计算模式。为此,信息系统的管理人员必须具备基础的技术知识。

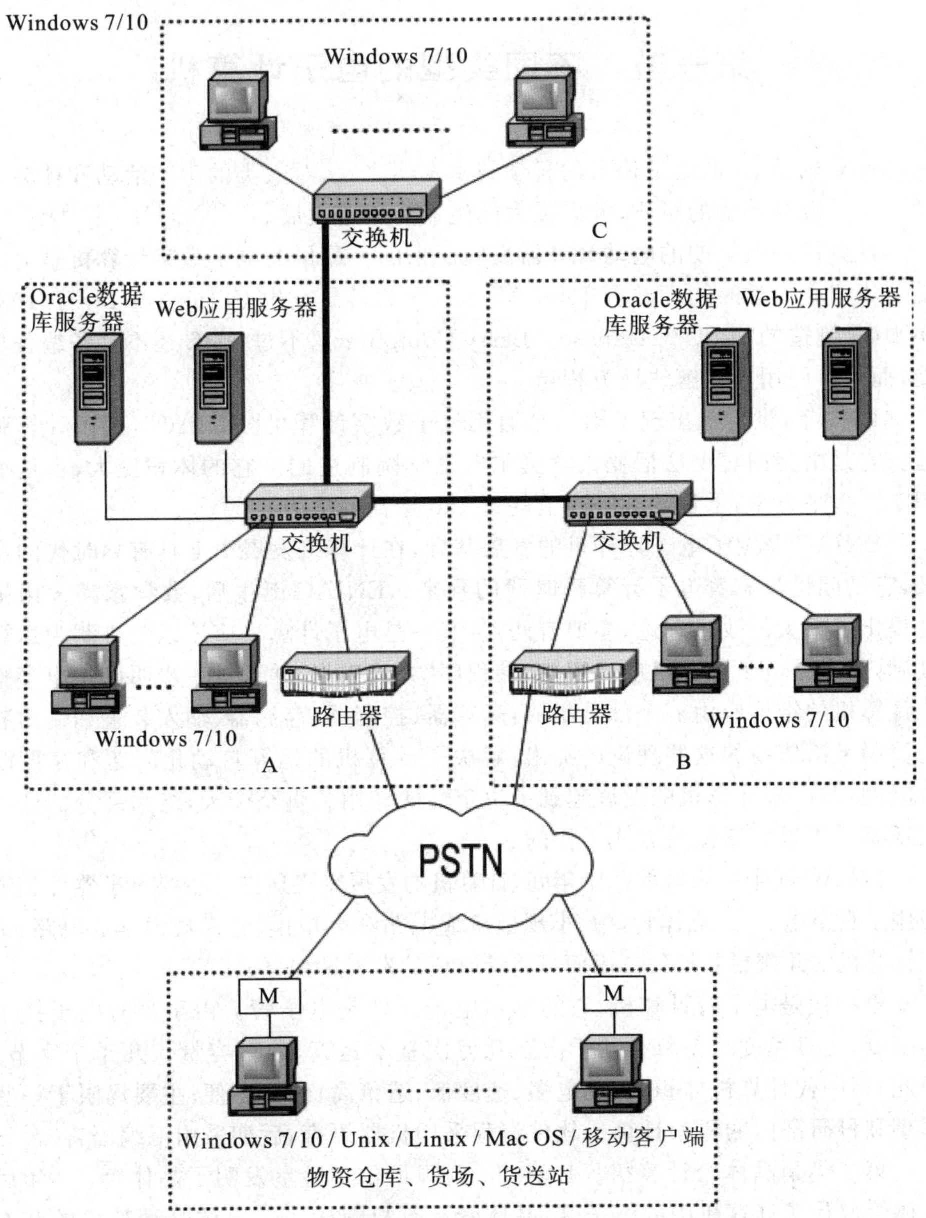

Windows 7/10
Windows 7/10
交换机
C
Oracle数据库服务器
Web应用服务器
Oracle数据库服务器
Web应用服务器
交换机
交换机
路由器
路由器
Windows 7/10
Windows 7/10
A
B
PSTN
M
M
Windows 7/10 / Unix / Linux / Mac OS / 移动客户端
物资仓库、货场、货送站

图 3-3 硬件结构图

第一节　不同类型的电子计算机

计算机是20世纪最伟大的科学技术发明之一，对人类的生产活动和社会活动产生了极其重要的影响，并以强大的生命力飞速发展。

计算机是由早期的电动计算器发展而来的。最早的电子数字计算机是美国爱荷华州立大学的物理教授 John Atanasoff 和其研究生 Clifford Berry 于1939年10月制造的“ABC”(Atanasoff-Berry Computer)，不过ABC还不具备编程功能，而是专门用于求解线性方程组。

1946年，世界上出现了第一台通用电子数字计算机“ENIAC”，用于计算弹道。它是由美国宾夕法尼亚大学莫尔电工学院制造的。它的体积庞大，占地面积170多平方米，重量约30吨，消耗近150千瓦的电力。

ENIAC奠定了电子计算机的发展基础，在计算机发展史上具有划时代的意义，它的问世标志着电子计算机时代的到来。ENIAC诞生后，数学家冯·诺依曼提出了重大的改进理论，主要有两点：其一是电子计算机应该以二进制为运算基础，其二是电子计算机应采用“存储程序”方式工作，并且进一步明确指出了整个计算机的结构应由五个部分组成：运算器、控制器、存储器、输入装置和输出装置。冯·诺依曼的这些理论的提出，解决了计算机的运算自动化问题和速度配合问题，对后来计算机的发展起到了决定性的作用。直至今天，绝大部分的计算机还是采用冯·诺依曼方式工作的。

ENIAC诞生后短短的几十年间，计算机的发展突飞猛进。主要电子器件相继使用了真空电子管，晶体管，中、小规模集成电路和大规模、超大规模集成电路，引起计算机的几次更新换代。因而可将计算机的发展过程分成以下几个阶段：

第一代是电子管计算机，它的基本电子元件是电子管。由于当时电子技术的限制，运算速度只是每秒几千次至几万次基本运算，内存容量仅几千个字节。因此，第一代计算机体积大、耗电多、速度低、造价高、使用不便；主要局限于一些军事和科研部门的科学计算。软件编程采用机器语言，后期采用汇编语言。

第二代是晶体管计算机。1948年，美国贝尔实验室发明了晶体管，10年后晶体管取代了计算机中的电子管，晶体管计算机诞生了。晶体管计算机的基本电子元件是晶体管，内存储器大量使用磁性材料制成的磁芯存储器。与第一代电子管计算机相比，晶体管计算机体积小，耗电少，成本低，逻辑功能强，使用方便，可靠性高。软件编程上广泛采用高级语言，并出现了早期的操作系统。

第三代是集成电路计算机。随着半导体技术的发展，1958年夏，美国得克萨斯公司制成了第一个半导体集成电路。由于采用了集成电路,第三代计算机各方面性能都有了极大提高:体积缩小,价格降低,功能增强,可靠性大大提高。软件上广泛使用操作系统,产生了分时、实时等操作系统和计算机网络。

第四代是大规模集成电路计算机。第四代计算机的基本元件是大规模集成电路、超大规模集成电路,集成度很高的半导体存储器替代了磁芯存储器,运算速度可达每秒几百万次,甚至上亿次基本运算。在软件开发方法上产生了结构化程序设计和面向对象程序设计的思想。另外,网络操作系统、数据库管理系统得到广泛应用。微处理器和微型计算机也在这一阶段诞生并获得飞速发展。

目前,还有一些新型计算机还在研发中,例如量子计算机、化学计算机、生物计算机、光计算机等。

现代不同类型的计算机其架构、功能、速度和容量、外形上都有很大不同。按照其运算能力、速度可以分为服务器、工作站、台式机、笔记本计算机、手持设备五大类。

(1)服务器(Server):服务器是网络的重要节点,存储和处理网络上80%的数据和信息,在网络中起到关键的作用。它们是为客户端计算机提供各种服务的高性能计算机,其高性能主要表现在高速度的运算能力、长时间的可靠运行、强大的外部数据吞吐能力等方面。相对于普通电脑来说,服务器的稳定性、安全性、性能等方面都要求更高,虽然服务器的构成与普通电脑近似,也有处理器、硬盘、内存、系统总线等,但因为它是针对具体的服务应用特别制定的,所以CPU、芯片组、内存、磁盘系统、网络等硬件和普通电脑有所不同,在处理能力、稳定性、可靠性、安全性、可扩展性、可管理性等方面存在很大差异。

2016年6月,国际超级计算机"TOP500"组织当天发布的榜单显示,排在榜首的是由中国国家超级计算无锡中心研制的"神威太湖之光",浮点运算速度为每秒9.3亿亿次,"神威太湖之光"的运算速度为此前3年处在该榜单首位的"天河二号"的两倍以上,大约是目前排名第三的美国领先超级计算机系统的5倍。"神威太湖之光"使用的是中国自主知识产权的芯片。"TOP500"组织在一份声明中写道:"中国在国际TOP500组织第47期榜单上保持第一名的位置,凭借的是一个完全基于中国设计、制造处理而打造的新系统。"

排名第二的就是来自中国广州的"天河二号",浮点预算速度为每秒3.386亿亿次。这次500强榜单还有一个重大变化是,美国入围的超级计算机总数量首次被中国超越。中国现在入榜的超级计算机数量达到167台,美国则是165台。

(2)工作站(Workstation),是一种以个人计算机和分布式网络计算为基础,主要面向专业应用领域,具备强大的数据运算与图形、图像处理能力,为满足工程设计、动画制作、科学研究、软件开发、金融管理、信息服务、模拟仿真等专业领域而设计开发的高性能计算机。它属于一种高档的电脑，一般拥有较大屏幕显示器和大容量的内存和硬盘，也拥有较强的信息处理功能和高性能的图形、图像处理功能以及联网功能。

(3)台式机(Desktop)，也叫桌面机，为现在非常流行的微型计算机。台式机的性能较笔记本电脑要强。

(4)笔记本电脑(Notebook Computer 或 Laptop)，是一种小型、可携带的个人电脑，通常重 1～3 公斤。它和台式机架构类似，但是提供了更好的便携性。笔记本电脑除了键盘外，还提供了触控板(Touch Pad)或触控点(Pointing Stick)，提供了更好的定位和输入功能。

(5)手持设备(Handheld)，其种类较多，如 PDA、智能手机，它们的特点是轻便，小巧，可移动性强，同时功能也较为强大。缺点是屏幕过小，运行时间依赖于电池容量。手持设备通常采用手写笔或触摸屏作为输入设备，以存储卡作为外部存储介质。在无线传输方面，大多数手持设备具有红外或蓝牙接口，以保证无线传输的便利性。许多手持设备还带有 WiFi、3G 以及 GPS 全球卫星定位系统。目前最受欢迎的掌上电脑操作系统平台分别有 Android、IOS、Windows Mobile 等系列。随着移动互联时代的发展，手持设备将会获得更大的发展，其功能也会越来越强。

第二节　操作系统

操作系统(Operating System，简称 OS)是管理计算机硬件与软件资源的程序，同时也是计算机系统的内核与基石。操作系统是一个庞大的管理控制程序，大致包括五个方面的管理功能：进程与处理机管理、作业管理、存储管理、设备管理、文件管理。目前流行的操作系统分三大系列：Unix 和类 Unix 系列、微软的 Windows 系列、苹果 Mac OS 系列。

表 3-1　2016 年 1—5 月全球操作系统份额　　单位：%

2016	Win10	Win8	Win7	Vista	NT *	WinXP	Linux	Mac	Chrome OS	移动设备
5 月	22.6	13.6	40.7	0.3	0.1	1.6	5.6	10.2	0.2	5.2
4 月	21.2	14.1	41.2	0.4	0.1	1.7	5.5	10.6	0.2	5.1
3 月	19.5	14.7	42.4	0.4	0.1	1.9	5.5	10.3	0.2	5.1
2 月	17.8	15.2	43.1	0.4	0.1	2.1	5.6	10.4	0.2	5.2
1 月	17.0	15.8	43.2	0.4	0.1	2.2	5.7	10.2	0.2	5.4

一、Windows 系列

微软公司在 1983 年春季宣布开始研究开发 Windows，希望它能够成为基于 Intel x86 微处理芯片计算机上的标准图形用户界面(GUI)操作系统。它在 1985 年和 1987 年分别推出 Windows 1.0 版和 Windows 2.0 版。但是，由于当时硬件和 DOS 操作系统的限制，这两个版本并没有取得很大的成功。经过不断的技术改进，微软于 1990 年 5 月份推出的 Windows 3.0 在商业上取得了惊人的成功。

第二个里程碑是 1995 年 8 月 24 日发行的 Windows 95，它带来了更强大的、更稳定、更实用的桌面图形用户界面，成为有史以来最成功的操作系统之一。1998 年发行的 Windows 98 对 Windows 95 作了部分改进。

与此同时，微软公司还拥有 Windows NT，这是一种基于新技术的产品，NT 的后继产品 Microsoft Windows 2000 发行于 2000 年 12 月 19 日。

2001 年 10 月 25 日，微软发布 Windows XP。Windows XP 将 Windows 2000 的众多优点(例如基于标准的安全性、易管理性和可靠性)与 Windows 98 的最佳特性(即插即用、易于使用的用户界面以及独具创新的支持服务)完美集成在一起，从而打造出了迄今为止最为优秀的一款 Windows 操作系统产品。

2005 年 7 月 22 日微软正式公布了 Windows Vista。在 2007 年 1 月，Windows Vista 正式对普通用户出售。但是 Vista 对 XP 作了较大的改动，特别是出于安全原因而加入的用户控制功能严重影响了部分程序的运行。同时 Vista 的精致特效也需要更高级的硬件资源，这使得 Vista 受到严厉批评，在市场上也迟迟不能取代 XP。

2009 年 10 月发布的 Windows 7 在 Vista 基础上作出了多种改进。在微软的各项推广活动下，其市场占有率稳步提高，到 2011 年，其市场份额开始慢慢超过 Windows XP。

接下来发布的 windows 8 市场反应不佳，2015 年，微软发布 Windows 10，还宣布以 Windows 10 Mobile 作为下一代 Windows 10 手机版的正式名称。2015 年 7 月，微软向所有的 Windows 7、Windows 8.1 用户免费推送 Windows 10，开始了 Windows 操作系统的“免费”时代。

在服务器产品线，微软凭借 Windows NT 产品线向一直被 Unix 系统垄断的服务器市场发起了强有力的冲击。2000 年发布了 Windows 2000 服务器版。2003 年 4 月，Windows Server 2003 发布，对活动目录、组策略操作和管理、磁盘管理等面向服务器的功能作了较大改进，对.net 技术的完善支持进一步扩展了服务器的应用范围。2008 年，微软发布了 Windows 2008 Server，Windows Server 2008 是一套和 Windows Vista 相对应的服务器操作系统，两者拥有很多相同功能。2012 年发布的 Windows Server 2012 是 Windows 8 的服务器版本，并且是 Windows Server 2008 R2 的继任者。

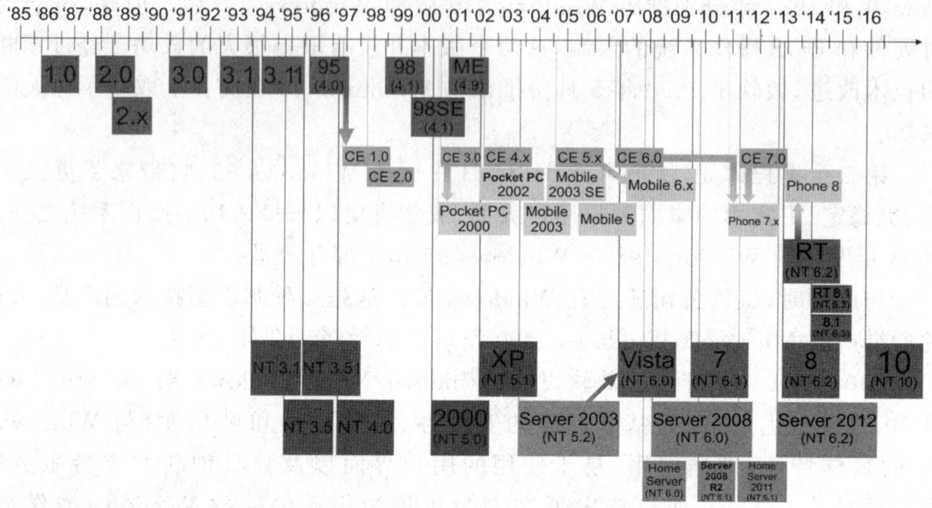

图 3-4 Windows 发展历史

二、Unix

Unix 最早于 1969 年在 AT&T 的贝尔实验室开发成功。此后的 10 年，Unix 在学术机构和大型企业中得到了广泛的应用，当时的 Unix 拥有者 AT&T 公司以低廉甚至免费的许可将 Unix 源码授权给学术机构作研究或教学之用，许多机构在此源码基础上加以扩充和改进，形成了所谓的“Unix 变种”，这些变种反过来也促进了 Unix 的发展，其中最著名的变种之一是由加州大学柏克莱分校开发的 BSD 产品。

此后的几十年中，有很多大公司在取得了 Unix 的授权之后，开发了自己的 Unix 产品，比如 IBM 的 AIX、HP 的 HP-UX、SUN 的 Solaris 和 SGI 的 IRIX。

Unix 因为其安全可靠、高效强大的特点在服务器领域得到了广泛的应用。在 GNU/Linux 流行开始前，Unix 一直是科学计算、大型机、超级计算机等所用操作系统的主流。

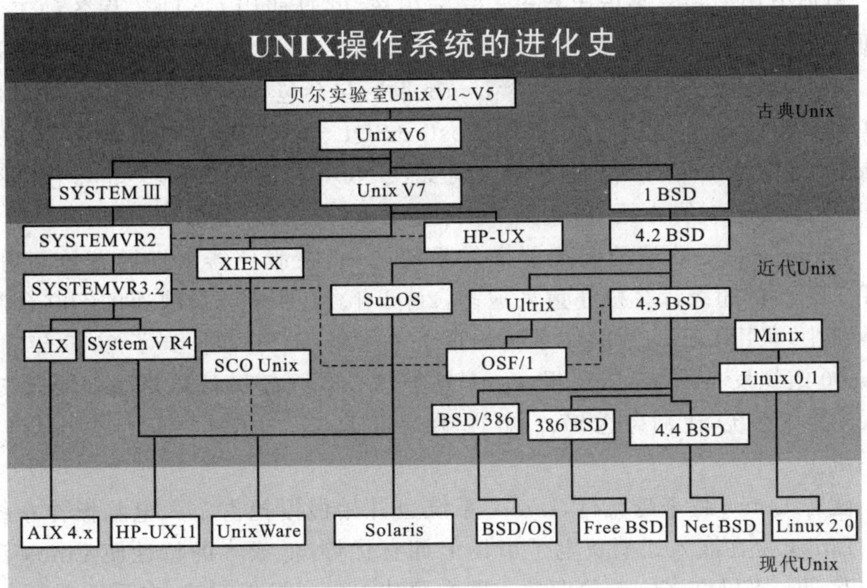

图 3-5　Unix 发展历史

Unix 系统自 1969 年踏入计算机世界以来已 30 多年。虽然目前市场上面临某种操作系统(如 Windows NT)强有力的竞争,但是它仍然是笔记本电脑、PC、PC 服务器、中小型机、工作站、大巨型机及群集、SMP、MPP 上全系列通用的操作系统。而且以其为基础形成的开放系统标准(如 POSIX)也是迄今为止唯一的操作系统标准,即使是其竞争对手或者目前还尚存的专用硬件系统(某些公司的大中型机或专用硬件)上运行的操作系统,其界面也是遵循 POSIX 或其他类 Unix 标准的。从这个意义上讲,Unix 就不只是一种操作系统的专用名称,而成了当前开放系统的代名词。Unix 是世界上用途最广的通用操作系统。Unix 不仅大大推动了计算机系统及软件技术的发展,从某种意义上说,它的发展对推动整个社会的进步也起了重要的作用。

三、Linux

Linux 操作系统是一类计算机操作系统的统称。Linux 操作系统也是自由软件和开放源代码发展中最著名的例子。

Linux 操作系统的内核的名字也是“Linux”。Linux 内核最初只是由芬兰人林纳斯·托瓦兹(Linus Torvalds)在赫尔辛基大学上学时出于个人爱好而编写的。

习惯上用 Linux 来指代基于 Linux 内核，并且使用 GNU 工程各种工具和数据库的操作系统(也被称为 GNU/Linux)。基于这些组件的 Linux 软件被称为 Linux 发行版。一般来讲，一个 Linux 发行包会包含大量的软件，比如软件开发工具(例如 gcc)、数据库(例如 PostgreSQL、MySQL)、Web 服务器(例如 Apache)、X Window、桌面环境(例如 GNOME 和 KDE)、办公包(例如 OpenOffice.org)、脚本语言(例如 Perl、PHP 和 Python)等等。

Linux 是最受欢迎的服务器操作系统之一，在服务器市场拥有较高份额。采用 Linux 的超级计算机亦愈来愈多，2008 年 11 月全球最快速的 500 台超级计算机中，采用 Linux 为操作系统的占了 439 组(87.8%)。到了 2015 年，根据 Top500 组织发布的 45 届年报，2015 年全球 500 强超级计算机中，486 台运行 Linux 操作系统，比例高达 97.2%，12 台运行 Unix，只有 1 台运行 Windows 操作系统。

随着 Linux 越来越流行，Linux 系统也开始慢慢抢占个人电脑操作系统市场。Linux 也在嵌入式消费电子市场上拥有优势，低成本的特性使 Linux 深受用户欢迎。不仅许多物美价廉的上网本预装 Linux 操作系统，在手机方面，许多款产品均采用 Linux 系统或 Linux 的修改版，其中成功的 Android 系统同样也基于 Linux。

使用 Linux 主要的成本为移植、培训和学习的费用，早期由于会使用 Linux 的人较少，这方面费用较高，但这方面的费用已经随着 Linux 的日益普及和 Linux 上的软件越来越多、越来越方便而降低。

在中国大陆，由于 Windows 特别广泛的应用，市场上的软件和硬件基本上都是为微软 Windows 设计的，甚至网站都是 Internet Explorer 专用的。Microsoft Office 的广泛使用、网络游戏的平台限制等严重制约了 Linux 在中国的应用推广。

四、Mac OS

Mac OS 是一套运行于苹果系列电脑上的操作系统。Mac OS 是首个在商用领域成功的图形用户界面。

Mac OS X 是苹果电脑公司 Mac OS 的最新版本。Mac OS X 于 2001 年首次在市场上推出。它是一套以 Unix 为基础的操作系统，包含两个主要的部分：以 FreeBSD 源代码和 Mach 微核心为基础的内核，由苹果电脑和独立开发者合作开发；一个由苹果电脑公司开发，名为 Aqua 的专有版权的图形使用者接口(如图 3-6)。

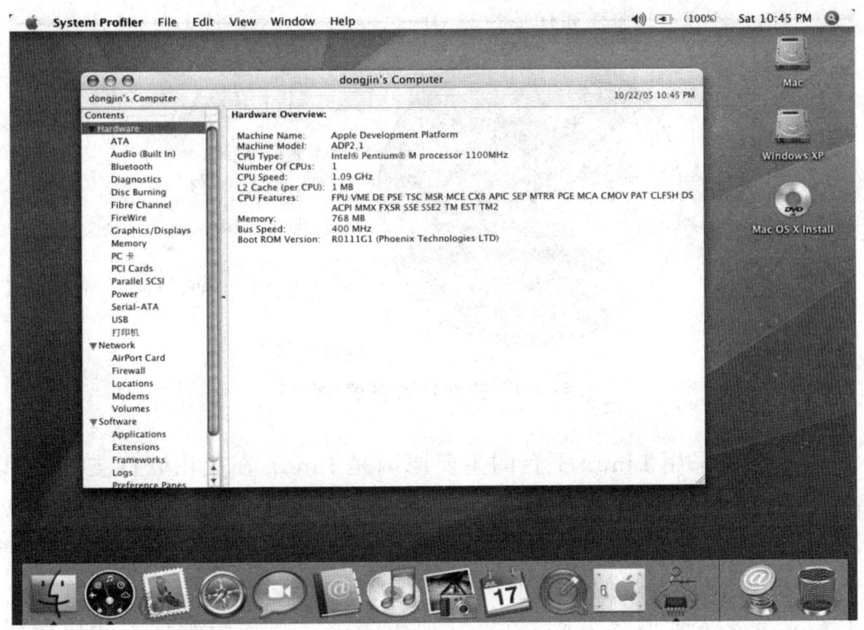

图 3-6 OS X 界面

用于服务器的 Mac OS X Server 亦同时于 2001 年发售，架构与工作站(客户端)版本相同，只有在包含的工作群组管理和管理软件工具上有所差异，提供邮件传输服务器、Samba 软件、LDAP 目录服务器以及域名服务器(DNS)。

早期的 Mac OS 仅在苹果电脑上运行，现在新的 Mac OS X 和 Unix 一样拥有了可移植的能力，也可以在 Intel 平台上运作。

五、对操作系统的选择

企业在选择操作系统的时候，通常要考虑的是整体拥有成本(TCO)，以及新系统和原系统的兼容性和可协同工作的能力。在比较不同平台的 TCO 时，请务必留意固定时间内的所有成本，而不仅仅是前期购买成本。据 IDC 统计、最初的软件成本仅占 TCO 的 7%，管理和维护的成本占了 TCO 的 60%，停机造成的损失占 TCO 的 15%。后两项成本在三年期中，占了 TCO 的绝大部分。

由于可以降低支出，Linux 在企业市场的采用度在提升。

在各种产业中，零售业最有潜力采用 Linux，政府机构则是较慢采用 Linux。

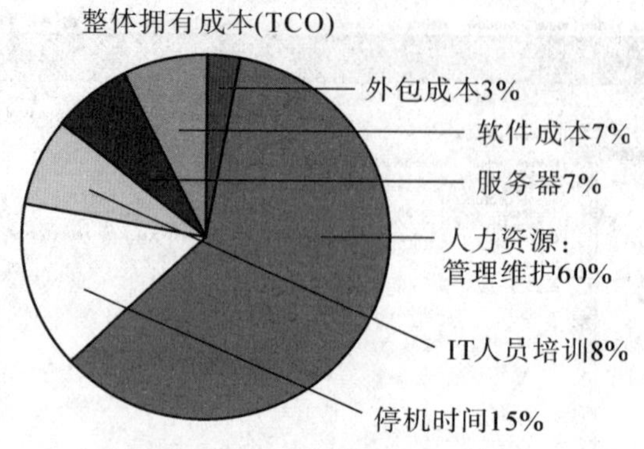

图 3-7　三年期服务器 TCO

用户不准备采用 Linux 平台的主要原因是 Linux 在应用软件支持度，以及与 Windows 操作系统间的互通性上存在问题，但是 Linux 系统相较于 Windows 系统确实能有效降低服务器购买成本，Linux 系统约比 Windows 系统便宜一至两成，在预算有限的考虑下，企业会购买 Linux 服务器。

Linux 虽然节省服务器购买成本，但由于 Linux 相关维护人才比较缺乏，Linux 系统对企业而言，因 IT 维护能力、各版本差异等问题，其后续运行成本可能不一定较低。例如 Red Hat 的业务是客户每年订购操作系统支持服务，Red Hat Enterprise Linux 5 Advanced 的成本为每年每部服务器 $ 2 499 美元。用户每年都要为每部服务器支付订购费用。此外，如果需要 24/7（每周 7 天，每天 24 小时）的支持，则需要支付更多费用。

2004 年，德国慕尼黑政府宣布，将把政府电脑迁移到 Linux 操作系统，并且启动了名为“Linux”的软件迁移项目，按照计划，八成的政府办公电脑，都将安装 Linux 操作系统。据统计，到 2011 年，参与 Linux 计划的政府电脑数量，多达 9 000台。

然而在实际执行中，政府官员们发现，并未看到使用 Linux 系统带来的种种好处，原先的设想都已经落空。一位市政府的相关官员表示，无论和市政府哪个部门的人员沟通电脑事宜，对方都会表示，Linux 严重影响了自己的工作效率。据称，这些 Linux 电脑的用户，无法和其他城市的公务员分享办公文件。另外，虽然使用 Linux 无须再向微软支付操作系统授权费，然而政府不得不重新在 Linux 上开发所需要的政府专用业务处理软件，包括开发和后续的维护，给政府带来了巨大的负担，使用 Linux 整体上并不是更经济的选择。

第三节　数据库简介

数据库技术是管理信息系统的核心技术。从信息系统的概念中，我们知道，计算机信息系统是以提供信息服务为目的的人机交互的应用系统，管理信息系统从狭义上来说，是信息系统的用途分类的一种，无论何种信息系统，其最终目的都是提供信息服务。

信息系统如何提供信息服务呢？用最简单的说法就是，用户向系统输入原始数据，操作命令并获得结果信息。在这个过程中，由于计算机是一种基于二进制运算的信息处理机器，任何需要由计算机进行处理的信息，都必须进行一定程度的形式化，并表示成二进制编码的形式的数据。无论何种信息系统，都离不开对数据的管理。

在20世纪60年代中期以前，数据主要是用文件系统进行管理，但这种管理方式受到文件系统局限性的限制，当时的信息系统主要为单项应用服务，其主要功能也只是代替人做一些事务性操作。自60年代中后期开始，以数据的集中管理和共享为特征的数据库系统逐步取代了文件系统，成为数据管理的主要形式。从而，为一个单位或更大范围的多项应用服务的综合信息系统出现了，其功能也从单纯的事务处理扩大到规划、分析、预测和决策等领域，这是信息系统的重要发展。就当前的信息技术、信息系统架构而言，数据库技术是管理信息系统的核心技术。

一、关系数据库概述

数据库技术的萌芽可以追溯到20世纪60年代中期。60年代计算机在管理中的应用更加广泛，数据量急剧增大，对数据共享的要求越来越迫切；同时，大容量磁盘已经出现，联机实时处理业务增多，硬件价格大幅下降，软件价格在系统中的比重日益上升，编制和维护应用软件所需成本相对增加。在这种情况下，为了解决多用户、多应用共享数据的需求，以便数据为尽可能多的应用程序服务，出现了数据库系统。数据库是以一定的组织方式存储在一起的相关数据的集合，它应能以最佳的方式、最少的数据冗余为多种应用服务，程序与数据应具有较高的独立性。

60年代末到70年代初数据库技术日益成熟，1970年，IBM公司San Jose研究实验室研究员E.F.Codd发表了题为“大型共享数据库数据的关系模型”的论文，提出了数据库的关系模型，开创了关系方法和关系数据研究，为关系数据库的发展奠定了理论基础。1981 年 IBM 公司 San Jose 实验室宣布具有关系数据库原型系统 System R 全部特性的数据库产品 SQL/DS 问世。与此同时，加州大学伯克利分校研制成功了关系数据库实验系统 INGRES，接着又实现了 INGRES 商业版，使关系方法从实验室走向社会。

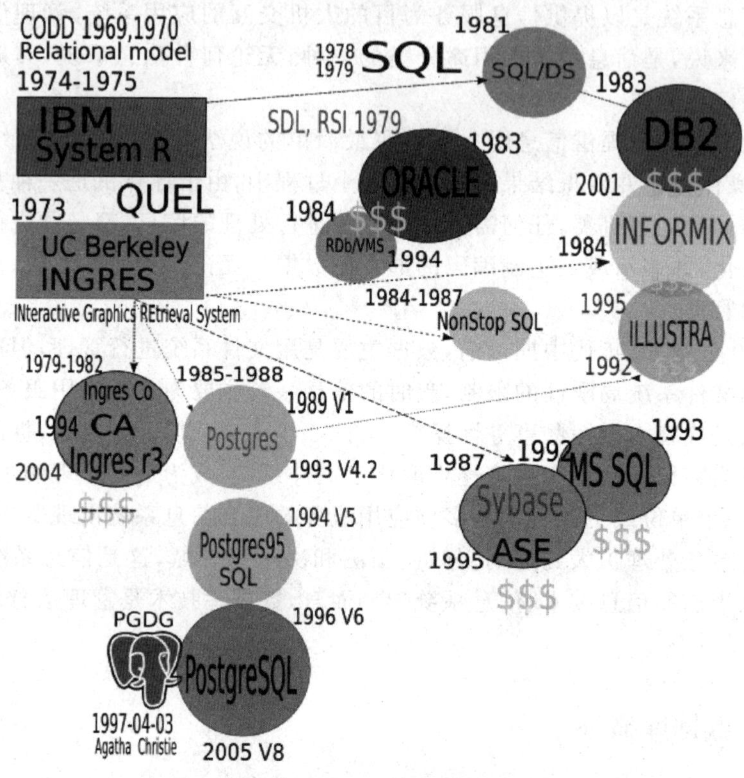

图 3-8 关系数据库发展史

（$ 表示商业软件）

20 世纪 80 年代以来，几乎所有新开发的数据库系统都是关系型的。微型机平台的关系数据库管理系统也越来越多，功能越来越强，其应用已经遍及各个领域。

关系数据库的特点是：

(1)面向全组织的复杂数据结构。数据库中的数据结构不仅描述了数据自身，而且描述了整个组织数据之间的联系，实现了整个组织数据的结构化。

(2)数据冗余度小，易于扩充。由于数据库从组织的整体来看待数据，数据不再是面向某一特定的应用，而是面向整个系统，减少了数据冗余和数据之间不一致的现象。在数据库系统下,可以根据不同的应用需求选择相应的数据加以使用,系统易于扩充。

(3)数据与程序独立。数据库系统提供了数据的存储结构与逻辑结构之间的映射功能及总体逻辑结构与局部逻辑结构之间的映射功能,从而使得当数据的存储结构改变时,逻辑结构保持不变,或者当总体逻辑结构改变时,局部逻辑结构可以保持不变,从而实现了数据的物理独立性和逻辑独立性,把数据的定义和描述与应用程序完全分离开。

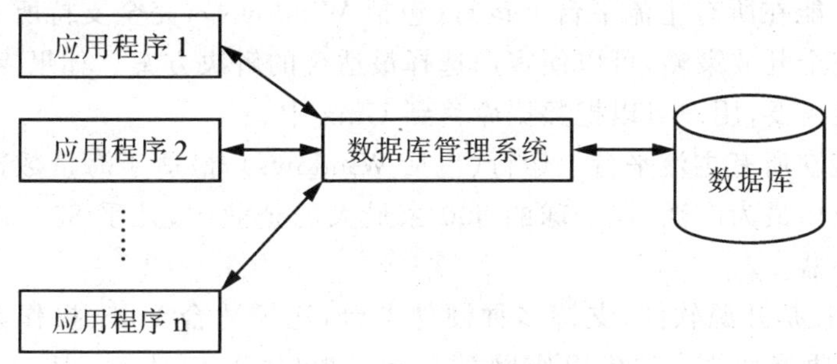

图 3-9 DBMS:程序和数据的分离

(4)统一的数据控制功能。数据库系统提供了数据的安全性控制(Security)和完整性控制(Integrity),允许多个用户同时使用数据库资源。数据库的上述特点,使得信息系统的研制从围绕加工数据的以程序为中心转移到围绕共享的数据库来进行,实现了数据的集中管理,提高了数据的利用率和一致性,从而能更好地为决策服务。因此,数据库技术在信息系统应用中正起着越来越重要的作用。

数据库系统则是由计算机系统、数据、数据库管理系统和有关人员组成的具有高度组织的总体。数据库系统的主要组成部分有:

• 计算机系统。计算机系统指用于数据库管理的计算机硬软件系统。数据库需要大容量的主存以存放和运行操作系统、数据库管理系统程序、应用程序以及数据库、目录、系统缓冲区等,辅存方面,则需要大容量的直接存取设备。此外,系统应具有较高的网络性能。

• 数据库。数据库既有存放实际数据的物理数据库,也有存放数据逻辑结构的描述数据库。

• 数据库管理系统(DBMS)。数据库管理系统是一组对数据库进行管理的软件,通常包括数据定义语言及其编译程序、数据操纵语言及其编译程序以及数据管理例行程序。

二、数据库系统市场现状

数据库系统市场主要有三家公司的主流商用数据库，它们分别是微软公司的 SQL Server 、IBM 公司的 DB2 和甲骨文公司的 Oracle。此外还有以 MySQL 为代表的开源数据库。

MS SQL Server 只能在 Windows 上运行，安全性和伸缩性相对有限。

Oracle 能在所有主流平台上运行（包括 Windows），完全支持所有的工业标准。采用完全开放策略，可以使客户选择最适合的解决方案。如果 Windows 平台不能满足需要，用户可以把数据库移到 Unix 中。

DB2 能在所有主流平台上运行（包括 Windows），最适于海量数据。DB2 在企业级的应用最为广泛，在全球的 500 家最大的企业中，几乎 85％以上用 DB2 数据库服务器。

MySQL 是开源软件，支持多种硬件平台，比较适合 Unix 操作系统。速度很快，但是功能较弱，常常用作网站后台。2009 年 5 月 Oracle 公司收购了 MySQL。

根据 2015 年的调查统计，数据库市场仍然以 Oracle、IBM 和微软三大商用数据库厂商为主导，而且随着 MySQL 等开源厂商的加入，其他数据库厂商的既有市场份额正在 Oracle、IBM、微软三家的技术优势和开源数据库的成本优势双重挤压下进一步萎缩。根据 IDC 公布的数据库市场份额，Oracle 排名第一，市场总量份额比紧随其后的 IBM 和微软的总和还要高，这种情况已经持续数年；从使用情况看，76.4％的公司使用了 SQL Server，该比例超过 Oracle、IBM 和MySQL。

从数据应用的热点领域——商务智能角度看，高端领域仍以 IBM（DB2 和 Informix）、Oracle、Teradata 和微软为主，MySQL 等一批中小厂商也开始逐步进入数据分析领域；从数据库运行的操作系统平台看，Linux 异军突起，虽然总量上相对 Unix 和 Windows 而言还有不小差距，但增幅很大。

三、数据库产品的选择

在数据库应用上，随着各大数据库厂商的产品线越拉越长，客户可以根据需要穿插选择每个厂家技术、成本、服务优势相对明显的产品来集成，而不是单一地选择某家产品的全套数据库产品套件；另外，开源社区贡献的很多成熟产品也为客户提供了更多选择。

随着企业信息化的普及和用户数据库应用水平的提高，很多时候是客户自己根据项目特点、规模理智地选择最"有性价比"的产品,用户应该认识到数据库更多只是管理信息资源的一种技术手段而非业务目标,一味跟随厂商被动升级自己的信息系统,不如根据自己业务目标的需要采取更主动的姿态,自主选择产品。

第四节 计算机网络

管理信息系统的硬件结构是以计算机为主的网络系统,其中基本组成结构为计算机局域网。

计算机网络是由两台或两台以上的计算机通过网络设备连接起来组成的一个系统,在这个系统中计算机与计算机之间可以进行数据通信、数据共享及协同完成某些数据处理工作。

计算机网络按其分布的地理范围分为局域网(LAN)和广域网(WAN)。局域网一般指互连起来的计算机所分布的地理范围较小的网络,例如某一实验室内、一栋建筑物内或一个校园内等。而广域网则分布的地理范围较大,大的企业网络可将位于不同城市的计算机连在一起成为一个广域网。

网络拓扑(Topology)结构是指用传输介质互连各种设备的物理布局。图3-10是几种常见的网络拓扑。

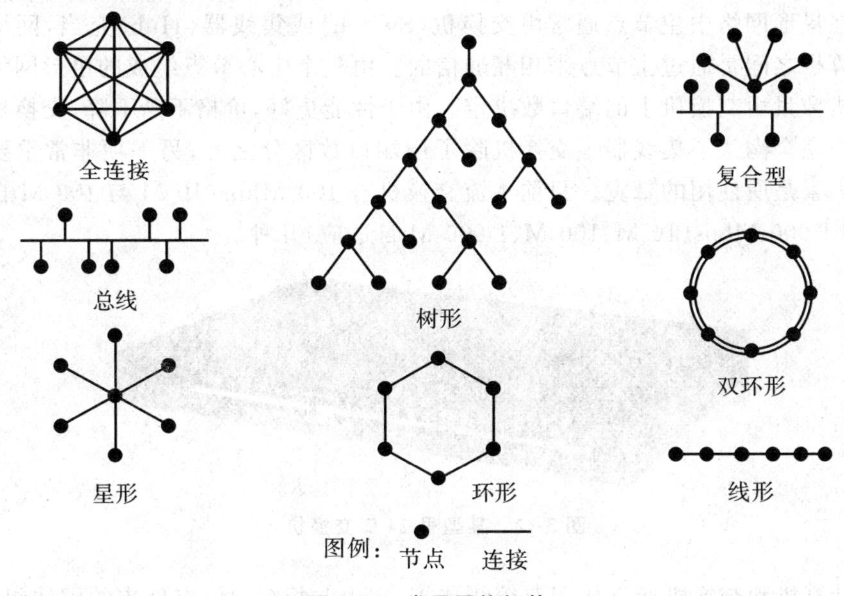

图 3-10 常见网络拓扑

星形网络的优点是配置灵活，增加或减少联网的计算机不影响其他计算机的正常网络连接，任何计算机的故障不会影响其他计算机。

星形网络的缺点则是由于星形网络过分依赖于中心节点，因此中心节点的故障将导致整个网络的瘫痪，而且每台计算机都要利用单独的电缆与交换机连接，需要的网线较多。但总的来说上述缺点较其优点相比是微不足道的，因此星形网络现在已成为构建局域网的主流拓扑结构。

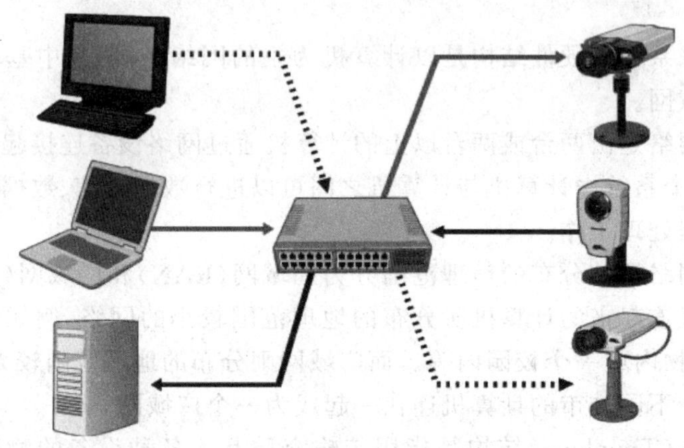

图 3-11　星形网络拓扑

在星形网络中主节点通常由交换机(Switch)或集线器(Hub)充当，网络上的计算机之间是通过主节点来相互通信的。由一个中心节点组成的星形网络的计算机数量由交换机上的端口数决定。由于性能更好，价格不断下降，交换机目前已经完全淘汰了集线器。交换机除了用端口数区分之外，另一项非常重要的考虑因素是所使用的带宽。目前主流交换机有 100 Mbps(10 M 与 100 M 自适应)和 1 000 Mbps(10 M、100 M、1 000 M 自适应)几种。

图 3-12　某型号 24 口交换机

计算机和交换机通常使用双绞线连接，它由 8 根(4 对)有外皮的铜线组成，最外部环绕一层塑料外皮，其中每对细线绞在一起并因此而得名。双绞线从整体结构上又分为非屏蔽双绞线(Unshielded Twisted-Pair, UTP)和屏蔽双绞线(Shielded Twisted-Pair, STP)两种,它们的主要区别是屏蔽双绞线在绞线和外皮之间有一层金属网(或金属薄膜)屏蔽,因此能抑制外来的干扰,传输信号质量好,但价格也较高。如无特殊需要,一般使用非屏蔽双绞线来组建星形网络。非屏蔽双绞线最大传输距离为 100 米。

在超过 100 米的情况下,还可以使用光纤。按照芯的粗细可以分为:

单模:芯较细(5～10 μm),传输距离远(20 km 以上,甚至 100 km);

多模:芯较粗(50～100 μm),传输距离近(2 km 以内),价格便宜。

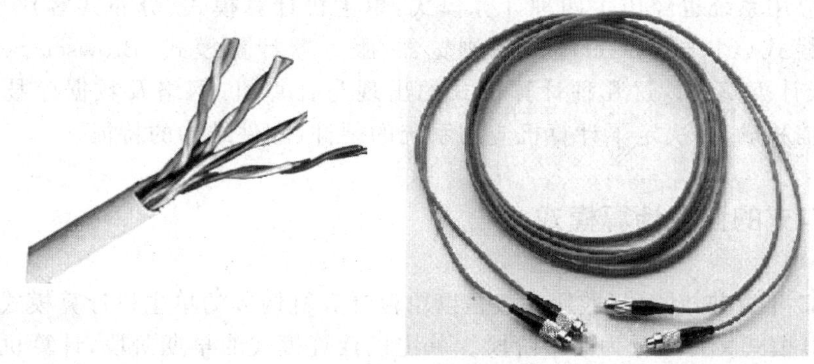

图 3-13 双绞线与光纤

在物理距离短、灵活性要求高的情况下,还可以采用无线局域网。无线局域网指的是采用无线传输媒介的计算机网络,结合了最新的计算机网络技术和无线通信技术。无线局域网是有线局域网的延伸,使用无线技术来发送和接收数据,减少了用户的连线需求。

与有线局域网相比较,无线局域网具有开发运营成本低,时间短,投资回报快,易扩展,受自然环境和地形及灾害影响小,组网灵活快捷等优点,可实现"任何人在任何时间、任何地点以任何方式与任何人通信",弥补了传统有线局域网的不足。现在无线网络的传输率已达到和超过了 300 Mbps,并且还在不断变快。

目前广泛应用的 802.11 标准无线网络是通过 2.4 GHz 无线信号进行通讯的,由于采用无线信号通讯,在网络接入方面就更加灵活了,只要有信号就可以通过无线网卡完成网络接入的目的;同时网络管理者也不用再担心交换机或路由器端口数量不足而无法完成扩容工作了。

第五节 企业计算模式

计算机应用系统中数据与应用(程序)的分布方式称为企业计算机应用系统的计算模式,有时也称为企业计算模式。

自世界上第一台计算机诞生以来,计算机作为人类信息处理的工具已有半个多世纪,在这个发展过程中计算机应用系统的模式发生了几次变革,同时计算机应用系统也经历了四种计算模式:单主机计算模式、分布式客户/服务器计算模式(Client/Server,C/S)、浏览器/服务器计算模式(Browser/Server,B/S)、云计算模式。这几种计算模式的出现与计算机、网络及数据库技术的发展相辅相成,并决定了计算机应用系统的硬件、软件结构的特征。

一、集中式的企业计算模式

1985 年以前,计算机应用一般是以单台计算机构成的单主机计算模式。单主机计算模式又可细分为两个阶段。单主机计算模式的早期阶段,计算机应用系统所用的操作系统为单用户操作系统,系统一般只有一个控制台,限于单项应用。

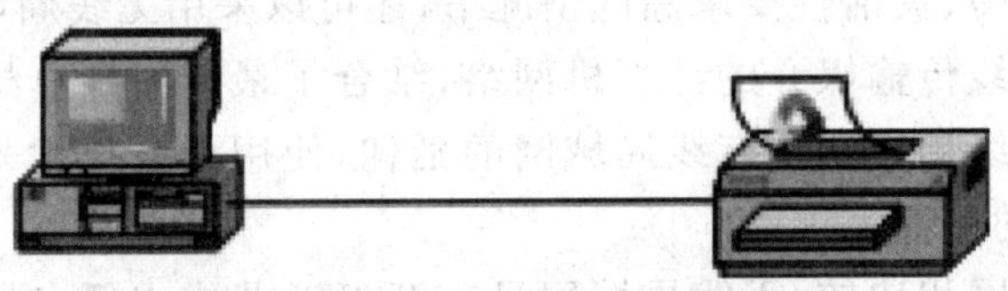

图 3-14 早期的单主机计算模式

分时多用户操作系统的研制成功以及计算机终端的普及,使早期的单主机计算模式发展成为单主机—多终端的计算模式。

在单主机—多终端的计算模式中,用户通过终端使用计算机。每个用户都感觉是在独自享用计算机的资源,但实际上主机是在分时轮流为每个终端用户服务。

单主机—多终端的计算模式在我国当时一般称为“计算中心”,在单主机模式的这个阶段中,计算机应用系统中已可实现多个应用,但由于硬件结构的限制,只能将数据和应用(程序)集中地放在主机上,因此单主机—多终端计算模式有时也称为集中式的企业计算模式。

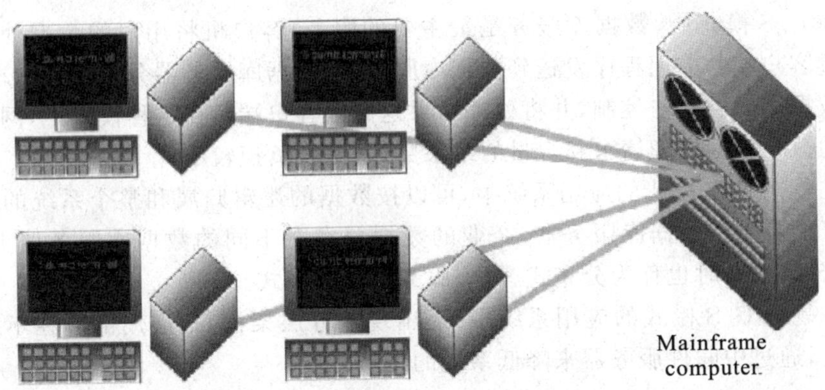

图 3-15 单主机—多终端的计算模式

二、客户/服务器计算模式

20 世纪 80 年代，随着个人计算机(PC)的发展和局域网技术趋于成熟，计算机之间通过计算机网络共享计算机资源，协同完成某些数据处理工作。虽然 PC 机的资源有限，但在网络技术的支持下，应用程序不仅可利用本机资源，还可通过网络方便地共享网上其他计算机资源，在这种背景下形成了分布式客户/服务器(C/S)的计算模式。

在 C/S 模式中，网络中的计算机被分为两大类：一是向其他计算机提供各种服务(主要有数据库服务、打印服务等)的计算机，称为服务器；二是享受服务器提供服务的计算机，称为客户机。

客户机一般由微机担当，运行客户应用程序模块。部门级和企业级的计算机作为服务器运行服务器系统软件，向客户机提供相应的服务。

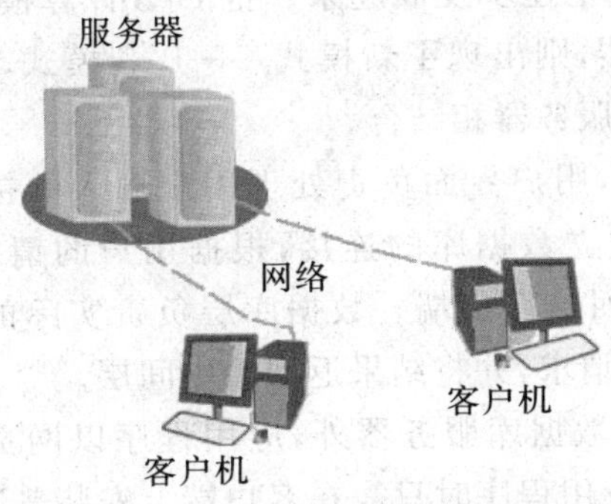

图 3-16 客户机—服务器的计算模式

在C/S模式中，数据库服务是最主要的服务，客户机将用户的数据处理请求通过客户端的应用程序发送到数据库服务器，数据库服务器分析用户请求，实施对数据库的访问与控制，并将处理结果返回给客户端。在这种模式下，网络上传送的只是数据处理请求和少量的结果数据，网络负担较小。

在复杂C/S模式的应用系统中，可以按数据的逻辑归属和整个系统的地理安排可能有多个数据库服务器，企业的数据分布在不同的数据库服务器上，因此，C/S模式有时也称为分布式客户/服务器计算模式。

在复杂C/S模式的应用系统中，还出现了分层架构，把应用部署在不同的节点上，通过中间件服务器来降低系统的维护难度。

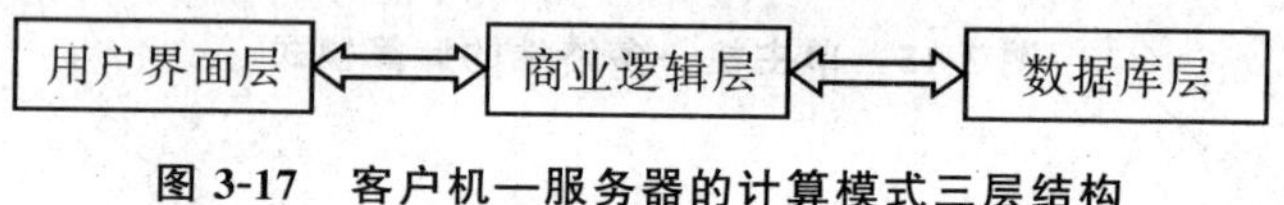

图3-17　客户机—服务器的计算模式三层结构

C/S模式是一种较为成熟且应用广泛的企业计算模式，其客户端应用程序的开发工具也较多，这些开发工具分为两类：一类为针对某一种数据库管理系统的开发工具（如Oracle SQL Developer）；另一类为对大部分数据库系统都适用的通用前端开发工具（如Power Builder，Visual Basic，Visual C，Delphi，C++ Builder，JBuilder等）。

三、浏览器/服务器计算模式

采用C/S模式的企业计算机应用系统中，每一台客户机都需要安装客户端，还需要直接存取数据库，这种形式使系统的维护困难且容易带来安全隐患。

随着业务规模的不断增加和业务处理的不断复杂化，浏览器/服务器（B/S）模式在C/S模式的基础上逐步发展起来。把C/S计算模式三层结构中的应用服务器改为Web服务器，则出现了新模式——B/S模式，其具体结构为浏览器与Web服务器/数据库服务器相结合。

在三层应用结构中，用户界面负责处理用户输入的接受和校验，向客户输出。Web服务器负责建立数据库的连接，根据用户的请求生成访问数据库的SQL语句，并把结果返回给客户端。数据库层负责实际的数据库存储和检索，响应中间层的数据处理请求，并将结果返回给中间层。

在B/S模式中除了数据库服务器外，应用程序以网页形式存放于Web服务器上，用户运行某个应用程序时只需在客户端上安装普遍使用的浏览器，在浏览器中键入相应的网址（URL），调用Web服务器上的应用程序并对数据库进

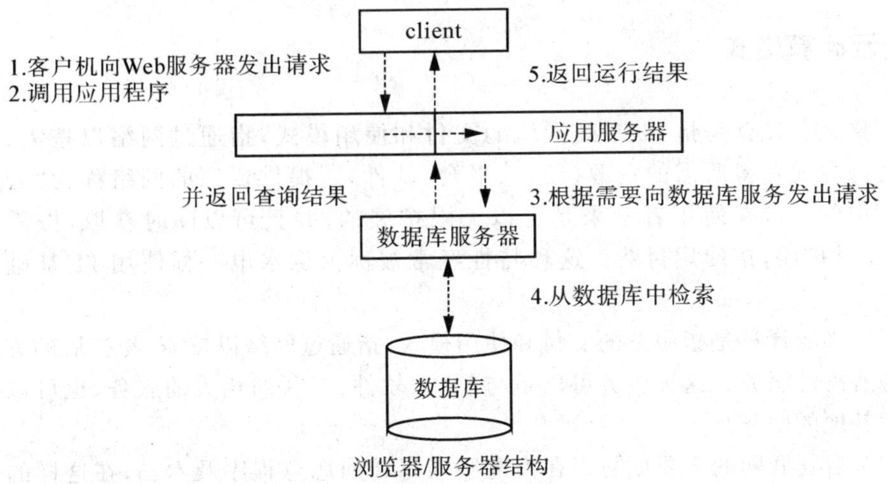

图 3-18　Web 服务器参与的计算模式三层结构

行操作完成相应的数据处理工作，最后将结果通过浏览器显示给用户。可以说，B/S 模式的计算机应用系统中程序被相对集中地存放在 Web 服务器上，应用（程序）在一定程度上具有集中特征。

以 B/S 模式开发企业管理信息系统，由于在客户端只需一个简单的浏览器，因此减少了客户端的维护工作量，方便了用户使用。同时，也正是这样的"瘦"客户端，使我们能够方便地将任何一台计算机通过计算机网络或互联网接入到企业的计算机系统，成为企业管理信息系统的一台客户机。

B/S 模式的出现，极大地扩大了管理信息系统的功能覆盖范围，从而革命性地改变了计算机应用系统面貌。B/S 模式出现之前，管理信息系统的功能覆盖范围主要是企业内部。B/S 模式的"瘦"客户端方式，使企业的供应商和客户的计算机方便地成为企业管理信息系统的客户端，进而在限定的功能范围内查询企业相关信息，完成与企业的各种业务往来的数据交换和处理工作。

与 C/S 模式相比，以 B/S 模式建立的计算机应用系统中，客户端变得简单，不需要特别维护，应用程序以网页的形式存放在 Web 服务器上，应用程序维护的工作量也大大减少。这不仅方便了企业内用户的应用，也使企业的客户和供应商可以方便地通过计算机网络与企业进行业务活动，扩大了企业计算机应用系统的功能覆盖范围。

虽然 B/S 模式的计算机应用系统有如此多的优越性，但由于 C/S 模式的成熟性、客户端能力的相对强大，因此管理信息系统开发中企业计算模式还是 B/S 模式和 C/S 模式共存的情况。用户应该根据实际需要选择合适的计算模式。

四、云计算模式

狭义云计算是指 IT 基础设施的交付和使用模式，指通过网络以按需、易扩展的方式获得所需的资源（硬件、平台、软件）。提供资源的网络称为“云”。“云”中的资源在使用者看来是可以无限扩展的，并且可以随时获取，按需使用，随时扩展，按使用付费。这种特性经常被称为像水电一样使用 IT 基础设施。

广义云计算是指服务的交付和使用模式，指通过网络以按需、易扩展的方式获得所需的服务。这种服务可以是与 IT 和软件、互联网相关的服务，也可以是任意其他的服务。

来自互联网的主要威胁正在由电脑病毒转向恶意程序及木马，在这样的情况下，采用特征库判别法显然已经过时。“云安全(Cloud Security)”通过网状的大量客户端对网络中软件行为的异常进行监测，获取互联网中木马、恶意程序的最新信息，传送到服务器端进行自动分析和处理，再把病毒和木马的解决方案分发到每一个客户端。整个互联网就是一个巨大的“杀毒软件”，参与者越多，每个参与者就越安全，整个互联网就会更安全。

瑞星、趋势、卡巴斯基、MCAFEE、SYMANTEC、驱逐舰杀毒、江民科技、PANDA、金山、360 安全卫士等都推出了云安全解决方案。瑞星基于云安全策略开发的 2009 新品，每天拦截数百万次木马攻击。借助云安全，趋势科技现在每天阻断的病毒感染最高达 1 000 万次。

云计算的基本原理是，通过使计算分布在大量的分布式计算机上，而非本地计算机或远程服务器中，企业数据中心的运行将更与互联网相似。这使得企业能够将资源切换到需要的应用上，根据需求访问计算机和存储系统。它意味着计算能力也可以作为一种商品进行流通，就像煤气、水电一样，取用方便，费用低廉。最大的不同在于，它是通过互联网进行传输的。只需要一台笔记本或者一部手机，就可以通过网络服务来实现我们需要的一切，甚至包括超级计算这样的任务。从最根本的意义来说，云计算就是利用互联网上的软件和数据的能力。

云计算的特点有：

(1)超大规模。“云”具有相当大的规模，Google 云计算已经拥有 100 多万台服务器，Amazon、IBM、微软、Yahoo 等的“云”均拥有几十万台服务器。企业私有云一般拥有数百上千台服务器。“云”能赋予用户前所未有的计算能力。

(2)虚拟化。云计算支持用户在任意位置、使用各种终端获取应用服务。所

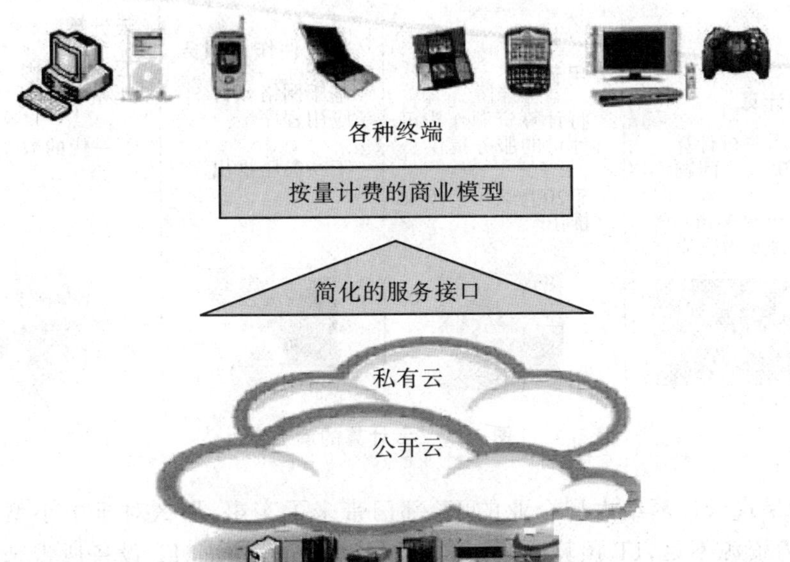

图 3-19　云服务体系结构图

请求的资源来自“云”,而不是固定的有形的实体。应用在“云”中某处运行,但实际上用户无需了解、也不用担心应用运行的具体位置。只需要一个终端就可以实现我们需要的一切。

(3)高可靠性。“云”使用了数据多副本容错、计算节点同构可互换等措施来保障服务的高可靠性,使用云计算比使用本地计算机可靠。

(4)通用性。云计算不针对特定的应用,在“云”的支撑下可以构造出千变万化的应用,同一个“云”可以同时支撑不同的应用运行。

(5)高可扩展性。“云”的规模可以动态伸缩,满足应用和用户规模增长的需要。

(6)按需服务。“云”是一个庞大的资源池,你按需购买;云可以像自来水、电、煤气那样计费。

(7)相对廉价。由于“云”的特殊容错措施可以采用极其廉价的节点来构成云,“云”的自动化集中式管理使大量企业无需负担日益高昂的数据中心管理成本,“云”的通用性使资源的利用率较之传统系统大幅提升,因此用户可以充分享受“云”的低成本优势，经常只要花费几百美元、几天时间就能完成以前需要数万美元、数月时间才能完成的任务。

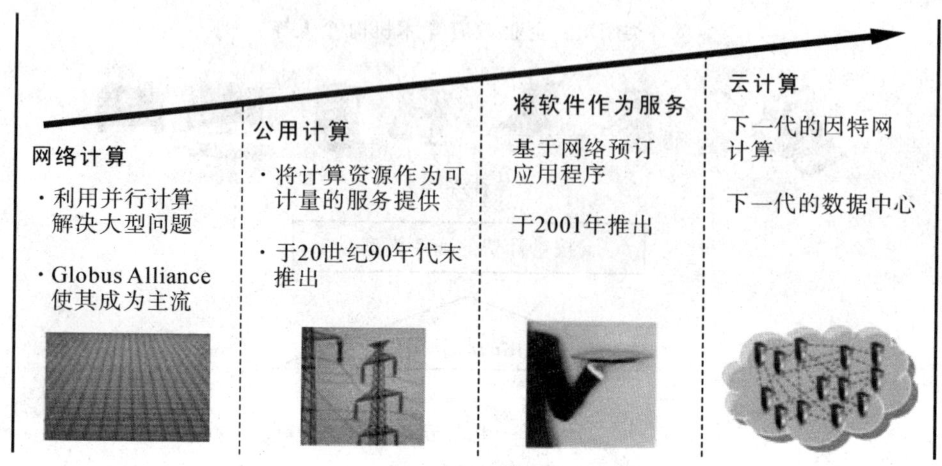

图 3-20 云计算的演进

如果说云计算给大型企业的IT部门带来了实惠，那么对于中小型企业而言，人力资源不足，IT预算吃紧，那种动辄数百万美元的IT设备所带来的生产力是难以想象的。而如今，云计算为它们送来了大企业级的技术，并且先期成本极低，升级也很方便。云计算抹平了企业规模所导致的优劣差距，使得当今世上最强大最具革新意义的技术已不再为大型企业所独有。云计算让每个普通人都能以极低的成本接触到顶尖的IT技术。

对云计算的主要担忧来自于对安全问题的考虑。用户把数据存储在云计算服务提供商的手中。那么，如何保证这些数据的安全性呢？根据云的原理，由于数据在集群上被分解为散乱的状态，就连服务器也不太理解它们，想要破译与还原数据难度非常高。

思考案例

开源软件帮助乐器企业走出经济危机影响

开源软件一直以来都受到业界的关注，影响也越来越大。平时大家关注的开源软件案例也多是些政府、大企业集团。这里要给大家介绍一个普通的民营小企业通过应用开源软件，提高竞争力，从而减弱经济危机影响的案例。

复鸣乐器在江苏泰兴，虽然有着近十年的提琴乐器生产历史，但一直没上规模，除了几个提琴师傅外，其余工人都是周边的农民，主要生产各种小提琴、提琴配件等产品,为国外乐器企业进行代工生产,出卖廉价劳动力,进行对外贸易。但是2008年经济危机来袭,外贸订单开始减少,工厂也慢慢出现问题,陷入困境。

是关门大吉,让农民工回家,还是寻求突破,减少或化解危机带来的问题?企业负责人开始思考。复鸣乐器厂经过半年多的摸索,终于开始找出了一条适合乐器企业,乃至各种制造业企业的信息化突围之路:充分运用开源软件进行信息化改造与电子商务运营。结果通过转型不仅救活了自己,还带动了周边数家乐器制造企业转型。

复鸣乐器厂采用开源软件进行了全面的信息化:在Linux操作系统、MySQL数据库基础之上,使用PHP语言建立了小提琴吉他网上直销平台、在线协同办公系统、CRM客户管理系统和ERP系统。

在线小提琴吉他销售平台的服务器使用Linux系统,网站选择国外成熟开源电子商务系统,再由开发人员进行本地化定制。直销平台使得公司生产的小提琴等产品可以直接在线销售。在线销售与财付通、网银在线等网络支付公司合作,开通了在线支付渠道,公司与邮政EMS等快递公司合作开通提琴产品配送渠道,省去了各种中间环节,可以直接让利给消费者。

复鸣乐器直销网站在试运行的一个月中,直接销售过万,这大大增强了企业的信心,并吸引了数家周边乐器企业加盟,大家共同进退,互相分工合作,组成了整个小提琴、吉他、提琴配件、吉他配件的产品线,并逐渐发展成为溪桥地区乐器企业的网上统一销售渠道。

公司部署了开源客户管理系统——vTiger CRM,用以对客户进行相关管理维护。通过CRM系统与复鸣乐器商城(在线产品销售平台)的对接,客户通过网站进行留言、注册、提交订单等事件都能及时反馈到CRM系统之中,极大地缩短了客户服务的响应时间,提高了客户满意度。

目前,公司正在对各个开源ERP系统进行评估筛选,近期会考虑实施。公司还计划在业务增长到一定阶段时,对各个开源呼叫中心产品进行评估。通过这些软件的应用,建立一个完全由开源软件支撑的乐器企业。

谈到这里,大家都关心,公司进行这些投入花费了多少资金?不含人力成本,公司的软件开支近乎0。服务器采用Linux系统和MySQL数据库,免去了采用微软系统和数据库的大笔授权费;网站系统与CRM系统也是网上免费下载的,而同类的商业软件价格都是要数万块钱的;公司唯一的开支就是技术人员工资,公司决定让技术人员技术入股,这不仅调动了相关技术人员与网络营销人员积极性,也节约了公司的短期成本压力。

以下是公司选择开源软件时的一些标准:

1.这个软件目前的功能和它的发展路线图应该满足当前和发展的功能需求；

2.尽量选择和现有软件同一架构的软件，因为现有软件是PHP的，那么不应选择.net的，哪怕那个.net软件也很成熟。

3.开源项目应该具备足够的活跃度。活跃度可以从开发人员数量、代码库的每日更新等信息看出来，如果可能的话也参与到开源软件的开发组中，以方便添加各项自己需要的功能。

4.考察该开源软件是不是遵守该领域内的国际规范，遵守规范的软件会给系统集成、二次开发等带来便利。

5.在同类产品中，要挑选有比较优势的。并且要考虑可能存在的移植代价。这个移植指的是采用了这款开源软件后现有系统的移植，或者是从这个开源软件到其他软件的移植。

案例问题：

1.从企业的实践看，你认为企业选择这样的信息化道路合理吗？有何优点和缺点？

2.开源软件的维护开发小组存在一定不稳定性，很多开源软件会陷入缺乏支持和更新的困境。请问在企业信息化过程中，如何避免此种风险？

3.使用开源软件的成本是零吗？如何才能降低企业信息化的成本？

4.有人认为“由于可以看到软件的源代码，我们可以研究了解软件内部的工作过程、原理。这对于应用设计、开发、查错、优化、二次开发都是非常有帮助的。如果没有二次开发，我们也就无法将网店系统与CRM系统进行集成。开源软件不再是一个黑盒子，你可以清楚地了解到内部到底是怎么运作的，到底在运行的时候发生了什么事情，你可以很清楚地知道有什么问题。这一点是非常重要的。”你如何看待这种观点？这对你选择管理信息系统有何启示？

第四章 客户关系管理

进入21世纪,随着全球经济一体化进程的加快和竞争的加剧,企业已逐步由传统的以产品和规模为中心的粗放式经营管理模式向以客户为中心、服务至上、实现客户价值和达到企业利润最大化的集约化经营管理模式转变,良好的客户关系是企业求得生存与发展的重要资源。企业为获得满意的客户关系,重要的思路是通过实施客户关系管理项目来实现。

开篇案例

上海通用汽车公司 CRM 之路

加入 WTO 后,中国的汽车行业进入了高度激烈的竞争状态。高科技在汽车生产过程中的应用,不仅提高了生产能力,同时也使汽车制造进入到一个柔性制造的新阶段。那种成千上万辆汽车一个面孔一个模样的时代已经结束了,个性化的客户要求汽车厂商提供定制化的产品已成为一种必然,柔性化生产方式就是在这种需求下产生的。它是"以客户为中心"的经营理念在生产上的延续,其带来的时间优势和成本优势,能够快速地将具有价格竞争力的优质产品推向市场。正是基于这样的认识,IBM 协助上海通用公司成功地实施了 CRM 系统。

(一)业务需求背景

上海通用汽车是上海汽车工业(集团)总公司和美国通用汽车公司各投资50%组建而成的迄今为止我国最大的中美合资企业,总投资为15.2亿美元,共有冲压、车身、油漆、总装和动力总成五大车间。它严格按照精益生产的原则规划、设计、建设和管理工厂,五大车间采用模块化设计,柔性化生产,可以实现多个车型共线生产,满足市场多元需要。产品销售实行单层次市场拉动式营销体系和品牌经营战略,直接面向用户,对市场信息和用户需求快速反应,逐步扩大和完善的销售服务和售后服务网络向用户提供了高品质的产品和服务。

目前，上海通用汽车公司建立了国内汽车行业最先进的IT平台，IT信息技术应用遍布公司业务的各个领域，不仅为各项业务提供了强有力的技术支持，同时也实现了全球联网。共线生产是目前世界先进汽车制造企业普遍采用的一种灵活高效的生产方式。上海通用汽车公司不但在国内率先引进此项技术，而且由于所生产的几种车型在结构等各方面存在的较大的差别，更使其从一开始便在此项技术的应用领域中处于领先地位。

这种柔性化生产线的设计基于一个原则，那就是"以客户为中心"的原则，每位客户的个性化需求都将最大限度地体现在其得到的最终产品上，这就是柔性化生产的无穷魅力和强劲的后发力。上海通用汽车公司引进了"以客户为中心"的CRM理念，采用的是拉动式单层次销售体系和顾问式销售方式。其特点是在厂商和客户之间只隔着特许销售商这一层，把生产者和消费者之间的距离拉近。销售商只拿佣金，不搞批发，运输费和库存费由上海通用汽车公司负责。销售商是购车者的购车顾问，他们指导客户进行个性化选择。销售商在专卖店里执行全国统一售价，所进行的服务涉及售前、售中和售后各个环节。上海通用汽车公司在全国拥有76家授权销售服务中心、62家特约售后维修中心。其中，三位一体的销售服务中心覆盖到中国内地除西藏、青海以外的所有省份。

(二)原有客户服务系统

在实施CRM项目之前，上海通用汽车公司原来已经有一个客户服务中心。原有系统运行了一年多以后，渐渐地成为通用公司实施新战略、推进新业务的瓶颈，主要表现在：

(1)随着汽车销售业务的突飞猛进，原有系统薄弱的性能已经越来越不能够适应业务的发展。

(2)原有的系统越来越难以满足客户的需求。例如，客户打800电话，得到的回答是：如果客户仅仅是进行咨询，打这个号码就可以；如果客户是要买车的话，就要打另一个电话去找销售代表；如果客户是修理汽车的话，还必须再打维修服务中心的电话。这样一来，客户感到非常不方便。

(3)由于客户信息放在不同的地方，这些地方又互不相连，实际上形成了几个相互隔离的客户信息孤岛，信息不能够共享，浪费了客户资源。

(4)现在的市场运作模式是公司统一定价，通过分销商来销售。原来三级代理方式在减弱，取而代之的是渠道的进一步扁平化，加强对经销商的管理也迫在眉睫。

(5)由于销售的工作都由经销商来完成,公司自身从整体上凸显通用的品牌优势,树立公司整体形象势在必行。

公司CRM的全球化战略也要求在中国积极推进。IBM综合考虑上海通用汽车公司这几个方面的情况后,提出了整体的解决方案。

(三)解决方案

IBM提出的策略要点是统一规划、分步实施。IBM认为,要从系统的长远发展蓝图来考虑问题,而绝不能是头痛医头,脚痛医脚,过去的问题就在于对长远发展考虑不够。方案的制订同样是以客户为中心而展开的,客户不只面对零售商,他在购车以后还会面对售后服务站。对于四位一体的零售商来看,售后服务站可能和它是一家,但是处理问题的一定是两批人员,既有销售代表也有维修人员。客户服务中心的人员是经常要和客户打交道的,他们如何共同协作来工作是一个很重要的问题。客户的资料要集中化,这样销售人员有任何变化都不会影响对客户的服务。此外,车辆的信息要集中化,原来生产的信息是在工厂内,但是库存却在各地的经销商那里,公司必须随时掌握每一辆汽车的状态。

为了与全球的系统相适应,上海通用汽车公司选择IBM公司来实施CRM项目。这个项目的实施过程是分成四个步骤来完成的:

(1)集中管理客户信息。上海通用汽车公司积累了很多关于客户的数据,然而从CRM的角度来分析就会发现数据并不完整,他们的客户数据库中没有关于客户及其所购汽车状态的信息。例如,他们收集了客户购买汽车时的数据,但是这辆汽车到了客户手里以后的数据就没有了,诸如客户购买的这辆汽车有没有进行过修理,如果进行过修理的话,在什么地方修理的,修理了汽车的什么地方等等。对于高价值产品而言,它处于动态过程中的信息比购买信息更为重要。

(2)提高协同工作的效率。主要是针对客户服务中心、大客户销售代表、零售商和售后服务站,使他们能够协调一致地工作,进一步提高效率。

(3)开拓新的渠道。为客户提供新的个性化的接触渠道。

(4)对客户进行细分。通过使用各种系统工具对客户进行细分,分析客户的满意度、忠诚度和利润贡献度,以便有的放矢地为客户提供个性化的服务。

(四)取得成效

在新的CRM系统中,客户与上海通用汽车公司的联系既可以通过客户服务中心,也可以通过大客户服务代表或者是零售商和售后服务站,客户所得到的信息是一致的。现有的系统可以共享更多的客户信息,客户服务代表可以根据这些信息对客户实行交叉销售,进一步提高销售业绩。客户的满意度如何,很多是体现在售后服务上面的，现有的系统可以自动地提醒售后服务站为客户提供服务。作为前台的CRM系统与后台也有很好的连接，例如和柔性制造控制系统的连接，能够快速了解来自前台的客户个性化需求，自动安排车辆的生产计划。被记录在电脑的除了客户对车型、配置等个性化的需求外，还有这辆车的SGM生产编号，这个编号可以称作车辆在流水线上通行的身份证号。自动车体识别系统将制造信息自动读入电子标签内，制造信息跟随此车身经过每一生产工段直至进入总装车间。通过联网系统，"身份证号"同客户个性化的需求被唯一对应地传送到各个工位。

公司管理层认为，公司相关的管理人员可以定期了解客户的问题，根据客户的要求完善工作。这些信息使他们可以尽早的作出营销决策、生产计划等，工作比原来的效率更高、更到位，得到了巨大的回报。

资料来源：根据百度文库(http://wenku.baidu.com)相关资料整理。

（五）小结

从上述案例可以看出，在激烈竞争的市场环境中，企业需要树立"以客户为中心"的价值观，提供个性化和定制化的服务，才能在众多企业中脱颖而出，吸引更多的顾客。与此同时，客户关系管理的概念越来越受到企业的重视，CRM系统也成为企业进行客户关系管理的重要支持工具。

第一节　客户关系管理概述

一、CRM的产生

正如我们开篇案例所提到的，客户关系管理在当代企业中越来越受到重视。那么到底什么是客户关系管理呢？客户关系管理(Customer Relationship Management，CRM)这个概念最初是由美国的咨询公司Gartner Group提出来的。自20世纪90年代以来，客户关系管理逐渐成为企业营销策略研究与营销系统应用的热点。要想深入理解CRM的本质，则要追本溯源，探究CRM的产生背景，以便能更好地理解它。

当今社会生产力高度发达，在日趋激烈的竞争环境中，一方面，商品极为丰富，不断升级换代，市场和信息沟通渠道日趋饱和，产品质量和服务特征日渐趋同，客户已不再满足于一般的消费需要，而是不断向其满意度要求发展。另一方面，网络经济已成为潮流，企业在寻找并确立与电子商务的高速扩张模式相匹配的经营发展战略时，各职能部门如销售、市场、客户服务、技术支持等都需要能实现业务自动化的解决方案，以打造一个面向客户的前沿平台，把客户的价值提升到一个前所未有的高度。

因此，CRM 的产生，是来自市场竞争和顾客需求的拉动，是企业管理模式和企业竞争力提升的要求，是电子化浪潮和信息技术支持等因素推动和促成的结果，如图 4-1 所示。

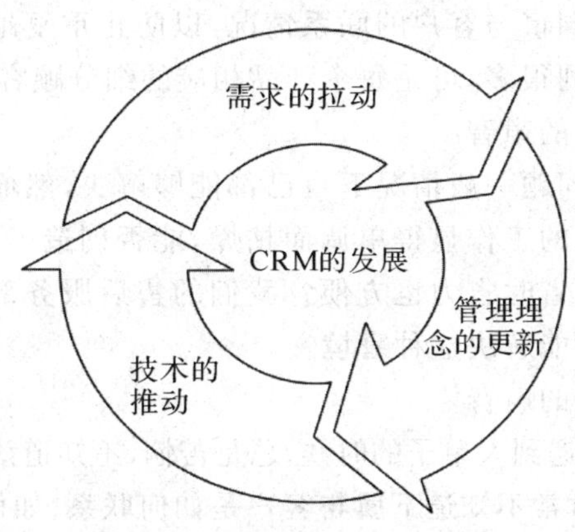

图 4-1　CRM 产生的原因

1.市场需求的拉动是 CRM 产生的基础

在过去企业掌握主动权的时代，作为供给者的企业占据市场中的强势地位，产品只要能够生产出来就能够被市场消化。然而，企业的长期盈利不断吸引新的企业进入，导致社会资源的重新配置。如今，随着市场竞争的加剧，产品供过于求，企业和客户的地位也发生了相应的变化。客户占据了市场的主导地位，并且日趋成熟，要求更加苛刻多变。此时，建立在客户需求得到不断满足基础上的客户忠诚却具有相对稳定性，能够在相当程度上消除市场环境变化为企业带来的冲击，带来更多的市场份额和更高的利润。未来成功的企业，必然需要在客户需求的驱动下，能够智能地运用客户信息，满足客户需求，与客户建立长期良好的关系。

然而，面对这种环境，企业在目前的制度体系和业务流程中出现了种种难以解决的问题。与客户发生业务几乎涉及公司所有的部门，但在很多企业，销售、营销和服务部门的信息化程度越来越不能适应业务发展的需要，他们经常会面临下面种种情况：

(1)来自销售人员的声音

我的主要客户来源需要依据市场部提供的客户线索，然而这些线索经常不具备真正的价值，我常在筛选这些线索上浪费大量的时间，我该怎么办？如果我面对的是一名老客户，怎样的报价才能留住他？我经常出差在外，如何才能以最快的速度获取留在公司电脑里的客户和产品信息？

(2)来自营销人员的声音

营销的开销需要多少，才能获得最高的投资回报率？我们该如何有效利用收集到的客户信息？而这些客户中，哪些才是公司真正的潜在消费者？我怎么才能知道其他部门的同事与客户的联系情况，以防止重复地给客户发放相同的资料？我们的产品系列很多，可是每个产品相应的细分顾客群体有哪些？

(3)来自服务人员的声音

很多客户提出的问题一般情况下自己都能够解决，然而他们总是占用了工程师大量的时间，这样的工作显得单调而枯燥，能否创造一个平台，让用户自己找到解决问题的方案，省时省力也方便？我们的售后服务部门看起来似乎总是只花钱不赚钱，如何才能解决这种窘境？

(4)来自经理人员的声音

作为销售经理，我遇到大单子的时候，总是苦恼，不知道该派哪位销售人员去，成功的几率更大。我常常不知道下属与客户是如何联系、如何承诺的。当有下属辞职，他手中的客户信息经常石沉大海。如何才能让我快速地了解各种信息？

这些困惑在企业中并不罕见，但企业却习惯对这些问题采取无动于衷的态度。而与此同时，来自客户的抱怨声也不绝于耳：我从企业的两个销售人员那里得到了同一产品的不同报价，哪个才是可靠的？我以前买的东西现在出了问题，这些问题还没有解决，怎么又来上门推销？为什么我的维修请求提出一个月了，还是没有等到上门服务？

面对客户的抱怨，企业如果继续无动于衷，那么它必将被激烈的竞争浪潮所淘汰。事实上，之所以出现上述各种问题，主要源于企业内部客户信息零散，销售、营销和客户服务等各部门无法在统一的信息上面对客户，实现信息共享，以至于难以获得所需的客户互动信息，对客户有全面的了解。这些问题的产生使越来越多的企业要求销售与服务的日常业务自动化和科学化，需要各部门对面向客户的各项信息和活动进行集成，组建一个以客户为中心的企业，实现对面向客户的活动的全面管理，这便是客户关系管理产生的需求基础。尤其在拥有庞大且接触频繁的客户群的企业（如房地产行业）中，建立和维持客户关系，更是成为获取独特竞争优势的唯一基础。就这样，客户关系管理应运而生，成为有效解决现实与需求之间的矛盾的强大武器。

2.管理理念的更新是 CRM 付诸实践的催化剂

资源能力学派认为，在今天形成企业竞争优势和核心竞争力的，再也不是那些有形的机器设备、厂房、资本、产品等物质资源，因为这些资源很容易从市场中得到，你可以买到，你的竞争对手同样也可以。而管理、人才、技术、市场、品牌形象等无形资源，这些资源不易流动、不易被复制、交易频率低，其他企业不容易从市场中得到，具有相对的垄断作用，可以产生一定的垄断优势。客户资源就是这样一种重要的市场资源，它对企业具有重要的价值。市场需求的变化使得管理学家开始审视客户的价值，于是有关客户中心型的管理理论，在管理学领域中得到进一步发展。

在战略管理领域中，波特在 20 世纪 80 年代提出的价值链理论具有举足轻重的地位。价值链理论把企业看作一系列创造价值和支持价值创造的活动的集合。同时，波特发现，企业的差别优势正是来源于自身价值链如何与客户价值链相连接。在此基础上，客户价值链成为重要的研究课题，出现了从客户价值角度发展价值链的新理论。在市场营销领域，近年来目标营销、关系营销、数据库营销、互动营销、客户信息服务、消费者忠诚计划及客户关系管理等理论的发展，代表着客户地位的根本变化，反映了企业对目标客户的关注。管理学家们发现，客户资源对企业的价值主要体现在以下几个方面：

(1)成本领先优势和规模优势

一方面，有事实表明，为新客户服务花费的费用，比起老客户来要昂贵得多，因为开拓新客户需要更高的初始化成本。客户能够提供一个成本优势，从而也就能提供收入优势。如果公司能够增加回头客的比例，那么总成本会呈现出戏剧性的下降趋势。另一方面，一般顾客的从众心理较强，大量的客户群也会成为其考虑购买的重要因素。如果企业的忠诚客户在企业的市场中占据相对较大的份额，那么就会为企业带来相应的壁垒，形成规模优势。同时，强大的规模优势也会形成规模效应，从而有效降低成本，提升成本领先优势。

(2)市场价值和品牌优势

从战略的角度讲，客户不仅是承兑收入流的资金保管者，而且是能够提高市场价值的宝贵财富。这主要是通过商标价值表现出来的。商标价值是一个企业与其消费者或与起决定性作用的客户之间发生相互联系的产物。商标不能孤立地存在，而是因客户的认可而存在。较大的市场份额本身代表着一种品牌形象。另外，客户的舆论宣传对企业的品牌形象也有重大的作用，特别是客户中的舆论领袖起的作用更大。不过，客户的舆论宣传有两种价值取向：一种是客户对企业的产品、服务很满意，就会正面宣传企业的品牌；另一种就是客户不满意企业的产品、服务，对企业进行负面宣传。由于两方面的影响都非常大，企业只有提供高质量的、令客户满意的产品服务，树立良好的企业形象，才能获取客户的正面宣传。

(3)信息价值

客户信息对企业来讲是最为重要的价值,它会直接影响企业的经营行为,以及对客户消费行为的把握。譬如沃尔玛连锁超市会通过对会员客户的购买行为、消费习惯等信息的分析,来制定面向该客户的产品服务组合以及提供相应的企业关怀。亚马逊通过会员客户的资料、会员浏览网页的习惯和程序等信息分析客户的消费特点与个人爱好,并据此来制定服务不同客户的不同策略。

(4)网络化价值

客户的网络化价值是指有一商业客户使用你的产品、服务,该商业客户的客户为了便于与他进行商业行为,也会采用你的产品、服务,同样,该商业客户的客户的客户也可能采用你的产品、服务,因此形成了一种网络化的消费行为。

基于以上对客户价值的认识,现代管理理念从“交易导向”向“客户关系导向”转化,使企业越来越清楚地认识到客户关系的战略价值,强化客户关系的管理备受青睐。为提升企业的市场竞争能力,建立长期优质的客户关系,不断挖掘新的销售机会,以获得稳定利润,各企业都纷纷致力于建立和完善客户关系管理。

3.信息技术的发展是 CRM 进一步发展的推动力量

信息技术,是对当前所有产业产生最重要、最深刻影响的因素之一,已经成为经济活动的载体。早在 20 世纪 80 年代,就有研究人员开始对客户关系问题进行研究,但实施难度很大,主要的原因在于沟通成本高。近年来,数据仓库、商业智能、知识发现等技术的发展,使得收集、整理、加工和利用客户信息的数量和质量大大提高。信息技术不仅为企业提供了新的手段,而且还引发了企业组织结构、工作流程的重组以及整个社会管理思想的变革。可以说,信息技术进步和通信基础设施的发展,为企业实施客户关系管理提供了强大的推动力量。

首先,技术进步使企业能够通过以前无法想象的方式,以较低的成本、更快的速度收集和运用客户信息。企业可通过电话、传真、网络等与客户进行沟通和业务往来,这不仅使企业能够廉价便捷地收集、加工和运用客户信息,提高信息的数量和数据的质量,还帮助企业在短时间内洞察市场先机,掌握市场动态。

其次,由于信息技术的发展,客户与供应商的接触点和互动点日益复杂,有利于企业建立与客户的一对一长期合作关系。先进的信息技术,使得任何与客户打交道的员工都能全面地了解客户,根据客户需求进行交易,了解如何对客户进行纵向和横向销售,记录自己获得的客户信息,并对各种销售活动进行追踪,从而与客户建立起长期的合作关系。

再者，对信息技术和通信基础设施及数据仓库的大量投资，不仅使企业可以获得更多的信息种类和数量，能够对市场活动进行规划、评估，推动管理者发掘新的战略决策方法，而且还使企业可以运用以数据挖掘为代表的现代信息技术，从不同角度提供成本、利润、生产率、风险率等信息，并对客户、产品、职能部门、地理区域等进行多维分析，更好地识别最有价值的客户及其购买模式，增加客户价值。

计算机、通信技术、网络应用的飞速发展使得“顾客是上帝”不再是停留在嘴边的口号，把对客户的尊重落到了实处。简而言之，对于客户而言，可以更加便捷地获取企业商品信息和厂家信息，有了更多交易方式的选择；对于企业而言，新技术使传统的办公方式得到改变，使客户关系管理由理论变成了实践。在可以预期的将来，我国企业的通信成本将会降低，这将进一步推动互联网、电话和客户服务中心的发展，进而推动客户关系管理的发展，加快企业实现电子商务、客户服务和销售自动化的进程。

二、CRM 的定义

由于市场需求的拉动，客户关系管理应运而生；随着管理理念的更新，客户关系管理有了新的理论支持，以更好地指导实践；加上信息技术的飞速发展，客户关系管理的实践得到进一步推动。了解了客户关系管理产生的背景，接下来，便要对客户关系管理本身的概念进行剖析。究竟什么才是真正意义上的客户关系管理？理论界与企业界又是怎样定义的呢？

1.客户关系管理概念的综述

1997 年，全球权威的美国咨询研究机构 Gartner Group 公司首先提出了 CRM 的概念：“CRM 是为了增进盈利、收入和客户满意度而设计的，企业范围的商业战略。”之后，该公司又进一步将 CRM 的定义完善为：“CRM 是企业的一项商业策略，它按照客户的细分情况有效地组织企业资源，培养以客户为中心的经营行为以及实施以客户为中心的业务流程，并以此为手段来提高企业的获利能力、收入以及客户满意度。”

然而，自从该公司提出 CRM 的概念后，客户关系管理一直处在快速的发展中，至今没有统一的概念。不同的机构和学者各执一词，详见表 4-1。

表 4-1 不同机构和学者对于 CRM 的定义

企业或学者	对 CRM 的定义
META/IMT Group	CRM 就是让企业能够更好地了解客户的生命周期以及客户利润回报能力。
卡尔松营销集团 (Carlson Marketing Group)	CRM 是通过培养公司的每一名员工、经销商或客户对该公司更积极的偏爱或偏好，留住他们并以此提高公司业绩的一种营销策略。主要任务包括搞清楚与某一笔生意相关的客户价值；了解这些价值对于每一类客户的相对重要程度；判断如果提供这些价值对公司利益能否产生积极影响；以客户愿意接收信息的方式与客户进行交流，为每一类客户提供他们需要的价值；测算结果，验算投资收益。
Hurwitz Group	客户关系管理的焦点是自动化并改善与销售、市场营销、客户服务和支持等领域的客户关系有关的商业流程。客户关系管理既是一套原则制度，也是一套软件和技术。它的目标是缩短销售周期，缩减销售成本，增加收入，寻找扩展业务所需的新的市场和渠道，以及提高客户的价值、满意度、盈利性和忠实度。客户关系管理应用软件将最佳的实践具体化并使用了先进的技术来协助各企业实现这些目标。客户关系管理在整个客户生命周期中都以客户为中心。
IBM 公司	CRM 是公司用来管理客户关系的一套方法和技术，是电子商务时代公司必备的能力。CRM 是通过提高产品性能，增强客户服务，提高客户交互价值和客户满意度，与客户建立起长期、稳定、相互信任的密切关系，从而为企业吸引新客户、维系老客户，提高效益和竞争优势。
全球著名的统计软件提供商 SAS	CRM 是一个过程，通过这个过程，企业最大化地掌握利用客户信息，以增加客户的忠诚度，实现客户的终生挽留。
SPA 公司	CRM 是对客户数据的管理，它记录了企业在整个营销与销售过程中和顾客发生的各种交互行为，以及各类有关活动的状态，并且提供各种书库的统计模型，为后期的分析与决策提供支持。
Swift	CRM 是企业通过富有意义的沟通，理解并影响客户行为，最终实现提高客户获得、客户保留、客户忠诚和客户创利的目的。
Jon Anton	CRM 是一种客户接入的整合技术系统。它是公司内部与外部客户对公司重要信息的无缝接入，通过对公司电话系统、网站以及电子邮件接触点的整合，形成电脑电话集成和呼叫中心，使客户通过自助服务就能实现对重要产品购买的目的，最终提高客户忠诚度、客户价值和客户利润率。
刘承水　乞建勋	CRM 是利用现代技术手段，使客户、竞争、品牌三要素协调运作并实现整体优化的系统，其目标是提升企业在市场中的竞争能力，支持长期客户关系，不断挖掘新的销售服务机会，使企业最终实现销售收入、利润及股东价值的持续增长。

续表

企业或学者	对 CRM 的定义
张林龙	CRM 是将企业的客户(最终客户、分销商、合作伙伴)作为最重要的企业资源,通过完善的客户服务和深入的客户分析来满足客户需求,保证实现客户最终价值。
Philip Kotler & Armstrong	CRM 是通过传递超级客户价值和满意以建立和维持有利可图的客户关系的整个过程。
Adrian & Pennie	CRM 是一种战略方法,通过与关键客户和客户群的良好关系来提高为股东创造的价值,整合关系管理与信息技术潜力,创造与客户和其他利益相关者有利可图的长期关系。

综合现有的 CRM 定义,大致上可以分为三类:

第一类定义是从战略和理念的宏观层面对客户关系管理进行界定。客户关系管理,即遵循客户导向的战略,对客户进行系统化的研究,通过改进对客户的服务水平、提高客户的忠诚度,不断争取新客户和商机,同时,以强大的信息处理能力和技术力量确保企业业务的实时进行,力争为企业带来长期稳定的利润。

第二类定义是从企业管理模式和经营机制的角度进行界定。客户关系管理,是一种旨在改变企业和客户之间关系的新型管理机制,它实施于企业的市场营销、销售、服务与技术支持等与客户相关的领域,一方面通过对业务流程的全面管理来优化资源配置,降低成本;另一方面通过提供优质的服务吸引和保持更多的客户,增加市场份额。

第三类定义是从微观的信息技术软件及其应用的层面对客户关系管理进行界定。客户关系管理是企业通过技术投资建立的,能收集、跟踪和分析客户信息的系统,它将客户联系、客户互动等功能在企业后台进行整合,为使用者提供多种应用支持。

以上的定义由于定义者本身所处的行业、研究领域等差别而表现出一定的差别性,但它们都强调共同的一点,即认为客户关系管理是指企业与客户之间建立起长期的互动关系,是企业战略的重要方面。因此,在对客户关系管理进行界定的时候,要充分考虑理论界与企业界的各种观点,全面系统地反映客户关系管理各方面的内容。

2.本教材对于客户关系管理的界定

通过上面的综述可得,客户关系管理的完整定义需要囊括理念、技术、实施三个层面。其中,理念是 CRM 成功的关键,它是 CRM 实施应用的基础和土壤;信息系统、IT 技术是 CRM 成功实施的手段和方法;实施是决定 CRM 成功与否、效果如何的直接因素。三者构成 CRM 稳固的“铁三角”，如图 4-2 所示。

图 4-2 CRM“铁三角”

(1)CRM 理念

CRM 理念源自关系营销学，其核心思想概括为“为提供产品或服务的组织找到、留住并提升价值客户，从而提高组织的盈利能力(经济效益、社会效益)并加强竞争优势”。对于 CRM 理念的理解是组织能够向建立“以客户为核心，以市场为导向”经营管理模式转变的第一步。CRM 理念的推行要充分考虑到各阶层的利益及他们的需求，同时组织要有配套改革的规章制度并真正能够长久地执行。

(2)CRM 技术

客户关系管理(CRM)技术集合了很多当今最新的科技发展，它们包括：Internet 和电子商务、多媒体技术、数据仓库和数据挖掘、专家系统和人工智能、呼叫中心等，这些技术体现在我们的客户关系管理软件中。CRM 软件不等于 CRM 理念，它是先进理念的反映与体现，吸纳了当今先进的软件开发技术、企业经营管理模式、营销理论与技巧，是将 CRM 理念具体贯彻到组织并实现其目标的有效、有形的工具与平台。

(3)CRM 实施

CRM 实施是结合软件与组织状况，在调研分析的基础上制订出解决方案。只有将 CRM 真正落实到位，企业的客户关系管理才能真正得到实现。CRM 实施是一个艰苦而渐近的过程(国际标准的厂商都有严格规范的实施方法论)，在实施之初要确定实施的目标与范围，确保在限定的资源与时间内完成项目，规避风险或将风险降到最低点，还需要设定分阶段的目标，达成每一阶段目标后再前行。信心建立、经验增加、工作扎实，CRM 实施就会使得 CRM“铁三角”完美无缺。

企业客户关系管理中，理念、技术、实施一个都不能少。只有借助先进的理念，利用发达的技术，进行完美的实施，才能优化资源配置，在激烈的市场竞争中获胜。在此基础上，本书给出客户关系管理的定义：CRM 是现代信息技术、经营理念和管理思想的结合体，它以信息技术为手段，遵循“以客户为中心”的理念，通过优化企业组织体系和业务流程，形成一个自动化的解决方案，提高客户的满意度和忠诚度，实现企业利润的增长，最终在企业和客户间建立长期稳定的“双赢”关系。

三、CRM 的具体内容

虽然已经对客户关系管理进行了界定，但是客户关系管理具体包括了哪些内容？客户关系管理的具体流程是如何的？这是接下来将要阐述的重点。

客户关系管理的具体内容涉及客户识别、客户关系建立、客户互动管理、客户保持管理、客户流失与挽留管理。

1.客户识别

客户识别是在确定好目标市场的情况下，从目标市场的客户群体中识别出对企业有意义的客户，并把这些客户作为企业客户关系管理的实施对象，从而为企业成功实施 CRM 提供保障。具体的工作包括：

(1)识别潜在客户

潜在客户是指存在于消费者中间，可能需要产品或接受服务的人。也可以理解为潜在客户是经营性组织机构的产品或服务的可能购买者。

识别潜在客户需要遵循以下原则：摒弃平均客户的观点；寻找那些关注未来，并对长期合作关系感兴趣的客户；搜索具有持续性特征的客户；对客户的评估态度具有适应性，并且能在与客户的合作问题上发挥作用；认真考虑合作关系的财务前景；应该知道何时需要谨慎小心。

(2)识别有价值的客户

有价值的客户主要是指关注商品的质量和服务，愿意与供应商建立长期友好的合作关系，忠诚度高的客户。

有价值的客户具体包括两类：一是给公司带来最大利润的客户，对于这种客户最好进行客户关系管理营销，目的是留住这些客户；二是带来可观利润并且有可能成为最大利润来源的客户，这种客户可能存在于竞争对手那里，所以针对这类客户开展营销同样重要，直接目的是提高公司的市场份额。

(3)识别客户的需求

客户的需求是指通过买卖双方的长期沟通，对客户购买产品的欲望、用途、功能、款式进行逐步发掘，将客户心里模糊的认识以精确的方式描述并展示出来的过程。

客户的需求往往是多方面的、不确定的。在竞争激烈的市场中，不仅要满足客户的需求，还要对客户需求进行分析和引导。识别客户需求的具体方法有：询问了解法，在与目标客户的对话中，借助问题激发客户潜在需求；倾听了解法，对客户的陈述注意倾听，反复确认和重复陈述，明确客户需求；观察了解法，保持一定的安全距离，全方位观察客户，预测客户需求；间接了解法，通过第三渠道，如市场调查、分析竞争对手等，找出目标客户的需求。

2.客户关系初步建立

客户关系是指企业为达到其经营目标，主动与客户建立起的某种联系。这种联系可能是单纯的交易关系，也可能是通讯联系，也可能是为客户提供一种特殊的接触机会，还可能是为双方利益而形成某种买卖合同或联盟关系。

建立客户关系，首先需要对客户关系进行分析。根据"现代营销学之父"菲利普·科特勒的观点，可以将客户关系分为五类，如表 4-2 所示。

表 4-2 客户关系分类

类　别	描　　述
基本型	企业产品售出之后不再与客户联系。
被动型	企业销售产品的同时，鼓励顾客进行反馈。
负责型	企业产品销售后，主动联系顾客，询问使用情况，并为之解决问题。
能动型	企业销售完成后，不断联系客户，提供新产品信息，倾听改进意见。
伙伴型	企业与顾客共同努力，为解决产品存在的问题，实现双赢。

这几种客户关系本身不存在简单的优劣对比，企业可以根据客户数量及边际利润来选择合适的客户关系。如图 4-3 所示。

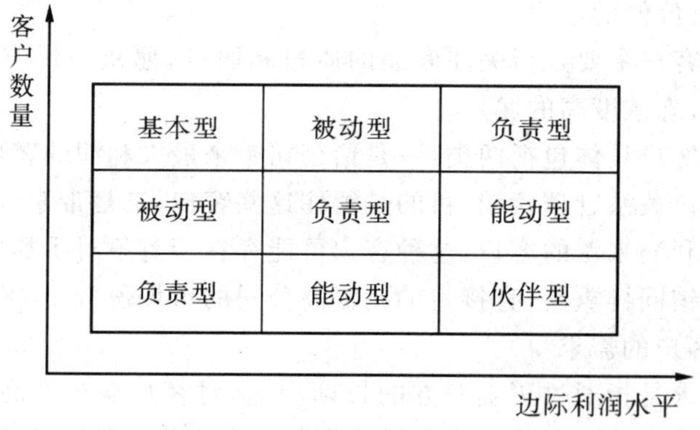

图 4-3 选择客户关系类型示意图

如果企业的客户数量多且边际利润低的时候,可以选择基本型的客户关系,这样可以有效降低成本,采用成本领先战略;反之,如果企业的客户数量少而边际利润高的时候,可以选择伙伴型的客户关系,在争取客户的同时,自己获得较高的利润。

3.客户互动管理

选择了合适的客户关系类型之后,如何与客户进行有效的沟通交流,成为客户关系管理的一个重点。所谓客户互动,简单而言,是指企业与客户之间的交流与沟通,主要包括企业与客户之间信息的互通、情感的交流、意见与建议的沟通。客户互动管理是指为了在市场上为客户提供能够为其带来优异价值的产品和服务,企业需要充分利用信息的潜在内涵和各种互动技巧,努力在客户的购买流程中发展与客户的合作关系。

企业要对客户形成良好的互动管理,具体的操作步骤如下:

第一,明确客户互动对象。不同类型的客户,有不同的需求。明确客户互动的对象,能够使客户互动的针对性提高。

第二,确定客户互动目的。客户互动的目的主要是加强企业与客户之间的联系,巩固老客户,挖掘新客户。在确定互动目标的时候,要具有可操作性和时限,尽可能使目标多样化。

第三,设计客户互动内容。根据客户的需求特点,结合想要达到的目标,对客户互动的主题进行策划,使客户互动能够达到预期的效果。

第四,制定客户互动预算。企业要盈利,就需要考虑投资收益比,因此客户互动也需要进行预算。具体的预算方法需要根据企业以及目标客户的实际情况来制订。

第五,选择客户互动形式。在有限的预算条件下,企业需要采取怎样的互动方式才能达到最好的效果,这里包括时间、地点、渠道的选择。

第六,测评客户互动效果。客户互动结束之后,需要对整个互动情况进行测评和反馈,主要评价互动是否实现预定目标,以及存在哪些需要改进的问题。

4.客户保持管理

客户保持是指企业维持已建立的客户关系,使客户不断重复购买产品或服务的过程。客户保持管理最直接的效果是留住更多的顾客,可以使企业有效降低获取客户的成本,延长对客户的投入回报周期,扩大口碑销售,从而提高企业利润。影响客户保持的因素主要有两大类:

第一类是企业不可控制的因素。如客户所处的社会、经济、自然、文化环境,以及客户的个性特征、心理因素、经济能力等方面。针对这类因素,企业需要做的工作是收集客户基本资料、以往的交易记录、社会统计学资料,然后对流失客户和忠诚客户进行分析，提取出其中的规律性知识，分析流失客户有哪些特征、忠诚客户有哪些特征，以利于在营销中采取不同的策略。

第二类是与产品和服务的价值有关的因素，如产品的价格、品质和售后服务等，这类因素是企业可以控制的，需要花费大量的时间和精力进行改善。在这方面，企业具体的工作包括以下几个方面：

(1)提供市场需要的产品

首先，对客户数据进行分析处理，这些数据中包含了以往的交易记录、服务记录、营销计划、客户反馈建议和意见、社会统计信息和市场信息等信息，跟踪营销计划的执行情况和客户的变动情况，根据市场情况预测营销需求，将信息存入企业数据库。接着，对客户带给企业的价值进行分析，找出对企业利润贡献最大的那部分客户，对这部分客户的需求进行深入挖掘，根据客户的个性特点和独特的需求制定出适合的营销策略，将产品、服务等信息及时或者快于竞争对手传递给客户，向客户提供合适的购买建议。

(2)处理客户的投诉问题

企业需要提供多种渠道与客户进行互相沟通，使客户很方便地了解到自己需要了解的信息，或是将自己的需求、意见反馈给企业。同时，企业应当准确记录客户的投诉要点，对收集上来的信息进行及时的分析，判断问题的实质，在最短的时间内派出专人进行解决，平息顾客的怨气，提高客户的满意度。在解决投诉问题时，企业要注重与客户的感情交流，传递给客户友善、尊重、信任的情感信息，在客户心中树立或者提升企业形象。最后，当客户的问题得到初步解决后，还应该进行跟踪服务，以免问题解决后，客户也流失了。

(3)挽留即将流失的客户

客户挽留，是指企业运用科学的方法对将要流失的有价值的客户采取措施，争取使其留下的营销活动。企业需要树立客户第一、服务为先的经营理念，建立客户流失的预警机制，及时发现可能流失的客户。企业应当先对已经流失的客户和忠诚客户的资料进行分析，找出其共同的规律，从而为客户分群，进而对有流失可能的客户制定不同的营销和服务政策：对于重要客户，企业应当采取一切有效措施极力挽留；对于普通的客户，企业可以见机行事，采取针对性的措施；对于小客户，企业可以顺其自然，不用花费大量的时间和精力；对于负效应的客户，因其不利于企业发展，企业可以采取彻底放弃的策略。

第二节 客户关系管理系统

一、CRM 系统的内涵

1.CRM 系统的定义

前面已经提及，信息系统、IT 技术是 CRM 成功实施的手段和方法，而 CRM 系统就是客户关系管理的信息技术支持手段，它的形成是基于现代管理信息技术的出现，主要是现代信息技术、网络革命、电子商务、智能管理、系统集成等多种技术在管理领域中广泛运用的结果。

客户关系管理系统是以客户数据的管理为核心，记录企业在市场营销和销售过程中和客户发生的各种交互行为，以及各类有关活动的状态，提供各类数据模型，为后期的分析和决策提供支持。这种系统的目标是坚持对客户进行系统化研究的指导思想，完整地认识整个客户生命周期，管理企业与客户之间的所有交互关系，让企业各部门能够共享客户资源，提高员工与客户接触的效率，提供有针对性和定制化的服务，从而提高客户满意度和忠诚度，为企业带来更多的利润。

所谓客户关系管理系统，是指利用软件、硬件和网络技术，为企业建立一个客户信息收集、管理、分析和利用的信息系统。

2.CRM 系统的基本构架

集成了客户关系管理思想和先进技术成果的客户关系管理系统，是企业实现以客户为中心战略导向的有力助手。一个完整、有效的 CRM 系统应当包含以下四个子系统，如图 4-4 所示。

(1)客户合作管理系统

客户关系管理系统要突出以客户为中心的理念，首先应当使客户能够以各种方式与企业进行沟通交流，而客户合作管理系统就具备这项功能。

客户合作管理系统主要是为了实现客户接触点的完整管理、客户信息的获取、传递、共享和利用以及渠道的管理，涉及企业不同职能部门的管理信息体系、电话中心、移动设备、Web 渠道的信息集成和处理等。在此系统中，企业可以通过呼叫中心、传真、移动销售、电子邮件及其他营销渠道，保证客户能够采取其偏好或方便的方式随时与企业进行交流，并且保证来自不同渠道的信息完整、准确和一致。

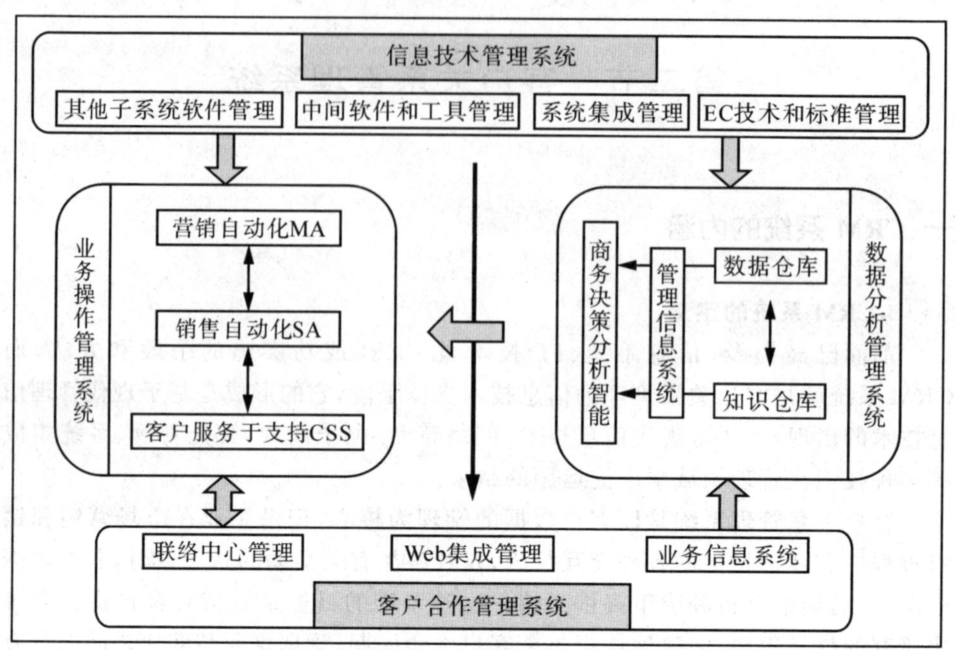

图 4-4 CRM 系统基本构架

(2)业务操作管理系统

企业中每个部门都需要与客户进行接触,而市场营销、销售、客户服务部门与客户的接触最为频繁,因此,客户关系管理系统需要对这些部门提供支持,业务操作管理系统便应运而生。

业务操作管理系统主要实现了市场营销、销售、客户服务与支持等三种基本商务的优化和自动化,包括销售自动化(Sales Automation,SA)、营销自动化(Marketing Automation,MA)、客户服务与支持(Customer Service & Support,CSS)等三个功能模块。

• 销售自动化模块(Sales Automation,SA)

销售自动化模块是业务操作管理系统中最基本的模块,它使企业的销售人员可以通过各种销售工具,诸如电话销售、移动销售、远程销售、电子商务等,方便及时地了解有关生产、库存、定价和订单处理的信息。所有与销售有关的数据都储存在数据库中,销售人员可以随时补充或及时获取。此外,它还能进行日历和日程安排、佣金管理、销售预测、区域划分、费用报告等。

它一方面能够为销售人员提供流畅、直观的工作流功能,从而提高工作效率;另一方面使企业有效协调和监督整个销售过程,保证销售业绩的最大化。

• 营销自动化(Marketing Automation,MA)

营销自动化为营销提供了独特的支持功能,通过对市场和客户信息的统计和分析,发现市场机会,确定目标客户群和营销组合,科学地制定产品策略;为市场营销人员提供制定预算、计划、执行和控制的工具,不断完善市场计划;管理各种营销活动,包括营销活动计划的编制和执行结果的分析。

营销自动化为营销及其相关活动的设计、执行和评估提供详细的框架,很多情况下与销售自动化互为补充。

• 客户服务与支持(Customer Service & Support,CSS)

客户服务与支持部分具有两大功能,即服务和支持。一方面,通过计算机电话集成系统支持的呼叫中心,为客户提供每周 7 天每天 24 小时不间断的服务,及时满足客户需求,并将客户的信息及时存入共享数据库;另一方面,技术人员对客户的使用情况进行跟踪,为客户提供个性化的服务,并对服务合同进行管理。

客户关系管理系统中强有力的客户数据使通过多种渠道的横向及纵向销售变为可能,当把客户服务与支持功能同销售、营销功能良好地结合时,可以帮助企业以更快的速度和更高的效率来满足客户需求,以进一步保持和发展与客户的关系,如图 4-5 所示。

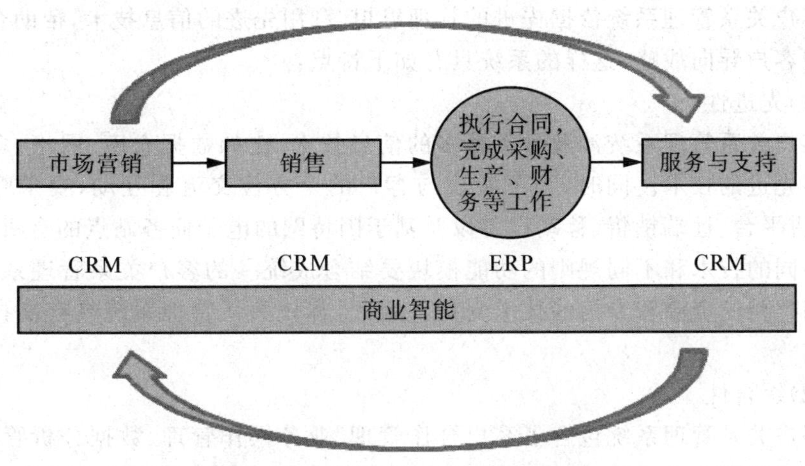

图 4-5　客户关系管理与客户生命周期

(3)数据分析管理系统

数据分析管理系统中,将实现数据仓库、数据集市、数据挖掘等工作,在此基础上实现商业智能和决策分析。此系统主要负责收集、存储和分析市场、销售、服务及整个企业的各类信息,对客户进行全方位的了解,为企业市场决策提供依据,从而理顺企业资源与客户需求之间的关系,提高客户满意度,实现挖掘新客户、支持交叉销售、保持和挽留老客户、发现重点客户、支持面向特定客户的个性化服务等目标。

因此,数据分析管理系统是客户关系管理思想和信息技术的有机结合,是客户关系管理系统的重要组成部分,是企业前台各部门进行各种业务活动的基础。

(4)信息技术管理系统

由于客户关系管理的各功能模块和相关系统运行都由先进的技术进行保障,因此对于信息技术的管理也成为 CRM 系统成功实施的关键。在信息技术管理系统中,主要有四个方面的内容:

一是其他子系统应用软件的管理,主要是指对保障其他子系统或功能模块正常运行中不可缺少的应用软件的管理,如数据库管理系统等;

二是中间软件和系统工具的管理,指的是在分散的计算机环境中能够使应用层的程序直接相互连通的实施系统软件,如系统执行管理工具等;

三是企业及系统的集成管理,将 CRM 系统与企业的其他信息系统,如企业资源计划 ERP、供应链管理 SCM 等系统进行集成;

四是电子商务技术和标准管理,如因特网技术及应用、通信标准管理等。

3.客户关系管理系统的特征

客户关系管理系统依据先进的管理思想,利用先进的信息技术,帮助企业最终实现客户导向战略,这样的系统具有如下特点:

(1)先进性

客户关系管理系统涉及种类繁多的信息技术,比如数据仓库、网络、多媒体等许多先进的技术。同时,为了实现与客户的全方位交流和互动,要求呼叫中心、销售平台、远端销售、移动设备以及基于因特网的电子商务站点的有机结合,这些不同的技术和不同规则的功能模块要结合成统一的客户关系管理系统,需要不同类型的资源和专门的技术支持。因此,客户关系管理系统具有高技术的特征。

(2)综合性

客户关系管理系统包含了客户合作管理、业务操作管理、数据分析管理、信息技术管理四个子系统,综合了大多数企业的销售、营销、客户服务行为的优化和自动化的要求,运用统一的信息库,开展有效的交流管理和执行支持,使交易处理和流程管理成为综合的业务操作方式。不论是在传统的行业还是在新兴的行业,客户关系管理系统使企业拥有了畅通高效的客户交流互动渠道、基于统一的信息平台综合面对客户的业务工具,从而帮助企业跟上信息化时代的脚步,实现从传统的企业模式向以电子商务为基础的现代企业模式转变,有效提高企业的竞争能力。

(3)集成性

在电子商务的背景下，客户关系管理系统最终将实现与企业信息资源ERP、供应链管理SCM、计算机集成制造CIMS和财务等系统的集成。CRM解决方案因其具备强大的工作流引擎，可以确保各部门各系统的任务都能够动态协调和无缝连接。因此，CRM系统与其他企业信息系统的集成，可以最大限度地发挥企业各个系统的组件功能，实现跨系统的商业智能，全面优化企业内部资源，提升企业整体信息化水平。可以预计，在不久的将来，只有CRM与各种企业信息系统完全整合的企业，才能成为最大的赢家。

(4)智能化

客户关系管理系统的成熟，不仅能够实现销售、营销、客户服务等商业流程的自动化，减少大量的人力物流，还能为企业的管理者提供各种信息和数据的分析整合，为决策提供强有力的依据。同时，客户关系管理的商业智能对商业流程和数据采取集中管理，大大简化软件的部署、维护和升级工作；基于因特网的客户关系管理系统，使用户和员工可随时随地访问企业，减少大量的交易成本。客户关系管理系统与其他企业管理信息系统集成后，将使商业智能得到更大的发挥，为企业发现新的市场机会、改善产品定价方案、提高客户忠诚度，从而提高市场占有率提供支持。

二、CRM系统的分类

目前，业界认可的CRM系统分类，是根据美国著名调研机构Meta Group的划分方法，把CRM系统分为操作型、分析型和协作型。下面，就三种不同类型的CRM系统进行阐述。

1.操作型CRM(Operational CRM)

(1)操作型CRM的定义

在互联网时代，网络技术让企业与客户之间的联系变得更加便利，客户耐心指数大大下降。如果客户的需求不能得到及时的回应，或者慢于竞争对手，那么客户将极易流失。同时，客户通过网络可以获取多家企业的信息，通过比较后择优选择，因而对企业来说，招揽顾客和挽留顾客都变得更加困难。在这种背景下，如何才能使那些同客户打交道的部门提高与客户的交流能力？此时，操作型CRM的诞生为企业实现销售自动化、时间管理、工作流配置与管理、业务信息交换等提供了可能。

操作型CRM，也称为运营型CRM，有时也称为“前台”CRM，它涉及了与客户直接发生接触的各个方面。操作型CRM的设计宗旨是所有的业务流程流线化和自动化，使前台和后台的管理保持无缝连接。它的设计目的是让企业的各部门业务人员能够共享客户资源，减少信息流动滞留点，以统一的理念对待客户，让客户在与公司不同的员工打交道时不会产生不同的感受，从而减少员工与客户接触时的许多不便。

(2)操作型 CRM 的组件及功能

操作型 CRM 面向的是营销、销售、客户服务等一线、前台的工作。其各组件主要具备的功能详见表 4-3。

表 4-3　操作型 CRM 各组件的功能

组件	功　能	内　容
销售组件	实现销售业务的全过程管理，包括销售信息管理、销售过程定制、销售过程监控、销售预测、销售信息分析等。反馈客户信息，进行销售预测，确定有针对性的销售策略，进行销售活动的日常管理。	客户与联系人管理、销售机会管理、待办事宜与工作流管理、产品的报价和配置、渠道销售管理、合同制定和管理、网上订购、销售的预测和统计报表、竞争对手的跟踪、合作伙伴的信息管理
营销组件	对营销过程进行系统管理，提供市场营销活动的信息管理、计划预算、项目追踪、成本明细、回应管理、效果评估等功能，帮助企业管理者清楚了解所有市场营销活动的成效与投资回报，营销活动的计划、组织和执行反馈，发掘市场需求，挖掘潜在客户，开发科学的营销组合。	市场预算和收入跟踪管理、市场活动管理、活动反响跟踪、促销内容管理、市场宣传资料、工作流自动化、任务管理、市场衡量指标、时间表管理、电话促销管理、邮件促销管理、Web 促销管理
服务组件	整合企业客户服务流程，客户服务请求及投诉机制的建立、分配、解决、跟踪、反馈和回访。建立良好的客户关系，进行有效的客户保持和客户挽留，完成高效的服务与支持活动。	客服工单管理、客服活动管理、客户投诉管理、现场服务、故障处理
电子商务组件	为企业的商务互动设计基于网络的信息化过程。涉及企业营销渠道创新与商务模式创新的系统化与整合，帮助企业集成门户站点以及各种商务渠道，为企业的商务活动提供系统解决方案。	
商务平台组件	为企业的整个管理活动提供局域网络和计算机管理的平台，通过统一的平台使企业实现从最初的客户信息的收集管理到产品的研发制造，再到产品销售与服务的全部业务流程的数据维护、安全控制、动态配置与工作流程定制等功能。	

操作型 CRM 收集了大量的客户信息、市场活动信息和客户服务的信息，并且使得销售、市场、服务一体化、规范化和流程化。但是，对于大量的客户信息，该如何进行处理和加工，最后得到有用的信息进而对企业的决策和政策制定提供依据，这将是企业需要解决的另一个难题。由此，协作型 CRM 和分析型

CRM 进入了人们的视线。

2.协作型 CRM(Collaborative CRM)

(1)协作型 CRM 的定义

协作型 CRM 是指企业直接与客户互动(通常通过网络)的一种状态,它能实现全方位的客户交互服务和收集客户信息,形成与多种客户交流的渠道。

英文中,Collaborative 的意思是指两个以上的人同时做一项工作。协作型 CRM 的参与对象也是两种不同类型的人共同完成的,即企业客户服务人员和客户共同参与,如支持中心人员通过电话指导客户修理设备,在修理这个活动过程中有员工和客户共同参与,他们之间是协作的。而操作型 CRM 和分析型 CRM 只是企业员工自己单方面的业务工具,在进行某项活动时,客户并未一起参与。

因此,协作型 CRM 有其本身的特点,即由员工和客户一起完成某种任务,这就有时间上的限制。员工和客户由于要同时完成某项工作,都希望快一点解决问题。这种速度需要就要求 CRM 的应用必须能够帮助员工快速、准确地记录客户的请求内容以及快速找到问题的答案。换句话说,对特定工作业务必须有知识量丰富和智能查询等特点。同时,员工本身也必须经验丰富。如果问题无法在线解决,协作型 CRM 还必须提供智能升级处理,员工也必须及时作出任务转发的决定。

(2)协作型 CRM 的组件及功能

协作型 CRM 中,客户和企业进行交互的前端应用,可以通过多种渠道提供。这种协作型平台的作用是交换信息和服务。借助多渠道协作以及交互式语音响应(IVR)和计算机集成电话(CTI)技术,客户能够在任何时间、从任何地点通过自己方便的渠道了解相应的产品和服务。不仅如此,各机构还可以利用这种交互方式收集客户和潜在客户的信息。

①协作型 CRM 的组成

协作型 CRM 解决方案将实现多种客户交流渠道,如呼叫中心、面对面交流、Internet/Web、E-mail/Fax 等的集成。大部分企业的协作型 CRM 组成模型如图 4-6 所示。

由图可以看出,协作型 CRM 系统是由媒体连接器、路由与管理规则引擎,以及桌面应用组成,外在表现为移动桌面、Web 接入和呼叫中心接入。其中,CRM 的移动桌面可以在离线的情况下采集数据,必要时与数据库连接即可导出数据;Web 接入服务,则使得企业可以将客户信息采集、客户自助服务和代理商管理业务在互联网上实现;而呼叫中心则是协作型 CRM 的基础,下面将详细阐述。

呼叫中心又称为客户服务中心,它是一种基于 CTI(Computer Telephone Integration,计算机电话集成)技术、充分利用通信网和计算机网的多项功能集

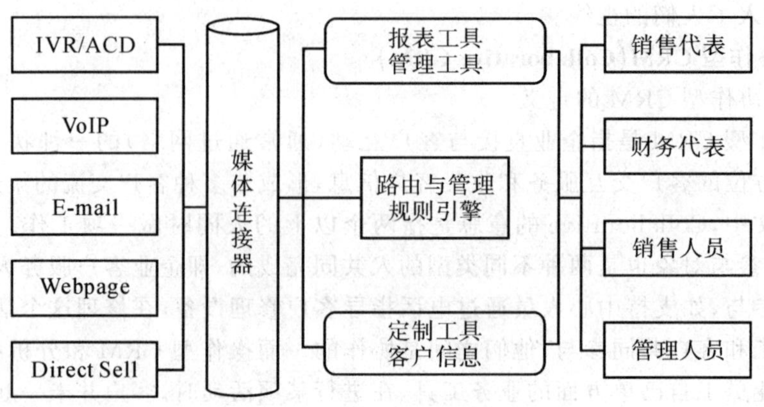

图 4-6　协作型 CRM 组成模型

成，并与企业连为一体的一个完整的综合信息服务系统，利用现有的各种先进的通信手段，有效地为客户提供高质量、高效率、全方位的服务。初看起来呼叫中心好像是企业在最外层加上一个服务层，实际上它不仅仅为外部用户，也为整个企业内部的管理、服务、调度和增值起到非常重要的统一协调作用。

呼叫中心(Call Center)源于 20 世纪 30 年代，迄今为止已经经历了五个更新换代的周期。第一代呼叫中心是人工热线电话系统，是由两人或更多人组成的、在一个特定地方用专用设备处理电话业务的小组。第二代呼叫中心广泛采用了计算机技术，形成交互式自动语音应答系统。与第二代呼叫中心相比，第三代呼叫中心采用 CTI 技术实现了语音和数据同步，成为兼有自动语音和人工服务的客服系统。第四代呼叫中心是网络多媒体客服中心，具有接入和呼出方式多样化的特点，支持电话、VoIP 电话、计算机、传真机、手机短信息、WAP、寻呼机、电子邮件等多种通信方式。如今，第五代呼叫中心是基于 UC 的、基于 SOA 和实时服务总线技术的、具备 JIT 管理思想和作为全业务支撑平台 TSP 的呼叫中心。

在既定的呼叫中心中，典型的处理流程如图 4-7 所示。

呼叫中心一来可以作为一种营销服务渠道，为客户答疑解惑；二来作为一种延伸客户和企业价值的营销服务渠道，分析客户信息，发掘客户价值，降低营销成本；三来作为一种分层服务、差异化配置资源的企业应用系统，提供多层次、多角度的分层措施，为不同价值的客户提供不同的服务体验。

②协作型 CRM 的功能

协作型 CRM 使各种客户交流渠道相互交融，以保证企业和客户都能得到完整、准确和一致的信息，主要依靠以下基本功能来实现：

• 电话接口。电话接口能提供与世界先进水平的电话系统集成的接口；主

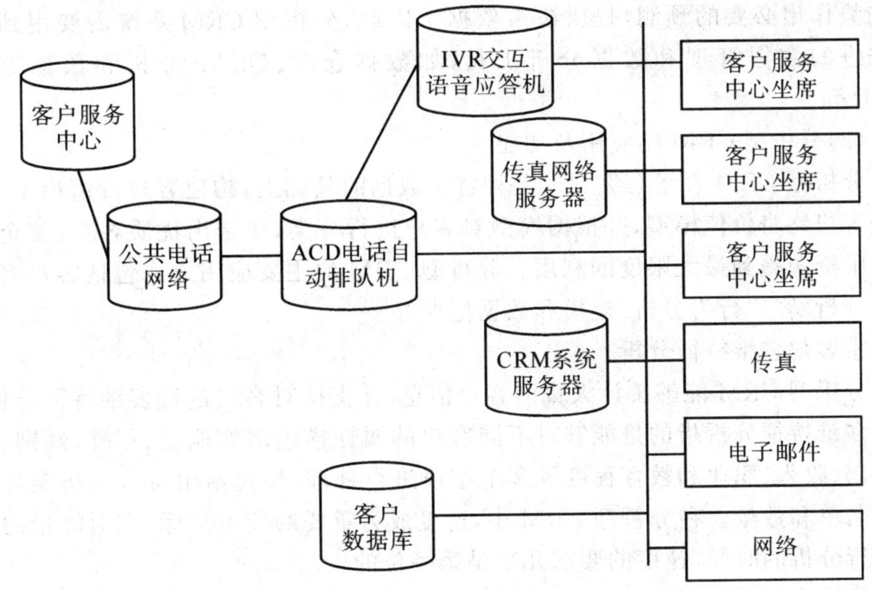

图 4-7　呼叫中心典型处理流程

要支持 Proxim、Lucent 等 CTI 中间件。

• 电子邮件和传真接口。电子邮件和传真接口能与电子邮件和传真集成，接收和发送电子邮件和传真，能自动产生电子邮件以确认信息接收等。

• 网上互动交流。网上互动交流能进一步加强与网络服务器的集成以支持互动浏览、个性化网页、站点查询等功能。

• 呼出功能。呼出功能支持电话销售/电话市场推广，如预知拨号、持续拨号和预先拨号等功能。

3.分析型 CRM

(1)分析型 CRM 的定义

对于企业来说，在信息时代，可以通过多种渠道获取信息，但是如何甄别信息的价值，对有效的信息进行管理，成为一个棘手的问题。分析型 CRM 的出现，使这些问题迎刃而解，它可以帮助企业将完整的和量化的数据转为有效的信息，再采取知识管理的方法，将这些信息进行有效的整合，为企业制定战略和商业决策、更好地满足客户的需求提供参考依据。

分析型 CRM 也称为"后台"管理或者"战术"CRM，这与操作型 CRM("前台"CRM)相对。分析型 CRM 系统不需要直接同客户打交道，这一点区别于操作型 CRM，主要功能是分析操作型 CRM 所产生的大量交易数据，从中提取有价值的各种信息，通过一系列分析方法或挖掘工具，寻找商业规律或者对未来的趋势作出必要的预测，提供决策依据。因此，分析型 CRM 系统需要用到许多先进的数据管理和数据分析工具，如数据仓库、OLAP 分析和数据挖掘(DM)等。

(2)分析型 CRM 的应用及功能

分析型 CRM 在了解客户的各种背景数据的基础上，构建客户价值模型，特别是客户终身价值模型，并根据模型对客户进行分类，挑选出优质客户，使企业的有限资源得到最大限度的利用。分析型 CRM 的主要应用方式包括客户多维特征分析、客户行为分析、建模和数据挖掘等。

①客户多维特征分析

分析型 CRM 能够统计大量的客户信息，并支持对客户进行多维特征分析。所谓多维特征分析指的是能够对不同客户的属性描述诸如地址、年龄、性别、证件号码、收入、职业和教育程度等多个字段进行处理，快速给出符合分析条件的客户名单和数量。在分析型 CRM 中，速度成为重要的衡量指标，在对海量的数据进行分析的时候，速度的要求几乎是第一位的。

②客户行为分析

分析型 CRM 能够处理复杂的数据，并支持对客户行为进行分析。现有客户的基础信息来源于企业的现有业务系统，因此，结合客户信息对某一类客户群的消费行为进行分析是很有意义的。分析型 CRM 可以从多个数据库中抓取信息，并形成复杂的数据簇。在此基础上，可以分析某类客户的消费行为，使企业掌握目标市场客户的行为特征、购买模式以及影响因素，为企业的销售决策提供依据。

③数据挖掘

客户信息的录入和储存方式是数据(Data)，但是，对于决策者来讲，独立的单个的数据的意义并不大，更重要的是信息(Information)和知识(Knowledge)。现有的数据挖掘方法已经能够按照内置逻辑语言进行归纳和演绎。例如，根据模型数据，系统以达成最高利润为目标，提供建议进行的价格优化政策。通过输入抽样调查的测试数据，系统可以根据呼出电话的反馈率、直邮的反馈率、电视广告反馈率、巡展的反馈率等数据，确定最佳的市场活动模式，以最低的成本获得最好的市场活动效果。

④客户建模

除了特征分析和行为分析，预测也正在成为分析型 CRM 日益强大的分析功能。该功能是系统可以根据存储的客户背景资料和交易记录来设定分析评价客户未来购买倾向的指标，构建客户预测模型。这种功能帮助企业建立统计分析模型，准确地识别与预测客户行为变化发生的机会，使企业可以对客户进行价值评价，创造更多的盈利机会。在详细了解消费行为之后，很自然地要对数据的参数进行某些调整，比如价格变化可能为收入带来的影响等。模型分析将有助于企业的市场研究和分析人员更理性地制定市场细分策略。

根据上面的描述，分析型 CRM 的功能和内容如表 4-4 所示。

表 4-4 分析型 CRM 功能和内容

分析型 CRM 功能	考虑的内容
整合多渠道的数据源	1.整合存放在不同数据库中相互关联的原始数据； 2.能够进行关联性的查询； 3.对大数据量的查询速度要求较高。
对历史数据进行多维分析	1.从历史数据中选择不同的角度，考察客户的消费行为； 2.评估客户价值，细分客户群； 3.利用数据验证行业经验； 4.针对不同的客户群挖掘消费特点； 5.定期地将原始数据抓取到与运营系统分离的数据仓库中，并完成分析图表； 6.平衡分析的灵活自定义和分析结果的反馈速度。
预测收益/客户消费	1.建立数据模型，预测不同客户群的消费量； 2.调整重要参数，估计对收益或利润的影响； 3.对市场活动的效果进行预测； 4.从不同的纬度进行知识发现。
优化	1.利用数据模型进行优化，适合确立价格策略； 2.通过设置商业规则，进行复杂的市场划分； 3.平衡市场活动的费用和效益； 4.采用 AI(人工智能)方法验证行业经验。

三、三类 CRM 系统的关系

由前面三类 CRM 系统的介绍可以看出，操作型 CRM 和协作型 CRM 主要解决企业内部工作效率和交易数据的采集问题，并不具备分析型 CRM 的信息分析能力。如果把 CRM 比作一个完整的人，那么操作型 CRM 和协作型 CRM 是人的“四肢”，分析型 CRM 则是“大脑”，只有将三者完美结合，才能形成一个完整的客户关系管理系统。三类 CRM 应用系统的功能定位如图 4-8 所示。

事实上，一个典型的 CRM 应用系统在实际应用中并没有严格意义的操作型、协作性和分析型的区分。要使客户关系管理系统发挥最大作用，则需要具备

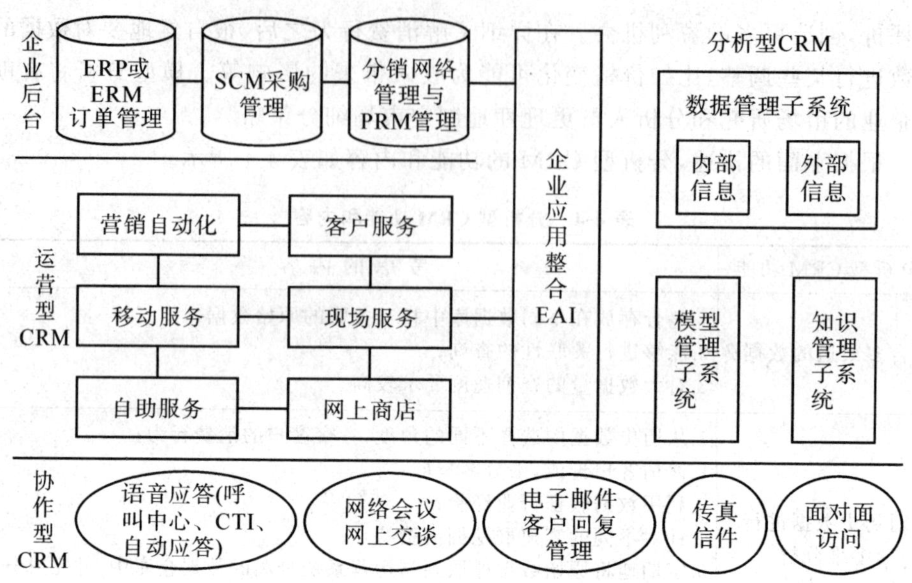

图 4-8　三类 CRM 应用系统的功能定位

几个特征:统一的数据库,便捷的沟通渠道,集成的销售、营销、服务自动化工具,商业智能以及与其他管理信息系统整合的能力。因此,需要将操作型、协作型和分析型的 CRM 共置于一个闭环之中,让三者相互补充,最终实现以客户为中心的目标,如图 4-9 所示。

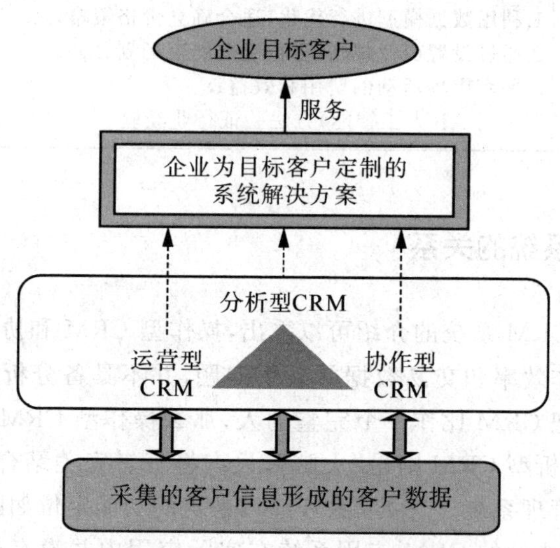

图 4-9　三类 CRM 之间的关系

第三节 客户关系管理系统的实施

一、CRM 系统的选型

前面的内容已经对 CRM 系统的定义和分类有了详细的阐述，CRM 系统是企业客户关系管理最有力的支持手段。在目前市场竞争激烈、企业技术基础薄弱的环境下，企业若想在短时间内自主研发并实施 CRM 系统的可能性并不大。因此，对于大多数企业来说，CRM 项目不会自行研发，一般都是从多个 CRM 供应商中进行选择。那么，该如何从众多的供应商中选择符合企业实际需求的 CRM 系统，这是我们将要讨论的问题。

1.确定实施 CRM 的目标

企业要实施 CRM，有效提高管理效能，那么首先要弄清自身企业的需求和所要解决的问题，这样才能“对症下药”，选择出合适的 CRM 产品。

企业为什么考虑选择 CRM？换句话说，企业首先要确定自身最初的目标和动机。CRM 最初的目标和动机的确定需要企业能够针对目前的营销、销售和服务状况来分析存在的问题，以及哪些方面需要进一步改善。通常情况下，实施 CRM 的目标主要包括：

- 提高营销、销售和服务的效能；
- 增加收入；
- 改善客户忠诚度；
- 提高市场份额；
- 改善边际利润；
- 缩短销售周期；
- 支持团队销售；
- 降低管理费用；
- 改善渠道效力；
- 降低成本。

以上是最初目标的主要方面，企业应该针对自身的现状以及对行业内外环境的分析，找到企业发展的薄弱环节，确定需要改善的主要目标和各个目标改进的重要优先级。

2.分析实现目标的经营改进方法

要想目标实现的机会最大化，企业必须借助结构化选型方法的第二步，即详细分析实现目标的经营改进方法。

企业与 CRM 相关的具体运营改进措施，概括起来有：

- 提高客户忠诚度；
- 增加客户服务和支持渠道；
- 增加新的营销、销售和服务人员；
- 共享最好的实践；
- 引入新产品；
- 准确的预测；
- 获得更多的营销和销售线索；
- 交叉/追加销售；
- 提供信息访问的便利性。

企业可以针对自身情况，分析确定可以采取的具体运营改进措施，以及各个具体运营改进措施的重要优先级。

3.寻求软件厂商解决方案的建议

确定了具体的运营改进措施之后，企业需要真正设法解决这些业务问题，只有这样企业才能够确定哪些特定的解决方法可以应用于这些基本问题中。一旦业绩目标已经得到了具体的确定，便需要开始寻求解决问题的技术。这时候，企业需要考虑从何处获得解决方案以及供应商的建议和信息。企业可以通过以下几种渠道来获得相关信息：

- 咨询顾问：可以向包括 MIS、ERP、CRM、SCM 等项目的顾问进行咨询；
- 咨询公司：可通过信息化领域的第三方咨询公司了解相关信息；
- 厂商客户：对软件厂商已有客户进行调查与分析，了解客户部署该厂商 CRM 的投资回报情况；
- 研讨会：参与政府机构、咨询公司、软件厂商等主办的研讨会，从演讲者口中获得系统性较强的、客观的知识，有关 CRM 厂商产品、CRM 功能实现、CRM 实施策略等方面的信息；
- 座谈会：参加厂商与用户、用户与用户的交流会，与厂商的交流可以直观地了解 CRM 产品信息，与用户的交谈则可以客观地了解 CRM 产品的功能实现；
- 网站：从企业管理信息化方面的门户网站、信息化咨询公司以及软件厂商的官方网站了解有关 CRM 产品的最新进展；
- 文章：查看有关 CRM 理论、CRM 案例研究、CRM 产品剖析等方面的文章，进一步加深对 CRM 产品的理解；

• 直邮：通过厂商发布的各种有关产品的直邮信息进行了解。

虽然信息可以来自上述多种渠道，但是不同的渠道有不同的时效、成本和可信度，因此企业在选择渠道时，需要验证信息的可靠性，根据自身实际情况作出判断。

4.选择合适的软件厂商技术规范

通过各渠道了解了软件厂商解决方案的建议后，企业还要选择合适的软件厂商技术规范。具体来说，进行 CRM 选型时，要注意新系统与企业现有的任意种类的服务器、工作站和数据库可以互相兼容，因为引进 CRM 系统后，还需要与企业的 ERP、SCM 等系统进行集成。此外，一个最终的兼容性的考虑还必须包括组织的规模，确保供应商提供组织所需要的支持等级。

为了避免系统的兼容性出现问题，企业在选型时应尽可能选一些产品线比较全面的供应商，同一家公司生产的 CRM 系统和其他产品线的糅和性基本上可以很好地解决。如果软件系统是由不同的供应商提供的，可能会出现不兼容的现象。

5.了解软件厂商的真实情况

对软件厂商的真实情况进行了解，有助于选择最具性价比的 CRM 产品。对供应商的了解，应着重于供应商的服务体系与自身成长性问题。其中，供应商的服务体系包括服务水平、服务能力、服务网络、服务响应时间、服务的条件包括价格等。供应商的成长性风险也要关注，如果一家公司濒临破产边缘，那么它几乎不可能开发出稳定的新产品，更不可能提供良好的售后服务。此外，CRM 软件中的管理模式是否先进、科学，主要取决于供应商的行业经验、研发实力和对管理理论的研究。

要对软件厂商的真实情况进行了解，一般有以下方法：

(1)获取 CRM 软件厂商信息的策略

• 研究定制的范例；

• 让厂商描绘现有的流程；

• 厂商的详细技术评价；

• 看标准的产品示范；

• 看厂商的产品展示；

• 研究“第三方”对厂商的间接评价。

(2)综合评价“真实”CRM 软件厂商的方法

• 进行厂商产品的 ROI(投资回报率)分析；

• 访问厂商的客户；

• 评价厂商的实施计划；
• 评价厂商的建议；
• 注意厂商总部的高层简报；
• 完成 RFP(Request For Proposal,建议需求书)。

6.建立适合自身的产品评价体系

当上面所有这些数据收集好之后,企业需要根据自身实际情况建立选型指标评价体系。不同的企业的评价指标体系是不一样的,其复杂程度(指标的个数)应视 CRM 项目本身所期望达到的目标、CRM 项目的投资和 CRM 系统的复杂程度而定。该指标体系由产品技术评价指标和产品功能评价指标两部分组成。

(1)CRM 产品技术评价指标

①技术环境

环境是企业在选择软件的过程中最简单的技术架构的评估标准,而且是最容易区分的。最重要的环境就是 CRM 产品所支持的服务器平台和数据库。未来的 CRM 产品,起码要支持一个或多个国际上最先进的服务器平台和数据库标准。例如 Microsoft、Sun、IBM 和 Oracle 等服务器平台。除了这些主流的平台外,功能强大的 CRM 产品还应当支持一些"第二层环境",例如 HP 和 Sybase 服务器管理系统,这样可以确保 CRM 产品具有更强的环境适应性。

②产品组织

产品的"组织"主要用来反映各组分的配置方式,以及组分间接口和通信协议。未来 CRM 产品的"组织"主要包括三个成分:客户端、应用服务器和数据库。未来的趋势是利用无线技术和基于 Web 的技术,并且确保客户、客户服务人员、销售人员和现场服务人员等多种用户能够拥有统一的用户界面,以及不同的使用权限。此外,产品的结构将普遍采用 B/S 模式。B/S 结构的特点是在客户端使用标准的 Web 页面浏览器(如 Internet Explorer 等),不需安装特殊的应用程序,减少了升级和维护的难度;所有的业务数据都保存在 Server 端,确保了数据的安全。

③基础结构

基础结构用来为多个用户和共享的资源系统提供系统级、独立应用的中间层服务。服务包括基本的请求处理、队列排序、流程管理、记忆管理、数据库管理和事务管理等。"门户"是未来基础结构中发展的一种重要形式。因为如果企业用户使用了拥有"门户"技术的 CRM 产品,就可以在一个环境下,访问多个 CRM 应用系统,看到多种报表,或者在不同维度上来检查企业的业绩。另外,从开发语言的发展趋势来看,基础结构开发的主流语言将为 Java 和 J2EE。

④内部结构

我们这里所讲的结构是指,CRM 产品组织中的主要内部成分是什么,以及它们如何被建立,由什么组成。未来典型的 CRM 产品主要还是基于 Web 的三层组织:网页/表示层、程序逻辑(用于应用软件功能和应用服务功能)、数据模型。其中,我们需要强调的一点是,未来的 CRM 产品将要在支持 Web 服务上进行"强化"。Web 服务已经成为一种具有吸引力的交互方式。Web 服务的标准化目录和查询功能、界面说明以及通信协议使得"集成"的复杂性的降低和成本的降低都将成为可能。

⑤产品定制

显然,所有的 CRM 应用软件都可以实现客户化(定制)。而事实上,所有的操作型应用软件定制化多少都会反映公司业务流程和信息结构的特征和细微差异。一个 CRM 产品套件客户化时有两个方面的结构因素。一方面是元数据的角色。当一个产品的结构基于元数据时,客户化可以通过元数据来实现。企业不要使用低层级结构和编码工具,而应当使用高层级元数据和可视化工具,这样可以确保客户化更加容易、快速和可控制。另一方面是使用标准化技术还是专有技术。当一个 CRM 产品的结构以标准化、大众化的技术建立时,就会有许多用于客户化的工具。相反,当一个 CRM 产品建立在专有结构基础上时,企业不得不使用供应商的客户化工具。

⑥产品集成

从客户角度来说,部署 CRM 系统最大的瓶颈莫过于与"集成"相关的时间和成本。CRM 系统主要用来为企业提供一种广泛与客户"打交道"的工具和方法。CRM 产品不仅必须定制以反映企业的业务流程和信息结构,而且产品也需要与内部和外部的业务系统进行集成,以实现业务流程的自动化。内部业务系统主要包括其他运营型 CRM 应用系统和后台系统,以及数据仓库和分析型应用软件;外部系统主要指销售和营销业务合作伙伴的 CRM 系统,以及供应商的后台系统。更为重要的是,CRM 产品应当提供一种集成的客户视图,收集不同种类来源的客户信息,并能够提供对所有应用系统的统一的访问。集成是一项关键而复杂的任务,是企业在实施 CRM 的过程中所遇到的最困难的任务之一。目前在市场上有很多集成技术和产品可以利用;同时也出现了很多种信息协议和业务流程标准。而且,我们可以预言,CRM 产品的"集成"问题将成为软件厂商发展的"瓶颈"。

以上六种分类指标是一种总体性、概括性的指标,如果我们将其细化,可以分成如下一些子指标:

• 使用何种语言开发?
• 支持哪些数据库?

• 支持的主流操作平台有哪些？

• 软件采用的是 C/S 还是 B/S 结构？技术结构有几层？

• 支持的语言种类(如中文、英文和中文繁体等)。

• 如何考虑 CRM 系统的安全问题？是否支持数字签名和数字证书？

• 是否提供客户化修改工具？二次开发工具是否易于掌握？在 CRM 产品上，用户是否容易进行二次开发？

• 是否易于用户维护？

• 软件采用的是标准化技术还是专有技术？

• 各子系统单独运行能力及内部集成水平如何？

• CRM 产品可以与哪些财务软件集成？

• 贵公司的 CRM 产品是否留有与 ERP、OA、SCM 的接口？

• 多久进行一次产品升级？如何考虑 CRM 产品的发展方向？

(2)CRM 产品功能评价指标

①总体功能性

企业首先要确定软件厂商 CRM 产品的总体功能有哪些，例如客户管理、联系人管理、时间管理、潜在客户管理、销售管理、电话销售、营销管理、电话营销、客户服务、知识管理、商务智能等。了解了这些功能之后，企业还应该分析一下软件厂商产品功能与自身现在和未来需求的匹配程度。

②产品可用性

企业除了了解 CRM 产品的基本功能以外，还需要从用户角度了解产品的使用特性，例如是否便于用户掌握使用系统的方法，是否有一个“人性化”的界面和个性设置，是否能够实现自动通知，并显示最新更新的指示和具有优先级的活动日志，等等。

③产品定制性

作为一种重要的管理软件，CRM 是用来解决企业中的管理问题的，而不同的企业必然有不同的管理模式，因此，不同的企业在实施 CRM 项目时必然有所差异。这就要求 CRM 软件产品具有很好的可定制性，能够将 CRM 解决方案很好地应用到相应的企业中。

④产品价格

产品价格当然也是企业需要考虑的重要指标之一，尤其对于一些中小型企业而言，必须根据具体的目标需求、财务状况来权衡好 CRM 产品的功能与价格，作出一种最优的选择。

⑤实施难易度

企业往往出现了一些急于解决的问题，才会想到 CRM，因而，企业非常看重

CRM 系统是否能够见效快，是否能够满足它们急需的功能。这必然涉及软件实施难易度的问题。因此，企业要考虑软件实施简易度以及相应的实施进度的问题。

⑥持续服务水平

CRM 产品需要进行持续的升级等后续服务，因此，企业必须考察 CRM 软件厂商是否拥有一个较强的客户服务联盟，是否拥有足够的合作伙伴。

⑦未来功能支持

企业需要适当地考察一下，CRM 产品是否能够支持一些现在或未来所需要的先进功能，例如 CRM 系统是否支持无线移动功能，CRM 系统是否能够确保企业为客户提供自助式服务，CRM 系统是否兼有一些知识管理方面的工具。

企业根据上述这些通用指标，再结合企业自身的需求，来确定适合自身的评价指标体系，并确定这些指标的优先级和权重；然后企业使用这些评价指标分别对软件厂商进行打分，对其进行综合评价，有所筛选；再评估筛选后的软件厂商在"有效规避实施风险"和"有效确保应用效能"方面所提出的进一步方案和承诺；最后，确定合作厂商和产品。

二、CRM 系统的实施过程

前面已经提及，为了节省人力物力，提高效率，大多数情况下，企业选择将 CRM 软件系统外包。因此，接下来我们探讨的 CRM 系统实施过程正是基于这样一个前提。

CRM 软件产品本质上是面向企业前台应用的管理信息系统，其本身就蕴含了 CRM 的管理思想和先进的信息技术。CRM 软件系统的实施过程遵循了项目管理的科学方法。

项目管理主要有以下内容：确定项目的目标和范围；建立项目组织，合理分工；建立工作分解结构，分别说明各阶段的工作任务和交付成果，评价工作质量；制定项目实施计划，控制进度；控制项目预算。

在此，结合项目管理和管理信息系统实施的特点，给出 CRM 软件系统九阶段的实施方法，如图 4-10 所示。

1.项目准备

这一阶段主要是为 CRM 项目立项做准备，目标是取得高层领导的支持和勾画出整个项目的实施范围。其主要任务包括确定项目目标、界定项目范围、建立项目组织、制定阶段性的项目计划和培训计划（其中包括每个阶段的交付成果）。从某种意义上说，全面实施 CRM 系统其实是一种战略决策，它意味着一场深刻的组织变革。虽然 CRM 软件系统的应用面向的只是企业的前台，范围

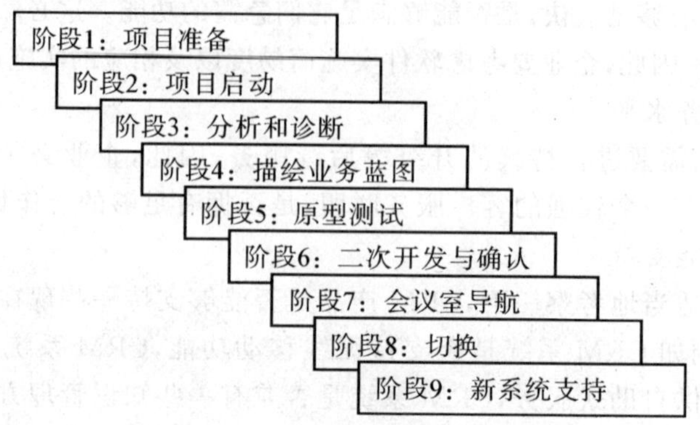

图 4-10　CRM 系统实施的九阶段

没有 ERP 这类主要侧重于企业后台业务集成的管理信息系统来得广，但就 CRM 系统中蕴含的管理思想而言，却意味着企业从以产品为中心的管理模式向以客户为中心的管理模式的转变，意味着管理观念的转变，由活动构成的企业相关流程的转变，制度的转变，人的转变。CRM 系统的实施需要企业各方的支持，这已从 CRM 价值链的模型中得到证明。

所以，拥有企业高层对 CRM 的理解、指导和承诺，以及各级管理人员的有力支持，项目才有可能取得成功。可以这样说，企业高级管理层的承诺（top management commitment）是成功实施 CRM 的首要条件。

项目准备阶段主要由以下两个活动构成：

（1）确定项目范围

可以通过初步了解现行系统的业务以及目前已经在使用的软件系统来确定。不同于 ERP 项目，CRM 项目的应用范围主要在企业的前台业务部门，即市场营销管理、销售管理以及客户服务与支持。

（2）中高层经理的相关培训

只有让企业的中高层管理人员真正理解 CRM 的概念和原理，才可能对 CRM 的实施给予充分的支持。

2.项目启动

在取得了企业高层的支持和确定了项目实施范围之后，项目进入正式启动阶段。这个阶段的主要任务包括确定项目目标、建立项目组织、制订阶段性的项目计划和培训计划，每个阶段的交付成果都要有相应的文档加以整理和记录。

（1）建立项目实施队伍并明确人员权责

这支队伍既有企业高级管理层所组成的指导委员会和咨询公司人员，也有来自信息部门的技术人员和相应职能部门的熟悉企业流程的业务人员所组成的实施小组和职能小组。项目队伍组织结构如图 4-11 所示。

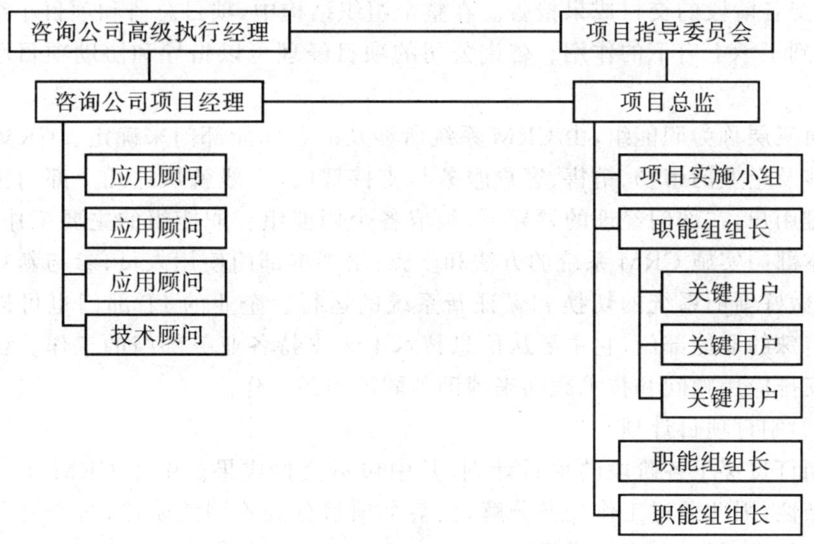

图 4-11　项目队伍组织结构

整个组织结构分三层，咨询公司可以在每一层都安排相应人员予以支持。最高层为项目指导委员会，具有高度决策权，一般由总经理主持，企业有关高层经理和项目总监作为成员。他们的主要任务为：确定项目目标；控制实施进程；组织培训；协调人力资源；解决关键难题；制定组织变革的措施；对项目的成败负责。咨询公司可以为项目指导委员会配备项目高级执行经理，帮助作出正确的决策。

第二层为项目总监和项目实施小组。项目总监是非常重要的职位，直接关系到项目的成败，必须由企业内具备丰富管理经验、清晰的思路与大局观、良好的沟通能力、勇于创新的精神和具有一定威望的人来担任。鉴于 CRM 系统集成的是企业的前台应用，所以由主管市场方面的高层经理来担任项目总监的职位会比较合适，而不应由 IT 部门的主管来担任。项目总监除了要领导项目实施小组以外，还要指导职能组，并直接向项目指导委员会汇报。项目小组的主要成员应该是企业前台各部门和 IT 部门的主管或骨干，但企业后台的有关部门的主管也应该是成员之一，以在合适的时候提供必要的支持。有些成员可以兼任有关职能组的组长。项目小组成员除了要兼顾原来的工作以外，必须在项目上投入 80%以上的时间和精力。而项目总监必须全身心地投入，他的几个关键助手也要百分之百地投入。项目实施小组的主要工作包括：制订项目实施计划；指导和组织职能组的工作；数据准备，并保证数据的质量；分析现行系统，绘制业务蓝图;负责原型测试和会议室导航测试;主持制定保证新系统运行的规则和规程;提交各阶段的交付成果报告。在整个组织结构中,项目总监和项目小组是枢纽,起到了承上启下的作用。咨询公司的项目经理可以指导和协助项目小组的工作。

第三层称为职能组,由 CRM 系统所涉及的各职能部门来确定。CRM 系统主要涉及企业的市场、销售、客户服务与支持部门,一般就从这几个部门挑选一些关键用户,在部门经理的领导下,组成各个职能组。职能组的主要工作包括:研究本部门实施 CRM 系统的方法和步骤;培训本部门使用人员;参与新规则的制定;做好新旧系统的切换和保证新系统的运行。企业的 IT 部门也可以作为一个特殊的职能部门,它主要从信息技术上来支持各业务部门的工作。咨询公司可安排应用顾问和技术顾问来辅助各职能组的工作。

(2)制订项目计划

制订贯穿于各阶段的项目计划,其中包括交付成果。由于 CRM 系统实施的复杂性,因此通过工作任务分解,把整个项目分为不同的阶段,每个阶段都有自己的目标、任务和交付成果。

(3)制订培训计划

培训在 CRM 实施中是非常重要的因素,它贯穿于项目的各个阶段。培训可以针对不同的对象,安排在不同的时间和地点,培训的成本也会有所差别。培训是成功的关键,应该从高级管理层开始。有些培训可能还要根据培训对象的不同,根据 CRM 信息系统的特点,加一些实例练习,更快地实现知识转移。

(4)确定项目目标和评价方法

制定项目目标有几个原则。首先,必须产生效益。通过 CRM 的实施,一方面能够提高企业的销售收入并且降低销售成本,从而增加利润,这是显性效益;另一方面提高了客户的满意度和忠诚度,同时也增加了内部员工的满意度和工作热情,加强了部门之间的团结合作等等,这是隐性效益。隐性效益从某种角度来说,也给企业带来了竞争优势。其次,目标必须可以衡量,应当以数字来表示,如提高 10%的销售收入,降低 15%的销售成本等。第三,目标必须可以完成。制定的目标必须切合实际,不切实际的目标只不过是空想而已。此外,可以同时制定多个目标。在评价 CRM 实施时,可以用实际效果与制定的目标作相应对比,寻找差距和不足,以便进一步改进。当然,CRM 的实施是一个长期的不断提高的过程,不能太注重短期利益,在竞争日益残酷的今天,获取战略利益更有利于企业的长期发展。

3.分析和诊断

这一阶段是任何管理信息系统实施中必不可少的关键环节。这一阶段的主要任务包括:CRM 信息系统的安装和技术培训;CRM 信息系统应用的初步培训;基础数据的准备;现有政策和业务流程的分析和诊断。

(1)CRM 信息系统的安装和技术培训

CRM 信息系统的安装和技术培训是必需的。不同规模的企业所需要的 CRM 的软件系统会有很大差别。对于较复杂的产品,需要对安装进行计划并确认系统规模。随后安装硬件和 CRM 软件,确定安全及访问控制,并进行系统管理的培训。

(2)CRM 信息系统应用的初步培训

它针对全部项目实施小组成员。通过培训,使企业人员了解项目相关的业务领域、CRM 信息系统的技术特点和所蕴涵的管理思想以及业务流程,有助于进一步进行现有流程的分析和诊断以及业务蓝图的初步设计。

(3)现有政策和业务流程分析和诊断

由于 CRM 倡导的是以客户为中心的管理模式,原有的以产品为中心的政策和流程必然面临着改变。这不仅要求与企业前台业务相关的流程需要改变,企业后台的流程也要作出相应的调整。通过确定流程的需求和实现客户价值的程度,分析现有流程和政策中存在的问题,确定要改进的关键环节。在此过程中,可以采用流程图形建模技术和鱼骨图分析技术等来帮助分析。

4.描绘业务蓝图

在吸取了众多实施管理信息系统(如 ERP)失败案例的经验之后,在传统的 MIS 实施模式的基础上,结合了 BPR 的思想和方法,产生了这一阶段。它对 CRM 系统的成功实施最为重要。

所谓业务蓝图,即改进后的企业流程模型。虽然经过了初步培训,已经对 CRM 信息系统有了初步的了解,但对其详细功能的认识还比较有限,考虑到将来新流程与 CRM 信息系统的有机结合,所以先描绘初步的业务蓝图,但并不是系统的详细设计。经过原型测试后,再对业务蓝图进行修改,使其不断完善。新流程应该符合 CRM 的管理思想和目标,着眼于提高客户满意度和忠诚度。

在挑选业务流程进行重新设计时,首先要挑选一些关键的流程。挑选的原则可以根据位势的重要性、绩效的低下性和落实的可能性来衡量。比如客户投诉服务流程,如果运行的绩效低下(响应速度慢、信息无法共享、无规范的文档记录、也没有解决方案的数据库等等),会直接影响到客户对售后服务的满意程度,导致客户流失,同时由于 CRM 信息技术的支持,重新设计后的流程也有落实的可能性,所以对此流程的改进就是非常必要的。

另外,在设计新的业务流程时,必须根据企业本身的实际情况和行业的特点,同时结合 CRM 信息系统的优势,既不能盲目照搬其他企业的模式,也不应该完全按照CRM信息系统本身包含的标准业务流程。流程再设计时可以运用BPR的一些优化流程的方法和技术,如创造性技术(头脑风暴法、黑箱思考法等)和数据建模技术(IDEF工具等)。在改进企业流程结构的同时,也要对新流程运作相适应的人力资源和企业制度有所考虑。业务蓝图的设计是CRM系统实施成功的关键所在,如果不对企业原有的业务流程作任何改进,直接把它放进CRM信息系统中作原型测试,即使信息技术的引入对流程有所改进,其程度也是有限的,这样做其实是用信息技术来迎合不符合CRM管理思想的业务流程,从根本上违背了实施CRM系统的目的。这可以从众多的失败案例中得到验证。

CRM系统由活动、制度、人、信息技术和目标组成。信息技术只是CRM系统的有机组成部分,它能够在一定程度上影响活动的一种实现方式,影响联系活动的规则(制度的一种表现形式),影响执行活动的人,从而影响CRM系统的目标,但这种影响是局部的。要实现CRM系统的目标,需要各个要素的协调一致,共同朝着同一个方向努力。如果只是引入CRM的信息技术,而企业的活动、制度、人不作改变,那么实现CRM的目标只是空谈而已。

5.原型测试

这一阶段有三个主要任务:CRM基础数据的准备、原型测试的准备和进行原型测试。

(1)CRM基础数据的准备

数据准备是CRM实施成功的关键环节。由于CRM系统是面向企业前台应用的管理信息系统,所以其基础数据主要是一些市场、销售以及客户服务与支持的有关数据。

数据,一般是指客观事务的各种属性值。在市场营销活动中,它是指体现在客户身上的各种属性。如果是消费者客户(B2C),则指消费者的性别、年龄、职业和消费偏好。如果客户是企业(B2B),则指一个企业的员工人数、总产值和主营业务等。实施CRM需要从不同来源获取大量的数据,如企业内部保存的客户数据和从企业外部取得的人口统计数据、态度数据、生活方式数据、财务数据和调查数据等。

在CRM实施中,掌握大量的数据是十分必要的。数据可以帮助企业了解每一个客户的有关属性,了解客户群的大体轮廓,了解并提高企业营销活动的效果,从而更好地进行客户组合分析和确定目标客户以及时满足客户需求,降低成本和提高效率,与客户建立紧密联系和提高客户的忠诚度。

根据数据获取方式的不同,可将数据分为两大类:初级数据(Primary Data)和次级数据(Secondary Data)。初级数据又称为原始数据,是通过发问卷、电话采访、面谈等方式直接从客户那里搜集到的有待进一步加工的数据。初级数据一般比较可靠和真实,但搜集成本较大。飞速发展的互联网技术为企业人员获取客户和市场信息提供了新的渠道,通过在互联网上与客户的互动沟通,既节省了成本,又能使有关数据及时更新。次级数据又称间接数据,它是经过别人搜集,并已被加工整理过的数据。根据来源不同,次级数据又分为内部数据(Internal Data)和外部数据(External Data)。内部数据存放在企业的信息系统中,主要指企业各时期的销售历史记录、促销活动记录、客户购买记录和售后服务记录等等。外部数据主要来自市场调查机构、信息服务机构、有关行业协会组织以及竞争对手等。CRM 系统的主要目标是维系现有的客户,其最主要的内部数据是客户行动数据和客户服务数据。客户行动数据包括所有由于客户和企业之间的关系而发生的销售和促销活动的资料,如:客户个人数据、重复购买数据、产品项目数据以及各种形式的促销数据等等。而客户服务数据主要指售后服务的有关数据。这两类数据都是针对企业现有的客户而言的。当然,不同行业所需要的数据都会有不同的侧重点。

尽管企业的营销和客户服务人员从各种途径搜集了大量的原始数据,但管理人员并不能以它们为依据立即作出决策,数据还需要进一步地处理和加工变成信息。CRM 的软件系统中已经根据 CRM 的管理思想设计了科学的数据库结构,基本上能满足企业的需求,因此,数据的准备应当在理解了 CRM 管理思想和软件应用培训的基础上进行。只有经过培训,理解了 CRM 的管理思想,了解了 CRM 软件系统中对各项数据的定义、概念、作用和要求,才能有针对性地进行数据的收集、分析整理和录入工作,使数据转变为有用的信息。

(2)原型测试的准备

由于 CRM 原型测试的复杂性,需要做一些准备工作,主要包括:确定参与人员;定义将要测试的场景(Scenario),即把新的业务蓝图置于 CRM 的信息系统中进行测试,尤其是一些经过改进后的关键的业务流程。另外,CRM 的软件覆盖了市场、销售以及客户服务与支持这些职能领域,由于需要对 CRM 软件的所有功能模块进行测试,所以还需要确定对各业务领域进行测试的不同人员,这可以在项目组内进行分工。

(3)原型测试

原型测试的目的主要在于:深入理解 CRM 软件系统,分析与业务蓝图的差异;熟悉软件及其报表的用途;理清数据之间的关系,作为全面实施 CRM 系统的依据。

原型测试可以各功能模块同时进行,由项目实施组长或咨询公司的项目经理亲自主持,同业务相关的关键用户都应参加,按在原型测试准备活动中定义的场景(Scenario)进行交互式的测试。在测试过程中,找出业务蓝图的需求和软件功能的差异,研究解决方案。原型测试可能会出现三种情况:第一种情况,业务蓝图中的某些新流程设计本身是合理的,但标准化的软件功能不能支持,这可以通过二次开发,增加软件的功能来加以满足;第二种情形,由于信息技术条件的限制,无法通过加强软件功能的方式来支持合理的新业务流程,那只能重新定义流程,使之在现有条件下可以实现;第三种情况,由于对 CRM 信息技术更加深入的认识和挖掘,进一步改进了业务蓝图或者开拓了完全崭新的业务流程。

原型测试的最终目的在于比较和分析企业的业务蓝图与 CRM 软件系统功能的差异,根据企业的实际情况和信息技术的特点来寻找适宜的解决方案。

6.二次开发与确认

根据上一阶段原型测试的结果,分别视不同情况进行软件更改和其他更改(业务流程、制度和组织结构等的更改)。

(1)软件更改

这一活动的目的在于通过修改软件程序和开发客户化报表来满足企业业务蓝图的需求。其中软件程序的修改由软件供应商按照其特定软件质量标准进行,增强后的软件功能还要根据一定的标准进行测试,经审核后确认。对软件的更改要慎重,可以先尝试运用软件的现有功能,寻找非标准的方法来满足需求。

(2)其他更改

其他更改包括对业务流程、制度和组织结构等的更改。

业务流程的更改主要有两大原因:其一,运用信息技术的潜能进一步修订了业务蓝图;其二,由于信息技术的限制(或者可以理解为重新设计的新流程太过理想化),新流程不可实现。对于第二种情况,如果设计的流程从业务的角度确实能达到比较好的绩效,即使有些活动信息技术不能提供有力支持,这些活动的实现方式也可由业务人员的知识和经验来取代。

由于 CRM 信息系统的介入,对业务蓝图中的流程有了进一步的修订,因为流程是活动的有序集合,随之活动也会发生变化,活动之间的联系规则也要发生变化,执行活动的人的角色或技能也发生变化,接着员工的报酬和激励制度也会发生变化,更进一步,流程的变化会导致组织结构的变化。

需要强调的是随着业务流程的变化,制度一定要做相应的调整,因为制度是新的流程得以真正实现的保证。

7.会议室导航(Conference Room Pilot)

这一阶段的主要任务是进行会议室导航和最终用户培训。

(1)会议室导航

会议室导航必须建立在原型测试与二次开发和确认的基础上,其主要目的是:验证或测试二次开发的可执行性;测试所有修订后的业务流程和确认相关制度;调整和准备相关凭证和报表;使 CRM 系统真正运行起来。

会议室导航仍然是 CRM 整个系统的测试,涉及各相关部门,所以除了项目小组的人参加外,各职能组和前台部门的实际应用人员(最终用户)都要参加,因为这是企业前台业务顺利向 CRM 系统转变的必要条件,只有实际应用人员真正理解、接受并且主动去使用 CRM 系统时,实施才有可能会有效果。

测试结果要经项目指导委员会审批,判断是否具备转入实际应用的条件。如果条件还不成熟,则还须对过去阶段的工作进一步完善,而不要匆忙转入切换。

(2)最终用户培训

根据确认了的系统及修正的业务流程、制度,编写用户手册。可以从关键用户中选择培训教师,对最终用户进行培训。最终用户不但包括具体操作人员,还包括中高层管理人员,他们需要相关信息来作决策。

8.切换

在完成了会议室导航阶段充分细致的测试以后,在这一阶段,要从原先的前台系统转换到 CRM 系统。主要的活动包括切换前的准备和正式切换。

(1)切换准备

切换前的准备工作必须非常细致。首先核对流程、人员、数据和规则是否就绪。由于 CRM 系统相对 ERP 系统来说比较简单,可以采取一次性切换的方法。当然对于不同的行业,CRM 的实施的复杂程度有很大差别,也可以采取分阶段切换的方法。如寿险行业的 CRM 实施就会复杂一些,这是由保险业务整个过程的复杂性所决定的,这一过程包括市场研究和定位、新险种开发、展业、核保、签单、核赔和理赔等多个环节,几乎每一个环节都要与客户接触,而所谓的前台业务——市场研究和定位、展业、核赔和理赔其实与后台业务紧密联系,更困难的是,寿险公司的展业人员非常有限,其代理人掌握了大部分客户的详细信息,这样寿险公司就无法对客户信息有一个全面且准确的把握。因此,如果要实施 CRM,首先要从代理人那里获取详细的客户信息,而且在展业过程中,要针对客户不同的风险偏好的特点,设计不同的险种组合以满足客户需求。正是由于寿险业务流程和承保技术的复杂性,使 CRM 实施难度很大。相比之下,银行的业务和技术特点要简单一些,所以大大降低了 CRM 实施过程的难度。

另外,要对系统切换的方法进行计划并达成一致。系统的切换包括交钥匙的方法、新旧系统并行的方法和试点的方法,企业可以视具体情况而定。

(2)正式切换至新系统

装入各类数据之后,就可以直接切换到新系统。

9.新系统支持

在新系统转入正式运行之后,还需要注意以下两点:

(1)对系统进行调整并提供继续支持:不断根据实际需要调整新系统运行;确定更改控制流程并确认已取得的效益;审核与批准项目结束备忘录。

(2)监控新系统运行结果:一方面监测和评估系统运行状态;另一方面根据预先设定的项目目标来审核相应成果,并且审核和批准业绩评估备忘录。

三、CRM系统的实施效果

正如我们在开篇案例中所讲的,成功应用 CRM 系统将给企业带来可衡量的显著效益。美国独立的 IT 市场研究机构 ISM(Information Systems Marketing)持续 13 年跟踪研究应用 CRM 给企业带来的影响,通过对大量实施 CRM 企业的跟踪调查,得出了详细的、可量化的利益一览表,从而证明在 CRM 系统上的资金、时间、人力的投入是正当的。

• 在实施系统的前三年内,每个销售代表的年销售总额至少增长 10%。之所以能够获得这样的收益,是因为销售人员提高了工作效率(例如:有更多时间去拜访客户和实施策略),工作更富成效(例如:因销售人员更加关注有价值的客户、更了解客户需求从而提高了他们的销售访问质量)。

• 在实施系统的前三年内,一般的市场销售费用和管理费用至少减少 5%。因为公司和市场人员可以更有针对性地对目标客户发放他们所需要的资料,选择沟通渠道,而不必像以往那样大量散发昂贵的印刷品和资料给所有现有和潜在的客户,针对性不强,必然广种薄收,成本居高不下。

• 在实施系统的前三年内,预计销售成功率至少提升 5%。因为销售员辨别和选择机会时可以更仔细,及早放弃那些不好的机会,从而全神贯注于那些高成功率的机会。

• 在应用系统的过程中,每笔生意价值至少增加 1%的边际利润。由于销售员可以与那些经过仔细选择的客户群进行更紧密的合作,这些客户群像注重折扣一样注重价值销售,所以销售员趋向于更少打折。

• 客户满意率至少增加 5%。因为那些能够更快得到所需信息的客户,获得了更好的服务的客户和那些乐于建立关系营销而销售员又能够提供的客户感到更满意。

总体来说,CRM 可以为企业带来很多潜在的益处。CRM 使企业能够根据客户的需要、购买习惯和生命周期，为客户提供实时的客户化和个性化的产品和服务。有了 CRM 系统之后，不管客户通过什么样的接触点与企业联系，企业都可以对其进行跟踪。CRM 系统使企业可以为客户提供一致的感受和优质的服务，可以支持跨接触点的客户选择。所有这些益处既可以为企业带来战略性企业价值，又可以为客户带来巨大的客户价值。

四、CRM 系统实施中应注意的问题

1.自上而下贯彻 CRM 理念

CRM 系统的成功实施，离不开理念的支持。要从领导层到基层员工，从内勤研发到行销业务，都认识到客户关系管理的价值，只有这样才能让企业全体员工上下齐心，积极配合 CRM 系统的实施。如果企业没有在公司内部推进对 CRM 的认识水平，实现观念的一致，那么就可能出现两种情况：规模小的一些企业，容易把 CRM 实施变成“一把手工程”，领导者热情高涨，普通员工却对 CRM 缺乏认识；规模稍大的企业，则容易把 CRM 实施变成“项目负责人工程”，领导层漠不关心，导致 CRM 无法从上到下推行。因此，只有把客户关系管理的理念融入企业的每个环节、每个部门之中，才能够真正有效地实施 CRM，提高企业的整体竞争力。

2.拥有一批优秀的 CRM 项目团队

从 CRM 系统的选型到实施，企业都需要一批优秀的项目团队参与。这批团队一般需要具备四个方面的能力。第一，具备良好的业务流程重组能力，因为 CRM 在推行的时候会涉及业务流程的改进；第二，了解系统的客户化，不论企业选取哪种解决方案，一定程度上的客户化工作是需要的，应该根据企业的工作流程对 CRM 系统进行相应的修改；第三，掌握一定的信息技术能力，CRM 需要依据强大的信息技术，如果项目团队对技术一无所知，那么在 CRM 实施时必然困难重重；第四，具有改变管理方式的技能，可以帮助企业适应和接受新的业务流程。所以，CRM 项目必须拥有一支强有力的团队，才能保证项目的实施。

3.加强 CRM 的指导与培训

CRM 项目对于大部分刚刚推行的企业员工来说，是一项新鲜事物，它将改变员工传统的工作方式，同时改进业务流程。对此，员工极易产生抵触情绪。此外，CRM 的实施涉及一定的信息技术知识，对于一部分员工来说也是陌生的。要打消员工的顾虑，让他们欣然接受 CRM，相关的指导和培训必不可少。如果企业内部没有可以利用的资源，不妨向专业的培训公司寻求帮助。为企业的员

工创造一个良好的培训环境，提供一批良好的培训师，能够使他们更加熟练更加积极地运用 CRM 系统。

4.进行定期的审评和回访

决策学告诉我们，没有最佳的方案，只有较佳的方案，CRM 系统也是如此。客户关系管理导入并不是一蹴而就的，CRM 系统不可能一开始就十全十美。此外，一些企业由于资金的问题，选取的 CRM 系统可能功能不齐全或者质量缺乏保障。因此，企业需要定期评审和回访。通过定期评审和回访，企业可以及时了解使用 CRM 系统过程中存在的问题，从而提出有效的解决方案，让 CRM 系统能够不断得到改进，升级换代。同时，为了能够便于企业定期进行客户关系管理应用效果的评估，系统在设计初期可以增加一些测量和评估系统本身的量化分析指标，为以后的改进提供依据。

第四节　客户关系管理未来发展趋势

据市场研究机构 IDC 发布的《全球客户关系管理（CRM）应用跟踪半年报》披露，2011 年全球客户关系管理应用软件市场将达到 182 亿美元，比 2010 年增长 11%。全球 CRM 应用软件市场在 2011 年上半年的增长异常强劲，营收规模达到创纪录的 92 亿美元，同比增长率达到 13.3%。

2011 年上半年营收超过 1 亿美元的 CRM 厂商达到 18 家，比上年同期多 2 家。这些厂商的市场份额之和达到 63%，剩余市场份额由另外 170 多家厂商瓜分。

由此可见，CRM 市场潜力巨大。可以预期，在不久的将来，CRM 市场的竞争将会愈加激烈，愈加难以预测。本节将从理念和实践两个方面对 CRM 的发展作一个简单的分析，以供参考。

一、CRM 理念的发展趋势

在前面关于 CRM 的定义中有提到，至今为止学术界和企业界对于 CRM 还没有明确的定义，这主要是因为 CRM 这个概念本身一直处在发展之中。在未来，CRM 的理念可能将客户的范围扩展到其他关系对象；同时对于客户的尊重程度会进一步提高，向企业与客户双方更加平等的方向发展。

1.CRM 向 xRM 转变

传统的 CRM 中的“C”仅仅指的是 Customer（客户），然而在未来将会扩展客户的理解范围，包括员工和伙伴等其他关系对象，也就是说任何一个人或组织，只要他们对企业的发展有贡献，都称之为客户，这样建立起来的"企业关系管理"的概念，不再限于传统概念上的客户。

由于目前很多社会角色之间的界限在不断模糊，比如企业内部员工可以转化为企业产品的购买者或义务推销员，今天的竞争者可能成为明天的伙伴，今天的员工可能成为明天的竞争者，因此这些社会角色的定义已然过时，有些研究人员干脆去掉 CRM 中"客户(Customer)"这个词而简化为关系管理，或者将"C"改为"x"，用以覆盖更大范围的管理对象，xRM 就是这样产生的，它在英文中的全称是 Any Relationship Management。

全新定义的 xRM，根据个人或组织特性，可以自然延伸为个人关系管理、企业关系管理、事业关系管理和政府关系管理等。由于 xRM 不再局限于传统概念的客户，而是涉及更多企业相关的利益群体，在将来必然会受到越来越多的重视。

2.CRM 向 CMR 转变

在竞争日趋激烈，产品同质化越来越高的市场环境中，客户有了更多的选择权，他们不再愿意像猎物一样被追赶，更不愿意被操控，越来越多的客户开始以自己的方式重新调整个人与企业的关系。在这种环境下，企业需要从客户的视角来看待客户，需要给客户授权来管理关系，但是实际上，许多企业却依然以企业为中心来试图管理"客户"，管理"关系"。基于此，美国学者 F.Newell 提出了客户管理关系(CMR)。所谓 CMR，指的是吸纳客户参与企业生产经营活动，客户与企业共同管理双方关系，以充分调动客户和员工的双重积极性，从而真正体现"以人为本"的营销管理理念，实现企业生产经营的"双赢"目标。

传统的 CRM 虽然强调"以客户为中心"，但是企业采用 CRM 的根本出发点仍然是以企业利益为中心。虽然由于竞争的加剧，客户地位在近几年有所上升，但是在企业和客户"权力斗争"的过程中，企业基本上还是主导着关系的发展和维持。在这种情况下，CMR 被提出，它认为关系是双方建立的，只有合作互利才可以将关系长久化，关系的双方没有谁大谁小的问题。因此，CMR 的主要论点就是要确实地将客户作为一个"尊敬的关系主体"邀请到关系管理的全过程中，而不是目前大多数实施 CRM 项目的企业所采取的试图利用新技术应用"驱赶式"地对待那些显得不那么重要的客户的方式。

为此，我们认为 CMR 充分尊重了客户的价值，作为一个论点是有创新价值的。但是，在实践中它是充满障碍的，一方面企业的资源有限，要做到与客户"平起平坐"几乎不可能；另一方面，企业存在的根本理由就是股东利益的最大化，只不过是实现利益的手段以及利益实现的阶段性不同而已。但无论如何，CMR 作为一个论点提出，体现了对企业和客户之间的关系有了新的认识，促使企业加强社会责任感，对顾客负责，对社会负责。

二、CRM 技术的发展趋势

在未来，CRM 的应用技术上主要有以下几个发展方向：

1.基于云计算的 CRM 服务将继续获得关注

越来越多重要的 CRM 系统信息，将来源于公司以外的社交网络和其他外部话题源，而基于云的技术应用非常适合捕捉这些信息，并转化为可操作的情报。与此同时，传统了的基础设施将没有再投资的必要，工作任务都会走到云端，基于云的软件可以更好地提高用户的经济效益。

2.CRM 可用性将变得重要

随着信息技术的发展，系统用户比以往任何时候，更会挑剔他们的屏幕工作区。因此，CRM 软件使用(或选择)应该是在传统和移动平台上访问，是一个可定制的、友好的用户界面。

3.CRM 应重视与客户互动

由于许多公司在与客户探讨不断增长的互动方式，CRM 系统在建设质量关系上，将发挥更大的作用。有效使用 CRM 的企业将受益更多，拉动更多的企业业务。此外，通过集中客户数据，公司能够为客户提供更有针对性和更好的服务。

4.CRM 整合其他关键业务系统

越来越多的企业期望将 CRM 与 ERP、电子商务和专业服务自动化应用结合起来，以获得更加集成和高效的业务流程。由于企业要整合从业务到现金的各个流程，集成视图给顾客，提供更全面的跨职能报告，因此，作为供应商，需要尝试满足并适应用户企业对于产品的需求。

5.关注 CRM 的灵活性

业界认为，因为开源软件允许系统用户方便地进行修改、定制软件，未来将继续在旧有的按需 CRM 模型中获得较大提升。

6.CRM 将继续完善社会化

社交网络正在成为消费者在决策过程中较有影响力的一部分。因此，CRM 软件供应商将继续把他们的产品纳入社交化系统中。这样可以使企业更好地了解到细微的趋势和营销状况。标准 CRM 平台也将使用社交网络，为业务团队提供更好的跨越式平台的销售和渠道支持。

7.移动应用将面向客户和消费者

流动已成为企业优先考虑 CRM 的一个关键。特别是能够使用手持移动设备，以支持面向客户服务和销售领域人士的工作。这些需求的满足，已经成为CRM发展的主流和关键。未来，CRM系统将在移动组件上出现大批量购买。同时，具有较强移动组件的供应商将获得明显优势，许多厂商将不断提升本地客户端的安全。

8.产品工艺的改进

CRM厂商组织将越来越多地尝试借用顾客声音，优先改进其产品的工艺，并协助后勤办公室员工更好地了解客户的需求和期望。主要的改进方法包括向用户企业员工提供更多的客户反馈，以及通过组织形式多样的数据调查、客户回访、社会核心数据调研等，帮助使用者更好地理解他们对客户的影响能力。

综合来看，在未来的发展中，CRM在移动、社交化领域将更受用户偏爱，反映的样式也将更加多样。

一个小型企业客户关系管理系统的设计与实现

随着企业竞争的日趋激烈，越来越多的企业认识到要想提高自身的生产效率和利润，必须加强与客户的联系，从客户关系方面挖掘新的信息，发现潜在客户，提高企业的营业利润。利用先进的计算机技术可以帮助人们实现看似不复杂但操作起来异常繁琐的工作，基于此开发了本客户管理系统。

本系统主要实现与客户相关的各种信息的系统化、规范化和自动化的管理，主要功能包括：客户类型的建立与维护、客户基本信息的管理与维护、客户信息的按需查询、与客户合作信息的维护、客户评价体系管理以及客户提醒信息的管理与维护等。

（一）系统特点

（1）三层结构设计。程序的逻辑设计结构分为用户界面层、业务逻辑处理层和数据存储层。业务逻辑处理层采用ActiveX DLL实现，用户界面与业务逻辑分离，这样处理可以使系统的安全性、可维护性和可扩展性得到较大的提高。

（2）采用面向对象设计的技术。系统将客户类型、客户封装成相应的类，每个类当中都有对应的集合类，再次提高了对数据库操作的安全性和程序的可扩展性。

（3）人性化设计。除了基本功能之外还增加了个性化的生日提醒、事件提醒以及对客户的评价体系等功能。

（二）系统设计

（1）数据库设计。系统后台数据库设计在信息管理系统中非常重要，数据库结构设计的好坏将直接影响到系统的效率和实现的效果，本系统采用的是界面友好易于操作的Access数据库。

(2)数据库名称：CustomerManage.mdb。共设计了6个数据表，分别是用户信息表(admin)、客户类型表(CustomerType)、客户信息表(CustomerInfo)、合作信息表(Customercooper)、提醒信息表(Warning)。

(3)系统功能模块划分：共分为三个模块，分别是客户类型管理模块、客户管理模块以及提醒管理模块。

其中客户类型管理模块是实现对客户类型的添加、删除和修改功能。客户管理模块实现了客户信息管理、客户评价管理以及客户合作管理。提醒管理模块实现了今日提醒和提醒管理功能。具体的功能模块结构如图1所示。

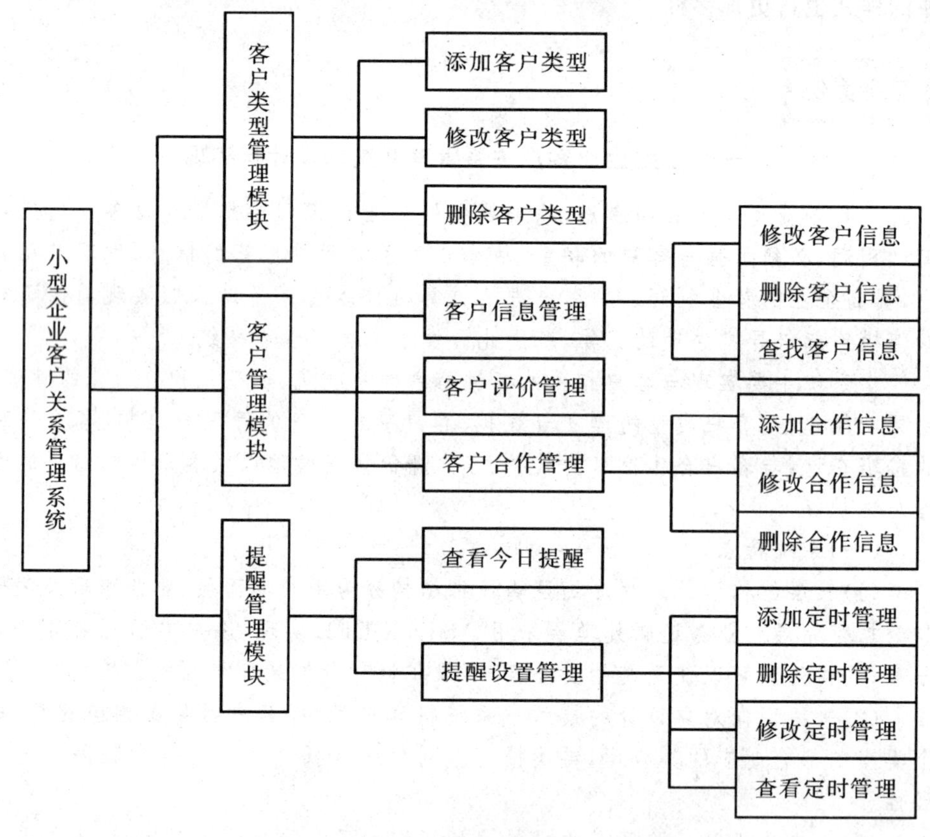

图1　系统功能模块图

(4)系统流程图。登陆系统，进入登录界面，选择登陆权限(系统管理员或者普通用户)进行登陆，如果输入用户信息验证正确，即可进入系统主界面进行客户管理、客户类型管理和客户提醒管理的操作，如果验证不正确，需要重新输入验证信息。系统流程图如图 2 所示。

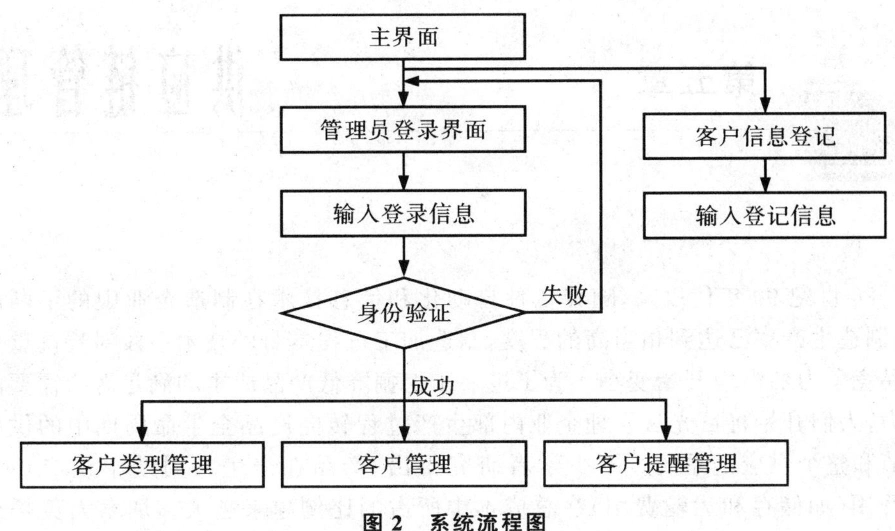

图 2 系统流程图

(5)主要技术。为了确保系统管理员的密码安全，在数据库设计的时候，对用户信息表中的管理员登陆密码进行了加密，使用的是 MD5 加密算法。另外，系统的三层结构设计，也为系统的安全、可维护提供了保障。

(三)结论

本案例从一个小型企业的客户关系管理入手，通过对系统进行需求分析，确定了系统需要实现的目标，进而进行系统的后台数据库设计、系统总体设计和详细设计，最终进行系统测试。能实现对客户的基本信息进行操作和提醒客户待做的事等功能，使得系统设计的人性化得到充分体现。本系统将会对中小型企业的客户关系管理带来便利，节省管理的成本，进而通过与客户的紧密联系，提升企业的竞争力，尽可能地给企业带来更大的效益。

资料来源：蒋晓丹，丁霞军.小型企业客户关系管理系统的设计与实现[J].福建电脑.2009.7.

案例思考：

1.本案例中的客户关系管理系统在企业日常管理中能体现哪些作用？

2.作为企业的管理决策者，你认为最需要的是在该系统的哪些功能方面进行拓展？

第五章 供应链管理

20世纪90年代以来，随着各种自动化和信息技术在制造企业中的不断应用，制造生产率已达到相当高的程度，制造加工过程本身的技术手段对提高整个产品竞争力的潜力开始变小。为了进一步挖掘降低产品成本和满足客户需要的潜力，人们开始将目光从管理企业内部生产过程转向产品全生命周期中的供应环节和整个供应链系统。不少学者研究得出，产品在全生命周期中供应环节的费用（如储存和运输费用）在总成本中所占的比例越来越大。加拿大英哥伦比亚大学商学院的迈克尔·W.特里西韦教授研究认为，对企业来说，库存费用约为销售额的3%，运输费用约为销售额的3%，采购成本占销售收入的40%～60%。而对一个国家来说，供应系统占国民生产总值的10%以上，所涉及的劳动力也占总数的10%以上。另外，随着全球经济一体化和信息技术的发展，企业之间的合作正日益加强，它们之间跨地区甚至跨国合作制造的趋势日益明显。国际上越来越多的制造企业不断地将大量常规业务“外包”(outsourcing)出去给发展中国家，而只保留最核心的业务（如市场、关键系统设计和系统集成、总装配，以及销售）。譬如，波音747飞机的制造需要400万余个零部件，可这些零部件的绝大部分并不是由波音公司内部生产的，而是由65个国家中的1500个大企业和15000个中小企业提供的。在合作生产的过程中，大量的物资和信息在广泛的地域间转移、储存和交换，这些活动的费用构成了产品成本的重要组成部分，而且对满足顾客的需求起着十分巨大的作用。因此，有必要对企业整个原材料、零部件和最终产品的供应、储存和销售系统进行总体规划、重组、协调、控制和优化，加快物料的流动，减少库存，并使信息快速传递，时刻了解并有效地满足顾客需求，从而大大减少产品成本，提高企业效益。

在这种情况下，供应链管理（Supply Chain Management，缩写为SCM）作为一种新的学术概念首先在西方被提出来，很多人对此展开研究，企业也开始这方面的实践。供应链管理能力被列为企业一种重要的战略竞争资源。在全球经济一体化的今天，从供应链管理的角度来考虑企业的整个生产经营活动，并形成这方面的核心能力，对广大企业提高竞争力将是十分重要的。

沃尔玛供应链管理系统中国化问题分析

(一)引言

作为世界零售业巨头的沃尔玛凭借先进的供应链管理系统迅速在全球扩张，然而与其在全球市场的优秀表现相比，沃尔玛在中国市场的表现一直较为平庸，既难以与同为外资企业的家乐福超市相匹敌，也难以与众多的本土超市如大润发等相抗衡。自2014年4月具有财务背景的柯俊贤任沃尔玛中国总裁兼首席执行官以来，沃尔玛迎来了又一轮裁员与关店的高潮，裁员范围从中低层普通职工到高层管理人员，涉及采购、财务、销售等多个部门，目的在于调整结构和降低成本，由此可见沃尔玛变革的决心。然而依靠裁员来降低成本治标难治本，甚至还会影响到沃尔玛的社会形象。“零售业归根究底是供应链与运营支撑体系的较量”，沃尔玛的供应链管理系统带来的成本降低是其在全球扩张中的首要竞争优势，然而进入中国市场后，却因忽视中国本土化国情而被束缚手脚。本文通过分析沃尔玛超市供应链管理系统中的中国化问题，提出相应的改进意见，也为中国本土超市学习供应链管理提供一些参照，供其去粗取精，扬长避短。

(二)问题分析

本文从两个方面来分析沃尔玛供应链的中国化问题。首先研究沃尔玛供应链所面临的整体的中国化的特殊环境，再从沃尔玛供应链管理系统的四个方面深入分析其在应对中国化具体环境时存在的问题。

1.中国化的总体环境分析

本部分主要采用SWOT分析法从总体的战略层面上考虑沃尔玛中国供应链管理系统的中国化环境，包括外部的机遇和挑战以及内部的优势和劣势。

2.供应链管理系统具体问题分析

本部分采用因果图的方法，从沃尔玛供应链管理系统的四个组成部分——顾客需求管理、供应商与合作伙伴的管理、物流配送系统管理和信息系统——来分析其内部具体存在的中国化问题。

沃尔玛供应链管理系统中国化总体环境 SWOT 矩阵

优势与劣势 / 机会与威胁	优势	劣势
	(1)已形成高效的供应链管理系统，并在全球扩张中积累了丰富经验； (2)全球知名零售品牌，吸引供应商； (3)采购量大，与供应商议价能力强。	(1)供应链系统难降成本； (2)员工素质难以与供应链管理系统要求匹配； (3)企业文化难以贯彻； (4)企业形象受食品安全问题、裁员问题影响，外资企业身份易引起民族主义情绪。
机会 (1)城镇化进程壮大中国中产阶层，消费需求扩张； (2)中国消费者行为方式向发达国家渐渐趋近。	SO 战略 向中部地区以及一些二三线城市发展，增开一些社区店，以满足不同层次消费者需求。	WO 战略 改善供应链系统，提高员工素质，提高管理水平，降低成本，对供应商严格把关，保证商品质量。
威胁 (1)面临日益发展的电商零售的威胁。 (2)与众多本土化超市和外资超市竞争激烈； (3)本土批发市场强大。	ST 战略 利用实体店优势发展网络零售业，降低网购门槛，非仅局限于山姆会员店； 降低成本，贯彻“天天平价”的口号，降低生鲜价格。	WT 战略 开发购物中心业态，自建带有购物中心的商业综合体。

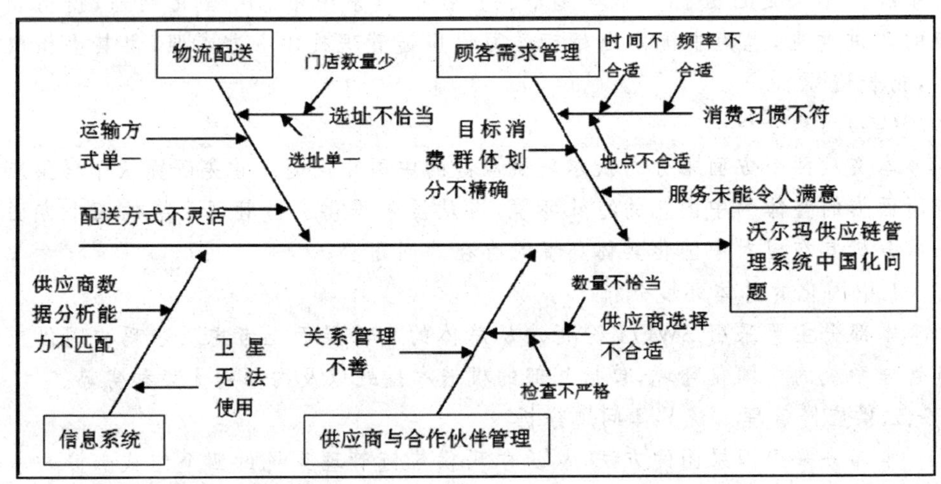

沃尔玛供应链管理系统中国化内部具体问题分析因果图

(1)顾客需求管理

中国的消费者粗略可分为低收入者、中等收入者以及高收入者，他们呈现出不同的消费习惯。低收入者消费习惯较为保守，更关注价格，购物频率高但每次购买量少，超市购物作为一种重要的休闲方式因而更注重便利性，喜欢“家门口”的店即社区店；中等收入者同样注重价格，但由于高生活和工作节奏、真正休闲活动的增加，消费习惯渐渐向发达国家靠拢，购物作为一项单纯的活动逐渐与休闲分离，购买频率逐渐下降但每次购买金额较大，比较适宜仓储式的大卖场，享受一站式购物的便捷；而高等收入者更关心服务，这时山姆会员店比较满足他们的需要。沃尔玛超市采取“天天平价”的经营策略，以商品的低价来吸引顾客，广大中低收入群体应为沃尔玛的重要顾客。然而沃尔玛却暂无开社区店的计划，将投资重点放在了购物广场和山姆会员店两种业态，这其中自然有总仓配货制的物流配送方式束缚的原因，但不得不说其忽视了中国化的国情，忽视了广大低收入人群的消费需求。

目前沃尔玛正在积极寻求与“一号店”合作，发展网上生鲜食品的销售。然而中国消费者对于生鲜食品更加追求新鲜，再加上中国本土十分强大的批发市场以及淘宝早已推出类似的生鲜的网购平台，此举能否获得成功，还留有疑惑。

(2)供应商与合作伙伴管理

中国市场上供应商众多，良莠不齐，与供应商的完全直接接触难以真正实现，仍旧需要与中间商打交道，无形中增加了成本；

沃尔玛在对供应商的选择上检查不严格，采购部门存在腐败问题，食品质量问题屡屡被曝光，导致超市信誉降低，形象受损；

沃尔玛通过压缩供应商利润来降低成本，甚至学习本土超市向一些供应商收取费用等，导致了其与本土供应商关系的紧张。

(3)物流配送

在选址上，沃尔玛应对中国消费者的消费习惯做出了相应的改进，并非一味照搬美国方式将超市建在郊区，而是普遍将门店设在核心商圈，如2009年以前与万达广场的联建效应，然而由于优质商圈资源的有限，导致沃尔玛的门店数量有限，影响了其供应链的整合能力。

在运输上沃尔玛采用自营运输，在中国采取单一的公路运输的方式，由于中国高速公路高收费以及较高的油价使得集中配送的运输成本不降反升，同时由于中国的城市交通拥堵状况，有时送货难以实现精确的准时制。

沃尔玛套用美国模式采用总仓配货制，从“沃尔玛中国配送中心辐射范围图”可见沃尔玛超市在中国现有三个物流配送中心和一个在建物流配送中心，辐射范围基本遍及全国，但过于机械化，供应商不能就近直接配送货到门店，缺乏灵活性。

(4)信息系统

由于政策影响，沃尔玛私有的全球卫星通信系统在中国无法使用，因而基于数据分析的配货、供应商库存等物流环节难以做到真正的严密配合；由于国内供

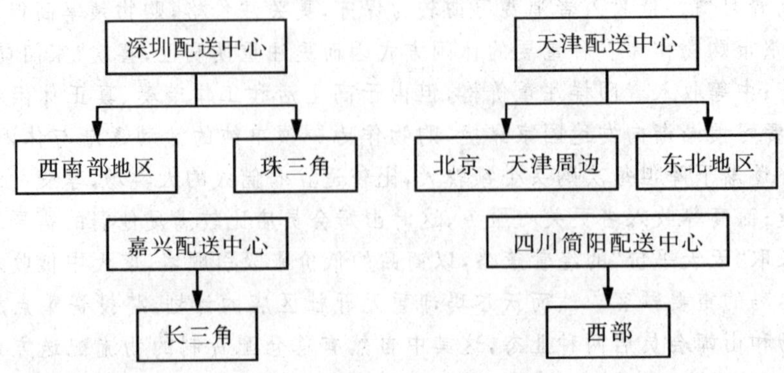

沃尔玛中国配送中心辐射范围图

应商普遍信息技术水平不高，数据分析能力较弱，难以与沃尔玛的供应链管理系统相匹配，也同样影响了沃尔玛供应链信息系统的有效性。

（三）改进措施

结合总体的中国化环境分析以及对沃尔玛供应链管理系统的具体细化分析，提出下列改进措施：

沃尔玛应重新定位、划分自己的目标消费群体，结合低收入、中等收入以及高收入消费者的不同消费需求与消费习惯，发展多种业态，如发展社区店或自建的商店综合体等。

应对电商零售的挑战，沃尔玛应利用起实体店优势与网络销售相结合，如消费者网上选好商品后直接到超市付款“领取”即可或者也可以采用送货上门的服务，商品由同城离消费者最近的门店发出，可雇佣专门人员送货上门，当天买当天可到达，较偏远没有沃尔玛实体店驻扎的地区可依凭沃尔玛信息系统直接从供应商处发出，借助第三方物流或沃尔玛自身物流系统送达顾客，由此创造与天猫超市等网上超市不同的网购体验，形成自身的竞争优势；与一号店合作在生鲜食品网络平台的销售可以利用农超对接的优势，继续贯彻沃尔玛的低价策略，保证食品质量与新鲜度，依靠低价与优质服务与本土批发市场竞争，逐渐赢得消费者的青睐。

在供应商管理上要精简采购部门，并对供应商进行严格审查，保证产品的质量；同时要注意营造与本土供应商的关系，帮助供应商建立与沃尔玛相匹配的信息系统以及物流配送网络，依靠供应链的“无缝隙”来降低成本，实现与供应商的双赢。

在物流配送体系方面不能僵化照搬美国模式，应根据门店的具体业态以及中国化的具体国情来采取合适的配送方式，如合理局部采用第三方或第四方物流，部分采取供应商直接向门店供货、建立联合配送中心等，而非仅仅采取僵化的总仓配货制。

同时沃尔玛应注重人力资源，招聘和培养具有供应链管理知识和中国市场经验的专门人才，从而实现供应链管理的中国化。

资料来源：罗兰.沃尔玛供应链管理系统中国化问题分析[J].商.2015.18.

（四）小结

在竞争日趋激烈的市场环境下，企业要获得持续的发展，必须重视对供应链的管理。

企业在考虑供应链的建设过程中，必须使得本企业的供应链系统能够随着市场发展和变化不断动态调整，从而保证与本企业相关的上下游各个合作伙伴能够做出快速反应，协同企业一起完成销售任务。

企业要在市场上获得统治地位，不仅仅是与本行业中其他对手竞争，更要依赖在同一条供应链上的批发、制造商以及供货商的联盟来实现自己的竞争优势。

第一节 供应链概述

一、供应链的概念

供应链的观念导源于流通（Logistics），原指军方的后勤补给活动，随着商业的蓬勃发展，便逐渐推广应用到商业活动之中。供应链的概念是从扩大的生产（Extended Production）概念发展来的，它将企业的生产活动进行了前伸和后延。譬如，日本丰田公司的精益协作方式中就将供应商的活动视为生产活动的有机组成部分而加以控制和协调，这就是向前延伸。后延是指将生产活动延伸至产品的销售和服务阶段。彼得·德鲁克提出的“经济链”，而后经由迈克尔·波特发展成为“价值链”，最终日渐演变为“供应链”。

早期，供应链被认为是制造企业中的一个内部过程，指的是把从企业外部采购的原材料和零部件，通过生产转换和销售等活动，再传递到零售商和用户的一个过程。此类传统的供应链概念局限于企业的内部操作层面，注重企业自身的资源利用。还有学者把供应链的概念与采购、供应管理相关联，用来表示和供应商之间的关系，然而这种概念也只局限于企业和供应商之间，忽略了与外部供应链成员的联系。

后来，学者提出了更大范围、更加系统的供应链概念。例如，美国的史蒂文斯（Stevens）提出：“通过增值过程和分销渠道控制从供应商的供应商到用户的用户的流就是供应链，它开始于供应的源点，结束于消费的终点。”此类定义关注了供应链企业的外部环境,注意了供应链的完整性。

近年来,供应链的概念又有了新的发展,更加注重围绕核心企业的网链关系,如核心企业与供应商、供应商的供应商乃至一切前向的关系,核心企业与用户、用户的用户及一切后向的关系。如今,很多公司的供应链管理都从网链的角度来实施,比如丰田、耐克、麦当劳和苹果等。哈里森(Harrison)认为:“供应链是执行采购原材料,将它们转换为中间产品和成品,并且将成品销售到用户的功能网链。”这些定义着重强调了供应链的战略伙伴关系。

尽管不同的学者从不同的角度对供应链给出了不同的定义,但是我们还是能够从中理解供应链的基本内容和实质。首先,从结构和范围来看,供应链突破了传统的企业内部经营理念和模式,强调由企业组成的有机网络,包含了所有加盟的节点企业,从原材料的供应开始,经过链中不同企业的制造加工、组装、分销等过程直到最终用户。从运作角度来看,供应链更加强调整体流程的优化设计、管理、协调、调整和组合,注重供应链整体运作最优、整体利益最大化。从管理理念来看,供应链不仅是一条连接供应商到用户的物流链、信息链、资金链,而且是一条增值链,在运作过程中不断增加产品价值,为相关企业都带来收益。

本教材采用我国发布实施的《物流术语》(GB/T 18354-2001)中的供应链的定义:供应链是指在生产及流通过程中,涉及将产品更新换代或服务提供给最终客户的上游或下游企业所形成的网络结构。根据此定义,其结构可以简单归纳为如图 5-1 所示的模型。

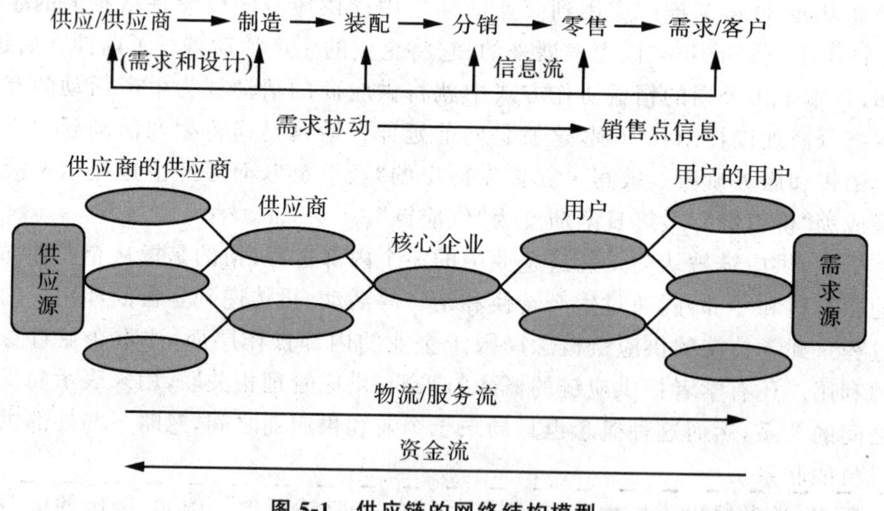

图 5-1 供应链的网络结构模型

从图 5-1 可以看出整条供应链由所有加盟的节点企业组成。一般情况下,供应链中存在一个核心企业，其他节点企业在需求信息的驱动下，进行职能分工与合作，通过资金流、物流实现整个供应链的不断增值。

二、供应链的流程

供应链一般包括实物流程、工作流程、信息流程、资金流程四个流程。四个流程有各自不同的功能以及不同的流通方向，如图 5-2 所示。

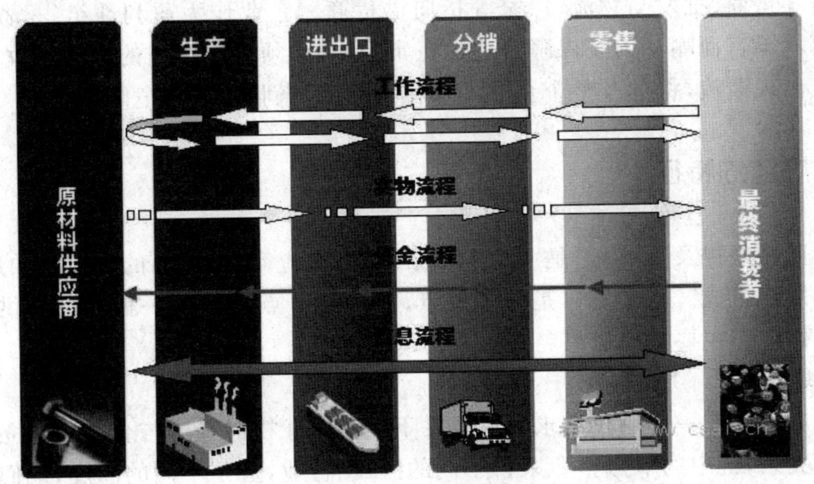

图 5-2　供应链流程

1.实物流程

实物流程是供应链中最基本的流程，主要是指物资（商品）的流通过程。该流程的方向是由供货商经由厂家、批发与物流、零售商等指向消费者，是一个发送货物的程序。由于长期以来企业理论都是围绕产品实物展开的，因此目前实物流程被人们广泛重视，大部分物流理论聚焦于如何使物资在流通过程中用最短时间、以最低成本将货物送出去。

2.工作流程

工作流程主要是指买卖的流通过程，即接受订货、签订合同等的商业流程。该流程的方向是在供货商与消费者之间双向流动的。由于信息技术的发展，目前的商业流通形式趋于多元化，既有传统的店铺销售、上门销售、邮购的方式，又有通过互联网等新兴媒体进行购物的电子商务形式。

3.信息流程

信息流程是商品及交易信息的流程。该流程的方向与工作流程相同，也是在供货商与消费者之间双向流动的。在早期,企业往往把供应链流程的重点放在实物交易上,而忽略了信息流通。如今,全球步入了信息时代,企业要在激烈的竞争中保持不败,顺畅的信息沟通渠道显得尤为重要,甚至有人认为,企业的物流落后同它们把资金过分投入物质流程而延误对信息的把握不无关系。由此可见,信息流程是供应链中不容忽视的一环。

4.资金流程

资金流程就是货币的流通。该流程的方向与实物流程正好相反,是从消费者经由零售商、批发与物流、厂家等指向供货商。企业作为盈利性组织,资金流的重要性不言而喻。为了保障企业的正常运作,必须确保资金的及时回收,资金流一旦出现断流,将危及整个企业的运作,使企业濒临破产的危险。

三、供应链的特征

前面已经提及,供应链是一个网络结构,由供应商、供应商的供应商和用户、用户的用户组成。一个实体是一个节点,节点和节点之间是一种需求与供应的关系。供应链主要具有以下特征:

1.复杂性

供应链是在一定用户需求目标条件下实现企业横向择优与合作所建立起来的链锁关系,链中的节点企业来自不同的区域、行业,甚至不同的国度,他们根据自身核心竞争力情况在链中担任不同的角色。各企业在制度、技术、组织等各方面的差异决定了供应链系统的复杂性,而且,供应链的动态变化特性进一步增加了这种复杂性。

2.动态性

供应链是在一定市场目标和环境下所建立的一种竞争合作模式,随着供应链目标、服务方式以及企业核心竞争力的不断变化,链上节点企业及其地位也会发生变化,这决定了供应链为适应市场需求,会不断进行节点企业的变更和重组。

3.面向用户需求

供应链的形成、存在和重构都是基于一定的市场需求而发生的,而且在供应链的运作过程中,用户的需求拉动是供应链中信息流、产品/服务流、资金流运作的驱动源,供应链的一切活动都围绕着客户需求而展开。

4.交叉性

在参与供应链的过程中,很少有企业只参加一个供应链。通常一个企业可以是这个供应链中的成员,同时又是另一个供应链中的成员,众多的供应链形成交叉结构,使得供应链成员之间的关系变得更加复杂,增加了协调管理的难度。

5.增值性

供应链是增值的和有利可图的,否则就没有存在的必要。在供应链中,所有的生产经营系统都是将一些资源进行转换和组合,增加适当的价值,然后把产品输送到那些在产品的各传送阶段可能考虑到、也可能被忽视的顾客手中。

6.虚拟性

供应链的功能不能依赖于一个集团或一个企业去完成,而是将不同地域、不同国度、不同形式的各种企业以一种协作组织的形式连接起来,这种组织在一定目标条件下具有相对的稳定性,但并不是具有确定机构的企业实体。

四、供应链的类型

根据不同的划分标准,我们可以将供应链分为以下几种类型:

1.稳定的供应链和动态的供应链

根据供应链存在的稳定性划分,可以将供应链分为稳定的供应链和动态的供应链。基于相对稳定、单一的市场需求而组成的供应链稳定性较强,而基于相对频繁变化、复杂的需求而组成的供应链动态性较高。在实际管理运作中,需要根据不断变化的需求,相应地改变供应链的组成。

2.平衡的供应链和倾斜的供应链

根据供应链容量与用户需求的关系,可以将供应链划分为平衡的供应链和倾斜的供应链。一个供应链具有一定的、相对稳定的设备容量和生产能力(所有节点企业能力的综合,包括供应商、制造商、运输商、分销商、零售商等),但用户需求处于不断变化的过程中,当供应链的容量能满足用户需求时,供应链处于平衡状态;而当市场变化加剧,造成供应链成本增加、库存增加、浪费增加等现象时,企业不是在最优状态下运作,供应链则处于倾斜状态。如图5-3所示。

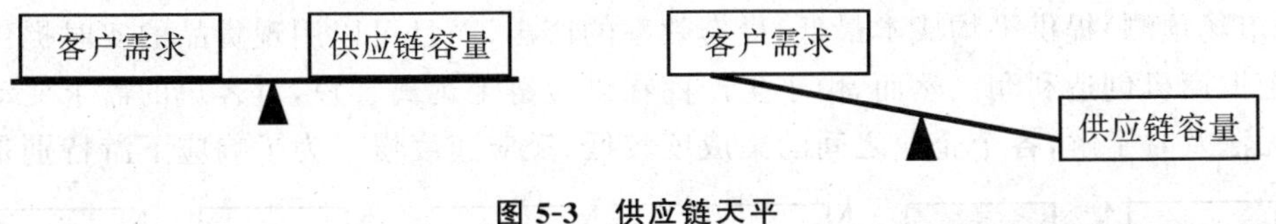

图5-3　供应链天平

平衡的供应链可以实现如采购追求低采购成本、生产追求规模效益、分销追求低运输成本、市场追求产品多样化和财务追求资金运转快等各主要职能之间的均衡。反之,失衡的供应链将使这些职能及其绩效水平恶化。

3.效率型供应链和响应型供应链

根据供应链的功能模式(物理功能和中介功能),可以把供应链分为效率型供应链和响应型供应链。效率型供应链主要体现供应链的物理功能,即物料转换功能,以最低的成本将原材料转化成零部件、半成品、产品,以及在供应链中的运输等。响应型供应链主要体现供应链的市场中介功能,即对市场需求的响应功能,把产品分配到满足用户需求的市场,对未预知的需求作出快速反应等。两种类型的供应链的比较见表 5-1。

表 5-1 效率型供应链和响应型供应链的比较

项　目	效率型供应链	响应型供应链
基本目标	需求的可预测性 最低生产成本的有效需求	快速响应不可预测的需求 减少过期库存产品的减价损失
制造核心	保持高平均利用率	消除多余的缓冲能力
库存策略	追求高回报,使整个链的库存最小	消除大量的零部件和产品缓冲库存
提前期	在不增加成本的前提下缩短提前期	采取主动措施缩短提前期
选择供应商的标准	以成本和质量为依据	以速度、柔性和质量为依据
产品设计战略	绩效最大化而成本最小化	模块化设计以尽可能减小产品差别

当了解产品和供应链的特性后,便可以设计出与产品需求一致的供应链。一般情况下,效率型供应链适用于功能性产品,响应型供应链适用于创新性产品。

4.推动式供应链和拉动式供应链

按照供应链驱动力的来源,供应链可以分为推动式供应链和拉动式供应链。

推动式供应链是以制造商为核心,产品生产建立在需求预测的基础上,并在客户订货前进行生产,产品生产出来后从分销商逐级推向顾客,分销商和顾客处于被动接受的地位。推动式供应链的优点不但在于有计划地为一个目标需求量(市场预测)提供平均成本最低、最有效率的产出,而且可以用现货品的实时提供把握商机创造利润。然而,由于生产商在供应链上远离客户,对客户的需求变动无法及时了解,各个企业之间的集成度较低,反应速度慢。为了响应下游特别是

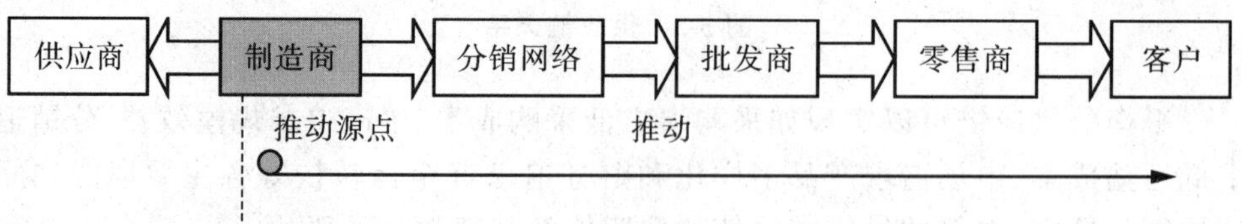

图 5-4 推动式供应链示意图

终端客户的变化，在供应链的每个节点上，都必须采取提高安全库存量的办法，需要储备较多的库存来应付需求变动。因此这种运作方式适用于产品或市场变动较小的供应链管理初级阶段。

拉动式供应链的驱动力产生于最终客户，通过对市场和客户的实际需求分析来拉动产品的生产和服务。整个供应链的集成度较高，信息交换迅速，可以有效地降低库存，并根据顾客的需求实现定制化的服务，为客户提供更大的价值。采取这种运作方式的供应链系统的库存量较低且相应的市场反应速度快。拉动式供应链虽然整体绩效表现出色，但对供应链上的企业管理和信息化程度要求较高，对整个供应链的集成协同运作的技术和基础设施要求也较高。拉动式供应链适用于供大于求、客户需求不断变换的市场。

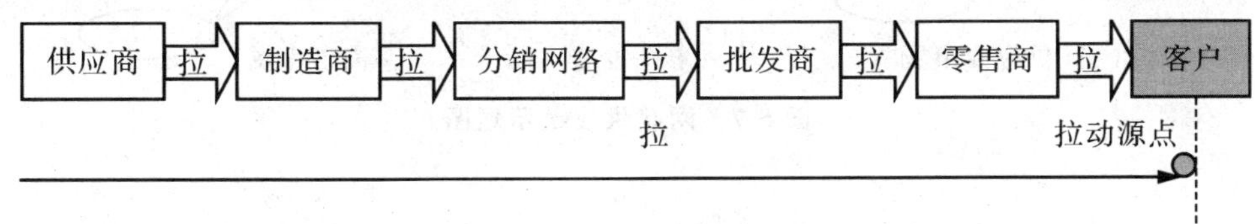

图 5-5 拉动式供应链示意图

5.直线形供应链和网状供应链

根据供应链形成结构的不同，可将供应链分为直线形供应链和网状供应链。直线形供应链是一种最简单的供应链结构，即每一个节点成员只与一个上游成员和一个下游成员相连接，这样的供应链类似一条直线。它在企业外部供应链、产业链和全球网络供应链中较少出现，较常见于企业内部和动态企业联盟中，如图 5-6 所示。

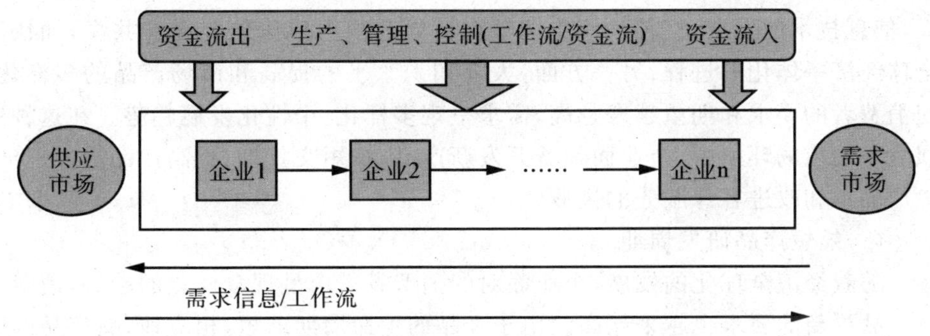

图 5-6 直线形供应链示意图

网状供应链多存在于产业供应链和全球供应链中。这种结构中的每一个节点成员至少与一个上游成员和一个下游成员相联结，这样联结而成的供应链是一个网状型的供应链（见图5-7）。在理论上，网状模型可以涵盖世界上所有厂家，把所有厂家都看作是其上面的一个节点，并认为这些节点存在着联系。当然，这些联系有强有弱，而且在不断地变化着。通常，一个厂家仅与有限个厂家相联系。网状供应链对供应关系的描述性很强，适合于对供应关系的宏观把握。

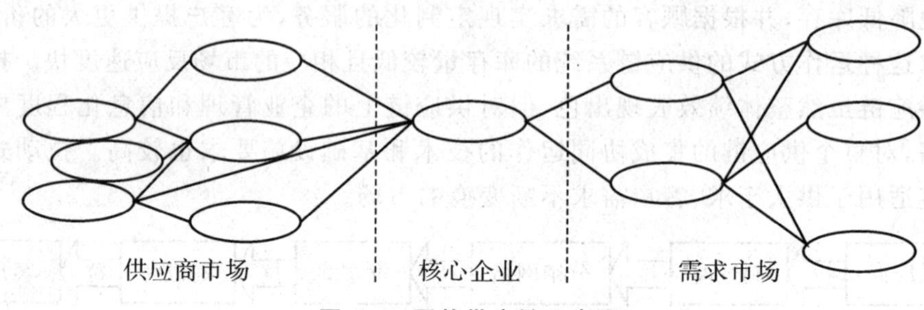

图 5-7 网状供应链示意图

第二节 供应链管理概述

一、SCM 的产生与发展

1.外部竞争环境带来的挑战

20 世纪 90 年代以来，由于科学技术的不断进步、社会经济的不断发展以及全球化信息网络和全球化市场的形成，围绕新产品的市场竞争日趋激烈。一方面，信息技术的发展，使各种信息能够在世界范围内快速地传递和共享，加快了全球经济一体化的进程；另一方面，大众知识水平的提高和市场产品的多样化，使消费者的要求和期望越来越高，需求呈现多样化、个性化发展趋势。在这种激烈竞争的市场环境中，企业面临着开发新产品、缩短交货期、提高产品质量、降低生产成本和改进客户服务的挑战。

(1)缩短产品研发周期

随着经济全球化的发展，企业面对的消费者需求呈现多样化的趋势，消费者对产品更新的要求也越来越高。由于产品的生命周期缩短，相应地，新产品的研发周期也大大缩短，这就要求企业不断提高产品开发能力。因此，在企业中流行着"销售一代、生产一代、研究一代、构思一代"的说法，只有这样才能跟上日新月异的市场变化。

(2)降低产品库存水平

由于消费者需求多样化越来越突出，企业为了更好地满足其需求，便不断推出新的品种，结果引来一轮又一轮的产品开发竞争，产品的品种数成倍增长。新产品的推出，意味着旧产品的积压，导致制造商和销售商面临着沉重的库存负担，严重影响了企业的资金周转速度，从而影响企业的正常运转。

(3)缩短产品交货周期

随着市场竞争的加剧，经济活动的节奏越来越快，用户对时间方面的要求也越来越高，他们不但要求企业按期交货，而且希望交货期尽可能缩短。由此可见，企业间的主要竞争因素已由60年代的成本、70年代的质量到80年代后的时间。这里的时间包括交货期和响应周期。面对变幻莫测的竞争环境和稍纵即逝的市场机会，企业需要提高对客户需求的响应速度，在最短的时间内抢占先机。

(4)提供定制化产品和服务

进入20世纪90年代以后，用户对产品质量和服务质量的要求越来越高。传统的"一对多"的规模经济生产模式已不能使客户满意，也无法使企业获益；现在的企业必须具备"一对一"的能力，即能够根据每个客户的特殊要求定制产品和服务。显然，个性化的定制生产提高了产品质量，使企业能快速响应客户要求，但对企业的运作模式提出了新的要求。

由此可见，企业要在严峻的竞争环境中生存，必须具备强有力的处理环境变化和由环境引起的不确定性的能力。

2.内部传统管理模式的弊端

管理模式是一种系统化的指导与控制方法，它把企业中的人、财、物和信息等资源，高质量、低成本、快速而及时地转换为市场所需要的产品和服务。从管理模式上看，企业出于对制造资源的占有要求和对生产过程直接控制的需要，传统上常采用的策略或是扩大自身规模，或是参股到供应商企业，成为向其提供原材料半成品或零部件的企业的一家股东，这便是"纵向一体化"的管理模式，也就是传统的管理模式。

20世纪40—60年代，企业处于相对稳定的市场环境中，这时的"纵向一体化"模式，能够为企业带来高利润。然而，到了20世纪90年代，在科学技术迅速发展、市场竞争日益激烈、顾客需求不断变化的形势下，传统管理模式弊端频现。

(1)增加企业投资负担

在传统的管理模式下，企业需要自己筹集必要的资金新建工厂或者参股其他公司，这给企业带来许多不利。企业先要花费人力、物力筹集资金；资金到位后，要消耗大量的企业资源从事项目建设。在项目建设期间，企业不仅不能安排生产，还要按期偿还借款利息。用于项目建设的时间越长，企业的利息负担越重。

(2)面临丧失市场时机的风险

由于新建项目需要一定的时间,往往在项目建成之日,企业开始生产之时,市场机会已在项目建设期间消逝。从选择投资的方向来看,投资者当时的决策可能是正确的,却因为生产系统建设时间太长,错过了进入市场的最佳时期,从而使企业遭受巨大损失。因此,项目建设周期越长,企业面临失去市场机会的风险越大。

(3)迫使企业从事不擅长的业务活动

传统的"纵向一体化"管理运作模式,与"大而全"、"小而全"的企业无异。这种企业将产品设计、计划、财务、会计、生产、人事、信息管理和设备维修等各种工作都纳入企业的业务中。企业花费过多的人力、物力、财力来进行这些辅助性的工作,结果关键性的业务无法发挥核心作用,不仅使企业失去了核心竞争力,还增加了企业的产品成本。

(4)直接面对各领域的众多竞争对手

"纵向一体化"的管理模式使企业必须在不同的业务领域直接与不同的对手进行竞争,这些对手包括原材料、半成品、零部件等各个厂商。在企业的资源、精力、经验有限的条件下,企业不可能拥有进行所有业务活动所必需的才能。这种情况下,企业四面受敌,一旦其中一个环节出现问题,牵一发而动全身,将会影响整个企业的运作。

3.供应链管理模式的产生

鉴于"纵向一体化"管理模式的种种弊端,从 20 世纪 80 年代开始,首先是美国的一些企业,而后国际上越来越多的企业放弃了这种传统管理模式,随之而来的是"横向一体化"思想的兴起。"横向一体化"就是利用企业外部资源快速响应市场需求,只抓企业发展中最核心的业务,而将非核心业务委托或者外包给合作伙伴企业。例如,福特汽车公司旗下名为 Festival 的一款车便是由美国人进行设计,日本马自达汽车公司生产发动机,韩国工厂承担其他零部件的生产和装配,最后在美国市场销售。制造商把零部件生产和整车装配都外包,这样做的目的是利用其他企业的资源和优势促使产品快速上马,避免了因为自己投资带来的基建周期长等问题,使产品在低成本、高质量、早上市诸方面赢得了竞争优势。

"横向一体化"形成了一条从供应商到制造商,再到分销商的贯穿所有相关企业的"链"。由于相邻节点企业表现出一种需求与供应的关系,当把所有相邻企业依次连接起来时,便形成了"供应链"(Supply Chain)。这条链上的各个节点企业必须做到同步、协调运作,才有可能使链上所有企业受益,于是便产生了供应链管理(Supply Chain Management,SCM)这一新的经营与管理模式。

供应链管理利用现代信息技术,通过改造和集成业务流程,与供应商以及客户建立系统业务伙伴联盟,大大提高了企业的竞争力,使企业在复杂的市场环境中立于不败之地。

4.供应链管理的发展

由于受国际市场激烈竞争、经济及用户需求等不确定性增加、技术革新等因素的影响，供应链管理虽然只提出了几十年，却已经引起学术界和企业界的广泛关注。供应链管理的发展大体可以分为三个阶段：

(1)第一阶段：供应链管理的萌芽阶段(1980—1989 年)

美国管理学家史蒂文斯(Stevens)在 20 世纪 80 年代提出了基于集成思想的供应链管理理念，强调供应链成员企业间的业务合作是产生供应链管理思想的萌芽。在 80 年代，随着社会经济的不断发展，企业所面临的需求环境和经营环境发生巨大变化，单个企业无法凭借传统的管理模式有效地参与市场竞争并取得优势。为了集中企业竞争优势，提高企业核心竞争力，“横向一体化”的供应链管理思想应运而生。

(2)第二阶段：供应链管理的初步形成阶段(1990—1995 年)

在“横向一体化”管理思想的指导下，供应链成员开始有意识地进行合作，然而各成员之间的利益冲突导致供应链管理的绩效低下，影响了整条供应链的竞争力。为此，提高供应链整体竞争力便成为供应链成员的共同需求。在进一步合作中发现，成员企业在相互传递信息时经常发生信息失真的情况，于是基于信息共享的供应链管理的思想初步形成，供应链管理的内容逐渐丰富。

(3)第三阶段：供应链管理的进一步发展阶段(1996 年以来)

这一时期，信息技术的迅猛发展，为供应链管理的应用和发展提供了强有力的保障。供应链成员不再满足于简单合作和实现部分信息共享，而开始强调供应链成员的长期合作，寻求稳定的合作伙伴关系。企业更加关注核心能力，在全球范围内合理利用资源，与供应商、批发商、零售商建立战略联盟，形成从整体上进行全面计划和综合控制的管理模式，在企业内外部全面实施供应链管理。这种管理模式完全超越了供应链刚出现时的那种以短期的、企业内部的业务活动为主的做法，使供应链从一种单纯的作业性管理工具上升为提高企业竞争能力的战略资源。

二、SCM 的定义

1982 年，Keith Oliver 与 Michael D. Webber 发表的《供应链管理：物流的更新战略》一文，首次提出了“供应链管理”(Supply Chain Management，SCM)的概念，他们认为，供应链管理的内容涵盖了借助于生产和配送活动，从供应商到最终用户的全过程。

然而，经过了 20 多年的不断探索，不同的学者对于供应链管理有不同的理解，至今未形成统一的意见。我们先看一下 SCM 提出后，国内外学者对于供应链管理概念的界定和理解，见表 5-2。

表 5-2 供应链管理概念一览表

作 者	定 义
Houlihan (1988)	供应链管理和传统物料制造控制的区别：1)供应链被看成是一个统一的过程，链上的各个环节不能分割成诸如制造、采购、分销、销售等职能部门；2)供应链管理强调战略决策，“供应”是链上每一个职能的共同目标并具有特别的战略意义，因为它影响整个链的成本及市场份额；3)供应链管理强调以不同的观点看待库存，将其看成新的平衡机制；4)一种新系统方法——整合而不是接口连接。
Christopher (1992)	供应链管理是对于通过上下游联系形成的一种组织网络的管理，这种组织在不同的过程和活动中以最终用户手中的产品和服务的形式创造价值。
Monczka Trent & Handfiel(1998)	供应链管理要求将传统上分离的职能作为整个过程，由一个负责的经理人员协调这个物流过程，并且还要求与横贯整个流程各个层次上的供应商形成伙伴关系。供应链管理是这样一个概念：它的主要目标是以系统的观点，对多个职能和多层次的供应商进行整合，并对外购、业务流程和物料控制进行管理。
Handfield & Nichols (1999)	供应链管理包括了产品从原材料阶段(开采阶段)一直到最终用户手中这一过程中，与产品的流动与转化及伴随着的信息流动有关的所有活动。信息在供应链上可以向上或向下流动。供应链管理是通过改善供应链关系而对这些活动进行集成，从而获得持续的竞争优势。
Simichi-Levi et al (2000)	供应链管理是一系列有效地使供应商、制造商、仓库和商店一体化的可利用方法，保证商品以正确的数量生产和分配，在正确的时间运送到正确的地方，使全系统成本最低的同时满足服务水平的需求。
Mentzer et al (2001)	供应链管理是对传统的企业内部各业务部门间及企业之间的职能从整个供应链进行系统的、战略性的协调，目的是提高供应链及每个企业的长期绩效。
美国全球供应链论坛 (GSCF)	为消费者带来有价值的产品、服务及信息的，从源头供应商到最终消费者的集成业务流程。
美国生产与控制协会 (APICS)	供应链管理是计划、组织和控制从最初的原材料到最终产品及消费的整个业务流程，这些流程链接了从供应商到顾客的所有企业。
中国《物流术语》(GB/T18354－2006)	供应链管理就是利用计算机网络技术全面规划供应链中的商流、物流、信息流、资金流等，并进行计划、组织、协调与控制。
中国香港货品编码协会	供应链管理是一种业务战略，它使在供应链中的贸易伙伴共同承担责任，携手合作，使客户实现最低的供应链费用，为客户/消费者带来更大的价值。

这些有关供应链管理的定义不尽相同,但供应链管理的基本内容和实质可见一斑。综合这些观点,本书认为供应链管理的含义可以从以下几个方面来理解:

第一,供应链管理是一种运作管理,它使企业将日常的、在竞争中起决定性作用的主要价值活动的运作连接在一起,诸如输入活动、处理活动、输出活动、物流系统计划/设计/控制等活动,并保持高度协调。

第二,供应链管理是一种集成的管理思想和方法,其目的是将企业的采购、生产和销售等职能和供应链中合作伙伴使用的对等职能部门进行合并或紧密连接,形成一个完整的集成化系统。

第三,供应链管理是一种战略管理。供应链管理的战略作用能够使供应链中的合作伙伴达成共识,构筑和发展互利的供应链联盟,管理复杂的客户和供应商之间的关系,从而增强企业的竞争力,提高顾客满意度。

因此,本书认为,供应链管理是指人们在认识和掌握了供应链各环节内在规律及相互联系的基础上,利用管理的计划、组织、指挥、协调、控制和激励职能,对产品生产和流通过程中的各个环节所涉及的物流、信息流、资金流、价值流以及业务流进行的合理调控,以期达到最佳组合,发挥最大的效益,以最小的成本迅速为客户提供最大的附加值。它就是对整个供应链系统进行计划、协调、操作、控制和优化的各种活动和过程,其目标是将顾客所需的正确的产品(Right product),能够在正确的时间(Right time),按照正确的数量(Right quantity)、正确的质量(Right quality)和正确的态度(Right statues),送到正确的地点(Right place),即“6R”,并使成本最小化。

三、SCM的内容

1.供应链管理的思想内涵

供应链管理的目标是通过调节总成本最低化、总库存最小化、总周期时间最短化及物流质量最优化等目标之间的冲突,实现供应链绩效最大化。在这个目标的指导下,供应链管理的思想可以从六个方面来理解:

(1)战略管理

前面提及,供应链管理是一种战略管理。因此,在选择和参与供应链时,必须站在战略的高度来考虑问题。供应链的运作方式、为参与供应链联盟而必需的信息支持系统、系统开发与应用及绩效管理等,都必须符合企业的经营战略。

(2)信息管理

在供应链中,信息是供应链各方的沟通载体,供应链中各阶段的企业通过信息这条纽带集成起来。信息及对信息的处理质量和速度是企业能否在供应链中获益及获益太小的关键,也是实现供应链整体效益的关键。因此,供应链管理的主线是信息管理,信息管理的基础是构建信息平台,实现信息共享,将供求信息及时、准确地传递到供应链上的节点企业,在此基础上进一步实现供应链的管理。

(3)客户管理

在经济全球化的背景下,买方市场占据主导地位,客户主导企业的生产和经营活动,成为市场的主要驱动力。在供应链管理中,客户管理是供应链管理的起点,供应链管理源于客户需求,同时也终于客户需求。通过客户管理,可以掌握客户信息,洞察市场先机,为客户提供满意的产品和服务。因此供应链管理必须以满足客户需求为核心进行运作。

(4)库存管理

库存管理是企业管理中的重要环节,传统的方法是通过需求预测来计算库存问题。然而,需求预测往往与实际不符,从而影响了企业正常运作。因此,客户需求变化信息的准确性和可靠性显得尤为重要。供应链管理的一个重要使命就是利用先进的信息技术,收集供应链各方及市场需求的信息,减小预测误差,用实时、准确的信息取代实物库存,降低库存的持有风险。

(5)关系管理

在传统的供应链中,各节点企业存在独立的目标,相互之间易产生目标冲突。随着企业间相互依赖关系的不断加深,降低目标冲突带来的交易成本具有重要的意义。因此,在现代供应链管理中,提供了降低交易成本、提高竞争优势的有效途径,即通过协调供应链各成员之间的关系,加强与合作伙伴的联系,从而大大减少供应链整体交易成本,使供应链各方达到“多赢”。

(6)风险管理

供应链上企业之间的合作,会因为各种原因(如信息不对称、市场不确定性及其他的政治、经济、社会、法律等因素的变化)而存在风险。为了使供应链上的节点企业能从合作中获得满意的效果,必须采取一定的措施规避这些风险,如提高信息透明度和共享性、优化合同模式、建立监控机制以及各种激励机制等手段,使企业间的合作更加有效。

2.供应链管理的具体运作

在供应链的具体运作方面,不同的专家和学者从不同的角度提出了众多见解。

Douglas M. Lambert 与 Martha C. Cooper 从客户关系管理、客户服务管理、需求管理、订单完成管理、生产流程管理、采购管理、产品研发管理、退货管理八个方面对企业供应链管理进行描述，强调企业要从单一的面向职能的管理，转为面向以供应链为基础的整个链的过程管理。

Simchi-Levi 等认为供应链管理主要集中解决七个关键问题：销售网络的构造、库存控制、配送战略、供应链集成和战略伙伴、产品设计、信息技术和决策支持系统、顾客价值。

国内学者则认为供应链管理涉及五个主要领域：供应(Supply)、生产计划(Schedule Plan)、物流(Logistics)、需求(Demand)和回流(Return)。如图 5-8 所示，供应链管理是以同步化、集成化生产计划为指导，以各种技术为支持，尤其以 Internet/Intranet 为依托，围绕供应、生产作业、物流(主要指制造过程)、满足客户需求和物资回流来实施的。

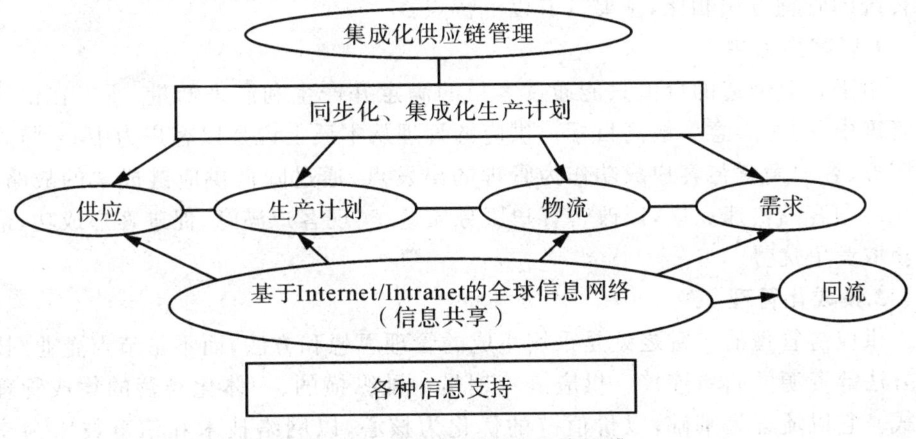

图 5-8 供应链管理涉及的领域

在以上五个领域的基础上，将供应链管理细分为职能领域和辅助领域。职能领域主要包括产品工程、产品技术保证、采购、生产控制、库存控制、仓储管理、分销管理。而辅助领域主要包括客户服务、制造、设计工程、会计核算、人力资源、市场营销。

由此可见，供应链管理不仅关注企业内部与企业之间的运输问题和实物分销，还包括以下主要内容：

- 战略性供应商和用户合作伙伴关系管理；
- 供应链产品需求预测和计划；
- 供应链的设计(全球节点企业、资源、设备等的评价、选择和定位)；
- 企业内部与企业之间物料供应与需求管理；
- 基于供应链管理的产品设计与制造管理、生产集成化计划、跟踪和控制；
- 基于供应链的用户服务和物流(运输、库存、包装等)管理；

• 企业间资金流管理(汇率、成本等问题);

• 基于 Internet/Intranet 的供应链交互信息管理;

等等。

供应链管理重视从原材料到最终产成品的总成本与用户服务水平之间的关系,为此要把供应链各职能部门有机结合起来,从而最大限度地发挥供应链整体力量,使供应链中各方企业共同获益。

四、SCM 的特征

供应链管理是一种新型的管理模式,主要致力于建立成员之间的合作关系,与传统的管理方法相比,主要具有以下特点:

1.以客户为中心

由于企业创造的价值只能通过客户的满意并产生利润来衡量,所以在供应链管理中,顾客满意为最高目标。供应链管理从本质上说是以客户为中心,将客户服务、客户满意与客户成功作为管理的出发点,通过降低供应链成本的战略,实现对顾客的快速反应,以改善客户服务质量、实现客户满意、促进客户成功,最终获取竞争优势。

2.集成化管理

供应链管理的关键之处是采用集成的管理思想和方法,而不是节点企业、技术方法等资源的简单连接。供应链管理是一种纵横的、一体化经营的集成管理模式。它以流程为基础,以价值链的优化为核心,以网络技术和信息技术为支撑,强调供应链整体的集成与协调,通过信息共享、技术扩散、资源优化配置、业务流程重组和有效的价值链激励机制等方法来实现经营一体化。

3.全新的库存观

在供应链管理模式下,库存变成一种平衡机制。供应链管理的实质是通过物流将企业内部各部门及供应链各节点企业连接起来,在整个供应链范围内建立起共同利益的协作伙伴关系。供应链成员结成了战略同盟,他们之间进行信息交换和共享,使企业对市场需求变化的反应更快、更经济,总体库存得到大幅度降低,减少资金占用和库存维持成本,也避免缺货的产生。

4.全过程战略管理

供应链管理强调和依赖战略管理。供应是整个供应链中节点企业之间事实上共享的一个概念,也是一个有重要战略意义的概念,因为它对整个供应链的成本及供应链的市场份额有重大影响。由于供应链上供应、制造、分销各职能目标之间存在不容忽视的冲突,需要高层管理者充分认识到供应链管理的重要性与整体性，运用战略管理思想才能有效实现目标。

5.跨企业合作

供应链管理超越了单个企业组织的界限，改变了传统的管理方法，建立起新型的客户关系。供应链管理要求企业摆脱孤军作战的状态，通过供应链进行跨部门、跨职能、跨企业的合作，共同分享信息和资源，一起承担责任和风险，建立战略联盟，发展企业之间稳定良好、共存共荣的互助关系，追求共同利益，达到企业之间双赢或多赢的最终目标。

五、SCM 的未来趋势

随着经济全球化的步伐日益加快，全球供应链（Global Supply Chain）变得越来越长且越来越复杂，对供应链管理的要求也就随之改变。由于网络通信技术、全球动态联盟的发展和相关要求的不断提出，供应链管理呈现出全球化、绿色化和电子化的发展趋势。

1.全球化趋势

随着供应、生产和销售关系的复杂化，供应链管理过程涉及的不同地域的厂家将越来越多，最终呈现全球性，全球供应链应运而生。全球化供应链又称全球网络供应链，要求以全球化的观念将供应链的系统延伸至整个世界范围，在全面、迅速地了解世界各地消费者需求偏好的同时，对其进行计划、协调、操作、控制和优化，在供应链中的核心企业与其供应商及供应商的供应商、核心企业与其销售商及最终消费者之间，依靠现代网络技术集成，实现供应链的一体化和快速反应运作，达到物流、机制流和信息流的协调畅通，以满足全球消费者需求。

全球化供应链管理成为国际企业间资源集成的桥梁，使全球资源随着市场需求实现动态组合，以适应不断变化的客户需求和服务；同时，企业间实行多形式的合作，更具联合优势，从更全面的角度考虑资源的整合。

2.绿色化趋势

绿色供应链管理，又可称为环境意识下的供应链管理。绿色供应链管理以资源最优配置、增进福利、实现与环境相容为目标，对从资源开发到产品的消费过程中物料获取、加工、包装、仓储、运输、销售、使用到报废处理、回收等一系列活动进行生态设计，通过供应链中各企业之间以及企业内部各部门的紧密协作，使得整个供应链系统在内外部环境管理方面实现最优化的协调统一。

绿色供应链是绿色制造和供应链的学科交叉，是实现可持续制造和绿色制造的重要手段，强调环境管理战略、意识与手段在供应链管理中的集成。其目的是使整个供应链对环境的负面影响最小，资源效率最高。今后绿色供应链研究的主要内容将会是建立绿色供应链系统的理论体系，进行绿色供应链的决策支持技术、运作和管理技术以及集成技术等关键技术的研究。

3.电子化趋势

电子商务的广泛运用为供应链管理开辟了一个崭新的世界，将改变现有供应链的结构，传统多层的供应链将转变为基于互联网的开放式的全球网络供应链。基于电子商务的供应链管理是电子商务与供应链管理的有机结合，是指在供应链管理中，基于企业库存控制、物料需求计划、制造资源计划、企业资源计划的基础上的，采用信息化、电子化技术，由单个企业扩展到整个供应链的一种电子信息化集成的管理模式。

基于电子商务的供应链管理在信息共享、团队合作和管理模式等方面有着传统供应链不可比拟的优势，它以客户为中心，集成整个供应链过程，充分利用外部资源，实现快速敏捷反应，极大地降低库存水平。协作商务和经营创新、电子企业、业务的外包是电子商务供应链管理的基本思想元素。随着信息技术和安全技术的进一步发展，相信在不久的将来，电子化供应链管理必将成为企业的主要运作和管理模式。

第三节　供应链管理系统

一、SCM系统的重要性

随着全球经济一体化的形成，企业与企业之间的竞争突破了国家的范围，日趋激烈。同时，顾客的消费需求也朝多样化、定制化、个性化方向发展。企业要在竞争中取得优势地位，必须改变原来传统的信息系统，采用先进的信息技术，进行供应链的优化和重组，实现供应链上各节点的信息共享，从而缩短订货提前期，降低库存水平，提高搬运和运输效率，减少递送时间，提高订货和发货精度，提高供应链的整体竞争力。

具体来说，信息系统对于供应链管理的重要性表现在以下几个方面：

(1)有效了解市场，满足客户需求。供应链管理系统使从供应商直到客户的整条供应链双向、及时、完整的信息交流成为可能。供应链管理者利用信息系统，与顾客和供应商之间构筑信息流和知识流，以此建立新型的顾客关系。

(2)改善销售渠道，提高销售量。供应链管理系统利用因特网技术，在企业与经销商之间建立零售商的订货和库存系统，在获取销售信息的基础上进行库存补充和销售指导，从而改进销售渠道效率。

(3)适应现代企业，统一物流和商流。现代企业组织以流程为基础，不论是虚拟企业、动态协作，还是知识联网，都需要信息系统的支持。供应链管理系统改变了传统的供应链构成，直接通过因特网向客户进行销售，使物流和商流真正得到统一。

(4)重新构筑企业间的价值链，加强节点企业合作。供应链管理系统使企业可以采用现代化的电子手段进行信息处理和顾客服务。由于企业间的充分信息共享成为可能，企业可以通过业务外包，将有限资源集中于核心业务，既提高企业的竞争优势，又加强企业之间的合作。

图 5-9 可以帮助我们更清晰地理解企业在信息系统的帮助下，能够实现的供应链管理的目标和成果。

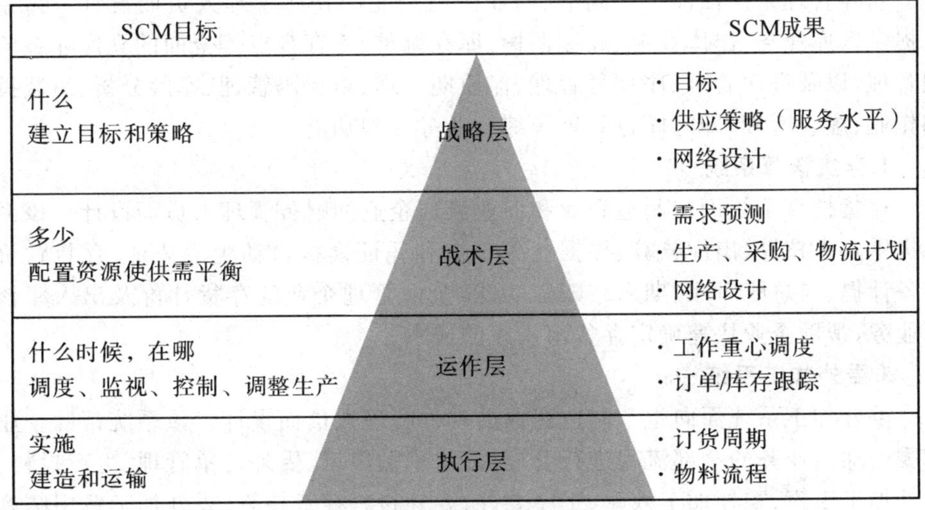

图 5-9 供应链管理的目标和成果

二、SCM 系统的模块

供应链本身是一个复杂的网络结构，影响因素多，涉及范围广，各个环节的作业要求各不相同，需要使用各式各样的信息系统来辅助处理。因此，供应链管理系统中包含许多子系统。由于每个企业所处的内外部环境的不同，对于供应链管理系统构成的需求不同。因此，供应链管理系统并没有固定的模式，而应根据企业的不同需要进行调整。这里，简单地介绍供应链管理系统模块的一般组成。

1.采购管理系统

采购管理系统面向制造企业和商业流通企业的采购管理人员而设计。该系统提供采购需求管理、采购订货、仓库收料、采购退货、多汇率处理、购货结算处理、供应商评估等全面的采购业务流程管理，以及供应商管理、价格控制、供货信息管理等综合业务管理功能。

2.销售管理系统

销售管理系统面向制造企业和商业流通企业的销售管理人员而设计。该系统提供销售模拟报价、销售订货、仓库发货、销售退货、销售开票处理、销售订单全程跟踪等全面的销售业务流程管理，以及客户管理、价格及折扣管理、信用管理等综合业务管理功能。

3.仓存管理系统

仓存管理系统面向生产制造、商业流通企业的仓库管理人员而设计。该系统提供入库业务、出库业务、仓库调拨、库存调整、库存盘点等全面的仓库业务流程管理，以及批次管理、序列号管理、保质期管理、条形码管理、库龄分析、组装拆卸作业、虚仓管理、即时库存管理等综合业务管理功能。

4.存货核算系统

存货核算系统面向制造企业和商业流通企业的财务管理人员而设计。该系统提供入库核算、出库核算、根据业务单据和凭证模板自动生成凭证、存货跌价准备计提、与总账对账、期末结账等功能，全面管理企业的存货计价及出入库核算业务，帮助企业快速确定存货出入库的成本。

5.委外加工系统

委外加工系统面向生产制造企业的委外管理人员而设计。该系统帮助企业对委外加工业务的全部流程进行管理，提供采购申请、委外订单管理、生产投料、委外加工出库、委外加工入库、工序委外、委外材料存货核算、委外加工费用结算等完整的委外业务流程的管理，以及委外价格控制、委外订单变更管理、投料变更、生产物料报废管理等综合业务管理功能，帮助企业对委外加工业务进行全面的管理与控制。

6.供应链分析系统

供应链分析系统面向企业各级决策者而设计。该系统提供生产制造企业对销售收入、回款、销售成本及毛利、销售订单、应收账款、采购到货及时性、采购到货质量、采购价格、采购费用、存货周转与库龄、库存呆滞料、库存资金占用情况等业务数据的多维分析，清晰反映出企业销售整体情况，销售、采购策略与库存策略的合理性，以及库存健康与否等业务信息，帮助管理者及时调整措施，以便降低库存，缩短交货提前期，提高供应链整体运营效率。

上面只是对供应链管理系统的一般构成进行简单的介绍，在企业运营中，需要结合企业的实际情况，对供应链管理系统的模块进行取舍或增删，选择符合自身的定制化产品。

三、SCM系统的市场现状

1.SCM 系统全球市场现状

根据全球技术研究和咨询公司 Gartner 的统计数据，整体来看，2010 年 SCM 软件市场总收入达到 68 亿美元，与 2009 年的 61 亿美元相比，增长 10%，恢复两位数的增长。相比较 2009 年，这一市场乐观了很多，因为 2009 年全球供应链管理(SCM)软件收入下降了 2.1%。

值得一提的是，在 SCM 市场，2010 年的亚太和拉美地区的增长强劲，显著超出市场平均水平。亚太地区 SCM 软件支出增长 22%，收入达到 5.69 亿美元。在中国市场，这一增长更是达到了 34.4%，总收入达到 1.56 亿美元。

此外，从软件供应商的收入排名来看，SAP 仍旧领跑全球 SCM 软件市场，占据全球市场份额的 19.5%(见表 5-3)。Oracle 以 17.9%的市场份额占据全球第二的位置。JDA 软件公司在前五大供应商中增长最为抢眼，2010 年其收入增长了 40.2%。

表 5-3 全球前五大 SCM 软件供应商收入情况

(单位：百万美元)

	2010 年收入	2010 年市场份额(%)	2009 年收入	2009 年市场份额(%)	2010 增长率(%)
SAP	1 317	19.5	1 213	19.7	8.6
Oracle	1 210	17.9	1 038	16.9	16.6
JDA Software	362	5.4	258	4.2	40.2
Ariba	250	3.7	229	3.7	9.5
Manhattan Associates	136	2.0	112	1.8	22.0
其 他	3 488	51.5	3 298	53.7	5.8
总 计	6 763	100.0	6 146	100.0	10.0

2010 年，SCM 产品的开发主要侧重在解决方案集成、业务流程平台和移动性。供应商持续显示了弹性和创新的迹象，一些供应商转而支持满足不断变化的用户需求，从而进入更多的 SCM 市场。

2.SCM 系统中国市场现状

近年来,中国企业更加重视提升企业管理质量,无论是良性经济环境中的精益经营,还是经济危机时的自我解救,供应链管理都是最具效益的管理方式,越是环境艰难,越能激发管理效率。目前供应链管理软件市场正加速整合,厂商竞争激烈,群雄逐鹿,收购与合并将成为未来几年供应链管理软件市场的主旋律,收购与合并带来了市场规模的迅速扩大、软件产品的快速升级。

根据计世资讯(CCW Research)调查结果显示,2009 年上半年中国供应链管理软件 SCM 的市场呈加速度趋势增长,2009 年上半年中国通用型供应链管理软件 SCM 市场规模达到 5.85 亿元,同比增长 25.3%。

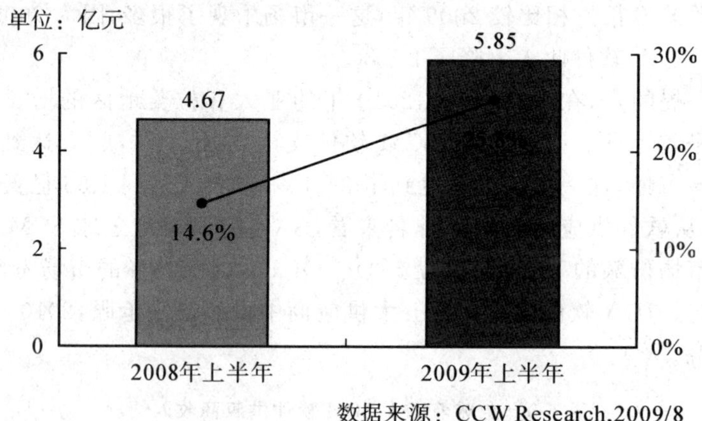

图 5-10 2009 年上半年中国通用型供应链管理软件 SCM 市场规模

计世资讯的调查结果显示,2009 年上半年中国通用型供应链管理软件 SCM 的市场品牌结构中,按照销售额份额统计,排名前七位的厂商依次是博科资讯、用友、浪潮、金蝶、SAP、ORACLE、明基逐鹿,其中博科资讯以 13.8%的市场份额排名第一,用友以 10.0%的市场份额排名第二,浪潮以 9.8%的市场份额排名第三,金蝶以 8.8%的市场份额排名第四,SAP 以 8.0%的市场份额排名第五,ORACLE 以 7.0%的市场份额排名第六,明基逐鹿以 3.4%的市场份额排名第七,如图 5-11 所示。

目前,中国供应链管理软件市场可以划分为两大集团,第一集团主要是博科资讯,第二集团包括用友、浪潮、金蝶、SAP、ORACLE 等。

第一集团的企业拥有比较强的渠道扩展能力和较为成熟的 SCM 产品线,例如博科资讯 2009 年全面启动“2009 加速度”战略,分享恶劣经济环境下企业的制胜之道,以供应链管理帮助更多企业提高抗风险能力,并实现产业链上下游

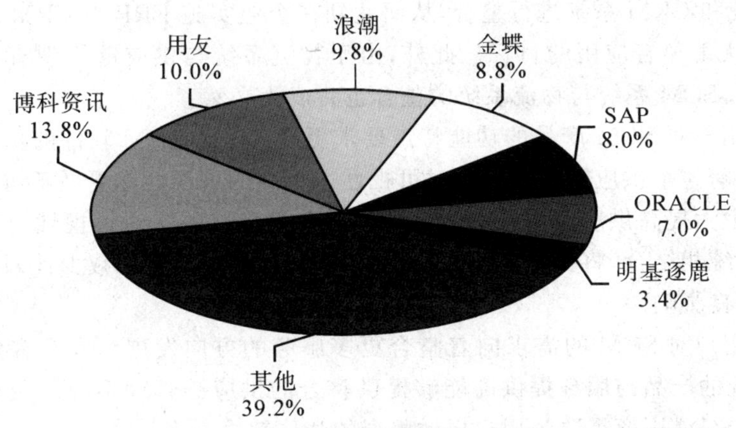

数据来源：CCW Research,2009/8

图 5-11　2009 年上半年中国通用型供应链管理软件 SCM 市场厂商份额

合作伙伴协作行动。

第二集团的内部竞争比较激烈，在市场竞争力方面表现出明显的群聚性，普遍在渠道扩展能力上表现出色。用友供应链管理软件是以计划为核心的供应链管理，建立产销平衡的计划体系，围绕客户订单和市场预测，更加灵敏、更加快捷地组织职能部门的业务协同，支持供应商、外协厂、客户、分销商通过门户与企业实时共享业务信息，减少供应链沟通成本，实现产业链的高效协同。用友供应链管理集进货、销售、库存等物流业务管理和简单财务核算于一体，帮助企业快速、准确应对市场变化，支持企业稳定、安全、成熟的长期可持续发展。浪潮供应链管理 SCM 着重于“协同运作”理念，提供统一的协同商务平台，协同上游的供应商、下游的客户、分销商以及合作伙伴，使其组成一个“虚拟联盟”，一个完整的产业生态链，在生态链上的每一个实体协同配合、资源共享、共同发展，实现产业链的共赢。在大型集团企业供应链管理方面，浪潮拥有较高的知名度和美誉度，同时将中国航天科技、中国兵器装备集团、中国储备粮管理总公司、大连船舶、江南造船总厂、天津医药集团等大型企业集团收入囊中。

四、SCM 系统的市场发展趋势

从上面的描述可以看出，全球的 SCM 软件市场正处于激烈竞争的时期，其未来的发展趋势将主要表现在以下几个方面：

(1)用户对 SCM 系统的整合能力需求更强。在以供应链管理为核心的基础上，未来 SCM 产品无论是独立产品还是整合于 ERP 系统之中，都将更多地与

ERP 系统和 CRM 系统进行整合，从而达到在企业实施 ERP 与 CRM 之后能够与 SCM 无缝整合应用的目标。此外，由于物流系统与供应链管理有着不可分割的关系，SCM 系统与物流系统的整合也将成为必然。

(2)用户对 SCM 产品的功能特点要求更高。未来 SCM 软件的功能特点将表现为横跨整个供应链的信息实时可视性。更高的可视性和更易于访问的实时信息，将大大提高供应链执行决策的预见性。供应链的实时可视性与事件监控和管理系统相结合，将提高企业预见性决策能力，最大限度地减少计划外情形所造成的不良影响。

(3)用户对 SCM 的需求向着整合更多服务的方向发展。未来客户将需要 SCM 系统的产品与服务提供商能够提供整合的供应链管理系统以及相关的咨询服务。SCM 厂商需要为用户提供整合的整体解决方案。

(4)用户对本地化和标准化的需求越来越高。对于国外厂商而言，需要更多地研究不同行业企业的本土化需求；对于国内厂商而言，则需要将原有产品本着适应全球化供应链管理或者跨地区供应链管理的要求，进一步标准化，以便在更好地服务本土市场的同时，将产品推向更多的其他行业用户或者是跨国运营的客户。

(5)用户群体向中小企业转移。从用户规模角度来看，未来 SCM 系统的用户数量将从以大中型企业用户为主，向以中小型企业用户为主的方向转移。

(6)用户群体扩展到更广泛的行业。从行业来看，未来 SCM 系统有从制造业、流通业向其他行业市场扩张的趋势。由于供应链的竞争是未来所有企业所面临的竞争，因而，未来 SCM 系统向着其他行业市场推进将是一个不可回避的趋势。对于 SCM 厂商而言，要想在市场上获得成功，首先要在 SCM 市场定位方面根据不同行业用户需求推出相应的产品与服务，针对制造业、零售业、物流业以及其他(比如能源、建筑等)行业推出各自不同的解决方案。

第四节 供应链管理的实施

一、SCM 的实施步骤

要成功地实施供应链管理，使供应链管理真正成为有竞争力的武器，就要变革传统的管理思想，把企业内部以及节点企业之间的各种业务看作一个整体功能过程，形成集成化供应链管理体系。

所谓集成化供应链管理体系，是指通过信息、制造和现代管理技术，将企业生产经营过程中的有关人、技术、经营管理三大要素有机地集成并优化运行，有效控制和协调生产经营过程的物料流、管理过程的信息流和决策过程的决策流，从而将企业内外部供应链有机集成，达到全局动态优化目标，满足生产和管理过程高质量、高柔性和低成本的要求，以适应新的市场竞争环境。

目前，企业实施集成化供应链管理需要面对诸多有关供应链的问题，主要包括供应链成本过高、库存水平过高、部门之间存在冲突、目标重构、产品生命周期变短、外部竞争加剧、经济发展不确定性增加、汇率和价格的波动、用户需求多样化等。要解决这些问题，企业可以从以下几方面着手：

• 从供应链的整体出发，考虑企业内部的结构优化问题。

• 转变管理模式，从纵向一维空间思维向纵横集成化的多维思维方式转变。

• 放弃“小而全”、“大而全”的封闭的经营思想，向与供应链中的相关企业建立战略伙伴关系为纽带的优势互补、合作关系转变。

• 建立分布的、透明的信息集成系统，保持信息沟通渠道的畅通和透明度。

• 所有的人和部门都应对共同的任务有共同的认识和了解，去除部门障碍，实行协调工作和并行化经营。

• 风险分担与利益共享。

企业从传统的管理模式转向集成化供应链管理模式，一般要经历五个阶段，包括从最低层次的基础建设到最高层次的集成化供应链动态联盟，各个阶段的不同之处主要体现在组织结构、管理核心、计划与控制系统、应用的信息技术等方面，步骤如图 5-12 所示。

1.第一阶段:基础建设

这一阶段是在原有企业供应链的基础上分析、总结企业现状，分析企业内部影响供应链管理的阻力和有利之处，同时分析外部市场环境，对市场的特征和不确定性作出分析和评价，最后相应地完善企业的供应链。

在传统型的供应链中，企业职能部门分散、独立地控制供应链中的不同业务，企业组织结构比较松散。这时的供应链管理主要具有以下特征：

• 企业核心关注于产品的质量。由于过于注重生产、包装、交货等的质量，可能导致成本过高。所以企业的目标在于以尽可能低的成本生产高质量的产品，以解决成本—效益障碍。

• 关于销售、制造、计划、物流、采购等的控制系统和业务过程相对独立、不相匹配，又因部门合作和集成业务失败导致多级库存等问题。

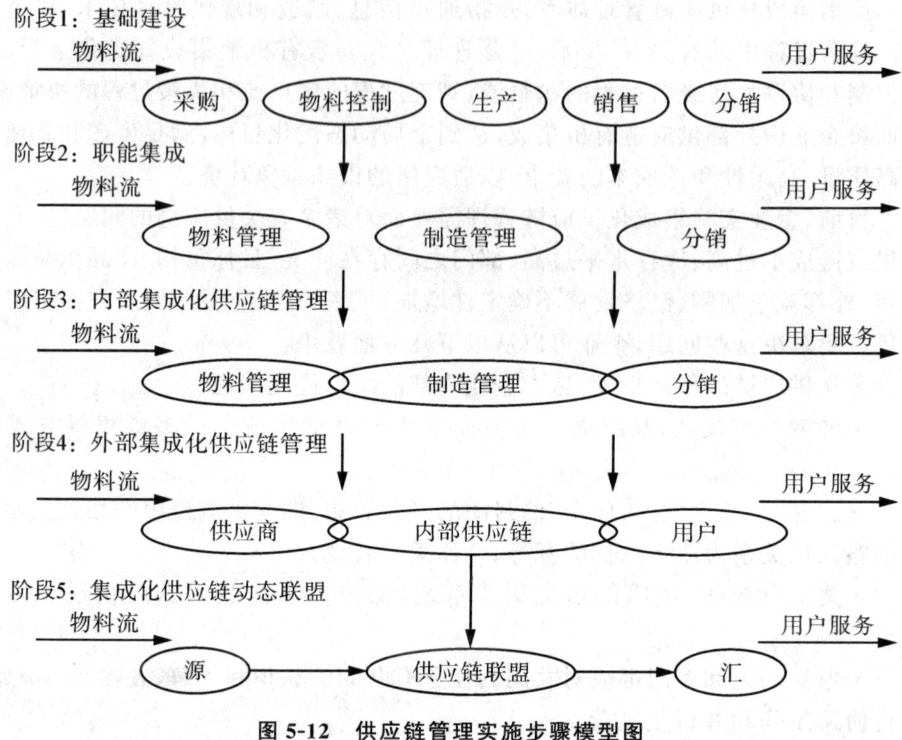

图 5-12　供应链管理实施步骤模型图

• 组织部门界限分明，单独操作，往往导致相互之间的冲突。

• 采购部门可能只控制物料来源和原材料库存，制造和生产部门通过各种工艺过程实现原材料到成品的转换，销售和分销部门只能处理外部的供应链和库存，部门之间的关系业务往往会因各自为政发生冲突。

处于这样一个阶段的企业主要采用短计划，出现困难时需要一个一个地解决。虽然企业强调办公自动化，但这样一种环境往往导致整个供应链的效率低下，同时也增加了企业对供应和需求变化影响的敏感性。

2.第二阶段：职能集成

职能集成阶段集中于处理企业内部的物流，企业围绕核心职能对物流实施集成化管理，对组织实行业务重构，实现职能部门的优化集成。通常可以建立交叉职能小组，参与计划和执行项目，以提高职能部门之间的合作，克服这一阶段可能存在的不能很好满足用户订单的问题。

职能集成强调满足用户的需求。事实上，用户需求在今天已经成为驱动企业生产的主要动力，而成本则在其次，但这样往往导致第二阶段的生产、运输、库存等成本的增加。此时供应链管理主要有以下特征：

• 将分销和运输等职能集成到物流管理中来，制造和采购职能集成到生产职能中来。

• 强调降低成本而不注重操作水平的提高。

• 积极为用户提供各种服务，满足用户需求。

• 职业部门结构严谨，均有库存作缓冲。

• 具有较完善的内部协定，如采购折扣、库存投资水平、批量等。

• 主要以订单完成情况及其准确性作为评价指标。

这一阶段一般采用 MRP 系统进行计划和控制，对于分销需求得不到准确的预测和控制，分销的基础设施也与制造没有有效的连接。由于用户的需求得不到确切的理解，从而导致计划不准确和业务的失败，所以在第二阶段要采用有效的预测技术和工具，对用户的需求作出较为准确的预测、计划和控制。

但是，以上采用的各项技术之间、技术与业务流程之间都缺乏集成，库存和浪费等问题仍可能困扰企业。

3.第三阶段：内部供应链集成

这一阶段，要实现企业直接控制的领域集成，要实现企业内部供应链与外部供应链中供应商和用户管理部分的集成，形成内部集成化供应链。集成的输出是集成化的计划和控制系统。为了支持企业内部集成化计划和控制，主要采用供应链计划(SCP)和 ERP 系统来实施集成化计划和控制。这两种信息技术都是基于客户/服务(Client/Server)体系在企业内部集成中的应用。有效的 SCP 集成了企业所有的主要计划和决策业务，包括需求预测、库存计划、资源配置、设备管理、优化路径、基于能力约束的生产计划和作业计划、物料和能力计划、采购计划等。ERP 系统集成了企业业务流程中主要的执行管理，包括订单管理、财务管理、库存管理、生产制造管理、采购等职能。SCP 和 ERP 通过基于事件的集成技术连接在一起。

本阶段企业管理的核心是内部集成化供应链管理的效率问题，主要考虑在优化资源、能力的基础上，以最低的成本和最快的速度生产最好的产品，快速满足用户的需求，以提高企业反应能力和效率。这对于生产多品种或提供多种服务的企业来说意义更大。投资于提高企业的运作柔性也变得越来越重要。本阶段须构建新的交叉职能业务流程，逐步取代传统的职能模块，以用户需求和高质量的预测信息驱动整个企业供应链的运作。因满足用户需求而导致的高服务成本是此阶段管理的主要问题。

在这个阶段，企业可以考虑同步化的需求管理，将用户的需求与制造计划和供应商的物料流同步化，减少不增值的业务。同时企业可以通过广泛的信息网络来获得巨大的利润。此阶段的供应链管理具有以下特征：

• 强调战术问题而非战略问题；

• 制定中期计划，实施集成化的计划和控制体系；

• 强调效率而非有效性，即保证要做的事情尽可能好、尽可能快地完成；

• 从采购到销售的完整系统具有可见性；

• 信息技术的应用。

这一阶段广泛运用Internet信息技术支持与供应商及用户的联系，获得快速的反应能力。Internet是集成化供应链管理的重要工具，特别是在进行国际贸易合作需要大量关于运输的文件时，利用Internet可以使企业快速获得信息，更有效地为用户提供优质服务。与用户建立良好的关系，而不是"管理"用户。

4.第四阶段：外部供应链集成

实现集成化供应链管理的关键在于第四阶段，将企业内部供应链与外部供应商和用户集成起来，形成一个集成化供应网链。而与主要供应商和用户建立良好的合作伙伴关系，即所谓的供应链合作关系，是集成化供应链管理的关键。

此阶段企业要特别注重战略伙伴关系管理。管理的焦点要以面向供应商和用户取代面向产品，增加与主要供应商和用户的联系，增进相互之间的了解(产品、工艺、组织、企业文化等)，保持一定的一致性，实现信息共享等，企业通过为用户提供与竞争者不同产品/服务或增值的信息服务而获利。供应商管理库存和共同计划预测与库存补充的应用就是企业转向改善、建立良好的合作伙伴关系的典型例子。通过建立良好的合作伙伴关系，企业就可以很好地与用户、供应商和服务提供商实现集成和合作，共同在预测、产品设计、生产、运输计划和竞争策略等方面设计和控制整个供应链的运作。对于主要用户，企业一般建立以用户为核心的小组，这样的小组具有不同职能领域的功能，从而更好地为主要用户提供有针对性的服务。

处于这个阶段的企业，生产系统必须具备更高的柔性，以提高对用户需求的反应能力和速度。企业必须根据不同用户的需求，既能按订单生产，按订单组装、包装，又能按备货方式生产，这样一种根据用户的不同需求对资源进行不同的优化配置的策略称为动态用户约束点策略。延迟技术可以很好地实现以上策略。延迟技术强调企业生产加工到一定阶段后，等待收到用户订单以后根据用户的不同要求完成产品的最后加工、组装，这样企业供应链的生产就具有了很高的柔性。为了达到与外部供应链的集成，企业必须采用适当的信息技术为企业内部的信息系统提供与外部供应链节点企业的很好的接口，达到信息共享和信息交互，达到相互操作的一致性。

本阶段企业采用销售点驱动的同步化、集成化的计划和控制系统。它集成了用户订购数据和合作开发计划，基于约束的动态供应计划、生产计划等功能，以保障整个供应链中的成员同步化地进行供应链管理。

5.第五阶段：集成化供应链动态联盟（供应链管理的发展趋势）

在完成以上四个阶段的集成以后，构成了一个网络化的企业结构，我们称之为供应链共同体，它的战略核心及发展目标是占据市场的领导地位。为了达到这一目标，随着市场竞争的加剧，供应链共同体必将成为一个动态的网络结构，以适应市场变化以及柔性、速度、变革、知识等需要，不能适应供应链需求的企业将从供应链联盟中被淘汰。供应链成为一个能快速重构的动态组织结构，即集成化供应链动态联盟。企业通过 Internet 网络商务软件等技术集成在一起，以满足用户要求。一旦用户的需求消失，它也将随之解体。而当另一个需求出现时，这样的一个能及时、快速满足用户需求的供应商，是企业生存、发展的关键。

集成化供应链动态联盟是基于一定的市场需求、根据共同的目标组成的，通过实时信息的共享实现集成，主要应用的信息技术是 Internet/Intranet 的集成，主要的工具是同步化的、扩展的供应链计划和控制系统，基于 Internet 的电子商务将取代传统的商务手段。这是供应链管理发展的必然趋势。

二、SCM 的实施效益

1997 年 PRTM 财务咨询公司曾进行过一项关于集成化供应链管理的调查（调查涉及 6 个行业的 165 个企业，其中化工类企业 25%、计算机电子设备类企业 25%、通信类企业 16%、服务类企业 15%、工业类企业 13%、半导体类企业 6%），结果表明，通过实施供应链管理，企业可以达到以下多方面的效益：

- 总供应量管理成本（占收入的百分比）降低 10%以上；
- 中型企业的准时交货率提高 15%；
- 订单满足提前期缩短 25%～35%；
- 中型企业的增值生产率提高 10%以上；
- 绩优企业资产运营业绩提高 15%～20%；
- 中型企业的库存降低 3%，绩优企业的库存降低 15%；
- 绩优企业在现金周转周期上具有比一般企业少 40～65 天的优势。

而戴维德·霍尔认为，通过良好的供应链管理可以在进入新市场，开发新产品，开发新分销渠道，改善售后服务水平，提高用户满意程度，降低库存、后勤成本、单位制造成本，提高工作效率等方面获得满意效果。

由此可见，供应链管理的实施，可以为企业带来巨大的效益。下面将分别从企业内部和企业外部来阐述供应链管理带来的效益。

1.供应链管理的内部效益

(1)降低整体库存成本和缺货损失

供应链的形成,要求对组成供应链的各个环节作出优化,建立良好的相互关系,采用先进的设备,从而促进产品、需求信息的快速流通。同时,对整体库存可以进行整体筹划,对供应链的最终环节如零售商保证一定的库存来避免缺货损失,而在其他环节都采用准时生产方式的思想进行管理。这样不但可以减少整体库存量,避免库存浪费,降低库存成本,还可以降低缺货损失。

(2)减少流通费用

供应链通过各企业的优化组合,成为最快捷、最简便的流通渠道。它除去了中间不必要的流通环节,大大缩短了流通路线,从而有效地减少了流通费用。比如大家熟知的 DELL 公司,通过对供应链的合理组织,将产品直销给用户,大大降低了产品的成本,提高了产品的竞争力,取得很大的成功。另外,供应商、生产商、分销商、零售商等还可以通过对运输批量、库存节点等的优化来降低物流费用。

(3)实现供求的良好结合

供应链把供应商、生产商、分销商、零售商及用户连在一起,并对之进行协调、优化管理,使企业之间形成良好的相互关系,使产品、信息的流通渠道达到最短,从而使消费者的需求信息沿供应链逆向准确、迅速地反馈到生产厂商。生产厂商据此对产品的增加、减少、改进、提高质量、选择原材料等作出正确的决策,保证供求的良好结合。

(4)促使企业实现现代化管理

供应链是一个整体,相关的各企业为共同的整体利益而奋斗,要达到这个目标,整个供应链中的物流、资金流、信息流必须畅通无阻。为此,企业供应链中的每个节点,必须采用现有的先进技术与设备和科学的管理方法,共同为销售提供良好的服务。生产、流通、销售规模越大,则物流技术设备、管理越需要现代化。

2.供应链管理的外部效益

(1)实现信息资源共享

知识经济的到来使信息取代劳动和资本成为提高劳动生产率的主要因素。供应链管理充分意识到这一点,它不仅利用现代科技手段,采用最优流通渠道,使信息得到快速、准确的反馈,而且在供应链联合的各企业之间实现了资源共享。

(2)提高服务水平

供应链通过生产企业内部、外部及流通企业的整体协作,大大缩短了产品的流通周期,加快了物流配送的速度,并将产品按消费者的需求生产出来,快速送到消费者手中。这种快速、高质量的服务,必然有助于塑造企业的良好形象,提高消费者的满意程度,从而提高产品的市场占有率。

(3)提高产品质量

供应链中的每个环节都是比较稳定的，每个下游企业都有比较稳定的供应商以及比较稳定的运输中介等，这就意味着企业给出一个质量标准后，原材料可以获得较稳定的保障。原材料质量的保障必然使最终产品的质量提高，增加产品价值。

(4)产生规模效应

供应链就是把供应商、生产厂商、分销商、零售商等联系在一条链上，并优化形成一个融会贯通的网络整体。这条链中的企业为了整体利益的最大化而共同合作，协调相互关系，加快商品从生产到消费的过程，以整体实力来应对市场竞争，能够更容易达到经济规模。

综上所述，供应链管理的实现，把供应商、生产厂家、分销商、零售商等在一条链路上的所有环节都联系起来进行优化，使生产资料以最快的速度，通过生产、分销环节变成增值的产品到达消费者手中。这不仅减少了库存和流通费用，有效地实现供求结合，达到现代化管理水平，而且通过信息网络、组织网络实现了生产及销售的有效连接和物流、信息流、资金流的合理流动，提高了产品和服务质量，产生规模效益，有效地提高供应链上各节点企业的竞争力。

联想供应链整合

"21世纪的竞争是供应链与供应链的竞争。"对以PC硬件为主营业务的联想集团来说，这句话的重要性毋庸置疑。2007年1月15日，联想集团负责全球供应链的两位副总裁郭明磊和宋红由于个人原因离开联想，他们的工作由联想高级副总裁杰瑞·史密斯代管。之前郭明磊在联想主要负责供应链组织和管理体系整合、网络优化以及流程和IT建设；而宋红则负责全球物流管理尤其是服务能力、成本控制及质量管理的工作。

1997年以来，联想一直稳居中国电脑市场销量第一，业绩持续增长背后，自2000年开始的供应链整合与优化工作居功至伟。

2000年，联想在国内企业中率先成功实施了ERP，随后在当时的供应链管理部的领导下，又历时两年完成了SCM系统项目。与此同时，联想开始着手建立供应链组织管理体系。由物流部门领导的VMI(供应商管理库存)项目开创了联想与供应商和海关协同的先河，而且重新规划了采购物流的网络布局，通过与供应商的可视化库存协同管理，实时监测库存水平，令联想在按单生产产品时库存从原来的14天缩减到5天；CTO(客户定制)流程优化项目提升了客户定制产品的交付能力，是联想后来迅速崛起的直销业务的技术保障；电子招标等采购新模式的探索，更大幅降低了联想的采购成本。

根据业务需求的变化，联想供应链还实施了端到端的“双模式”提速项目，逐步设计和建立起以北京、上海、深圳惠阳3个工厂为中心，分布在全国39个分拨配送中心的物流网络。此后联想的订单交付率、现金周期、供应链成本等指标得到大幅度优化，其中交付水平提升15个百分点，现金周期优化10天，供应链成本降低20%以上，均达到行业最优水平。

作为以上成就的见证，连续几年，供应链CTO、VMI、双业务模式一供应链提速等项目均获得联想最佳团队奖，郭明磊也因对联想供应链的巨大贡献，获得2004年联想个人荣誉最高奖——联想奖。宋红则因全球物流组织整合后业绩突出和多年来对于联想供应链的重要贡献，荣获2005年度联想奖。

经过2002—2004年的一系列优化，联想在中国市场打造的黄金供应链，其响应速度和成本控制方面已经超越了戴尔，联想在中国的成本只是戴尔的1/4左右，其响应速度只需要4天(戴尔为1周)。这一供应链为之后联想中国区业务的厚积薄发奠定了基础。合并之后，来自原IBM和戴尔的供应链高管对联想中国的供应链均表示叹服。

2005年完成对IBM PC的收购后，联想面临的一个新难题是，如何将中国区供应链与全球供应链对接。然而，两大IT系统的无法融合和企业内部价值链的协同困难，使这一工作的复杂度超乎想象。

首先是成本压力：原IBM的PC业务2001年亏损3.97亿美元，2002年亏损1.71亿美元，2003年亏损2.58亿美元，截至2004年中累计亏损9.73亿美元。2005年5月完成收购IBM的PC后，新联想的国际业务业绩扭亏压力极大。“要业绩就要先改供应链”，老联想和联想国际的供应链整合成为首要的工作。

合并之后巨大的成本压力加大了供应链整合的急迫性。2005年，业界曾爆出联想与IBM就IGS服务、市场支持、内部使用购买、策略性融资及资产处置服务、过渡服务等达成收购协议规定。有媒体称，联想为此项收购每年须支付约1亿美元。

2003年IBM的PC产品保修支出额为5.86亿美元，如此算来，一年1亿美元似乎不为多。但2004年联想的纯利才11.2亿港元，供应链所承受的节约成本的压力可想而知。据说联想内部曾提出，哪怕只节省1%的采购成本，即大约1亿美元，“就多出了一个(老)联想的利润”。

准时交付、成本控制和保障质量，是当时联想确定的供应链整合的目标体系。联想发现，在一个遍及全球的供应链下，准时交付和物流成本压力两者之间的矛盾被“放大”(Blow-up)。准时交付会增大成本，低成本物流又很可能增加库存积压。

举例来说，南美某市场的组装厂向联想总部下一个订单，需要3 000套"开天"主板和7 000套"扬天"主板。从中国工厂到南美洲需要4个星期的海运时间，联想台式电脑的机箱一般是走海运，主板走不走海运成为一个问题：如果空运，运费高但能即时交货；如果把主板置于机箱中海运，可以节省昂贵的空运费，但问题在于4周之后，当3 000套"开天"和7 000套"扬天"主板海运到南美某国时，当地市场需求却已经发生变化，需要3 000套"扬天"和7 000套"开天"主板，则多出的4 000套"扬天"只能折成库存成本，缺少的4 000套"开天"需要工厂加急制造，可能还需要空运。因为计划不准或供应链运行不畅造成的库存积压，将会吃掉企业本就不高的毛利。在产品的生命周期很短、关键零部件月平均贬值2%、行业毛利率降至5%以下的PC行业，以上情形是相当可怕的。

在效率与成本之间，联想尝试了很多解决之道，比如签下价格更有竞争力的物流商，拒绝海外工厂的空运要求，降低销售成本等。但其实问题的根本在于，国际业务现有IT系统的预测能力有限。长远来看，治本之策只能是提高销售端（前端）与供应链（后端）之间的"协同"能力，提高销售端对几个星期之后市场需求的预测能力。

联想的海外业务目前仍使用IBM早年自己开发的系统，原IBM PC的IT系统无法单独从整个IBM的系统中分离出来。由于IBM的产品线非常长，除了PC，还有大型机、服务器等产品，其供应链并不是专门为PC设计的，成本高且效率低，无法适应PC产品的激烈市场竞争对于效率和成本的需要。

系统的分而治之给联想造成的额外成本是巨大的。两个系统之间的差距有几组数据可以反映：比如市场上有新的CPU产品推出，联想要发布一个新型号或新配置，在联想国际的系统里要花4～5星期才能完成，而在联想中国的系统里，仅仅需要两小时；对供应链中核心的资源需求计划，国际的系统只能一周调整一次，而联想中国则是一天两次；在原IBM PC的系统，客户退货的信息通过IT系统反馈到后端，往往是在一两周之后，而且分布在欧美高成本地区的供应链资源（人员、工厂等）的成本比联想高很多。

由于中国工厂和国际工厂的系统独立运行无法对接，集团总部拿不到最准确的汇总数据。联想就某一物料（比如硬盘）向一家供应商下单时，需要下5张订单，分别指向联想原来在中国的三个工厂、在中国的OEM厂商、在欧洲的OEM厂商、在美国的OEM厂商、位于深圳的合资公司（原长城国际，IIPC）。不能把5张订单合为1张，是因为同一个物料的系统编号，联想的是8位，IBM是7位。这就如同两个小区的门牌号一个是3位，一个是4位，现在虽然两个小区合并，但门牌号未变，邮递员仍然需要往返于两个小区各送各的信，因为他无法判断地址分布规律。

联想CEO阿梅里奥曾对新联想的全球供应链系统提出两项要求:一是达到供需平衡,二是达到成本最低。供应链的优化存在“木桶理论”效应,不能有短板,其效率提升对企业每一个环节精准性的要求都很高,一定要得到企业方方面面环环相扣的支持与配合才能实现良好的运转状态,哪一个环节做不好,都会影响整个系统的效率。

原IBM的PC是一个单纯的“产品驱动”型部门,联想的业务模式则是以“产品+销售模式”为驱动。这两种模式下,供应链在公司里的角色定位是一个服务型部门,在协同前后端的权限上有限,供应链部门没有能力去要求销售端怎么做,只有一些建议权。

经过多年的业务沉淀,联想国际业务的流程过于复杂和烦琐,在前后端不协同的情况下,可能的后果便是由于销售预测不准导致的产能不均衡。2005年10月,在完成对IBM PC业务收购交易半年后,联想宣布提前半年完成第一阶段“以稳定为要”的整合,独立运行半年的联想中国和联想国际进行了全面、深度的组织和业务整合。当时身为联想中国COO的刘军受命领导全球供应链组织。一支由原联想、IBM PCD以及外部引进人员组成的全球供应链管理团队开始了艰难的供应链改造历程。其中原联想高级副总裁乔松继续领导已经于2005年第一批整合的全球采购组织;原联想供应链副总裁郭明磊负责分管供应链战略、流程和运营管理;原联想物流运作部总经理宋红负责全球物流。计划部门、全球制造和前端客户交付服务和商务则由原IBM PCD负责人掌管。

原联想中国和IBM PCD的供应链组织设计区别不大,新联想供应链需要解决的是流程和业务模式方面的挑战:公司内部各环节尤其是前后端如何快速反馈联动,建立一套快速响应的前后端协同流程,这成为新联想提升效率和降低运营成本的重中之重。在供应链部门的大力推进下,目前除了从底层改变公司的信息系统,联想还在致力于建立一个解决“谁驱动谁”问题的部门,将“预测—订单—交付”整个过程协同起来。2006年8月成立的卓越中心(COE)的职责正在于平衡供需计划。

COE成立之后的主要工作有三项:一是管理存货;二是管理前端到后端的预测;三是降低产品线的复杂度,新联想的系统中一共有5 000多个整机型号,实际上订单集中在其中的1 500个,但每次下单都要在系统中全部“跑一遍”,加大了额外成本。联想正在对产品机型和设计工序进行调整,逐渐减少对某些供货商的依赖。

新联想的业务覆盖100多个国家和地区,因此全球物流网络效率的提升颇为重要。全球物流团队为联想全球原材料及产成品的运输、进出口贸易、分拨及配送提供支持。整合一年后，全球物流部门通过组织和流程重组，以及与物流合作伙伴建立战略合作关系，极大地缩短和稳定了物流发货到交付的周期，使得物流成本下降超过15%，通过运输质量控制使货物丢失/货损降低了50%。

供应链网络优化是新联想供应链实现效率提升和成本控制的必要条件，在供应链战略部门的领导下，新联想充分考虑贸易环境、税收、客户需求分布、运作成本等因素，已经完成了新的网络设计，并逐步开始实施。据悉，实施完成后，联想将在中国、美国和欧洲拥有三大供货中心。

资料来源：http://info.china.alibaba.com/news/detail/v0-d1002966381.html

案例问题：

1.SCM为老联想带来什么样的好处？

2.国际化为联想SCM带来什么样的挑战？

3.你认为联想SCM应该做什么样的调整来适应新的形势？

第六章 企业资源计划 ERP

企业资源计划(Enterprise Resource Planning,ERP)系统是建立在信息技术基础上,以系统化的管理思想,为企业决策层及员工提供决策运行手段的管理平台。作为一个具有交叉功能的企业支柱系统,ERP 实现了很多内部业务流程和信息系统的集成化和自动化,它涉及生产、物流、分销、会计、财务和人力资源管理等多种企业职能。ERP 集信息技术与先进的管理思想于一身,是现代企业的运行模式,用来合理调配企业资源,最大限度地创造企业利润。要想在今天动态的商业环境中取得成功,企业必须具有高效性、敏捷性和快速反应能力。现在,ERP 被认为是企业获得这些能力的一个不可缺少的要素。世界 500 强企业中有 80%的企业都在用 ERP 作为其决策和日常管理工作的平台。

开篇案例

社交化 ERP

(一)i-ERP 与移动互联技术

ERP 是一个庞大的管理信息系统,其核心管理思想是实现对整个供应链的有效管理,追求的是动态的优化平衡。21 世纪随着信息技术特别是网络互联技术的快速发展,人们在 EPR 的基础上,引入了"协同商务"的概念,产生了 ERP Ⅱ。其主要思想是将具有共同商业利益的合作伙伴整合起来,通过对整个商业周期中的信息进行共享,实现和满足不断增长的客户需求,同时也满足企业本身的活力能力。

如今,一种新的 ERP 思想逐渐流行起来,我们称之为 i-ERP,其核心思想是一种基于 Internet(Intranet)的集 ERP 和电子商务功能于一体的现代企业生产管理系统,促进企业从面向生产的管理转为面向市场的管理。显然,互联网络特别是移动互联技术是 i-ERP 管理思想得以实现的基础保障。移动互联网、云计算、"大数据"正在快速渗入社会生活的方方面面，这些新兴技术的出现与发展，正在引起企业间、产业间甚至国家间竞争格局的重大动荡和变化。

(二)社交化发展趋势

社交化指利用类似 facebook、QQ 之类的内部社交化媒体信息系统，来实现员工的信息交流与知识分享，重建企业管理模式，提升组织有效性，进行管理创新的新型管理方法。社交化的管理方式让组织的形态发生了变化，以往组织的边界是清晰的，有严谨的架构，而社交化管理打破了行政部门间的壁垒，沟通更简单。

几乎所有成熟的企业都在采取 ERP 管理体系，强调组织工作的流程化与标准化，通过数字分析改变了过去管理者"拍脑袋"做决策的方式，其流程化、标准化、层级结构，看上去更符合企业领导者的要求。而"社交化管理"瓦解了传统模式，"让每个参与者都有机会进行随意调整"。这种方式不但没有造成组织的混乱，甚至还提升了组织效率。社交化管理，是信息化技术发展与互联网发展的必然结果，也是组织结构发展扁平化、松散化、虚拟化的发展过程，组织与社会的信息边界将更模糊，信息的传输将更透明、快速。

社交化的应用体现在以下几个方面：

(1)社区化的办公方式。企业的高层、中层和普通员工在同一平台里办公，实现组织结构发展扁平化、松散化，打破了行政部门间的壁垒，沟通更简单。

(2)云服务平台。社交化管理工具通常基于云端服务器为企业提供服务，由此使得社交化管理工具具有实现快速部署的基础，仅需为企业安装管理工具客户端，即可通过云端后台为企业提供社交化管理工具服务。

(3)以人为本，快乐工作。社交化电子商务引入以人为本的视角，降低使用门槛，全员参与。让员工轻松快乐地工作，帮助管理者高效管理，全面提升企业执行力。

(4)通过独创的活动流表现形式，改变了刻板的工作流程，既实现了工作中的必备属性，即权限、状态反馈、时间节点、全员互动，又建立了轻松、简单、可追溯、同步和高效的工作氛围与机制。

(5)社交化电子商务实现消费者与企业的双赢。从消费者的角度来看，社交化电子商务既体现在消费者购买前的店铺选择、商品比较等方面，又体现在购物过程中通过 IM、论坛等与电子商务企业间的交流与互动方面，还体现在购买商品后消费评价及购物分享等方面。从电子商务企业的角度来看，通过社交化工具的应用及与社交化媒体、网络的合作，完成企业营销、推广和商品的最终销售。

(三)社交化 ERP

关于社交化 ERP 内涵，百度百科上的解释为："社交化 ERP 使原本刻板、机械的 ERP 流程注入了生活化、人性化元素，突破企业管理的办公室局限和 8 小时工作时间局限,使企业管理更有趣、更流畅,颠覆传统管理模式,引导企业员工从被动管理走向主动管理。”

通俗一点来说,社交化ERP就是把社交平台和流程整合起来,将企业ERP与内外部社交平台集成,然后通过群组进行协同,为公司员工和顾客带来双赢的商业关系。

徐少春在他的文章(《经理人》第219期)中解释了云管理与社交化ERP的关系。他认为,社交化ERP是实现云管理的手段。云管理是利用社交网络、移动互联、云计算三大技术对企业管理所形成新的模式。例如上班时间之外可以照样工作,可以照样跟员工交流,企业的边界已经延伸到“你走到哪,你的企业就跟到哪儿”。这既是一个理念,也是一个管理模式,支撑这种模式的管理手段就是社交化ERP,也就是传统的ERP加上“云之家”社区。利用社交网络技术,在管理流程中不仅可以随时进行无边界交流,而且通过丰富的管理应用让流程变得更有效率,并能集中更多人的智慧。

基于互联网、云计算的社交化ERP有三大特点。

(1)突破管理的组织局限。社交化ERP利用网络协作的便利性,打开办公室的大门,实现企业内部员工间的零距离交流,打破层级障碍、部门障碍,实现信息的360度流转,决策者可以在第一时间尽览公司的所有动态,确保了决策的及时、正确、可靠。员工也可以随时随地与同事、管理者分享并讨论工作话题。

(2)突破管理的时间和空间局限。社交化ERP利用移动互联技术,通过智能终端,在任何时间、任何地点实现管理动作。

(3)从被动管理走向主动管理,推动企业文化变革。云计算时代正在催生社交化企业。由高层决策、层层传达的管理文化,向共同参与、共同塑造的管理文化转变,引导企业员工从被动管理走向主动管理,通过每个人的自我管理来实现组织卓有成效的管理。这正是管理大师彼得·德鲁克所倡导的理念。

(四)社交化ERP应用的多方优势

1.对于管理者来说,社交化ERP是面向群组、责任人的社交化流程驱动应用,它将互联网技术完美融入管理中,缩短了管理层与员工的时间、空间距离,使得信息传递更通畅,有利于管理者节约时间成本,确保了管理决策的准确和及时性,更有效地实现随时随地管理的目标。

如建发集团应用金蝶开发的针对房地产企业的社交化ERP软件,就可以通过移动终端监控工地的施工进度,用iPad直观立体、360度鸟瞰项目全貌,哪个楼盘的哪栋楼盖到哪一层尽在掌握中;与项目经理直接线上沟通,查看全国所有项目的销售情况(哪些已开盘、哪些在售、哪些已售罄),实时更新房地产企业特别关注的移动交房应用、移动库存应用、移动舆情监控情况,为高管层快速决策提供了实时依据。

2.对于员工来说，将社交网络与ERP有机结合，使需要协作的员工更方便、有效地进行交流与分享，降低企业沟通成本，提高工作效率，凝聚专业知识工作者和远程同事；促进知识分享、强化团队协作、提升营运协同能力，让所有的企业员工高效工作、快乐共享；由此加速了组织机构的扁平化，激发了组织的创造力和凝聚力，使原本刻板、机械的ERP流程在原有基础上注入了生活化、人性化元素，使企业管理更有趣、更随意、更流畅，引导企业员工从被动管理走向主动管理，不断汇聚正能量，通过每个人的自我管理来实现管理大师彼得·德鲁克所倡导的组织卓有成效管理的理念。

3.如金蝶的K/3 Cloud是一款不错的社交化ERP系统，它有个功能称为移动通讯录，深受企业员工的欢迎和好评，即在需要联系同事时，只要拿出手机便能找到那个人在哪个部门、长什么样子、联系方式是什么，还可以直接拨打电话，这样就使得组织内的信息成本大大降低，提高了沟通效率。

4.对于合作伙伴而言，社交化ERP作为企业社会化网络协作平台，致力于在企业社会化网络的深刻商业变革中为企业提供信息交互的竞争优势，通过与上(供应商)、下(客户)游合作伙伴进行便捷、有效的沟通，将更好的产品和服务呈现给顾客，实现共同成长、共同繁荣。具体来说，对于供应商而言，社交化ERP有利于消除二者的边界，通过积极的互动和交流，加块双方的响应速度，协同发展，共同面对瞬息万变的市场；对于客户来说，社交化ERP是企业拉近与顾客距离的平台，采用类似于论坛、贴吧相似的形式，企业收集客户的信息和建议，通过更好、更快地了解和掌握市场最新动态和客户需求，改进产品和服务，保持企业的竞争优势。

5.对于企业来说，第一，社交化ERP把非正式交流渠道纳入到企业管理的视线当中，有利于培育轻松快乐、和谐共荣的企业文化。第二，社交化ERP系统让以人为中心的交流补充了以商务过程为中心的管理，为企业搭建起一个在线的社交平台，更快、更及时准确地实现信息的流转、交互，从而提升企业内的高度协同配合，同时也能够加强与下属机构、下层系统之间的交互与交流。第三，把非结构化数据引入ERP系统，顺应大数据时代的趋势和要求。在大数据时代，软件的价值和其收集数据的种类、规模、流量及活性成正比。社交化ERP能够更有效的提升企业信息化的混合构架的融合，提升各种信息化系统的耦合度，对于实现企业的全面信息化建设与融合，提升企业的信息化管理水平有重要意义。它为企业累积了大量的精确数据，而企业如果学会分析、利用这些数据，并通过和社交媒体产生的模糊数据以及公共领域的基础数据进行整合，其产生的经济、社会收益之巨难以想象。

6.对于很多产品生产周期短的行业来说，在整个产品生产周期内，部门(比如采购、生产、仓库、财务等部门)之间、管理层与员工之间、行业内相关企业之间信息沟通与反馈、问题解决的快速实现，是这类行业企业的一个重大需求。而社交化ERP系统正好能很好地满足这个需求，它不仅能实现任务规划的快速传达，同时也能够保证业务流程的顺畅，使企业的生产运营快速推进。此外，社交化ERP还充当了整个行业生态圈构建的桥梁，拉近了行业内企业、各行业间企业的距离。

(五)社交化ERP实施中的挑战

伴随着互联网对传统经济的渗透，云计算、大数据、移动互联网、物联网这些新兴信息技术对各行业的影响是深远的，社交化ERP是符合社会发展潮流的，但在深入应用阶段也将面临诸多挑战。

1.如何平衡多终端系统

社交化ERP系统非常复杂，是一个多终端的系统，不仅各终端间存在兼容性问题，它的实施过程还涉及多个业务环节以及多个部门工作，很难及时发现实施过程中出现的问题，具体而言：平台异构，管理困难；保障数据访问不受设备和应用程序接口等问题的影响；资源静态配置，数据增长迅猛，数据量的增加，导致数据共享和海量存储存在问题；企业内部大量并发访问，使得系统性能无法保障，访问量越大，系统性能越低；系统扩充，成本提高，随着系统的不断扩充，资源消耗和管理成本也不断增加。特别是在云管理时代，面临着更加严峻的挑战：应用优化和加速，虚拟化(云计算)环境整合，降低能耗和管理成本，智能流量疏导，多链路接入，数据中心容灾，应用安全，性能扩展，虚拟化隔离等。

2.如何确保安全性

社交化ERP加速了信息的传播速度，加大了信息的传播量，但在实施、服务和运营过程中遇到的问题要比想象中的要复杂得多，而且它还可能存在较大的安全风险，如在可靠性、稳定性、安全性上，尤其是共享化的信息会加剧信息泄露潜在可能性。由于ERP系统一般涉及一个企业内部运作的大量数据以及商业秘密，因此如何保障企业的核心机密私有性对于云计算模式的发展是一个具有相当挑战性的课题，涉及制度、法律保障、模型安全设计等等多方面的因素；此外，它在为企业提供私密的内部社交平台供员工安全、独立、私密地进行交流和分享的同时，也带来了个人隐私容易泄露的问题。

3.如何调动相关者的积极性

社交化ERP不仅涉及企业的高管，而且还包括普通员工，行业内的其他企业，其他行业的相关企业、客户等，它是一个涵盖众多参与者的复杂生态圈，如何调动这个生态圈的个体的参与积极性，成为社交化ERP发展过程中必须解决的问题。如果他们共享资源、信息，积极互动的观念没有树立，没有快乐工作(寓娱乐于工作)的意识,社交化 ERP 很难扩张和发展。有相关专家表示,ERP 社会化的主要障碍还是在于企业的领导者,譬如有些企业领导者认为企业社交就是员工用来聊天和发牢骚的,但是实际上它是激发员工创新的。现在企业经营形势恶劣,企业特别需要创新和变革。随着外部环境发生突变,过去的发展战略、商业模式已不适应现实的发展要求,必须要有创新的商业模式和创新的文化。这就需要领导积极地鼓励员工创新,用全体员工的智慧找到新的战略方向,从而通过创新迎接挑战。但现实却是很多领导者的观念传统守旧,组织缺乏活力与创造力,进而严重制约了企业的长远发展。

(六)海尔集团移动化转型

1.海尔集团简介

海尔集团创立于 1984 年,从开始单一生产冰箱起步,拓展到家电、通信、IT 数码产品、家居、物流、金融、房地产、生物制药等多个领域,成为全球领先的美好生活解决方案提供商。2013 年,海尔全球营业额 1 803 亿元,利润总额 108 亿元,继续保持利润增长 2 倍于收入增长。据消费市场权威调查机构欧睿国际(Euromonitor)的数据,2013 年海尔品牌全球零售量份额为 9.7%,连续五年蝉联全球白色家电第一品牌。

海尔致力于成为全球消费者喜爱的本土品牌,多年来一直践行本土化研发、制造和营销的海外市场战略并取得了很好的成绩。目前,海尔在全球有 24 个工业园,5 大研发中心、66 个贸易公司,全球有用户遍布 100 多个国家和地区。

2.海尔的战略转型

从 1984 年创业以来,海尔集团经过了名牌战略发展阶段、多元化战略发展阶段、国际化战略发展阶段、全球化品牌战略发展阶段四个发展阶段。互联网时代的到来颠覆了传统经济的发展模式,海尔的重点也发展为生产出满足互联网时代消费者个性化需求的产品。为达到目标,跟上互联网时代的步伐,2012 年 12 月,海尔集团宣布进入第五个发展阶段:网络化战略阶段(参见“海尔集团战略规划图”)。

互联网时代的到来颠覆了传统经济的发展模式,而新模式的基础和运行则体现在网络化上,市场和企业更多地呈现出网络化特征。在海尔看来,网络化企业发展战略的实施路径主要体现在三个方面:企业无边界、管理无领导、供应链无尺度。

(1)管理无领导

传统的企业管理是“科层制”,从企业领导、高层员工、中层员工到基层员工,形成金字塔结构。互联网时代,用户驱动着企业。海尔探索自治小微公司,中层消失了。海尔 8 万多名员工,转变成 2 000 多个自主经营体,最小的 7 人。金字

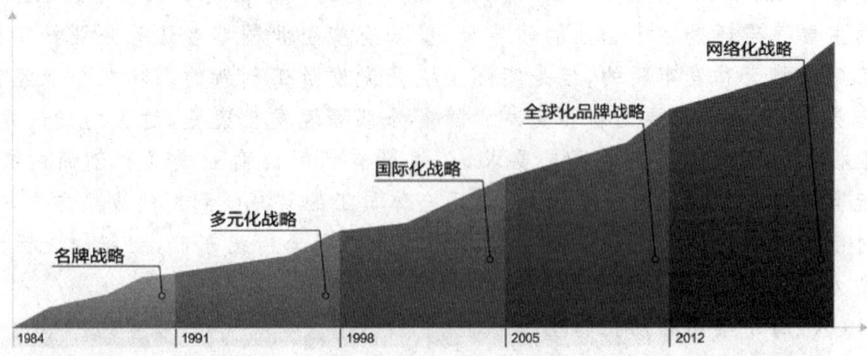

海尔集团战略规划图

塔模式变了，企业架构从正三角形变为倒三角形，过去领导是上级，现在用户是领导。而且，过去企业内设计、制造、销售、售后服务是串联，现在是并联，相关人员在每个环节都一起，如设计阶段，设计、销售、供应方就在一起，决定了这个产品好不好卖。海尔将目前的组织称为“人单合一双赢平台组织下的自主经营体并联架构”。这些“自主经营体”，拥有现场决策权、用人权、分配权，与独立公司没有区别。员工的角色也随之发生变化，从执行者变为接口人、创业者。

(2)企业无边界

传统企业是有边界的，但互联网时代的企业是无边界，可以跨界经营。海尔探索建立“按单聚散”的人力资源平台。在“平台组织下自主经营体并联”的生态圈里，人员不是固定的，员工、用户、供应商、研发人员都在一个平台上。人员“按单聚散”，这个单五个人做，下次可能就不再是这五个人。这个过程中，用户的角色也变了，从被动购买者转为主动参与交互者，海尔在其中起到的是一个提供平台、搭建桥梁的作用。

(3)供应链无尺度

传统企业是大规模制造，而互联网时代是个性化订制，海尔按照用户需求来设计、制造、销售。这就需要充分整合和调配供应链资源，对供应链各企业实施更加灵活、紧密和开放的合作方式。海尔的做法是在自主经营体的基础上，整合外部资源时又形成利益共同体，相关的设计商、供应商、销售商等在创造增值后，实行利益共享，让所有利益关联方为共同的目标做出努力。

3.海尔的社交化 ERP 应用

(1)海尔移动化发展历程

到 2012 年，海尔内部就已经有 400 多个 IT 系统，且基本形成了“前台一张网，后台一条链”（前台一张网是指海尔客户关系管理网站，后台一条链是指海尔的市场链）的闭环系统，构筑了企业内部供应链系统、办公系统、物流配送系统、资金流管理结算系统以及遍布全国的分销管理系统和客户服务响应CALL-CENTER系统，并形成了以订单信息流为纽带的各种系统之间的无缝集成。前台的CRM网站作为与客户快速沟通的桥梁，将客户的需求快速收集、反馈，实现与客户的零距离；后台的办公系统可以将客户需求快速传递到供应链系统、物流配送系统、财务结算系统和客户服务系统等流程系统，实现对客户需求的协同服务，大大加快对客户需求的响应速度。

虽然海尔内部已经建成了比较完善的ERP系统，但随着移动互联网时代的到来，企业内外部环境也发生了相应的变化，原有的以流程驱动的ERP系统已经无法满足企业发展需求，为了促进其网络化战略的实现，企业的ERP系统必须向信息驱动型转变。

海尔的移动化在2012年起步，最开始是建设了MDM平台，作为移动化信息设备管理，做了移动邮件、应用商店，2012年是海尔的移动化基础建设和探水阶段。进入2013年，海尔在经过了全面的考察之后，引入了金蝶的社交化ERP“云之家”作为核心产品使用。先是将PC端的业务、审批、企业微信、微博等搬到手机端，作为协同工作效应的手段。然后才开始真正发挥移动端的优势，逐步上线了移动签到、智能教室等应用。现在，海尔青岛园区员工实现了移动打卡，在智能教室里有每天的课程，海尔员工报名后到教室拿手机拍二维码就可以签到，所有签到人员可查看分析、每节课的评价等等。此外，云之家里也承接了一路顺、全民营销、海尔招聘、信息到人等应用的开发。

(2)社交化ERP与网络化战略

海尔的社交化ERP主要从四个方面协同作用，从而促进其网络化战略的实现，这四个维度分别为：促进协作、促进交流、知识共享以及任务中心。

第一，促进协作。社交化ERP的一个重要思想在于以社交化的方式来进行管理，消除企业内外部的各种边界，让人们在类似于社交化的圈子中，展开协作，完成工作。海尔的SERP系统中，主要包含四个功能。第一是公告，可实现跨越组织层级传递信息，让每一位员工在第一时间收到领导下发的通知，加速企业内部信息传播速度，提高企业透明度；第二是小组，员工可以随意创建以部门、项目、兴趣爱好等为基础的小组，不受职位、部门、地域的限制，增进成员之间的了解，打造相互信任的团队，提高工作效率；第三是社区，在外部社区与客户、伙伴等利益相关者交流，缩短问题响应时间，提高客户伙伴等第三方的满意度，内部社区则是促进企业内部员工的交流；最后是短邮，发起与一个或多个同事的私人对话，保护公司和员工的私密信息。

第二，促进交流。社交化 ERP 有类似于微博以及微信朋友圈的功能，使用人员可以随时随地发送其个人的实时动态，而公司内部其他人也可以在第一时间关注到周围同事的个人状态。而其的创新性在于可以让员工将工作寓于社交中，消除企业内部级别差距带来的隔阂感，各层人员之间可以轻松地互相沟通分享，了解彼此，从而极大地促进“管理无领导”战略的实现。主要通过几种方式：“表扬”，通过表扬同事，可以低成本提升员工的工作热情和企业认同感，释放公司内部的正能量；“赞”，对同事分享的内容表示感谢，让分享者得到鼓励，受益者心怀感激，塑造企业分享文化；“@”，@同事，日常问候、信息分享、分派任务，轻松搞定，提供快捷、精准的社交化管理方式；“投票”，快速收集员工意见，作为企业决策依据，可以提升企业透明化，保证企业与员工之间的信息对称。

第三，知识共享。促进企业内员工知识的积累与分享，从而提升企业的整体知识水平及解决问题的能力。一方面，员工可随时随地通过 PC 端或者手持终端，快速地分享有价值的文档到知识中心，并可通过添加标签进行分类，方便大家查找使用，打造企业自己的智库。另一方面，每一位员工均可以随时随地在线预览知识中心中的各个文件，也可将文件下载至自己的终端，对文件终端内容进行修改补充评价，极大地促进企业内部的知识能力的提高。

第四，任务中心。任何企业内部的消息和短邮都可被直接转为任务，同时可进行回复、查看引用内容、完成任务等操作，相当于一个个人的时间计划表，有利于规范与优化操作流程，促进个人工作效率的提高。

（七）小结

随着时代的发展和转变，人们的生活方式和工作理念在不断改变，而企业的管理方式和 ERP 思想也随之改变。移动互联网时代的到来，让社交化有了更加快速的发展，云计算、大数据等技术的出现更是让社交化 ERP 的实现成为了可能。研究应用表明，社交化 ERP 可以进一步提高企业的协作效率，提升企业信息传播和知识分享的能力，增强企业凝聚力。虽然其应用和实施尚存在一系列问题，但已成为 ERP 发展的一个大趋势。

第一节　ERP 的由来

ERP 的理论发展始于 20 世纪 60 年代，到现在已经有 50 多年的历史了。在这期间，ERP 理论不断发展、完善，主要经历了五个阶段：订货点法（ROP）、物料需求计划（MRP）、闭环 MRP、MRP Ⅱ 和 ERP 阶段。

一、订货点法(ROP)

1.订货点法的产生

18世纪产业革命以后，制造业进入了迅速发展的时期。此时的企业都在追求相似的运营目标，即在有限的市场容量环境中，投入尽可能少的人力、物力，获得尽可能大的有效产出，追求最佳的投入/产出比。为了达到企业目标，各种理论和实践不断出现。在这些理论和实践中，最早提出并且被人们研究最多的是库存管理的方法和理论。

库存成本是产品成本的重要组成部分，企业通过减少不可用库存来控制库存成本，可以有效降低总成本，提高利润。由于计算机并未大量普及，如何科学地计算库存容量成为一大难题。20世纪40年代，西方经济学家通过研究库存物料随时间推移而被使用和消耗的规律，提出了订货点法的方法和理论，并将其运用到企业的库存管理中。

2.订货点法的内涵

订货点法(Recorder Point，ROP)是一种使库存量不低于安全库存的补充库存方法。它有各种不同的形式，但是实质都是着眼于"库存补充"的原则，也就是保证在任何时候，仓库都有一定数量的库存，以备随时取用。其原理是，随着物料的消耗，库存逐渐减少，当库存量降到某个特定数值，剩余库存量可供消耗的时间刚好等于订货所需要的时间(订货提前期)时，企业需要下订单来补充库存，这个时刻的库存量成为订货点，即：

订货点＝订货提前期消耗的库存量＋安全库存量

所谓安全库存量，是作为一种缓冲器用来补偿在订货提前期内实际需求超过期望需求量，或实际订货提前期超过期望订货提前期所产生的需求，是为了应付由于供需波动而产生的意外需求而设置的库存量。

由于物料的供应需要一定的时间，如物料的采购周期、加工周期等，因此不能等到物料的库存量消耗到安全库存时才补充，而必须有一定的时间提前期。这个提前期需要满足这样的条件：当物料的供应到货时，物料的消耗刚好到达安全库存量。这种控制模型必须确定订货点、订货批量两个参数，如图6-1所示。

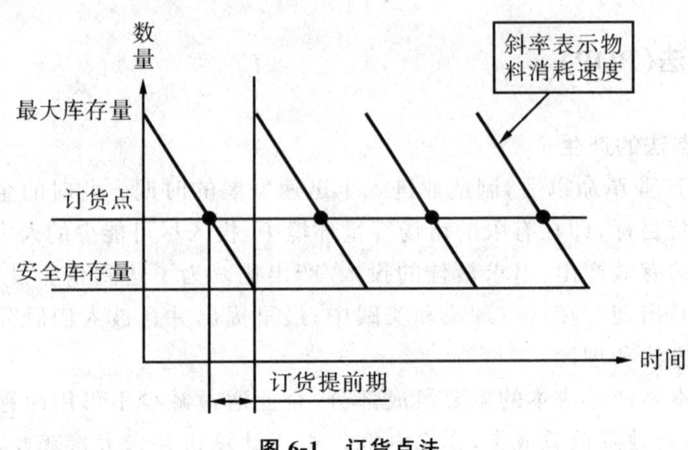

图 6-1　订货点法

在图 6-1 中，库存物料随着时间的推移被使用和消耗，当库存量达到订货点时，企业向供应商发出订货要求。此后物料仍在消耗，库存量在减少，当消耗到安全库存时，订货物料刚好入库，库存量再次达到最大库存量。

其中，订货点的位置由物料消耗速率、订货提前期和安全库存决定，订货批量则由最大库存量和安全库存量决定，即：

订货点＝订货提前期×物料消耗速率＋安全库存量

订货批量＝最大库存量－安全库存量

3.订货点法的局限性

订货点法曾经引起了人们广泛的争论，当时这个模型被称为“科学的库存模型”，然而运用这个模型需要基于一些假设，这些假设在企业实际运营过程中往往难以满足。

第一，订货点法要求物料的需求是相互独立的。在制造业中，各项物料的数量必须配套，以便能装配成产品。而订货点法是对各项物料分别独立进行预测和订货，容易产生物料数量不匹配的情况。

第二，订货点法要求物料的消耗是相对稳定的。可是，在企业实际生产过程中，由于下道工序的批量要求，对产品零部件的需求是不均匀、不稳定的，库存的消耗是间断的。

第三，订货点法要求物料的供应是比较稳定的。但在现实生活中，原材料的供应可能受到各种原因的影响而产生变化，比如天气环境、政府政策、交通运输、企业竞争等等。

第四，订货点法要求提前期是已知和固定的。订货点法通过触发订货点来确定订货时间，再通过提前期来确定需求日期，这其实是本末倒置的。订货时间的确定应该从物料需求时间，推算到订货时间。

从以上的阐述可以看出，订货点法建立在一些不成立的假设基础之上。为了解决这些问题，引发了物料需求计划（MRP）的出现。

二、物料需求计划（MRP）

1.MRP 的产生

前面介绍了订货点法，它采用统计的方法确定订货点和订货批量，每当库存降到订货点时，按照既定的批量再订购一批物料。但这种方法存在很大的局限性，可能出现需要的物料无法及时到达，生产所需物料不配套，库存积压等问题，由此迫切需要一种新的库存管理的解决方案。

同时，随着新产品的不断涌现，客户显得越来越挑剔，按照习惯进行大批量生产的时代逐渐过去。企业需要按照各项物料的真正需求时间来确定订货日期，使物料既不出现短缺，又不存在积压。这些都是订货点法无法解决的问题。

在上述环境下，物料需求计划（MRP）进入了人们的视线。20 世纪 60 年代中期，美国 IBM 公司的约瑟夫·奥利佛博士首先提出了独立需求与相关需求的概念，将企业的物料分为独立需求物料和相关需求物料两种类型（由企业外部因素决定的需求称为“独立需求”，由销售产品的需求决定的称为“相关需求”），从而形成“在需要的时候提供需要的数量”的思想，并在此基础上总结出一种新的管理理论，即物料需求计划。

2.MRP 的内涵

（1）MRP 的原理

MRP 是一种模拟技术，根据主生产计划、物料清单和库存余额，对每种物料进行计算，指出何时将会发生物料短缺，并给出建议，以最小的库存量来满足需求且避免物料短缺。

MRP 与订货点法有三点区别：一是通过产品结构将所有物料的需求联系起来；二是将物料需求区分为独立需求和非独立需求并分别加以处理；三是在物料的库存状态数据中引入时间分段的概念。

MRP 在传统的物料管理基础上使用时间分段和反映产品结构的物料清单，按时间段确定不同时期的物料需求，基于产品结构制定物料需求来组织生产，根据产品完工日期和产品结构制订生产计划，从而解决了库存管理和生产控制中的难题，即按时按量得到所需要的物料。

物料需求计划原理的逻辑关系如图 6-2 所示。

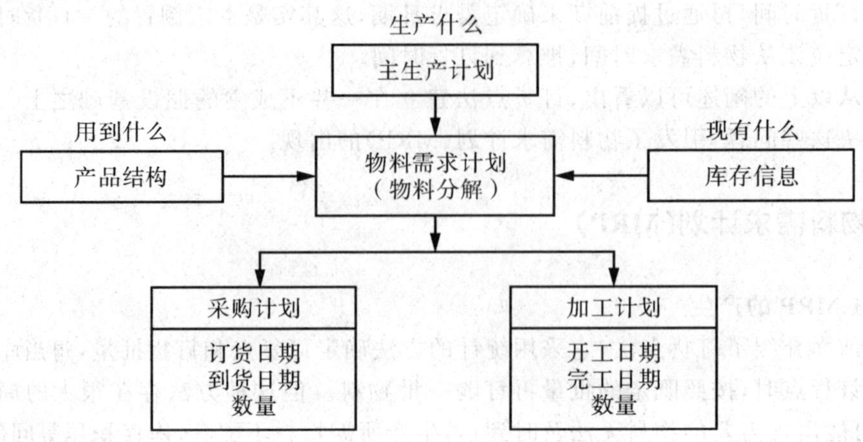

图 6-2 物料需求计划逻辑原理

(2)MRP 的系统结构

MRP 的基本处理模型主要包括基本条件数据和展开数据两方面。

①MRP 的基本条件数据

MRP 基本条件数据主要有：产品出产计划(主生产计划)、产品结构、库存状态。

• 主生产计划 MPS

主生产计划是把综合生产计划转化为具体的产品(或独立零件)出产进度计划，它是综合生产计划的具体化与细化。主生产计划在综合生产计划与物料需求计划中间架起一座桥梁。主生产计划要满足两个约束条件：一是要保证生产总量等于综合生产计划确定的生产总量；二是在决定产品批量、生产时间时必须考虑资源的约束。

主生产计划是根据实际的需求信息制订出产品的出产进度计划。主生产计划的需求信息来源主要有：预测(如对市场短期与长期的预测)、客户订货(主要为及时的订单情况)、库存(原材料与成品库存)、其他需求(如服务备件、厂际需求)。此外，制订一个主生产计划还需要产品提前期、生产能力等数据。

• 产品结构文件 BOM

产品结构文件 BOM(Bill of Materials)也叫物料清单，是 MRP 的核心文件，它在物料分解与产品计划过程中占有重要的地位，是物料计划的控制文件，也是制造企业的核心文件。

BOM 反映了产品的层次结构，即由所有零部件的结构关系和数量组成。BOM 从狭义上讲是产品的结构，即一件产品是由哪几部分组成；从广义上讲，BOM＝产品结构＋工艺流程。因此产品结构、工艺流程不同，物料清单就会不尽相同。根据BOM可以确定产品所有零部件的需要数量、需要时间以及相互关系。

• 库存状态文件

MRP中的库存状态文件的数据主要有两部分：一部分是静态的数据，在运行MRP之前就确定的数据，如物料的编号、描述、提前期、安全库存等；另一部分是动态的数据，如总需求量、库存量、净需求量、计划发出（订货）量等。MRP在运行时，不断变更的是动态数据。下面对库存状态文件中的几个数据进行说明：

总需求量（Gross Requirements）。如果是产品级物料，则总需求由MPS决定；如果是零件级物料，则总需求来自上层物料（父项）的计划发出订货量。

预计到货量（Scheduled Receipts）。该项目有的系统称为在途量，即计划在某一时刻入库但尚在生产或采购中，可以作为MRP使用。

现有数（On Hand）。表示上期末结转到本期初可用的库存量。现有数＝上期末现有数＋本期预计到货量－本期总需求量。

净需求量（Net Requirements）。当现有数加上预计到货不能满足总需求时产生的净需求。净需求＝现有数＋预计到货－总需求。

计划接收订货（Planned Order Receipts）。当净需求为正时，就需要接收一个订货量，以弥补净需求。计划收货量取决于订货批量的考虑，如果采用逐批订货的方式，则计划收货量就是净需求量。

计划发出订货（Planned Order Release）。计划发出订货量与计划接收订货量相等，但是时间上提前一个时间段，即订货提前期。订货日期是计划接收订货日期减去订货提前期。

另外，有的系统设计的库存状态数据可能还包括一些辅助数据项，如订货情况、盘点记录、尚未解决的订货、需求的变化等。

②MRP的展开数据

MRP的展开数据主要是生产与库存控制计划与报告，其内容与形式与企业生产的特点有关。主要有以下几个方面：

• 计划发出的订单，主要是零部件的投入出产计划、原材料采购或外协件计划，这两种计划是MRP的主要展开数据；

• 订单执行的注意事项通知；

• 订单的变动通知；

• 工艺装备的需求计划；

• 库存状态数据。

此外，也有一些辅助的报告，比如：

• 例外情况报告，如迟到或过期的订货报告、过量的废品与缺件报告等；

• 用于预测需求与库存的计划报告,如采购约定与评价需求的信息;

• 交货期模拟报告,对不同的产品实际交货期进行模拟;

• 执行控制报告,如指出呆滞物品、实际的使用量与费用的偏差报告。

(3)MRP 的运算流程与运行方式

MRP 的运算逻辑基本上遵循如下过程:按照产品结构进行分解,确定不同层次物料的总需求量;根据产品最终交货期和生产工艺关系,反推各零部件的投入出产日期;根据库存状态,确定各物料的净需求量;根据订货批量与提前期最终确定订货日期与数量。

MRP 有两种运行方式,即重新生成与净改变方式。重新生成方式是每隔一定时期,从主生产计划开始,重新计算 MRP。这种方式适合于计划比较稳定、需求变化不大的 MTS(面向库存生产)。净改变方式是当需求方式变化时,只对发生变化的数据进行处理,计算那些受影响的零件的需求变化部分。净改变方式可以随时处理,或者每天结束后进行一次处理。

3.MRP 的优缺点

(1)MRP 的优点

MRP 系统之所以能成为生产库存管理的得力工具,主要有以下几个优点:

• 可使库存投资减少到最低限度;

• 可对生产中的变化作出灵敏的反应;

• 可以对每项物料提供未来的库存信息状态;

• 可以根据产品的最终需求推算物料需求的时间和数量;

• 可以提高库存管理制订生产计划的准确性。

(2)MRP 的缺陷

虽然 MRP 系统有上述优点,但仍然不够完善,主要缺陷在于:

• 没有考虑生产企业生产能力和采购相关条件的约束。在这样的前提下计算出来的物料需求有可能因为设备和工时的不足而没有能力生产,或者因原料不足无法生产。

• 在 MRP 系统中,信息是单向流动的,缺乏根据计划实施情况的反馈信息对计划进行调整的功能,使得企业在物料生产的进度安排上缺乏可行性和可靠性。

三、闭环 MRP

1.闭环 MRP 的产生

在 MRP 系统的应用中,需要人工介入较多。此外,MRP 系统没有考虑生产能力是否可以完成生产计划以致计划偏离实际,而且无法保障计划做到有效实施和及时调整。为了解决上述矛盾，MRP 由传统式发展为有反馈机制的闭环 MRP 系统。

20 世纪 70 年代，在 MRP 的基础上，产生了生产能力需求计划、车间作业计划以及采购作业计划理论，形成了闭环 MRP 理论。闭环 MRP 系统形成了一个物料需求、人力需求以及车间采购计划的闭环回路。在这个系统中，已经有一个长期的发展计划，人力的平衡实施、评价、反馈、调整有了实现的可能，企业资源管理的范围进一步扩大。

2.闭环 MRP 理论

闭环 MRP 理论是在物料需求计划（MRP）的基础上充分考虑能力的约束，加入了能力需求计划理论（CRP），即全部工作重心的负荷平衡。运用这一计划来验证所提出的加工和采购计划的可行性，及时地对 MRP 进行调整，以保证下达给执行部门（车间供应）的是一个经过确认的可行计划。在计划下达后，将在执行过程中出现的物料的问题，如涉及更改、废品、外购件未能按时到货等，以及能力的问题，如定额不准、设备故障、人员缺勤等，及时反映到计划层，形成自下而上的反馈信息。此外，为了适应企业内外环境的变化，在必要的时候应修改计划。这种自上而下又自下而上的闭环式的信息传递和运作，称为闭环式 MRP。闭环 MRP 是一个集计划、执行、反馈为一体的综合性系统，它能对生产中的人力、机器和材料各项资源进行计划与控制，使生产管理的应变能力有所加强。

美国生产与库存管理协会（APICS）曾发布闭环 MRP 的逻辑图，如图 6-3 所示。

整个闭环 MRP 的过程为：企业根据发展的需要与市场需求来制订企业生产规划；根据生产规划制订主生产计划，同时进行生产能力与负荷的分析。该过程主要是针对关键资源的能力与负荷进行分析的过程。只有通过对该过程的分析，才能达到主生产计划基本可靠的要求。再根据主生产计划、企业的物料库存信息、产品结构清单等信息来制订物料需求计划；由物料需求计划、产品生产工艺路线和车间各加工工序能力数据（即工作中心能力，其有关的概念将在后面介绍）生成对能力的需求计划，通过对各加工工序的能力平衡，调整物料需求计划。如果这个阶段无法平衡能力，还有可能修改主生产计划；采购与车间作业按照平衡能力后的物料需求计划执行，并进行能力的控制，即输入输出控制，并将作业执行结果反馈到计划层。简而言之，闭环 MRP 的工作过程是一个“计划—实施—评价—反馈—计划”的封闭循环过程。

在闭环 MRP 的系统中，每个计划层都有相应的能力计划。在主生产计划层要运行粗能力计划，计划对象是关键的工作中心，即瓶颈工序；在物料需求计划层要运行能力需求计划，计划对象是全部的工作中心。这里的工作中心是能力单元的统称，它可以是单台或者功能相同的多台设备、生产线、成组加工单元，

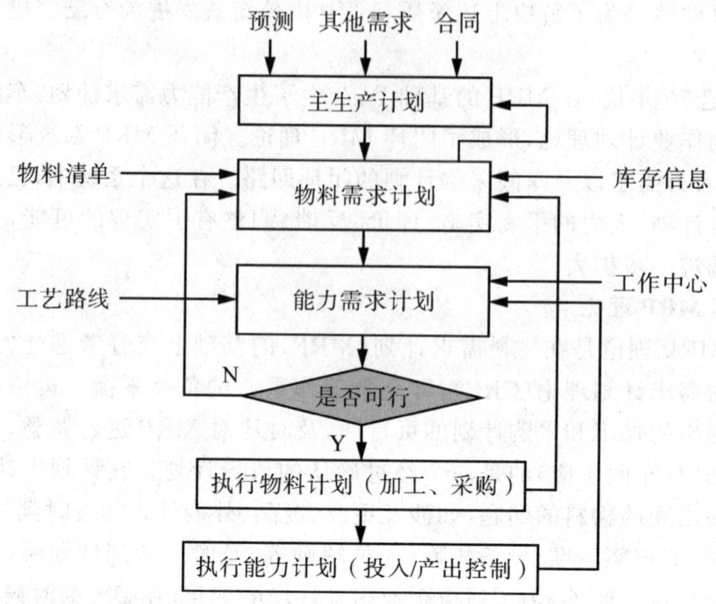

图 6-3 闭环 MRP 系统的逻辑流程图

甚至是没有设备的装配班组。工作中心也是计算加工成本、分配加工任务和采集执行信息的对象。能力需求计划是把众多在同一时段使用同一工作中心的加工件负荷计算出来，显示每一个工作中心各个时段的负荷，对比工作中心的可用能力；然后通过人机对话方式对超负荷的工作中心采取调整措施，使计划成为可行。

3.闭环 MRP 的优缺点

(1)闭环 MRP 的优点

闭环 MRP 系统主要有以下优点：

• 主生产计划来源于企业的生产经营计划与市场需求，符合实际。

• 主生产计划与物料需求计划的运行伴随着能力与负荷的运行，从而保证计划是可靠的。

• 采购与生产加工的作业计划与执行是物流的加工变化过程，同时又是控制能力的投入与产出过程。

• 能力的执行情况最终反馈到计划制定层，整个过程是能力的不断执行与调整的过程。

• 自上而下制订可行计划，自下而上执行信息反馈，实时应变。

(2)闭环 MRP 的缺陷

闭环 MRP 的运行过程主要是物流的过程（也有部分信息流），但生产的运作过程，产品从原材料的投入到成品的产出过程都伴随着企业资金的流通过程，对这一点，闭环 MRP 却无法反映出来。由于闭环 MRP 未涉及与物流联系紧密的资金流，造成企业的物流与资金流分离，对资金流的管理始终滞后于物流，同时造成了数据的重复录入与存储，甚至造成数据的不一致。因此，闭环 MRP 的执行结果是否能为企业带来应有的效益，是否符合企业的总体目标，成为困扰企业的主要难题。

四、制造资源计划(MRPⅡ)

1.MRPⅡ的产生

MRP 系统制定了物料需求计划，为企业“在需要的时候提供需要的数量”，可在尽量控制库存的前提下，保证企业生产的正常运行。闭环 MRP 系统在此基础上充分考虑了能力的约束，加入了能力需求计划，保证加工和采购的可行性。然而，当一个企业作出科学的物料需求计划，并通过能力需求计划，证明企业的各工作中心有足够的人力和物力完成生产时，资金的短缺仍然会影响整个生产计划的执行。企业是以盈利为最终目标的，无法给企业带来预期收益的计划即便再完美也毫无意义。因此，在制订生产计划时，需要集成物流、信息流和资金流，保证企业的整体运营。

于是，1977 年 9 月，美国著名的生产管理专家奥列弗・怀特提出了一个新概念——制造资源计划(Manufacturing Resources Planning)，把生产、财务、销售、工程技术和采购等各个子系统集成为一个一体化的系统，英文缩写也是 MRP。后来，为了与传统的 MRP 区分开，我们通常称它为 MRPⅡ。

2.MRPⅡ理论

MRPⅡ的基本思想就是把企业作为一个有机整体，从整体最优的角度出发，通过运用科学的方法对企业各种制造资源和产、供、销、财各个环节进行有效的计划、组织和控制，使它们得以协调发展，并充分地发挥作用。

MRPⅡ是对制造业企业资源进行有效计划的一整套方法。它是一个围绕企业的基本经营目标，以生产计划为主线，对企业制造的各种资源进行统一的计划和控制，使企业的物流、信息流、资金流流动畅通的动态反馈系统，可以简单理解为集成了财务功能的闭环 MRP。MRPⅡ的主要流程如图 6-4 所示。

如图 6-4 所示，MRPⅡ的流程主要包括三个部分。在流程图的中间部分是计算机数据库系统，负责数据信息的集成，沟通企业各个部门的业务。

流程图的左侧则是财务系统，这正是 MRPⅡ与 MRP 的区别。MRPⅡ将包括应收账、总账、应付账等的财务管理整合到系统中。在 MRPⅡ系统中，采购作

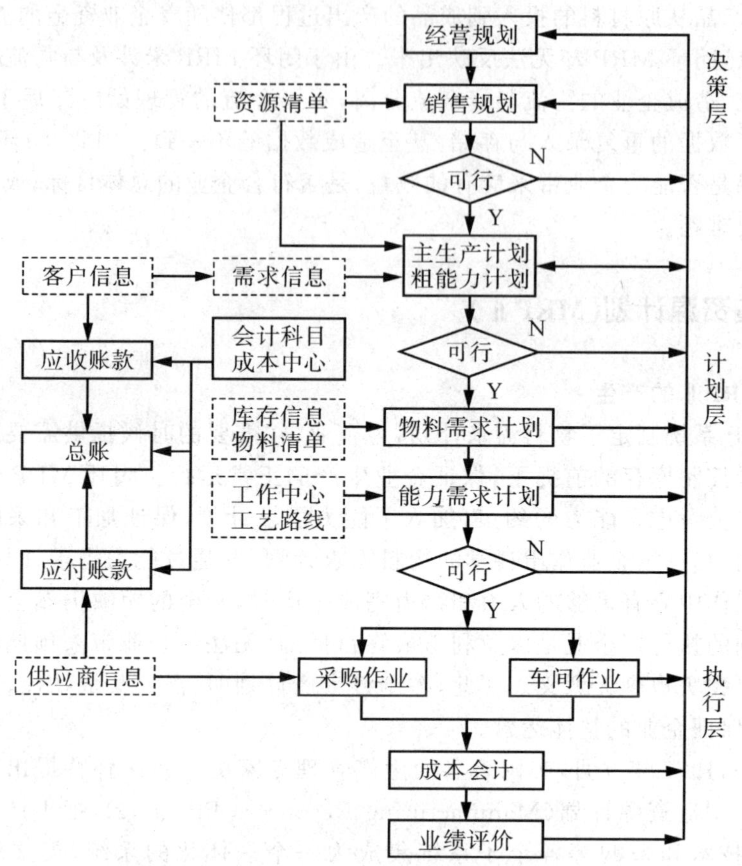

图 6-4 MRPⅡ系统的逻辑流程图

业根据采购单、供应商信息、收货单及入库单形成应付款信息；销售商品后，根据客户信息、销售订单及产品出库形成应收款信息；最后将应付款信息和应收款信息及其他相关财务信息计入总账。企业通过 MRPⅡ系统对生产过程中的资金流动和成本生成情况进行全程监控，将财务信息及时反馈给决策层，为现行计划的调整和未来计划的制订提供宝贵的信息。

为了评价企业效益，MRPⅡ系统还将企业的宏观决策纳入系统中，从而将计划实施的结果和宏观规划进行对比，来衡量是否达到预期目标。流程图的右侧是经营计划管理流程，即企业的宏观决策体系，包括了决策层、计划层和控制执行层。其中，决策层包括经营规划和生产运作计划；计划层包括主生产计划和物料需求计划；控制执行层包括车间控制等。

MRPⅡ系统涉及了企业的市场、销售、计划、生产、物料、成本、财务和技术等多方面的业务，是一个以计划和控制为主线，从而实现企业整体效益的管理信息系统。

3.MRPⅡ的特点

MRPⅡ的特点含有管理模式变革和人员素质或行为变革两方面，这些特点是相辅相成的，主要表现在以下六个方面：

(1)计划的一贯性与可行性

MRPⅡ是一种计划主导型管理模式，计划层次从宏观到微观、从战略到技术、由粗到细逐层优化，但始终保证与企业经营战略目标一致。它把通常的三级计划管理统一起来，计划编制工作集中在厂级职能部门，车间班组只能执行计划、调度和反馈信息。计划下达前反复验证和平衡生产能力，并根据反馈信息及时调整，处理好供需矛盾，保证计划的一贯性、有效性和可执行性。

(2)管理的系统性

MRPⅡ是一项系统工程，它把企业所有与生产经营直接相关的部门的工作联结成一个整体，各部门都从系统的整体出发做好本职工作，每个员工都知道自己的工作质量同其他职能的关系，有利于培养团队合作精神，提高工作效率。

(3)数据共享性

MRPⅡ是一种制造企业管理信息系统，企业各部门都依据同一数据信息进行管理，任何一种数据变动都能及时地反映给所有部门，做到数据共享。在统一的数据库支持下，按照规范化的处理程序进行管理和决策。改变了过去那种信息不通、情况不明、盲目决策、相互矛盾的现象。

(4)动态应变性

MRPⅡ是一个闭环系统，它要求跟踪、控制和反馈瞬息万变的实际情况，管理人员可随时根据企业内外环境条件的变化迅速作出响应，及时调整决策，保证生产正常进行。它可以及时掌握各种动态信息，保持较短的生产周期，因而有较强的应变能力。

(5)模拟预见性

MRPⅡ具有模拟功能。它可以解决“如果怎样……将会怎样”的问题，可以预见在相当长的计划期内可能发生的问题，事先采取措施消除隐患，而不是等问题已经发生了再花几倍的精力去处理。这将使管理人员从忙碌的事务堆里解脱出来，致力于实质性的分析研究，提供多个可行方案供领导决策。

(6)物流、资金流的统一

MRPⅡ包含了成本会计和财务功能，可以由生产活动直接产生财务数据，把实物形态的物料流动直接转换为价值形态的资金流动，保证生产和财务数据一致。财务部门及时得到资金信息用于控制成本，通过资金流动状况反映物料和经营情况,随时分析企业的经济效益,参与决策,指导和控制经营和生产活动。

4.MRPⅡ的不足

MRPⅡ的局限性主要表现在三个方面:

第一,MRPⅡ局限于对企业制造资源的管理,无法对企业的整体资源进行集成管理。

第二,MRPⅡ局限于对单一企业的管理,无法满足集团化、多工厂协同作战、统一部署的要求。

第三,MRPⅡ局限于企业内部各部门之间的信息交互,无法实现各企业之间的信息共享。

五、企业资源计划(ERP)

1.ERP 的产生

随着全球经济一体化和市场国际化的加速,企业所面临的竞争更趋激烈。此时企业的竞争不仅是产品的竞争,而是企业综合实力的竞争,需要将企业的所有资源及市场信息通过信息系统进行整合。同时,经济全球化的发展使很多企业为了实现资源在全球范围内的优化配置,纷纷将资本投向海外市场,这时需要一个先进的信息系统对分布在世界各地的工厂进行统一管理。此外,在当今社会,以客户为中心的面向整个供应链的管理成为企业的发展方向,企业信息系统不仅要处理企业内部资源,还需要将企业外部环境有关的信息流进行整合。MRPⅡ已经不能满足企业新形势的需要。

在这样的背景下,20 世纪 90 年代,产生了以 MRPⅡ为基础的功能更加强大的企业资源计划(Enterprise Resource Planning,简称 ERP)系统。

2.ERP 的定义

对于企业来说,要理解"企业资源计划"(ERP),首先要明确什么是"企业资源"。简单地说,"企业资源"是指支持企业业务运作和战略运作的事物,也就是我们常说的"人"、"财"、"物"。据此我们可以认为,ERP 就是一个有效地组织、计划和实施企业的"人"、"财"、"物"管理的系统,它依靠 IT 的技术和手段以保证其信息的集成性、实时性和统一性。

进一步,我们可以从管理思想、软件产品、管理系统三个层次给出 ERP 的定义:

(1)是由美国著名的计算机技术咨询和评估集团 Garter Group Inc.提出的一整套企业管理系统体系标准,其实质是在 MRPⅡ(Manufacturing Resources Planning,"制造资源计划")基础上进一步发展而成的面向供应链(Supply Chain)的管理思想;

(2)是综合应用了客户机/服务器体系、关系数据库结构、面向对象技术、图形用户界面、第四代语言(4GL)、网络通讯等信息产业成果,以 ERP 管理思想为灵魂的软件产品;

(3)是整合了企业管理理念、业务流程、基础数据、人力物力、计算机硬件和软件于一体的企业资源管理系统。

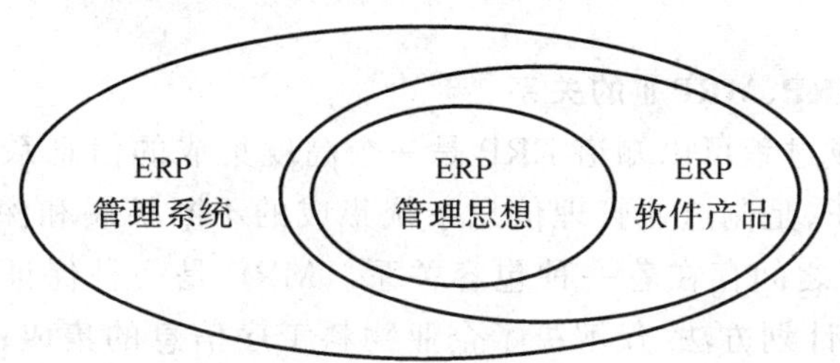

图 6-5 ERP 概念层次

ERP 打破了 MRPⅡ只局限于传统制造业的旧观念和旧格局,把触角伸向各个行业,特别是金融业、通信业、高科技产业及零售业等,大大扩展了应用范围。ERP 可以说是 MRPⅡ的一个扩展。第一,它将系统的管理核心从"在正确的时间制造和销售正确的产品"转移到了"在最佳的时间和地点,获得企业的最大增值";第二,基于管理核心的转移,其管理范围和领域也从制造业扩展到了其他行业和企业;第三,在功能和业务集成性方面,它都有了很大加强,特别是商务智能的引入使得以往简单的事物处理系统变成了真正智能化的管理控制系统。

3.ERP 的特点

(1)更加面向市场

ERP 更加面向市场,能够对市场快速响应。它采纳了供应链管理的思想,强调供应商、制造商和分销商之间的伙伴关系。

(2)更加强调工作流

ERP 更加强调企业流程和工作流,通过工作流实现企业的人员、财务、制造与分销间的集成,支持企业过程重组。

(3)更加强调财务

ERP 更加强调财务,具有较完善的财务管理体系,使企业的资金流与物流、信息流更加有机结合,有利于实现企业的盈利目标。

(4)更加强调人才

ERP 更加强调人才的作用,考虑到了人的因素作为资源在企业生产经营中发挥的作用,也考虑了人才培训、人员激励等。

(5)支持多种管理模式

ERP在生产制造计划中，支持MRPⅡ与JIT的混合生产管理模式，也支持多种生产，如离散制造、连续流程制造等的管理模式。

(6)采用最新的计算机技术

ERP对计算机技术的要求更高，它采用客户机/服务器(C/S)体系结构和分布式数据处理技术，支持Internet/Intranet/Extranet、电子商务和电子数据交换(EDI)。

4.ERP与MRP、MRPⅡ的关系

由ERP形成过程可以知道ERP是一个高度集成的信息系统。从MRP到MRPⅡ再到ERP，是制造业管理信息系统集成的不断扩展和深化的结果，ERP与MRP、MRPⅡ之间存在着一种包容关系。MRP是一种保证既不出现短缺，又不积压库存的计划方法，仅解决了企业物料工序信息的集成；MRPⅡ融入了财务信息，实现了物料信息与资金信息的集成；ERP则是包括MRP和MRPⅡ所有信息集成功能的面向供应链管理的信息集成系统。简而言之，MRP是ERP的核心功能，MRPⅡ是ERP的重要组成部分。三者之间的关系如图6-6所示。

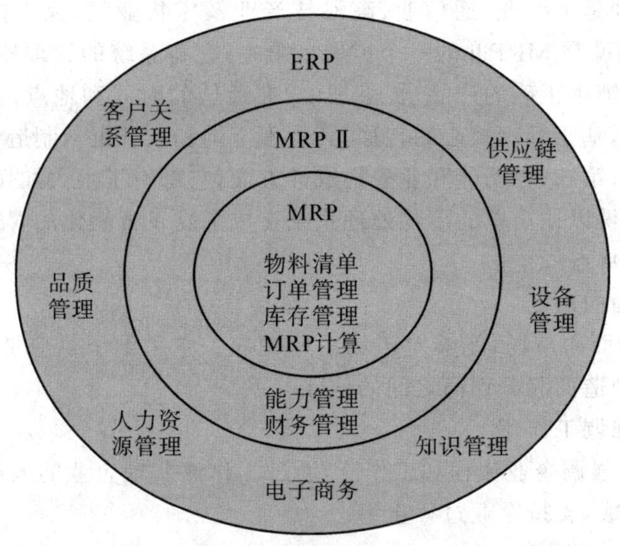

图6-6 MRP、MRPⅡ与ERP之间的关系

(1)MRP是ERP的核心功能

只要是"制造业"，就必然要从供应方买来原材料，经过加工或装配，制造出产品，销售给需求方，这也是制造业区别于金融业、商业、采掘业(石油、矿产)、服务业的主要特点。任何制造业的经营生产活动都是围绕其产品开展的，制造业的信息系统也不例外，MRP就是从产品的结构或物料清单(对食品、医药、化工行业则为“配方”)出发,实现了物料信息的集成——一个上小下宽的锥状产品结构:其顶层是出厂产品,是属于企业市场销售部门的业务;底层是采购的原材料或配套件,是企业物资供应部门的业务;介于其间的是制造件,是生产部门的业务。如果要根据需求的优先顺序,在统一的计划指导下,把企业的“产销供”信息集成起来,就离不开产品结构(或物料清单)这个基础文件。在产品结构上,反映了各个物料之间的从属关系和数量关系,它们之间的连线反映了工艺流程和时间周期;换句话说,通过一个产品结构就能够说明制造业生产管理常用的“期量标准”。MRP 主要用于生产“组装”型产品的制造业,如果把工艺流程(工序、设备或装置)同产品结构集成在一起,就可以把流程工业的特点融合进来。通俗地说,MRP 是一种保证既不出现短缺,又不积压库存的计划方法,解决了制造业所关心的缺件与超储的矛盾。所有 ERP 软件都把 MRP 作为其生产计划与控制模块,MRP 是 ERP 系统不可缺少的核心功能。

(2)MRPⅡ是 ERP 的重要组成

MRP 解决了企业物料供需信息集成,但是还没有说明企业的经营效益。MRPⅡ同 MRP 的主要区别就是它运用管理会计的概念,用货币形式说明了执行企业“物料计划”带来的效益,实现物料信息同资金信息集成。衡量企业经营效益首先要计算产品成本,产品成本的实际发生过程,还要以 MRP 系统的产品结构为基础,从最底层采购件的材料费开始,逐层向上将每一件物料的材料费、人工费和制造费(间接成本)累积,得出每一层零部件直至最终产品的成本。再进一步结合市场营销,分析各类产品的获利性。MRPⅡ把传统的账务处理同发生账务的事务结合起来,不仅说明账务的资金现状,而且追溯资金的来龙去脉——例如将体现债务债权关系的应付账、应收账同采购业务和销售业务集成起来,同供应商或客户的业绩或信誉集成起来,同销售和生产计划集成起来等,按照物料位置、数量或价值变化,定义“事务处理(Transaction)”,使与生产相关的财务信息直接由生产活动生成。在定义事务处理相关的会计科目之间,按设定的借贷关系,自动转账登录,保证了“资金流(财务账)”同“物流(实物账)”的同步和一致,改变了资金信息滞后于物料信息的状况,便于实时作出决策。

ERP 是一个高度集成的信息系统,它必然体现物流信息同资金流信息的集成。传统的 MRPⅡ系统主要包括的制造、供销和财务三大部分依然是 ERP 系统不可跨越的重要组成。所以,MRPⅡ的信息集成内容既然已经包括在 ERP 系统之中,就没有必要再突出 MRPⅡ了。

总之,从管理信息集成的角度来看,从 MRP 到 MRPⅡ再到 ERP,是制造业管理信息集成的不断扩展和深化,每一次进展都是一次重大的质的飞跃,然而,又是一脉相承的。ERP/MRPⅡ实际上是指同一个企业管理理念在不同时期的发展程度和发展阶段。对 MRP、闭环 MRP、MRPⅡ及 ERP 而言，虽然后者是从前者发展来的，但并没有绝对的某项技术落后过时或后者将取代前者的含义。

六、ERP 发展历程小结

ERP 的主要发展历程如表 6-1 所示。

表 6-1 ERP 发展历程

阶段	企业经营方法	提出问题	管理软件发展阶段	理论基础
20 世纪 60 年代	• 追求降低成本 • 手工订货发货 • 生产缺货频繁	如何确定订货时间和订货数量	MRP 系统	• 库存管理理论 • 主生产计划，BOM • 期量标准
20 世纪 70 年代	• 计划脱离实际 • 人工完成车间作业计划	如何保证计划有效实施和及时调整	闭环式 MRP	• 能力需求计划 • 车间作业计划 • 计划、实施、反馈和控制的循环
20 世纪 80 年代	• 追求竞争优势 • 各子系统缺乏联系，矛盾重重	如何实现管理系统一体化	MRPⅡ系统	• 系统集成技术 • 物流管理 • 决策模拟
20 世纪 90 年代	• 追求创新 • 需求适应市场环境的迅速变化	如何在全社会范围内利用一切可利用的资源	ERP 系统	• 供应链 • 混合型生产环境 • 事前控制

第二节 ERP 系统的内涵

正如我们开篇案例所提到的，企业资源计划在当代企业中越来越受到重视，它是指建立在信息技术基础上，以系统化的管理思想，为企业决策层及员工提供决策运行手段的管理平台。它是一个具有交叉功能的企业系统，由集成了多个软件模块的软件套件来驱动，这些软件模块可以对企业内部基本的业务流程提供支持。例如，制造企业的 ERP 软件通常要处理销售、库存、货运和开票等数据，还要跟踪它们的状态，预测原材料和人力资源的需求。

一、ERP 系统的核心内容和特点

ERP 的核心内容用三句话可以进行概括：一种先进的管理模式；一种网络

化的信息系统；一款商品化的软件产品。大量的经验教训告诉我们，仅有软件产品，管理模式和信息系统没有跟上都会造成最终的失败，三者缺一不可。

ERP 系统的核心内容及特点有：

(1)企业内部管理所需的业务应用系统，主要是指财务、物流、人力资源等核心模块。

(2)物流管理系统采用了制造业的 MRP 管理思想；FMIS 有效地实现了预算管理、业务评估、管理会计、ABC 成本归集方法等现代基本财务管理方法；人力资源管理系统在组织机构设计、岗位管理、薪酬体系以及人力资源开发等方面同样集成了先进的理念。

(3)ERP 系统是一个在全公司范围内应用的、高度集成的系统。数据在各业务系统之间高度共享，所有源数据只需在某一个系统中输入一次，保证了数据的一致性。

(4)对公司内部业务流程和管理过程进行了优化，主要的业务流程实现了自动化。

(5)采用计算机最新的主流技术和体系结构：B/S、Internet 体系结构，Windows界面。在能通信的地方都可以方便地接入到系统中来。

(6)ERP 系统具有高度的集成性、先进性、统一性、完整性、开放性。

二、ERP 系统的管理思想

ERP 的核心管理思想就是实现对整个供应链的有效管理，主要体现在以下三个方面：

1.体现对整个供应链资源进行管理的思想

在知识经济时代，企业仅靠自身的资源不可能有效地参与市场竞争，还必须把经营过程中的有关各方如供应商、制造工厂、分销网络、客户等纳入一个紧密的供应链中，才能有效地安排企业的产、供、销活动，满足企业利用全社会一切市场资源快速高效地进行生产经营的需求，以进一步提高效率，在市场上获得竞争优势。换句话说，现代企业竞争不是单一企业与单一企业间的竞争，而是一个企业供应链与另一个企业供应链之间的竞争。ERP 系统实现了对整个企业供应链的管理，适应了企业在知识经济时代市场竞争的需要。

2.体现精益生产和敏捷制造的思想

ERP 系统支持对混合型生产方式的管理，其管理思想表现在两个方面：其一是“精益生产 LP(Lean Production)”的思想，它是由美国麻省理工学院(MIT)提出的一种企业经营战略体系，即企业按大批量生产方式组织生产时，把客户、销售代理商、供应商、协作单位纳入生产体系，企业同其销售代理、客户和供应商的关系，已不再简单地是业务往来关系，而是利益共享的合作伙伴关系，这种合作伙伴关系组成了一个企业的供应链，这即是精益生产的核心思想。其二是“敏捷制造(Agile Manufacturing)”的思想。当市场发生变化，企业遇到特定的市场和产品需求时，企业的基本合作伙伴不一定能满足新产品开发生产的要求，这时，企业会组织一个由特定的供应商和销售渠道组成的短期或一次性的供应链，形成“虚拟工厂”，把供应和协作单位看成是企业的一个组成部分，运用“同步工程(SE)”组织生产，用最短的时间将新产品打入市场，时刻保持产品的高质量、多样化和灵活性，这即是“敏捷制造”的核心思想。ERP 系统融入了这两种管理思想，通过对供应链的有效管理，大大提高了企业的效率。

3.体现事先计划与事中控制的思想

ERP 系统中的计划体系主要包括：主生产计划、物料需求计划、能力计划、采购计划、销售执行计划、利润计划、财务预算和人力资源计划等，而且这些计划功能与价值控制功能已完全集成到整个供应链系统中。

另一方面，ERP 系统通过定义事务处理(Transaction)相关的会计核算科目与核算方式，以便在事务处理发生的同时自动生成会计核算分录，保证了资金流与物流的同步记录和数据的一致性，从而实现了根据财务资金现状追溯资金的来龙去脉，并进一步追溯所发生的相关业务活动，改变了资金信息滞后于物料信息的状况，便于实现事中控制和实时作出决策。

此外，计划、事务处理、控制与决策功能都在整个供应链的业务处理流程中实现，要求在每个流程业务处理过程中最大限度地发挥每个人的工作潜能与责任心，流程与流程之间则强调人与人之间的合作精神，以便在有机组织中充分发挥每个人的主观能动性与潜能。实现企业管理从“高耸式”组织结构向“扁平式”组织机构的转变，提高企业对市场动态变化的响应速度。

总之，借助 IT 技术的飞速发展与应用，ERP 系统已经将很多先进的管理思想变成现实中可实施应用的计算机软件系统。

三、ERP 系统的基本模块

ERP 将企业的物流、信息流、资金流整合集成管理，形成全面一体化的管理信息系统。因此，在 ERP 系统中，物流模块、生产模块和财务模块是最重要的组成部分。其中，物流模块在现代经济全球化的过程中，已成为企业赖以生存和发展的重要环节。生产模块则是 ERP 系统的核心所在，将企业的整个生产过程有机结合，有力地提高效率。财务模块也是不可或缺的一部分，清晰分明的财务管理有利于企业达到预期收益。这三个模块的具体描述及功能如表 6-2 所示。

表 6-2 ERP 系统的三大模块

模块	子模块	描 述	具体功能
物流模块	分销管理	从产品的销售计划开始,对其销售产品、销售地区、销售客户等各种信息的管理和统计,并可对销售数量、金额、利润、绩效、客户服务作出全面的分析。	客户信息的管理和服务; 销售订单的管理; 销售的统计与分析。
	库存控制	控制存储物料的数量,以保证稳定的物流支持正常的生产,但又最小限度地占用资本。能够满足相关部门的需求,随时间变化动态地调整库存,精确地反映库存现状。	所有物料的库存建立; 订购物料和产品的检验入库; 收发料的日常业务处理工作。
	采购管理	确定合理的订货量、优秀的供应商和保持最佳的安全储备。能够随时提供订购、验收的信息,跟踪和催促外购或委外加工的物料,保证货物及时到达。	供应商信息查询; 外购或委外加工的物料跟催; 采购与委外加工统计; 原料价格分析。
生产模块	主生产计划	根据生产计划、预测和客户订单的输入安排未来各周期中提供的产品种类和数量。它是将生产计划转为产品计划,在平衡了物料和能力的需要后,精确到时间、数量的详细的进度计划;是企业在一段时期内的总活动的安排;是一个稳定的计划;是由生产计划、实际订单和对历史销售分析得来的预测产生的。	
	能力需求计划	是在得出初步的物料需求计划之后,将所有工作中心的总工作负荷,在与工作中心的能力平衡后产生的详细工作计划,用以确定生成的物料需求计划是不是企业生产能力上可行的需求计划。	
	车间控制	是随时间变化的动态作业计划,将作业分配到具体的车间,再进行作业排序、作业管理、作业监控。	
	制造标准	在编制计划时需要许多关于生产的基本信息,这些基本信息就是制造标准,包括零件、产品结构、工序和工作中心,都用唯一的代码在计算机中识别。	
财务模块	会计核算	主要是记录、核算、反映和分析资金在企业经济活动中的变动过程及其结果。	总账模块;应收账模块; 应付账模块;现金管理模块; 固定资产核算模块; 多币制模块;工资核算模块; 成本模块。
	财务管理	主要是基于会计核算的数据,再加以分析,从而进行相应的预测、管理和控制活动。	财务计划; 财务分析; 财务决策。

除了上述基本功能模块外,随着现代企业对人力资源管理的重视的加强,越

来越多ERP系统中融入了人力资源管理模块。人力资源管理模块提供人力资源规划的辅助决策、绩效管理、招聘管理、薪资与福利管理、考勤管理等功能。

ERP系统中各模块并不是完全独立的，它们之间相互关联。这些模块组合在一起，构成一个有机整体。它们之间的关系可用ERP系统的总流程图表示，如图6-7所示。

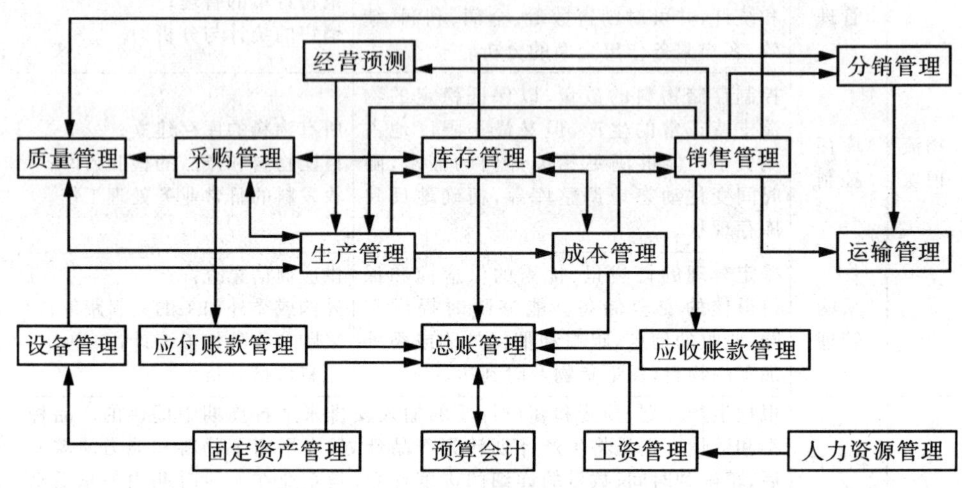

图6-7 ERP系统的总流程图

四、ERP的功能目标

ERP管理体系作为支持企业谋求新形势下竞争优势的手段，其涉及面很广，包含了企业的所有资源，同时，其应用又起到了“管理驱动”的作用。总的来说，ERP在原有功能的基础上，使MRPⅡ向内、外两个方向延伸，向内主张以精益生产方式改造企业生产管理系统，向外则增加战略决策功能和供需链管理功能。这样，ERP管理系统主要由以下六大功能目标组成：

(1)支持企业整体发展战略的战略经营系统

该系统的目标是在多变的市场环境中建立与企业整体发展战略相适应的战略经营系统。具体来说，就是实现Intranet与Internet相连接的战略信息系统；完善决策支持服务体系，为决策者提供企业全方位的信息支持；完善人力资源开发与管理系统，做到既面向市场又注重培训企业内部的现有人员。

(2)实现全球大市场营销战略与集成化市场营销

这是对市场营销战略的一个扩展，目标是实现在市场规划、广告策略、价格策略、服务、销售、分销、预测等方面进行信息集成和管理集成，以顺利推行基于“顾客永远满意”的经营方针；建立和完善企业商业风险预警机制和风险管理系统；进行经常性的市场营销与产品开发、生产集成性评价工作；优化企业的物流系统，实现集成化的销售链管理。

(3)建立全面成本管理(Total Cost Management)系统

目前，我国企业所处的环境可以说是一个不完全竞争的市场环境，价格在竞争中仍旧占据着重要的地位。ERP 中这部分的作用和目标就是建立和保持企业的成本优势，完善企业成本管理机制，并由企业成本领先战略体系和全面成本管理系统予以保障。

(4)应用新的技术开发和工程设计管理模式

ERP 的一个重要目标就是通过对系统各部门持续不断的改进，最终提供给顾客满意的产品和服务。从这个角度出发，ERP 致力于构筑企业核心技术体系；建立和完善开发与控制系统之间的递阶控制机制；实现从顶向下和从底至上的技术协调机制；利用 Internet 实现企业与外界的良好的信息沟通。

(5)建立敏捷后勤管理系统

ERP 的核心是 MRPⅡ，而 MRPⅡ的核心是 MRP。很多企业存在着供应链影响企业生产柔性的情况。ERP 的一个重要目标就是在 MRP 的基础上建立敏捷后勤管理系统，以解决制约新产品推出的瓶颈——供应柔性差，缩短生产准备周期；增加与外部协作单位技术和生产信息的及时交互；改进现场管理方法，缩短关键物料供应周期。

(6)实施精益生产方式

由于制造业企业的核心仍是生产，应用精益生产方式对生产系统进行改造不仅是制造业的发展趋势，而且也将使 ERP 的管理体系更加牢固，所以，ERP 主张将精益生产方式的哲理引进企业的生产管理系统，其目标是通过精益生产方式的实施使管理体系的运行更加顺畅。作为企业谋求 21 世纪竞争优势的先进管理手段，ERP 系统所涉及的方面和应当实现的目标是不断扩展的，相信还会有更新的管理方法和管理模式产生。在日趋激烈的市场竞争中，任何管理方法和手段的最终目标只有一个，即开发、保持和发展企业的竞争优势，使企业在竞争中永远立于不败之地。

第三节 ERP 系统的选型

企业决策者在决定上马某种 ERP 系统之前，首先要回答两个问题：第一，企业是否有能力建设与实施该系统？第二，应该选择哪家软件供应商的产品？本章将着力解决这两个问题。

对第一个问题，应该组织企业内外的管理专家（包括企业有关高层领导、懂管理的技术人员、软件供应商以及咨询专家等等），从企业的现有管理水平、生产技术条件、资金投入能力以及人力资源状况等方面进行可行性分析。

对第二个问题，企业更不能迷信供应商一纸“Total Solution”的“保证书”，而是要从软件功能满足程度、软件技术水平、实施服务质量、供应商合作态度以及投入产出效益指标等方面进行综合评价，选择理想的软件产品和合作伙伴，建立在“多目标多层次模糊决策”基础上的企业与软件供应和实施商之间的理性“握手”，如图 6-8 所示。

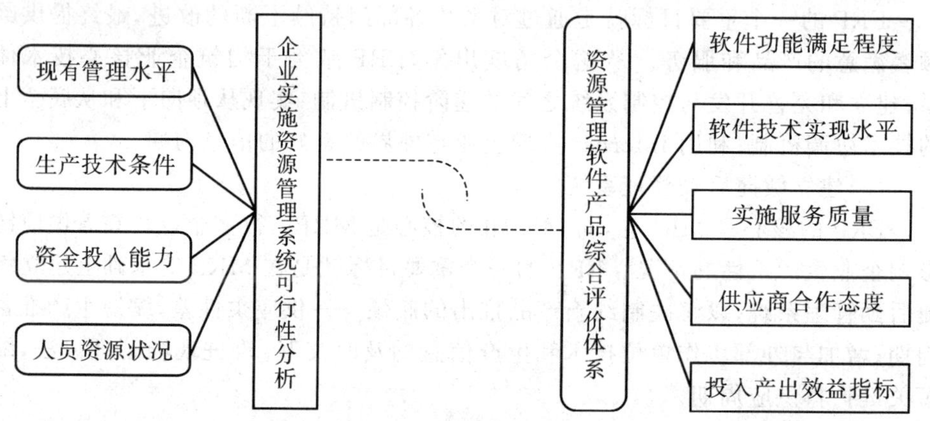

图 6-8 建立在“多目标多层次模糊决策”基础上的企业与供应商“握手”示意图

企业在准备应用 ERP 系统之前，需要理智地进行立项分析：弄清企业发展是不是到了该应用 ERP 系统的阶段？为什么要上 ERP？主要解决哪些问题和达到哪些目标？有没有资金条件上 ERP？基础管理工作有没有理顺或准备在上 ERP 之前让咨询公司帮助理顺？人员素质够不够高？上 ERP 是领导“叶公好龙”还是真正的管理需求？领导是不是真的重视？

所有这些都可以归结为 ERP 的立项分析工作，它可以回答和解决这些问题。ERP 的立项分析工作主要需要做好两份报告：需求分析报告和投资效益分析报告，合称可行性分析报告。经验表明，企业在未接触 ERP 系统的情况下，要做好这些分析有一定难度，因此，一般通过专业咨询顾问的协助来完成。

一、需求分析

需求分析又称为必要性分析。社会需求是推动科学技术发展的动力，现代社会发展要求企业不断改进和提高管理水平，ERP正是为满足这种要求而产生的。企业有了比较迫切的需求，有了内部动力的驱动，才会去了解、研究、实施ERP。因此企业是否要实施ERP，如何实施ERP，必须全面分析企业的需求，这是实施ERP的首要基础。

1.需求分析的意义

需求分析是指软件供应商在充分了解客户情况，包括客户生产、财务及管理流程后，与客户一起讨论对系统的具体要求，针对其现行体制中的不足及目前所需的信息，制订出一套用户对系统的需求方案。它完全以企业的需要及实际情况为出发点，因此为企业合理地选择系统提供了基本保障。

(1)需求分析是进行系统选型的指导

由于不同的系统开发的侧重点不同，所适用的行业也各不相同。就制造行业而言，不同企业物料清单的结构和生产方式大相径庭。在进行主生产计划和物料需求计划时，软件将物料清单的结构展开，其计算方法存在很大区别，所产生的采购计划、销售计划和预计生产时间自然就会因系统而异。举例来说，如果一家药品制造企业采用装配型产品制造业的成本核算系统，那后果将难以想象。药品制造业由于其行业的独特性，需要严格追踪其产品中各种成分的含量及生产时间，若采用了装配型产品制造业的核算系统，则无法准确追踪上述两个因素，整个系统的功能也随之大打折扣。作为用户和咨询人员双方都不希望看到投入巨大精力、财力及时间取得的一套系统与自己当初设想的功能完全不相吻合这一局面。因此，正确地选择系统类型，成为系统能发挥足够效用的决定性因素。

(2)需求分析为企业建立了鉴定系统的参照标准

大型IT系统的选择是一项十分复杂的工作。实际上，就所有系统而言，一些表面的需求是容易得到满足的，而更深一步的具有企业独特性的需求才是用户在选择系统时需要予以最多考虑的。如果用户对自身的需要不进行深入的分析，往往会在系统实施一段时间以后，才发现具体业务及管理需求并没有得到满足，而此时系统已经安装完成，并耗费了大量的人力、物力资源。类似这样的由于用户没有进行深入的需求分析，或由于一种趋从的心理作出了错误的系统选择而导致大量资金、资源及时间的浪费已屡见不鲜。有经验的IT咨询顾问的作用就在于引导客户制定正确的需求，从而根据这些需求协助客户选择适合自己的系统。

2.需求分析的内容

需求分析可分为宏观和微观两个方面来谈。宏观上的需求分析是从整体和战略的高度出发，全面分析规划企业的需求，是企业制定ERP实施目标的基础。而微观上的需求分析是针对企业具体的业务流程，甚至是具体产品的分析。需求分析主要包括以下几个方面的工作：

(1)分析企业目前的管理方式是否适应市场竞争的要求。建立ERP系统的目的是提高企业的竞争力。因此，首先要从长远经营战略的角度出发，分析企业同全球主要的竞争对手之间的差异，如产品性能、价值、质量、技术、价格以及售前售后服务水平的差别等，找出影响竞争力的主要因素。此外，还要分析企业在市场中的应变能力，目前的管理方式和工作方式能否胜任市场竞争要求，如果不能胜任或是已经落后，企业上下的决策者、管理者、操作者是否要求改变现状，呼声高不高，是否达成广泛的共识，这是实施ERP的内部源动力。企业应当看到，ERP并不是解决所有管理问题的灵丹妙药，它有一定的使用范围。例如有的企业产品结构不适销或设计周期长，成为影响竞争力的主要矛盾。这种情况应先致力于市场研究，调查分析技术的发展趋势，调整产品结构，推行并行工程，采用CAD－CAPP－CAM工程来解决。有的企业技术装备落后、质量无保证，应先实现技术和设备的更新改造，提高人员素质，建立质量保证体系，提高产品质量。

(2)分析企业的行业性质是制造业还是其他行业，是单一行业生产还是跨行业经营。如果是制造业，那么是离散型生产还是连续流程型生产，或是混合型生产，是大制造小装配型还是小制造大装配型。只有搞清楚本企业的行业性质和生产制造特点，才能准确研究ERP实施的可行性与难易程度。

(3)理清企业的业务流程。分析企业是单一工厂还是多工厂；如果是多工厂多业务流程，那么各工厂的相互关系如何，是串联还是并行，是相互独立还是相互关联；这些业务流程的业务量有多大，哪些是关键环节；是部分业务实施ERP，还是全部业务都需要上ERP；实施ERP需要对哪些业务流程、组织机构进行改革和重组，变动大不大，是否可行，能否平稳过渡。

(4)分析企业的基础设施建设，企业上下的管理方式、活动方式、思想方式是否符合现代企业的要求。企业的管理机制是否合理，是否符合市场规律和企业的业务特点，管理制度是否完善和规范，可操作性如何，执行是否通畅；各级管理部门和业务部门的业务流程是否已经规范化体系化，各种数据的处理和传递是否准时、规律；企业内部是否已经应用了计算机，普及程度如何，是否建立了以计算机网络和数据库为核心的管理信息系统，有多少管理工作纳入其中，应用效果如何；企业的决策者、管理者、操作者对于ERP的原理、概念、方法有无了解，是否接受，是否愿意运用于企业的管理中；企业人员是否经过全面的信息技术、现代管理科学等知识培训，是否掌握到一定程度并能够初步运用到工作中。

二、投资效益分析

ERP 是一项复杂的工程，投资较大，不但要投入大量的软件费、硬件费，还要投入咨询服务费、培训费。在国外，软件、硬件与服务的投资比例一般为 1∶2∶4，国内的投资比例则为 1∶4∶1，可见对实施前期的咨询服务，实施过程中和运行后的维护服务费用的投资，对于 ERP 的顺利实施也有一定的影响。

企业在实施 ERP 系统后可能带来什么效益，应当事先有所估计。用于 ERP 系统的硬件、软件和服务是一笔不小的投资，投资不仅要回收，而且要产生利润。企业在 ERP 项目上的投资预算，也要根据可能获得的效益来估算。因此要进行投资效益分析，不但要计算软件和硬件的投资金额，而且要充分做好咨询服务费的预算，分析企业的投资承受能力。如果企业有充裕的资金，则可顺利上马，否则应考虑暂缓实施或分期实施。

当我们说实施 ERP 是否成功时，不仅是指软件模块应用了多少，也不是简单地指是否达到 A 级 ERP 企业的指标，重要的是指实施后有没有取得预期的效益。因此，企业计划实现的预期效益也就是企业建立 ERP 系统的目标。如果企业建立 ERP 系统没有明确的目标，那么日后验收时就很难说清建立这样一个系统是否取得了成功。我们做投资效益分析也就是建立系统的目标，在项目验收时要对比目标来评议实施的效果。此外，也可以根据预期效益来控制用于系统的投资。

1.可能获取的效益

一般来说，实施 ERP 系统后，可能在以下方面产生效益，如：

• 降低库存量，用少占用的资金利息表示；

• 降低超储形成的浪费，用少占用的资金利息和历史上的报废损失表示；

• 提高资源利用率，用增加销售收入来表示；

• 减少采购成本，用折扣优惠、减少采购管理费（如差旅费、运输费、保管费等）表示；

• 提高交货履约率，用减少违约赔偿费表示；

• 减少财务差错，用减少坏账损失表示；

• 加速资金回收与周转，用资金周转次数表示；

• 成本控制与精确计算，用定价不准做成的亏损表示；

• 规范化管理对质量的保证，用降低的质量成本和废品、返修损失表示；

• 加快对市场的响应速度，用增加的市场占有率和销售收入表示。

这里只是举一些例子，主要说明从哪些方面可以取得定量的效益数据来进行投资效益分析。

2.资金的投入

在购买系统之前,对需要投入的资金只是一种预算,说明在取得一定资金利润率的情况下可以支付的资金限额。这对选购软件是一种约束,在讨论价格时是一个不可少的原则信息。可以设定几种可能的限额,分别说明预计的资金利润率和投资回收期,供领导决策参照。资金投入包括:选型调研费用(如差旅费),系统费用(如软件、硬件、数据库、网络等),培训费(外部和内部讲课费,添置培训设施),售前售后服务费(专家顾问费),用户化、二次开发费用,日常维护、项目人员开支等。关于投资效益分析的方法,教材很多,国家有关部门也有规定,分析时要注意资金的时间价值,这里就不再赘述。

三、供货商分析

对供货商的选择主要有以下几条标准:

第一,选择商誉卓著、经营绩效良好、经验丰富的供应商。ERP 的选型相当复杂困难,选择一家商誉卓著的公司,对客户来说比较安心。设立软件公司的进入障碍很低,但是软件公司要能长期经营的障碍却很高,选一家经营绩效良好的公司,可以为日后 ERP 软件升级提供便利。软件及服务都是无形商品,难以分辨优劣,因此应该选择一家经验丰富的公司,客户才能获得质能均优的产品。

第二,选择的供应商应拥有完善的售后服务机制,可提供满足其各种及各地需求的服务。ERP 不似一般的消费品那般易于上手,需要供应商提供各种必要的服务,让客户可以顺利导入使用,并于上线后持续提供各种服务以确保客户长期稳定的使用。开发产品的能力与建立一个机制完善的售后服务团队的能力是不同的,因此,客户选择 ERP 产品时,必须将软件公司是否拥有完善的售后服务机制纳入考虑范围。

第三,选择的供应商应拥有广大的满意客户群,最好有其同行案例客户。ERP 的选型相当复杂困难,倘若所选择的软件公司拥有广大的满意客户群,说明该公司的产品及服务被广为接受,可靠性较高。此外,大部分的企业不了解本身的需求,会要求软件公司提供其同行案例客户名单,作为评估该软件功能对其行业是否适用及该软件公司对其行业是否有经验的依据。

第四,供应商能够提供较高性价比的 ERP 产品。降低成本是所有经营者努力追求的目标。严格采行预算制度的企业,信息化的支出金额应符合预算数字。在各方面的条件都一致时,当然应该选择成本较低廉的解决方案。

第四节 ERP系统的实施

一、ERP系统的实施步骤

企业实施ERP系统要有目的、有计划、有组织及在正确的方法指导下分步骤实施。ERP系统实施的过程可分五个阶段:项目立项阶段、项目准备阶段、业务流程蓝图设计阶段、业务流程蓝图实现阶段、系统切换及投入运行阶段。

1.第一阶段:项目立项

项目立项阶段最主要的任务是要对企业进行宏观和微观层面的需求分析,对ERP项目实施的可行性进行分析与论证,提交可行性分析报告,估计预期收益并进行投资效益分析,在此基础上作出实施ERP的决策,并科学地进行ERP产品的选型,保证实施ERP迈出的第一步是正确的。项目立项阶段的工作主要包括ERP原理的培训及软件选型。

(1)ERP原理的培训

事实上,培训贯穿于整个ERP的实施过程,从上项目之前一直到ERP系统的全面实施,培训工作都是必不可少的,它在很大程度上决定着ERP实施进展的快慢和实施的质量。

ERP原理的主要培训对象是企业高层领导及各级管理人员,目的是使他们掌握ERP的基本原理和管理思想。企业的高层领导者是实施ERP系统的决策者,各级管理者是ERP系统的真正使用者,只有他们充分理解ERP,才能明确企业的实施目的,为ERP系统的成功应用奠定思想基础。

对企业高层领导和管理人员进行ERP原理基本知识的培训,可采取多种形式:可以外派管理人员去学习,包括理论上和实践中的一些知识;可以到一些同行中实施了ERP的企业去考察;可以向ERP供应商进行全面的咨询;可以请一些ERP实施领域的专业咨询机构、ERP软件公司、资深的实施顾问等到企业来讲课,传授有关ERP及其应用方面的知识,以帮助企业更快更好地加深对ERP的了解,为更好地进行后续工作打下基础。

(2)软件选型

软件选型需要经过需求分析、投资效益分析、供应商分析三个阶段。在选型过程中,要做到知己知彼。知己,就是要弄清楚企业的需求,即先对企业本身的需求进行细致的分析和充分的调研,这在需求分析和投资效益分析阶段完成;知彼，就是要弄清软件的管理思想和功能是否满足企业的需求，这在供应商分析阶段完成。其次，还要了解实施的环境。这里的环境包括两个方面：政府政策、行业或企业的特殊要求。有关 ERP 软件选型的内容已在上节中作了详细介绍，在此不再赘述。

2.第二阶段：项目准备

在项目立项确定企业需要上马 ERP 后，便进入了项目准备阶段。在这个阶段中，企业需要对数据进行规范，做好企业变革的思想准备，动员全体工作人员积极参与项目的筹备，建立项目实施队伍并明确人员职责，最后制定出初步的实施计划。

(1)初步评估，进行数据规范

很多企业对于 ERP 的认识并不充分，在没有任何信息化基础的情况下盲目上马，导致失败率增加。其实，ERP 系统的成功应用对企业的管理基础有一定的要求。如果一个企业的管理基础很差，连最起码的产品、库存、工艺路线、设备等基础数据都不完整、不准确，要想成功应用 ERP 系统几乎是不可能的。因此，完善基础管理、规范基础数据，是实施 ERP 系统之前的一项重要准备工作。打算实施 ERP 的企业，应当对企业的管理基础进行初步的评估，尽量完善和规范基础数据，为实施 ERP 打下基础。数据规范化是实现信息集成的首要条件，由此才能保证数据的及时、准确和完整。

(2)全体动员，做好思想准备

ERP 是企业级的信息集成，是企业复杂的管理系统工程，是企业管理的变革。企业实施 ERP 以后，原有的管理平台被高度集成的信息化的 ERP 平台所取代，过去需要多人或几个部门完成的工作，在 ERP 中可能只需一个人一次就可以完成。因此，在新的 ERP 环境下，企业有必要在组织机构和业务流程方面加以调整和变革，进行机构的重组和流程的再造，这种企业管理的变革涉及企业内部机构的合并、人员的精简、权力的重新分配，这些都可能遇到较大的阻力。

因此，企业必须做好充分的思想准备，动员企业的全体员工积极参与和配合，对全体员工进行有关 ERP 的教育和培训，提高员工的整体素质，为 ERP 的成功应用奠定人才基础。此外，ERP 项目是典型的“一把手工程”，ERP 的实施涉及大笔资金的投入、机构的重组、流程的再造、权力在企业内部的重新分配等，离开了企业领导的参与和支持，这些工作都很难推进。企业最高领导人的亲自参与，是保证 ERP 系统成功实施的必不可少的因素。

(3)建立项目实施队伍

项目实施的队伍一般由企业内部人员和 ERP 供应商派出的员工组成。

企业内部人员包括首席执行官或总经理、筹划指导委员会、项目经理和项目组成员。首席执行官或总经理领导筹划指导委员会，并且负责承担项目的支出；筹划指导委员会负责审查项目进度，解决分工、资源或者政策的争议；项目经理负责管理项目实施，向筹划指导委员会汇报工作；项目组的成员在项目经理的领导下从事具体工作，使用新软件开发业务流程，为系统上线、编制文档和培训终端客户做准备。

供应商派出项目经理和咨询顾问。项目经理是负责供应商与用户企业之间联系的第一人选，能够对项目组成员提供指导和支持；咨询顾问则为企业提供最好的工作经验、软件应用功能和技术问题方面的支持。

以上所涉及人员的具体职责如表 6-3 所示。

表 6-3　项目实施人员职责

角色	职　责
CEO/总经理	对项目实施的前景进行肯定和支持 对项目实施进行支持
筹划指导委员会	确保提供一个良好的项目实施环境 设定项目实施的目标 审核项目实施的范围、预算、组织计划和节奏安排 确保项目实施所需的资源到位 监控项目按照计划进行推进 解决上报的相关争议问题 对项目应该实现的预期利益负责
项目经理	向筹划指导委员会汇报工作 领导并指导开展项目实施工作 控制项目实施的范围 建立和管理项目计划，确保项目的推进 建立、开发和领导项目团队 监控和寻求资源问题的解决方案 解决项目团队难以解决的问题或向筹划指导委员会寻求解决方案 促进系统实施所引起的变化 控制软件的修改 沟通 管理供应商
项目组成员	理解软件的运行功能 交付流程 编制相关文档资料 培训终端用户
IT 经理	管理硬件、网络和软件的技术需求

续表

角色	职　责
供应商的项目经理	对项目的实施管理提出建议 协调供应商资源与第三方活动之间的关系 解决供应商的相关问题作为首要任务，然后视其必要性解决其他问题建议和协调培训需求
供应商的咨询顾问	负责提供软件功能方面的建议和最佳实践方面的培训

(4)项目小组的培训

在项目进入准备阶段后，需要对项目小组的人员进行一个初级培训，主要是为了统一思想，以便于今后工作的开展和沟通协调。培训的内容应包括 ERP 的原理、实施中的工作重点、可能会遇到的难点和问题等最基本的问题。根据 ERP 信息系统的特点，可加一些实例练习，更快地实现知识转移。当然，可以视项目小组的具体情况而增减培训内容的宽度和深度。

(5)制定项目的初步实施计划

项目初步实施计划是在进行完项目立项之后必须马上开展的一项工作，主要是对未来一段时间内的 ERP 项目实施制定一个初步的计划。ERP 系统实施非常复杂，因此应通过工作任务分解，把整个项目分为不同的阶段，每个阶段都有自己的目标、任务和交付成果，即对以后将要开展的各阶段工作的时间或日程表、相关负责人、培训的安排等有一个统筹规划，用以指导业务流程蓝图设计阶段、业务流程蓝图实现阶段、系统切换及投入运行阶段、后期运行支持阶段等的工作，当然对于实施要达到的效果，必须先有一个详尽准确的描述，以利于日后对各项工作的评估和改进。

3.第三阶段:业务流程蓝图设计

业务流程蓝图设计阶段的主要任务包括以下五点：

(1)项目管理

ERP 项目的实施进入正轨后，必须建立起一套完整有效的项目管理体制，以保证在项目实施的过程中不出现或尽量少出现问题，即使出现了问题，也能够得到最快和最有效的解决，所以有建立项目管理体制的必要。

(2)项目小组的中级培训

在上一阶段已经对项目小组进行了初级的培训，这一阶段就要求在更宽和更深的角度上对项目小组进行培训。在实施 ERP 项目的过程中必须使小组成员树立起一种理念:ERP 实施过程中的培训是必不可少的，并且贯穿于整个 ERP 实施过程。

(3)系统技术环境的建立

在上一阶段已经对企业的技术环境进行了一个全面地分析和提出改进调整方案之后,这一阶段的主要任务是把企业的系统技术环境建立起来,这样才能够使 ERP 得以实施。

(4)企业业务流程的描述、分析、优化及确定

项目实施小组必须对企业各个主要的业务流程进行一次全面深入细致的调查,这样才能够对企业的业务流程有一个清晰的描述,然后再结合 ERP 及 BRP 的管理思想,参考其他的一些竞争对手的业务流程进行比较分析,提出调整和优化的方案,最终把业务流程确定下来。

(5)企业组织结构的确定

业务流程蓝图设计得到的新业务流程是一个在现有的条件和环境下提出的尽量优化的业务流程。显然,在新的业务流程的基础上,企业原有的组织结构与岗位设置将不再适用,可在新的业务流程基础上初步考虑对企业组织结构的重新设计,包括部门调整、岗位设置等。

4.第四阶段:业务流程蓝图实现

实现整个业务流程蓝图是一个非常复杂的工程,主要包括数据准备、系统客户化、原型测试、二次开发与确认、试点、用户帮助和培训手册编制等方面的工作。

(1)项目小组高级培训

在业务流程蓝图的实现阶段,需要对项目小组进行相关任务的培训,包括基本系统配置、基础数据的准备、系统的客户化、二次开发、用户培训等。这些问题对于今后 ERP 系统的成功运行有着非常重要的影响,因此对于项目小组的高级培训必须高度重视。

(2)数据准备

ERP 系统的实施是要在企业内部建立起一个高度集成的信息化管理平台,其原有管理系统的数据需要转换、迁移到 ERP 系统中。因此,数据准备是一项关键工作,包括数据收集、分析、整理、录入等工作。

数据准备的基本要求是及时、准确和完整。“及时”是指必须在规定的时间内完成数据的收集和整理;“准确”是指符合实际,数据正确无误;“完整”是指要满足系统对数据的各项要求。

在进行数据准备时,需要对不同类型的数据进行归类。有些现成的数据不需要过多加工就可以直接应用到 ERP 系统中,如材料消耗定额、供应商档案等;另有一些数据需要经过重新的分解或组合,才能满足 ERP 系统的应用需求,如在现有零件明细表、工艺过程卡和材料消耗定额的基础上,构建产品的物料清单

等;此外还有相当一部分数据是 ERP 系统运行需要而现行管理系统中没有的数据,如各种编码,包括物料号、货位、工作中心的划分等。有些数据需要组织几个部门共同参与确定。

数据准备的工作量很大,需要动用大量的人力以及各部门间的配合。因此,要事先做好培训,明确分工,并由实施顾问提供指导。

(3)系统客户化

在系统"客户化"的过程中,实施小组的成员和咨询顾问要搭建起 ERP 系统运行所需的网络、硬件、系统平台等环境,并在此基础上对 ERP 软件系统进行安装和配置,根据企业的实际需求和设计的业务蓝图,对通用 ERP 软件的大量参数和控制变量进行设定、定义报表格式等,使之成为能基本满足企业需求和符合业务蓝图设计的"客户化"的 ERP 系统,这一系统也被称为"系统原型"。

(4)原型测试

在这个阶段,企业的测试人员应在实施顾问的指导下,系统地进行测试工作,原型测试的目的概括如下:

• 通过实战模拟,进一步熟悉 ERP 的业务处理过程和操作使用方法;

• 检验数据处理的正确性;

• 通过查询、分析业务数据,获得高效的处理成果,增强实施信息与兴趣,并为数据共享与数据报表的利用提供依据;

• 感性认识 ERP 的业务管理方法;

• 对比 ERP 的处理流程与企业现行实际流程的异同,为业务改革提供依据;

• 理解各种数据定义、规范的重要性与作用,为制定企业数据规范提供依据,如物品编码的使用、编码方法与作用,为制定编码规则提供决策依据;

• 根据使用情况、业务需求提出二次开发的需求。

此外,由于 ERP 系统原型测试的具体方法与 CRM 系统类似,这里不再赘述。

(5)二次开发与确认

根据上一阶段原型测试的结果,进行相应的软件更改、业务流程、制度和组织结构等更改。

需要强调的是,二次开发的工作量和复杂程度较大,会增加企业的实施成本和延长实施周期,同时还会增加系统整体测试的难度和今后系统升级的风险,应慎重考虑,把二次开发的范围限定在最小范围。因此,在进行二次开发前,应认真分析,对非关键性业务一般不进行二次开发,如果企业的业务蓝图与软件提供的处理模式不同,应综合考虑是修改现行的管理程度,还是一定要修改软件,或者两者均需要修改。

(6)试点

试点是指通过一系列的步骤来验证 ERP 软件系统能正常的工作，同时用户也真正理解了 ERP 的基本逻辑，之后，ERP 系统即可上线，即企业的管理平台转换为 ERP 的系统平台。试点主要可分为会议室试点与现场试点两个层次。

①会议室试点

会议室试点又称为会议室导航，通常是通过在会议室内建立一个模拟的系统环境来进行。一般来说，会议室试点不超过 1 个月的时间。

②现场试点

现场试点就是将 ERP 系统首次投入主生产计划和物料需求计划的运行。在现场试点之前，必须先做好准备工作，其中之一是成功的会议室试点。

现场试点的目标是证明主生产计划和物料需求计划能够正常地运行。在现场试点中，要通过考察以下问题得到用户对系统的确认：第一，是否能预见缺料的发生；第二，是否能产生正确的订单下达建议；第三，试点产品的主生产计划是否切实可行；第四，能否自信地承诺客户的订单。

如果对上述问题都能给出肯定的回答，则现场试点达到了预期目的。否则，表明系统没有正常工作，或用户对系统没有真正地理解，或两者兼而有之，这时，不能贸然进行系统切换。

现场试点需要注意两点：其一，采用真实的物料和真实的数据，同时应选取足够多的物料项目（如 200～600 个物料项目）进行试点。其二，现场试点需要有主生产计划员、物料计划员及项目小组的人员参加。其三，试点测试的结果要经项目指导委员会审批，判断是否具备转入实际应用的条件。如果条件还不成熟，则还须对过去阶段的工作进一步完善。

③准备用户手册及用户培训资料

根据确认了的系统及修正的业务流程、制度，需要进行用户手册及用户培训资料的编写。用户手册的内容主要包括关于 ERP 系统方面的介绍，主要包括模块介绍、流程等方面的详细叙述；用户培训资料的内容主要是指导和帮助企业如何使用 ERP 系统。

用户手册和用户培训资料是实施方必不可少的准备资料，它能够帮助企业最大限度地利用好 ERP 系统。

(7)归档定义及管理

为方便以后工作的查询及审查，企业的数据档案等所有有关 ERP 系统的数据资料都必须进行定义和管理。

5.第五阶段：系统切换及投入运行

业务蓝图实现后，ERP 系统可以正式进行切换，主要目标是完成系统上线的准备，以保证系统正常运转解决剩余问题。这是系统上线前的冲刺阶段，实质上这阶段的任务相当于一个查漏补缺的工作，对于系统的各个方面都要进行一个全面的审查。

(1)最终用户的培训

这一阶段的用户培训除了培养用户的操作规范，还包括用户使用系统的技巧，此外，对于一些常见的错误及容易出现的问题也要详细解释说明。这是对各部门各岗位员工的培训，主要目的是让最终用户学会使用这套 ERP 系统，保证 ERP 系统正式切换后的正常运行。

(2)技术环境、系统性能、安全等的测试

系统技术环境是硬件良好通信的保障，也是软件正常运行所必需的平台基础。正式运行技术环境的测试，主要包括硬件之间的通信、环境所能承受的数据负荷量、能否满足企业的需求等方面。

为了考察系统运行性能是否能够满足企业的要求，需要进行系统性能测试。系统性能测试的对象主要包括 ERP 软件系统的承载量，比如同一时间访问某一数据库的人数、最大的数据保存量等。

现在的 ERP 软件系统在采用新技术的同时，对某些方面比如系统的安全性方面等又提出了更高的要求，因此也有必要进行相应的测试。

对 ERP 系统正常运行时的技术环境、系统性能、安全等进行一次全面的测试，能够更有力地保证 ERP 系统切换后的正常运行。

(3)系统切换

系统切换是 ERP 系统正式投入运行前的最后步骤，要从原先的管理系统(如人工管理)转换到 ERP 系统。

在系统切换之前，需要制定一个详细的系统切换计划。考虑到系统切换后的正常运行，相应的系统运行支持计划也必须制定出来。

系统的切换有多种方法，如交钥匙的方法、新旧系统并行的方法和试点的方法等。一般的 ERP 系统可采用试点的方法进行切换。对于规模较大的 ERP 系统，由于系统切换具有一定的风险，可采用新旧系统并行的方法进行切换，即新的 ERP 系统与原有的手工系统或旧的计算机管理系统同步运行，保留两个系统的账目资料与输出信息。新旧系统并行的主要目的是检验新旧系统的运行结果是否一致。但是，系统并行切换可能会增加系统切换的成本和员工工作量，这些企业都需要慎重考虑。

至此，整个 ERP 项目的实施已经基本完成，系统也可以正常地投入运行。

(4)投入运行

在新系统正式投入运行之后，需要不断调整并且监测和评估新系统的运行绩效，以确定它是否满足预定的目标。

二、ERP 系统实施中的项目管理

所谓 ERP 项目管理，是将 ERP 软件与企业实际情况相结合，利用软件将企业的物流、信息流、资金流等有机结合，最终实现企业系统运行的集成化、业务流程的合理化、绩效监控的动态化、管理改善的持续化的过程，是一个软件成功运用于企业的过程。

1.项目管理流程

项目管理本着整体规划、分步实施的原则，对 ERP 项目的所有方面进行计划、组织、管理和监控，是为了达到项目实施后的预期效果和目标而采取的内部和外部的持续性的工作程序。这是对时间、成本以及产品、服务细节的需求相互间可能发生的矛盾进行平衡的基本原则。一个典型的 ERP 项目管理流程通常包括项目开始、项目选型、项目计划、项目执行、项目评估及更新、项目完成六个阶段。

(1)项目开始阶段

在项目开始阶段，主要针对 ERP 项目的需求、范围和可行性进行分析，制定项目的总体安排计划，并以"项目合同"的方式由企业与 ERP 项目咨询公司确定项目责任和授权。在项目开始阶段进行的项目管理主要包括以下内容：需求评估、项目范围定义、可行性分析、项目总体安排、项目授权等。

(2)项目选型阶段

在明确了项目的期望和需求后，系统选择阶段的主要工作就是为企业选择合适的软件系统和硬件平台。在项目选型阶段的主要项目管理工作是进行系统选择的风险控制，包括正确全面评估系统功能、合理匹配系统功能和自身需求、综合评价供应商的产品功能和价格、技术支持能力等因素。

(3)项目计划阶段

这是 ERP 项目进入系统实施的启动阶段，主要进行的工作包括确定详细的项目实施范围、定义递交的工作成果、评估实施过程中主要的风险、划定项目实施的时间计划、成本和预算计划、人力资源计划等。

(4)项目执行阶段

这是实施过程中历时最长的一个阶段.贯穿 ERP 项目的系统原型测试、系统开发确认和系统转换运行三个步骤中。实施的成败与该阶段项目管理进行的好坏休戚相关。在项目执行阶段进行的项目管理的主要内容包括实施计划的执行，根据预定的实施计划开展日常工作，及时解决实施过程中出现的各种人力资源、部门协调、人员沟通、技术支持等问题。

(5)项目评估及更新阶段

这一阶段的核心是项目监控，就是利用项目管理工具和技术来衡量和更新项目任务。项目评估及更新同样贯穿于 ERP 项目的系统原型测试、系统开发确认和系统转换运行三个步骤中。在项目评估及更新阶段常用的项目管理工具和技术有阶段性评估,项目里程碑会议,质量保证体系等。

(6)项目完成阶段

这是整个实施项目的最后一个阶段。此时工作接近尾声,已经取得了项目实施成果。在这个阶段,仍有重要的项目管理如行政验收、项目总结、经验交流、正式移交、系统正式运转及使用工作需要开展,不可掉以轻心。

贯穿上述六个项目管理阶段全过程的工作是项目的表现衡量和质量管理以及项目风险的管理控制。

2.项目管理职能

从具体的项目管理的职能内容来看,包括以下几个方面:

(1)时间管理

实施 ERP 是个庞大的管理和系统综合性的工程项目,过程控制主要是体现在项目实施过程中的时间控制,其主要作用和任务是控制项目实施过程中各阶段投入的各种资源和达到的目标所需的时间,使之尽可能达到项目实施计划的原始要求。

(2)成本管理

主要包括对 ERP 项目成本控制的基本原则的了解,还包括资源计划、成本估算、预算和控制。

(3)质量管理

质量管理包括现代质量管理的内容、质量计划、保证和控制、质量控制工具和技术。

(4)人力资源管理

人力资源管理包括项目管理中人员管理的关键、组织计划、项目中员工集合和团队发展的相关事宜。

(5)沟通管理

沟通管理包括项目沟通计划、项目信息发布、项目沟通绩效报告会。

三、ERP 系统实施中的风险控制

ERP 系统的应用是一项高投入、高风险的项目,成功与否受到诸多因素的影响。因此,在实施系统之前充分了解系统实施过程中所面临的风险,并建立一套行之有效的项目和风险管理机制是非常必要的。在 ERP 的具体实施过程中主要会出现三种风险:“软件风险”、“实施风险”和“转变风险”。

1.软件风险

软件风险主要包括软件本身存在的功能风险和企业选择软件时产生的选择风险。

(1)软件功能风险

由于ERP系统的纷繁复杂,ERP软件本身可能存在各种功能不足或潜在的软件缺陷,我们称之为"软件功能风险"。

(2)软件选择风险

面对中国市场上林林总总的ERP软件,企业在进行软件选择上同样会遇到所谓的"软件选择风险"。

软件选择风险包括:企业是否清晰地定义了自己的需求和期望?企业如何综合地评估ERP系统,包括软件功能、价格、软件商的技术支持能力等各方面?企业如何将自身的实际需求与软件系统很好地进行匹配,从而选择最合适自己的ERP系统?企业中由哪个部门和人员对软件作出评估选择?

在企业实际选择ERP系统时,经常有很多用户未能意识到上述的软件选择风险,从而影响到最终系统实施的成败。缺乏明确的实施期望和业务目标往往是导致最终系统实施失败的根本原因。同时,有相当多的企业在清晰阐明自己的具体需求和全面评估匹配软件上缺乏经验。很多企业在挑选ERP系统时,常会邀请一些科学院的专家和企业的专业技术人员一起对市场上的主要软件产品进行评估,最终专家组未必达成一致意见,导致企业选择软件的流产。应该承认,这些专家们具有相当专业的软件技术知识,但由于企业在选择软件的过程中缺少管理业务人员的积极参与,没有制定明确的整体选择目标,没有对不同管理业务需求的重要性进行先后排序,也没有更多地从各使用部门出发去考虑软件的选择问题,从而造成了最终选择软件的不完整配比。需要注意的是,除了上述提及的软件选择风险,由于参与软件选择的人员的贪污舞弊,收取不正当的软硬件回扣,也会给企业带来损失。

2.实施风险

实施风险是企业在实施ERP系统的过程中可能遇到的各种风险,主要包括:实施队伍的组织、项目时间和进度的控制、实施成本的控制、以及实施质量的控制和实施结果的评价。

(1)实施队伍的组织

实施队伍和实施人员对于ERP系统的成功实施至关重要。由具有丰富ERP系统项目实施和企业流程管理经验的咨询人员和企业内部的管理人员、业务人员以及技术人员一起组成项目实施小组,共同进行项目实施工作,可以提高ERP系统实施的成功率,缩短实施周期,减少实施风险。

有的企业采取将 ERP 系统实施完全外包给软件供应商或系统集成商，或者相反地，完全由企业内部的技术人员单独进行项目实施，这些做法都将增加系统实施的风险。没有企业内部人员的参与，软件供应商或系统集成商无法对企业的业务和流程有深刻的了解，从而难以按照企业的实际需要进行 ERP 系统实施；反之，企业内部的技术人员缺乏对软件的深入了解和项目实施的经验，在协调企业内部各部门机构的工作时存在种种不便，对推动和控制整个项目的进展存在困难。由企业内部人员和外部咨询顾问共同组成项目实施小组的另一目的是为了将软件系统的知识和项目实施的经验传授给企业的用户，使企业能够通过一个项目的实施，经历"知悉－接受－拥有"的过程，最终实现企业自身持续改善的目的。如果企业内部的实施人员经常变动、不能专职稳定地参与项目的实施工作，把实施项目视为外来咨询人员的责任而不是企业自己的工作，将直接影响到咨询人员对企业用户进行知识和经验的传授，从而造成系统上线、咨询顾问离开、企业用户不会维护使用的尴尬局面。在实施项目的组织中另一个突出的问题是：由于 ERP 系统的复杂性，在实施过程中涉及的部门很多，许多实施工作需要各部门的协作才能完成，因而，如何协调部门之间的工作、统筹安排跨部门的实施人员、避免出现扯皮现象是一个亟待解决的问题。

(2)项目时间和进度控制

ERP 系统实施通常需要三至六个月，甚至一年时间。在这一漫长过程中，进行项目管理、控制项目进度、确保整个实施过程能够按照预计的时间表进行，对项目的成败至关重要。许多 ERP 实施项目在一开始就没有能够制定明确的、可行的实施计划，在实施过程中不能按时实现里程碑性的目标，造成项目最终半途而废或系统上线严重延误。在许多 ERP 系统的实施中，软件供应商或系统集成商往往按照服务天数提供服务并收取费用，如果在实施过程中出现种种预料之外或不可控制的情况，由于双方既定的服务天数已到，服务者或者停止服务或者增加费用，给用户带来损失或额外支出。这种按照服务天数提供服务并收取费用的方式容易造成实施成果与费用脱钩的现象。

(3)实施成本的控制

ERP 系统的实施成本通常包括：硬件费用、软件使用许可费用和软件培训费用、实施咨询费用及维护费用等等。根据国外 ERP 系统实施的成熟经验，一般实施咨询费用是软件使用许可费用的 1.5～2 倍。国外企业已经普遍意识到咨询顾问在 ERP 系统实施过程中不可替代的作用，但国内不少实施 ERP 系统的企业尚未认识到这一点，从而在系统实施过程中遇到种种困难，甚至最终不能成功实施。

在实施过程中，如何合理分配实施费用，结合项目进度和时间安排，将实施成本控制在计划之内，是每一家实施 ERP 系统的企业需要认真对待的问题。不少企业由于不能按照项目时间进度计划开展实施，造成时间的延误和实施成本上升，即使最终系统上线，也不能符合时间和预算的要求，客观上造成实施的不成功。

(4)实施质量的控制和实施结果的评价

除了对ERP项目实施需要进行时间和成本的控制，对实施的质量和最终实施的结果也需要作出评价。不少企业在实施之初没有制定实施的目标和期望，在实施过程中未能随时控制实施质量，在实施完成时不知道如何进行实施成败的评估，造成"为上系统而上系统"、"系统上线就算成功"的现象，这对企业的长远发展埋下了危险的种子。

3.转变风险

(1)管理观念的转变

ERP系统的实施是一个管理项目，而不仅仅是一个IT项目。不少企业高层管理人员尚未认识到这一点：在选择系统时仅由技术主管负责，缺少业务部门用户的参与；在实施系统时仅由技术部门负责，缺少管理人员和业务人员的积极参与；项目经理由技术部门的领导担任，高级管理人员尤其是企业的一把手未能亲自关心负责系统实施。由此种种现象，需要企业管理人员转变认识加以改善。管理观念的转变还体现在ERP系统实施过程对企业原有的管理思想的调整上。ERP系统带来的不仅仅是一套软件，更重要的是带来了整套先进的管理思想。只有深刻理解、全面消化吸收新的管理思想，并结合企业实际情况加以运用，才能充分发挥ERP系统带来的效益。因此，在实施过程中企业管理人员和业务人员转变管理思想是一个必不可少的痛苦过程，顺利转变管理思想，在某种意义上而言是ERP系统成功实施的最关键的因素。

(2)组织架构的调整

为适应ERP系统带来的改变，企业必须在组织架构和部门职责上作相应的调整。因此，实施ERP系统往往需要同时进行企业流程重组和改善的工作。在流程改组中，会涉及部门职能的重新划分、岗位职责的调整、业务流程的改变、权力利益的重新分配等复杂因素，如果企业不能妥当地处理这些问题，将会给企业带来不稳定因素。

(3)业绩考评体系的转变

由于企业组织架构和业务流程的调整，企业必须对业绩考评体系进行相应的调整，以适应新的岗位职责和业务要求。能否顺利地将原有的业绩考评体系转变到适应新系统的业绩考评体系，是对企业的一个考验。

综上所述，企业应用ERP系统，存在一定的风险，分析风险的目的不是要企业放弃实施ERP系统，而是要企业充分估计风险，正确对待风险，认识到ERP

的实施是管理项目而不仅仅是 IT 项目，并通过项目管理有针对性地管理风险，从而成功实施 ERP。

四、ERP 系统的实施效益

正如我们在开篇案例中看到的那样，ERP 系统可以为企业带来巨大效益。据美国生产与库存控制学会统计，使用一个 ERP 系统，平均可以为企业带来如下经济效益：

• 库存下降 30%～50%。因为它可使一般用户的库存投资减少 40%～50%，库存周转率提高 50%。

• 延期交货减少 80%。当库存减少并稳定的时候，用户服务的水平提高了，使使用 ERP 企业的准时交货率平均提高 55%，误期率平均降低 35%，这就使销售部门的信誉大大提高。

• 采购提前期缩短 50%。采购人员有了及时准确的生产计划信息，就能集中精力进行价值分析、货源选择，研究谈判策略，了解生产问题，进而缩短采购时间，节省采购费用。

• 停工待料现象减少 60%。由于零件需求的透明度提高，计划也作了改进，能够做到及时与准确，零件也能以合理的速度准时到达，因此，生产线上的停工待料现象将大大减少。

• 制造成本降低 12%。由于库存费用下降、劳力节约、采购费用节省等一系列人、财、物的效应，必然会引起生产成本的降低。

• 管理水平提高，管理人员减少 10%，生产能力提高 10%～15%。

此外，以我国中小型生产制造企业 2009 年的数据为例，在应用 ERP 后，有 89%的企业产品的准时率得到了保证和提高；84%的企业降低了自制产品的返工率，有效缩短了成品的出厂周期；92%的企业的优良率得到了明显的提高。如图 6-9 所示。

总体而言，ERP 系统的实施能为企业带来的主要效益有以下几个方面：

第一，降低成本。与传统的非集成系统相比，新的 ERP 系统降低了企业的事务处理成本，节省了硬件、软件和 IT 支持人员方面的开销。

第二，提高质量和效率。ERP 创建了一个集成和改进企业内部业务流程的框架，显著提高了客户服务、生产及分销的质量和效率。

第三，提供决策支持。ERP 可以快速向管理人员提供关于企业运营的跨部门信息，显著提高了管理者的决策能力。

第四，增强企业的敏捷性。ERP 系统打破了业务流程、信息系统和信息资

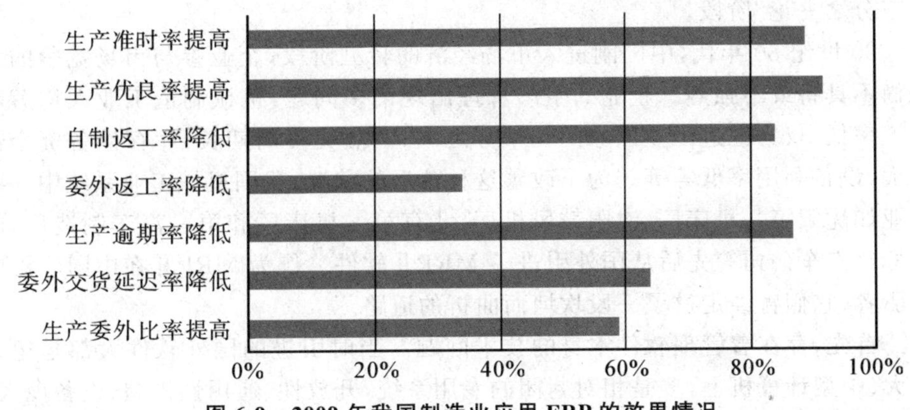

图 6-9 2009 年我国制造业应用 ERP 的效果情况

源中传统部门和职能壁垒，使企业的组织结构、管理层的反应能力和员工的工作角色变得更加灵活，敏捷性和适应性得到提高，从而使企业更易抓住新的商业机会。

第五节 ERP 在中国的应用

一、ERP 在中国的发展历程

自 1981 年沈阳第一机床厂从德国工程师协会引进中国第一套 MRPⅡ软件到今天，中国 ERP 应用已走过了 30 多年的历程。早期，由于中国企业自身管理基础薄弱，信息化水平较低，这一源自发达国家的信息技术产品有点"水土不服"。尽管如此，随着产品的不断发展与成熟，以及中国企业的管理能力和信息技术应用水平不断提高，ERP 逐渐被越来越多的企业应用。自 2002 年中国软件市场进入快速成长期以来，ERP 在管理软件总体市场中的比重逐年提升，2002 年 ERP 软件销售额首次超过财务管理软件，ERP 成为中国管理软件市场中最大的细分产品市场。

回顾我国的 MRPⅡ/ERP 的应用和发展过程，大致可划分为三个阶段：

1.第一阶段：启动期

这一阶段几乎贯穿了整个 80 年代，其主要特点是立足于 MRPⅡ的引进、实施以及部分应用阶段，其应用范围局限在传统的机械制造业内（多为机床制造、汽车制造等行业）。由于受多种障碍的制约，应用的效果有限，被人们称之为"三个三分之一论”阶段。

20 世纪 80 年代，中国刚进入市场经济的转型阶段，企业参与市场竞争的意识尚不具备或不强烈。企业的生产管理出现诸多问题：机械制造工业人均劳动生产率低，仅为先进工业国家的几十分之一；产品交货周期长；库存储备资金占用大、设备利用率低等等。为了改善这种落后的状况，我国机械工业系统中一些企业如沈阳第一机床厂、沈阳鼓风机厂、北京第一机床厂和第一汽车制造厂、广州标致汽车公司等先后从国外引进了 MRPⅡ软件。作为 MRPⅡ在中国应用的先驱者，它们曾经走过了一段坎坷而曲折的道路。

首先，存在着管理软件本身的技术问题。当时引进的国外软件大都是运行在大、中型计算机上，多是相对封闭的专用系统，开放性、通用性极差，设备庞大，操作复杂，系统性能的提升困难，而且国外的软件没有完成本地化的工作，加上耗资巨大，同时又缺少相应配套的技术支持与服务。其次，存在着缺少 MRPⅡ应用与实施的经验问题。由于 MRPⅡ管理软件在中国处于起步阶段，这些第一批引进 MRPⅡ软件的企业只能“摸着石头过河”。再者，存在着思想认识上的障碍问题。当时企业的领导大都只是将这一项目视作为一项单纯的计算机技术，对其重视程度不够。尽管如此，仍有些企业获得了一些效益，如北京第一机床厂、沈阳机床厂和沈阳鼓风机厂等；也有的企业应用并不理想，例如广州标致汽车公司在 80 年代后期共斥资 2000 多万法郎从法国引进了 MRPⅡ系统并安装在两台 BULL 公司的 DPS 7000 主机上，目标是实现对全公司的订单、库存、生产、销售、人事、财务等进行统一管理，以提高公司的运营效益，但结果其应用的部分尚达不到软件系统 1/10 的功能。故从整体来看，企业所得到的效益与巨大的投资及当初的宏图大略相去甚远。

为此，一些专家学者在分析和总结这段时期的应用情况后，提出了“三个三分之一”论点，即：“国外的 MRPⅡ软件三分之一可以用，三分之一修改之后可以用，三分之一不能用。”这就是被人们戏称的“三个三分之一”论阶段。

2.第二阶段：成长期

这一阶段大致是从 1990 年至 1996 年，其主要特征是 MRPⅡ/ERP 在中国的应用与推广取得了较好的成绩，从实践上否定了以往的观念，被人们称为“三个三分之一休矣”的阶段。该阶段占据主导地位的大多还是外国软件。

随着改革开放的不断深化，我国的经济体制已从计划经济向市场经济转变，产品市场形势发生了显著的变化，这对传统的管理方式提出了严峻的挑战。该阶段的管理软件虽仍然主要还是定位在 MRPⅡ软件的推广与应用上，然而涉及的领域已突破了机械行业而扩展到航天航空、电子与家电、制药、化工等行业。典型的企业有成都飞机制造工业公司、广东科龙容声冰箱厂、山西经纬纺织机械厂、上海机床厂、一汽一大众汽车集团等。此外，像北京第一机床厂、沈阳机床厂、沈阳鼓风机厂等老牌的 MRPⅡ用户在启动了国家“863”的 CIMS(Computer Integrated Manufacturing System 计算机集成制造系统)重点工程后，都先后获得了可喜的收益。如北京第一机床厂的管理信息系统实现了以生产管理为核心，联结了物资供应、生产、计划、财务等各个职能部门，可以迅速根据市场变化调整计划、平衡能力，效率提高了 30 多倍，为此于 1995 年 11 月获得了美国制造工程师学会(SME)授予的“工业领先奖”；广东科龙容声冰箱厂的 MRPⅡ项目，经美国 APICS(美国生产与库存管理协会，American Production and Inventory Control Society Inc.，创建于 1957 年)的专家认定达到了 A 级应用水平，等等。总之，大多数的 MRPⅡ用户在应用系统之后都获得了或多或少的收益，这是不容否定的事实。

之所以取得了这样的成绩，主要原因在于：一是计算机技术的发展。如客户机/服务器体系结构和计算机网络技术的推出和普及，软件系统在 Unix 小型机/工作站上以及微机平台上的扩展和软件开发趋势的通用性和开放性，都使得 MRPⅡ的应用向更深更广的范围发展；二是由于中国企业已进入体制转变和创新阶段，积极地革新企业管理制度和方法，并采用新型的管理手段来增强企业的综合实力；三是一些国外的软件公司已完成了本地化的工作，其产品在开放性和通用性方面也作了许多改善，同时我国的财务制度和市场机制也逐渐向国际化靠拢，再有就是一些国内的公司对国外软件经过二次开发和改装后形成了国内版本的软件并将其推向市场，使得中国的企业有了更广的选择范围；四是人们在经过了一段时间的学习和探索之后，在观念上开始转变，实践上也积累了一定的经验。为此，业界有识之士高声疾呼“三个三分之一休矣”，进而对该阶段 MRPⅡ在中国的推广和应用给予了肯定。

但不容忽视的是，虽然取得了较大的成绩，但也存在着诸多不足之处，主要有：企业在选择和应用 MRPⅡ时缺少整体的规划；应用范围的广度不够，基本上是局限在制造业中；管理的范围和功能只限于企业的内部，尚未将供应链上的所有环节都纳入企业的管理范围之内；部分企业在上马该项目时未对软件的功能和供应商的售后技术支持作详细和全面的考察，造成不必要的浪费。

3.第三阶段：进一步发展期

该时期是从 1997 年开始至今，其主要特点是 ERP 的引入并成为主角；应用范围也从制造业扩展到第二、第三产业；并且由于不断的实践探索，应用效果也得到了显著提高，因而进入了 ERP 应用的“进一步发展阶段”。

第三产业的充分发展正是现代经济发展的显著标志。金融业早已成为现代经济的核心，信息产业日益成为现代经济的主导，这些都在客观上要求有一个具有多种解决方案的新型管理软件来与之相适应。因此 ERP 就成为了该阶段的主角,并把它的触角伸向各个行业,特别是对第三产业中的金融业、通信业、高科技产业、零售业等情有独钟,从而使 ERP 的应用范围大大地扩展。例如德国著名的 ERP 软件供应商 SAP 公司就推出了多种行业的解决方案,其中除了传统的制造业外,还有金融业、高科技产业、邮电与通信业、能源(电力、石油与天然气、煤炭业等)、公共事业、商业与零售业、外贸行业、新闻出版业、咨询服务业、甚至于医疗保健业和宾馆酒店等行业的解决方案。

另外,随着市场经济的发展,中国企业原有的经营管理方式早已不适应剧烈竞争的要求。企业面临的是一个越来越激烈的竞争环境,ERP 却由于具有更多的功能而逐渐被企业所青睐。它可为企业提供投资管理、风险分析、跨国家跨地区的集团型企业信息集成、获利分析、销售分析、市场预测、决策信息分析、促销与分销、售后服务与维护、全面质量管理、运输管理、人力资源管理、项目管理以及利用 Internet 实现电子商务等 MRPⅡ不具备的功能,企业能利用这些工具来扩大经营管理范围,紧跟瞬息万变的市场动态,参与国际大市场的竞争,获得丰厚的回报。然而,在新的形势下又出现了新的问题,这些问题我们将在下面部分进行阐述。

总体而言,目前我国的宏观环境正在日益完善,今后企业的兴衰存亡将更多地取决于企业自身的竞争能力。在这种形势下,中国将有越来越多的企业认同并使用 ERP,以实现科技与管理双轮并进。

二、ERP 在中国的应用现状

近年来 ERP 市场的飞速成长显示出了它的巨大发展潜力。从国内的情况来看,中国的 ERP 行业自 1995 年至 1997 年年均增长速度约为 27%,而 1998 年增长速度竟高达 35%(不包括财务软件),市场销售额达到了 4.2 亿元。1999 年由于亚洲金融风暴滞后效应等因素的影响,ERP 市场有较大的回落。但随着财富论坛在上海的成功召开,中美 WTO 协议的最终签署,使得大多数无论是中资企业还是外资企业,都坚定了进一步投资的信心,这使得 1999 年下半年以及 2000 年的 ERP 市场又重现商机。

2004 年,中国企业解决方案投入总额为 8.46 亿美元,其中 ERP 占 53.6%,全球和美国 ERP 市场占全部企业解决方案投入的比例分别为 46.3%和43.9%。这说明,中国的 ERP 市场还处于相对初级的阶段,中国企业在很长一段时间内对 ERP 仍有旺盛的需求。

到 2008 年,中国 ERP 市场的规模增长到 7.20 亿美元,与 2003 年的 4.18 亿美元相比，复合年均增长率高达11.5%，增长速度超过世界上大多数国家。

尽管中国的ERP市场增长强劲，但ERP支出占全部信息技术支出的比例仍大大低于发达国家。以2004年的数字为例，中国ERP支出占信息技术支出的比例为1.7%，而同期日本、美国、英国的比例分别达到2.5%、3.3%和4.2%，这昭示着中国ERP市场的巨大增长潜力。具体分情况如下：

1.市场总量分析

根据计世资讯的统计，截止2010年，随着制造业对IT投资的大幅增加，作为制造企业信息化核心的生产制造ERP，其投资额也获得了迅猛的增长。2010年，中国生产制造ERP市场规模达到58.2亿元，同比2009年增长27.2%，同时，27.2%的增幅也意味着生产制造ERP市场规模的增速基本恢复到了金融危机之前的水平。另一方面，从2010年ERP整体市场情况来看，其整体增长幅度是24.6%，生产制造ERP市场增速得以继续领跑于ERP总体市场。如图6-10所示。

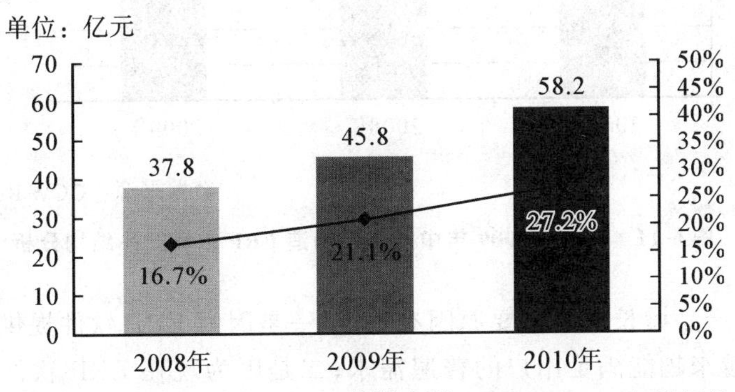

图6-10 2008—2010年中国生产制造ERP市场规模分析

从制造行业对生产制造ERP的应用来看，目前企业已经逐渐走过了仅仅注重使用财务模块的阶段，开始越发重视对生产制造模块的应用。从厂商角度来看，各大厂商已能将生产制造ERP作出更多细分，同时，国内厂商的生产制造ERP产品也已经到达了比较完备的阶段。2010年的国内生产制造ERP市场可以归结为——虽与发达国家仍有差距，但通过用户的不断应用和厂商的不断开发，成熟度在一步步提升，已经到达了相对成熟的层次。

当然，也应看到国家经济刺激计划在2010年对国有企业及国有企业的信息化的重大推动，从而帮助一些以国有企业为主的软件厂商获得很好的市场发展机会，这一部分在2010年生产制造ERP市场的扩大中也起到了重要的作用。

2.产品结构分析

根据计世资讯的统计，2009年中国生产制造ERP市场规模达到45亿元，其中通用型的产品占比54.9%，达24.7亿元；定制型产品占比45.1%，为20.3亿元。相对而言，当前通用型产品增长比定制型产品更快。2009年，通用型生产制造ERP产品的增长率达到21%，而定制型生产制造ERP产品的增长率只有16.8%。如图6-11所示。

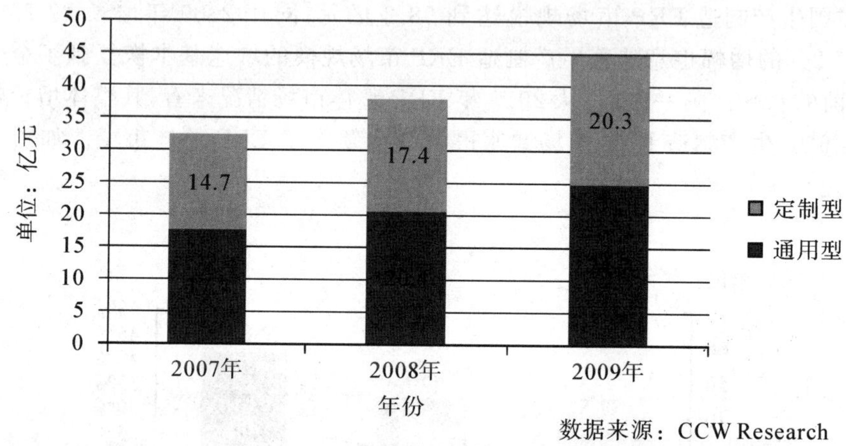

图6-11　2007—2009年中国生产制造ERP市场产品结构分析

通用型产品增长快的主要原因有三点：一是因为ERP软件提供商的产品进一步深化，越来越能满足用户的普遍需求；二是因为现在ERP软件都提供功能强大的二次开发平台，使得用户能够在通用、标准的ERP产品的基础上方便地进行个性化开发；三是因为用户经过多年的信息化实践之后，越来越接纳通用型产品，而不愿采用项目式的定制化产品。

3.品牌结构分析

据计世资讯统计显示，2009年中国生产制造ERP通用型产品市场规模为24.7亿元，参与该市场竞争的厂商包括SAP、Oracle、Infor、Sage、QAD等国际厂商，也有鼎捷软件(DCMS)、用友、金蝶、浪潮等国内厂商。在所有品牌中，排名前三的分别是SAP、鼎捷软件和用友公司，他们的市场份额分别为20.4%、13.7%、11.5%。在国内品牌中，排在前三位的分别是鼎捷软件、用友和金蝶，如图6-12所示。

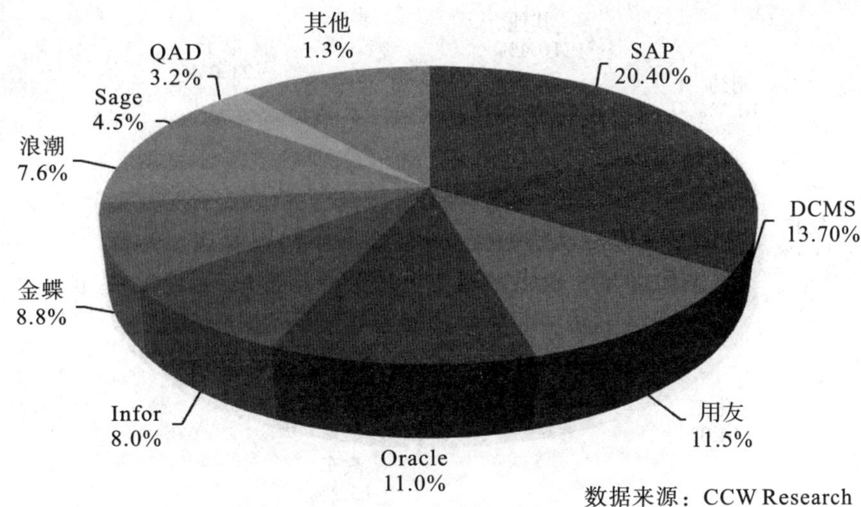

图 6-12 2009 年中国通用型生产制造 ERP 市场份额

总体而言，2009 年国内生产制造 ERP 软件市场的竞争格局发生了较大的变化。这种变化有两大表现：第一，国外厂商的份额在降低。SAP、Oracle 所占的市场份额都比 2008 年有所降低。这主要是因为，他们的市场主要集中在国内高端客户，但这两年高端客户 ERP 系统的投资高潮已过。第二，用友、金蝶的市场份额快速增长。这主要得益于他们 ERP 中的生产模块日益完善，并且其品牌影响日益强大，渠道覆盖面日益宽广。

4.行业结构分析

2009 年，生产制造 ERP 市场的行业分布结构仍然呈现较为分散的态势，排在前三位的分别是电子、机械、汽车，他们所占的比例分别为 21%、18% 和 15.2%。相比 2008 年而言，电子行业所占比例有所下降，而汽车和钢铁等企业有所增加，如图 6-13 所示。

5.区域结构分析

从 2009 年生产制造 ERP 市场的区域分布来看，排在前三位的仍然是华东、华北、华南，其所占比例分别为 28%、24.9% 和 17.4%（图 6-14）。和 2008 年相比，2009 年生产制造 ERP 市场的区域分布有所变化。其中，最主要的变化有两点：第一，华南市场受到 2008 年金融危机的影响仍然没有得到完全恢复，所占比例进一步下降；第二，华中市场所占比例提高较快。事实上，由于近年来一些制造企业持续向江西、安徽、湖南等中部地区转移，拉动了华中地区 ERP 市场的增长。

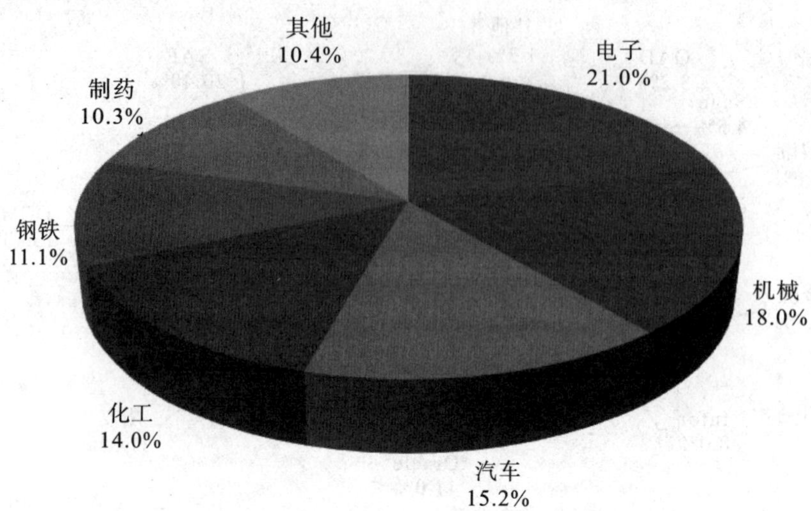

图 6-13　2009 年中国生产制造 ERP 市场行业分布

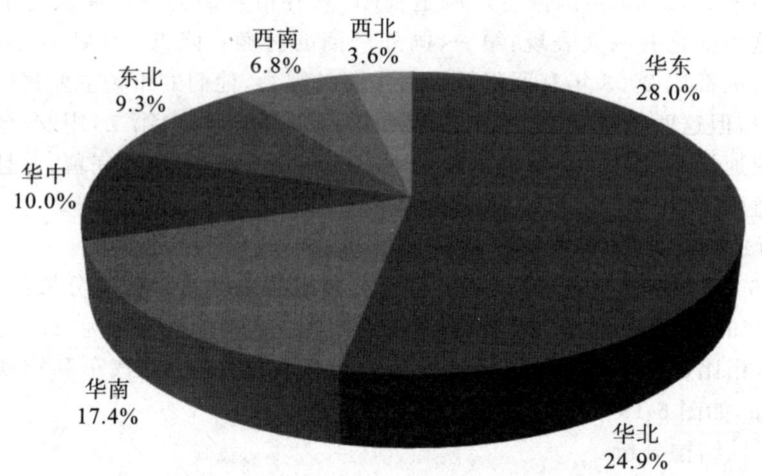

图 6-14　2009 年中国生产制造 ERP 市场区域分布

由以上数字可以看出，ERP 这一新的管理方法和管理手段正如火如荼地在中国企业中应用和发展。现阶段，从产品结构来看，ERP 产品仍然以通用型为主；从品牌结构来看，ERP 市场呈现群雄逐鹿的现象，国内外厂商百家争鸣；从行业结构来看，电子行业仍占主导地位，但比例逐年下降；从区域结构来看，ERP 在各地区发展不平衡，华东、华北、华南等经济发达地区发展较快。尽管 ERP 在我国不同地区不同行业的应用情况有所差异，但它无疑给在市场经济大潮中奋力搏击的众多企业注入了新的血液。

三、ERP 在中国面临的主要问题

ERP 是先进的管理思想和管理工具，能够为企业带来丰厚的回报。前面已经提及，在中国已经有越来越多的企业引入 ERP 系统，提升企业信息化水平。然而 ERP 的实施是一项复杂的工程，许多中国企业在使用 ERP 的过程中存在不少问题。

1.中国企业实施 ERP 中存在的问题

(1)ERP 的应用缺乏统一的战略规划

提高企业信息化水平是国内许多企业实施 ERP 的主要目的之一。然而，企业信息化绝非一时之功，国内有些企业尤其是在规模较大的制造企业，由于机构的复杂、业务处理的复杂、渠道的复杂、制造过程的复杂，往往没有根据企业的实际管理现状和管理需求、制定有步骤有目的的实施策略，而是采取贪大求全，一步到位的方式，这种 ERP 战略成功的可能性几乎没有。这主要是因为许多企业领导者对于企业的战略管理始终缺乏有效的认识，基于 ERP 战略的企业信息化绝不是为信息化而化，它是依赖于企业长期的发展战略而建立的信息化体系，如果在信息化伊始并没有制定信息化的方针和策略，也没有充分研究所选择的开展信息化内容的可行性，而采取匆忙上马 ERP 的方式，这种信息化方式的本身存在巨大的风险。所以无论是西方的现代企业、还是在东方的传统企业，要想获得 ERP 信息化的成功，必须从企业管理需求出发，按照统一规划、分步实施的方式，一步一个脚印才能够实现企业信息化目标。

(2)ERP 软件与企业管理体系不协调

ERP 是制造技术、先进管理思想和与信息技术手段相结合的产物，以促进企业管理水平和管理效率为最终目的软件系统，其实施的成功必然要建立在一定的管理基础之上。国内企业的管理基础与国外企业有很大不同，只有符合国情的 ERP 系统，才可能达到实施目的。但目前我国中小企业管理水平偏低，劳动生产率低下，管理制度和工作流程混乱，管理方法和技术陈旧，致使重要信息输入、处理、输出、反馈不及时，信息资源不系统、不完整，缺乏连续性和正确性，大部分企业不具备直接实施 ERP 系统的条件。据统计，由于企业管理基础工作较为薄弱，国内企业 60％不能按时获取准确的数据或难以获取数据，而导致系统运行效果差或无法运行。因此，如果不考虑企业现实，在管理基础不满足实施要求的情况下，盲目地上马 ERP，只会使实施过程困难重重，并最终导致实施效果不佳甚至失败。

目前我国国内企业所应用的ERP软件大部分是依赖于西方的管理思维和方法，有些软件没有考虑到国内企业的实际情况，导致无法得到很好的应用，产生这种现象的根本原因是国内企业的文化和管理技能还无法与这类软件实现真正的融合。有些企业在启动ERP的过程中由于缺乏必要的需求分析，忽略了软件对于管理的适应性。企业往往盲目地相信咨询人员所作出的业务流程重组将辅助企业实现信息化这样的承诺，但是当业务流程重组之后却发现许多业务在系统中根本无法实现。此时作为企业来讲，生存永远是第一需要，这种无法满足业务需求的软件，自然无法应用。

(3)缺乏企业信息化人才

企业信息化人才不足是制约ERP在企业信息化中应用的关键因素。目前，信息化人力资源指数是企业各要素中水平最低的，因此信息化人才不足成为制约我国企业实施ERP管理信息化持续发展的关键因素。企业信息化应用的人才短缺主要表现在两个方面：一方面是ERP方面的企业管理信息化人才的需求与供给失衡，这主要是因为我国企业实施信息化的起步相对比较晚，目前高校以及社会上对ERP方面的人才供给形成了一定的空白地带；另一方面在于企业对已有的信息化管理人才激励存在问题，同时对企业的信息化人才缺乏完善的开发和培养机制。

(4)信息化基础比较薄弱

我国大多数企业的信息化基础比较薄弱，主要表现在基础数据的准确性差。基础数据是实施ERP最基础最关键的环节，人们常说ERP项目成功的关键是“三分技术，七分管理，十二分数据”，基础数据的重要性可见一斑。从ERP系统的实用性出发，20%的基础数据往往决定了ERP系统80%的运行效果。简化ERP系统的基础数据，只整理关键的基础数据，可以减少项目实施工作量，缩短实施周期。而我国目前基础数据的准确性较差，主要表现在生产系统运行不规范、生产过程不稳定、企业管理机制和市场环境不完善等方面，破坏了基础数据统一性、完整性和流畅性，最终导致基础数据的准确性下降。

2.ERP现存问题的解决措施

(1)整体规划，分步实施

和国外相比，我国大部分企业规模偏小，资金有限，不能像国外大型企业那样一次性采购大量组件，也很难在项目中途追加投资。所以企业要尽量降低实施ERP的难度，才能在多种资源都存在局限的条件下提高成功率。

结合我国企业的实际情况，把ERP项目进行科学的分解，“整体规划，分步实施”是一个可行的办法。企业的长远规划是企业达到一定规模后，ERP管理模式形成完整的体系，成熟运行；而在初期阶段，则应该以“入门”和“学习”为主要原则，适当缩小项目规模，降低门槛。这要求在软件功能的选择上不能贪多图全，要以务实为准则，仅选择够用的组件，如财务、业务、物流和管理会计等模块已基本足够。至于行政、人事、资产管理、投资分析等功能留待系统升级时再考虑也不迟，只需一开始预留好接口，保证系统以后的扩展性即可。对于企业来说，因为不涉及生产活动，大量与生产有关的复杂功能都不需要采用，这也是其降低项目难度的先天优势。

(2)促进 ERP 软件和管理体系的融合

一方面，企业需要提高自身管理水平，完善管理制度，改进管理方法和技术，进行流程再造。其中，在进行流程再造(BPR)之前，必须对所有的流程从有无效率、是否合理的角度进行审视，然后从不合理且无效率的业务流程入手，逐一规范和调整。BPR 须遵循以下原则：面向供应链设计流程，注重整体流程优化，组织依流程定，而不是流程依组织定，充分发挥每个人在整体流程中的作用，利用信息技术协调分散与集中的矛盾，实现从职能管理到面向业务流程管理转变。

另一方面，选择一个与本企业实际相适合的 ERP 软件。应着重了解 ERP 的功能是否体现了 ERP 的主要思想，是否涵盖了企业的主要业务范围。功能的强弱是相对的，有的 ERP 产品功能模块很多，涵盖的企业类型也很广，但其中相当多的功能是本企业用不上的，这样不仅为这些功能付费，而且还增加了企业维护成本。

(3)完善企业信息化人才培训和激励机制

企业要建立以生产管理人员为主，计算机技术人员配合的 ERP 实施队伍。根据企业的实际要求，目标明确、有针对性、有步骤地培训骨干力量，分步进行系统实施。企业要注意实施 ERP 过程中“人”的积极参与，同时努力消除执行中人为因素的干扰，因为人才的因素从根本上制约着实施的效果。ERP 系统的实施完全是一个系统工程，要取得成功，关键还是企业从高层领导到具体操作人员的上下一致，统一思想，一鼓作气，从企业政策规章、人员素质等多方面共同创造高度有效的实施软环境。因此，积极推行管理应用系统的主体应该是各层次管理人员，而不是某一个部门的技术人员。

在人才激励方面，企业管理层应该充分认识到在目前的形式下，企业信息化及 ERP 方面的人才是一种稀缺性资源，一方面应该在事业、待遇、感情等方面留住人才，另一方面要对信息化人才提供良好的激励，比如以职工参股、设定技术方面的奖金等方式来充分调动企业信息化人才工作的积极性，从而保证 ERP 系统的高质量运转。

(4)完善信息技术系统,建立完备的数据库

数据环境建设是企业信息化关键的基本工作。企业数据环境的建设应包括企业生产、经营和管理活动的数据采(收)集、加工和处理,数据维护应该遵循"以数据为中心,实现数据标准化,完善数据最优化"的原则,"统一领导、统一规划、统一组织开发",由低级逐步向高级发展综合应用数据库的建设,贵在坚持、重在落实。

其中,前期的基础数据准备是保证系统正确运行的关键。很多企业实施其他的系统往往在这个环节停滞不前,最终导致失败。这些数据包括:客户数据、供应商数据、物料数据、产品结构、工序及工艺等静态数据,还包括库存、客户订单,发货,交货、发票,应收,应付等每时每刻会变化的动态数据。企业可以在各个部门建立数据采集组,由部门领导担任组长,设数据转换协调员及相关模块的数据转换员,分块进行数据采集和审核,在此基础上由协调员再进行审核,在部门内部进行两次审核,保证数据准确性,同时公司数据转换组会在部门审核基础上再次进行审核,保证数据正确,在这三次审核后,数据会再次下发部门,由部门进行最终的审核和确认,通过数据转换组的四重审核保证数据的质量。

第六节 ERP 未来的发展趋势

迄今为止,ERP 从最初的 MRP 发展到现在,已经历经 50 多年的历史。随着信息技术的不断发展,客户对于系统软件要求的不断提高,ERP 已经步入了新的发展阶段——ERPⅡ阶段。

ERPⅡ(Enterprise Resource Planning Ⅱ)是 2000 年由美国调查咨询公司 Gartner Group 在原有 ERP 的基础上扩展后提出的新概念。Gartner 给 ERPⅡ的定义是:ERPⅡ是通过支持、优化企业内部与企业之间的协同运作和财务过程,以创造客户和股东价值的一种商务战略和一套面向具体行业领域的应用系统。为了区别于 ERP 对企业内部管理的关注,Gartner 在描述 ERPⅡ时,引入了"协同商务"的概念。协同商务(Collaborative Commerce 或 C-Commerce),是指企业内部人员、企业与业务伙伴、企业与客户之间的电子化业务的交互过程。为了使 ERP 流程和系统适应这种改变,企业对 ERP 的流程以及外部的因素提出了更多的要求,这就是"ERPⅡ"。

ERPⅡ涉及业务、应用和技术战略方面的六项要素:角色、领域、功能、过程、构架、数据。ERPⅡ在这六大方面都有别于传统 ERP。如表 6-4 所示。

表 6-4　ERP 与 ERPⅡ的区别

	ERP	ERPⅡ
角色	个别企业最佳化	供应链、价值链共享/支持协同商务
领域	制造和分销	所有部门/分支
功能	制造、销售、分销和财务流程	跨行业，特定行业
过程	内部的、隐藏的	与外部连接的
架构	意识到 Web，封闭的、单一的	基于 Web 的、开放的、组合化的
数据	内部产生与使用	内部、外部使用和分享

第一，传统 ERP 包括会计、采购、订单处理、成本核算、生产管理和库存管理，而 ERPⅡ的功能范围却远不止这些，它还包括许多其他方面，比如客户关系(CRM)和供应链管理(SCM)、供应链计划和执行、电子采购和产品协同商务等。

第二，ERPⅡ的应用软件都是根据具体的领域(行业群，例如流程制造业、离散制造业、资产密集业和服务密集业)和具体的行业(例如包装消费品行业)专门设计和开发的，而 ERP 则没有考虑到各个领域和各个行业的特性。

第三，ERPⅡ不仅整合传统的、内部的企业流程，而且整合企业内部和外部的全部商务流程，既能帮助企业与某一具体的合作伙伴建立联系，又能帮助企业与由多个合作伙伴组成的共向体建立联系。

"协同、集成、内外部关系资源的整合"是 ERPⅡ系统的关键理念。它通过一整套专用软件功能组件的整合，实现内部与外部资源的最优规划，实现用户与消费者之间价值的最大化。在 ERPⅡ理念的指引下，未来 ERP 将朝着下面这些方向发展：

1.ERP 与客户关系管理(CRM)

ERP 将更加面向市场和顾客，通过基于知识的市场预测、订单处理与生产调度等进一步提高企业在全球化市场环境下的优化能力；并进一步与客户关系管理结合，实现市场、销售、服务的一体化，使 CRM 的前台客户服务与 ERP 后台处理过程集成，提供客户个性化服务，使企业具有更好的顾客满意度。

2.ERP 与电子商务、供应链(SCM)、协同商务

ERP 将面向协同商务，支持企业与贸易共同体的业务伙伴、客户之间的协作，支持数字化的业务交互过程；ERP 供应链管理功能将进一步加强，并通过电子商务进行企业供需协作，如汽车行业要求 ERP 的销售和采购模块支持用电子商务或 EDI 实现客户或供应商之间的电子订货和销售开单过程；ERP 将支持企业面向全球化市场环境，建立供应商制造商与分销商间基于价值链共享的新伙伴关系，并使企业在协同商务中做到过程优化、计划准确、管理协调。

3.ERP 与产品数据管理(PDM)

产品数据管理将企业中的产品设计和制造全过程的各种信息、产品不同设计阶段的数据和文档组织在统一的环境中。近年来，ERP 软件商纷纷在 ERP 系统中纳入了产品数据管理功能或实现与 PDM 系统的集成，增加了对设计数据、过程、文档的应用和管理，减少了 ERP 庞大的数据管理和数据准备工作量，并进一步加强了企业管理系统与 CAD、CAM 系统的集成，提高了企业的系统集成度和整体效率。

4.ERP 与制造执行系统(MES)

为了加强 ERP 对于生产过程的控制能力，ERP 将与制造执行系统 MES、车间层操作控制系统 SFC 更紧密地结合，形成实时化的 ERP/MES/SFC 系统。该趋势在流程工业企业的管控一体化系统中体现得最为明显。

5.ERP 与工作流管理系统

全面的工作流规则保证与时间相关的业务信息能够自动地在正确时间传送到指定的地点。ERP 的工作流管理功能将进一步增强，通过工作流实现企业的人员、财务、制造与分销间的集成，并能支持企业经营过程的重组，也使 ERP 的功能可以扩展到办公自动化和业务流程控制方面。

6.加强数据仓库和联机分析处理(OLAP)功能

为了支持企业高层领导的管理与决策，ERP 将数据仓库、数据挖掘和联机分析处理等功能集成进来，为用户提供企业级宏观决策的分析工具集。

7.ERP 系统动态可重构性

为了适应企业的过程重组和业务变化，企业越来越多地强调 ERP 软件系统的动态可重构性。为此，ERP 系统动态建模工具、系统快速配置工具、系统界面封装技术、软构件技术等均被采用。ERP 系统也引入了新的模块化软件、业务应用程序接口、逐个更新模块增强系统等概念，ERP 的功能组件被分割成更细的构件以便进行系统动态重构。

8.ERP 软件系统实现技术和集成技术

ERP 将以客户/服务器、浏览器/服务器分布式结构、多数据库集成与数据仓库、XML、面向对象方法和 Internet/Extranet、软构件与中间件技术等为软件实现核心技术，并采用 EAI 应用服务器 XML 等作为 ERP 系统的集成平台与技术。

ERP 的不断发展与完善最终将促进基于 Internet/Extranet 的支持全球化企业合作与敏捷虚拟企业运营的集成化经营管理系统的产生和不断发展。

思考案例

青岛啤酒股份有限公司ERP实施案例

青岛啤酒股份有限公司的前身为国营青岛啤酒厂，始建于1903年，是我国历史最悠久的啤酒生产企业之一。“九五”以来，青啤在“大名牌战略”的带动下，本着“锐意进取，奉献社会”的经营理念，以顾客为中心，确立并实施了“新鲜度管理”、“高起点发展、低成本扩张”等战略决策，并购多家企业，实现了跳跃式和超常规发展。

“青啤的发展目标是建设成为一家国际化大公司，在业务运营、财务管理、市场拓展等等方面都要与国际接轨。因此，我们需要一个支持国际化企业运作的信息系统作为我们实现目标的基础平台。Oracle电子商务套件不仅提供了集成、完整、可扩展的管理平台和解决方案，使青啤能够在未来的不断发展壮大过程中，及时扩展系统的应用范围，为青啤的未来发展提供保障，而且还包含了全球化企业运营的管理思想和方法，满足我们集团化、国际化管理的应用需求。”

随着中国加入WTO，国内啤酒行业的竞争越来越激烈，为了能够在日益激烈的市场竞争中不断巩固并扩大竞争优势，拥有百年发展历程的青岛啤酒，确定了做强做大、建设国际化大公司的战略目标。为实现这一战略目标，青岛啤酒股份及时引进Oracle电子商务套件，牵手专业管理咨询公司——佳邦信息咨询有限公司，共同制定了“总体规划、领航实施、建立模板、滚动推广”的信息化实施策略，稳步推进企业信息化，以信息技术改造传统产业，以期最终实现整个集团信息流、资金流的畅通流转，实现大型集团公司在规模效益和灵活应变能力的高度统一，为青岛啤酒在新的竞争环境下不断提升竞争力奠定坚实的基础。

(一)资源整合，更强更大

“九五”以来，青啤在“大名牌战略”带动下，本着“锐意进取，奉献社会”的经营理念，以顾客为中心，确立并实施了“新鲜度管理”、“高起点发展、低成本扩张”等战略决策，并购了多家企业，实现了跳跃式和超常规的发展。青岛啤酒通过并购实现了企业的快速扩张，在战略布局上抢先形成优势。但随之而来的是：如何整合集团公司的资源，使青啤股份在快速扩张后能够与以前的战略、理念、使命以及组织架构保持有机的平衡，真正实现规模效益？面对加入WTO之后全球经济一体化及国内外环境的变化，青啤以建设国际化大公司为目标，努力建设学习型组织，适时进行战略性调整，由“做大做强”向“做强做大”转变，由以“外延式扩大再生产”为主向“内涵式扩大再生产”为主转变，加快整合创新，不断提高自身核心竞争力，以稳健的步伐向国际化大公司迈进。

青岛啤酒的快速整合创新，需要建立在青啤股份物流、资金流、信息流全面整合的基础之上。为此，青岛啤酒决定进一步深化、完善信息化建设规划，实施一套功能强大、技术先进、设置灵活的管理信息系统，通过集成的业务应用和技术产品及联盟伙伴，全力实现支持消费品价值链的信息化管理平台——把供应商、生产厂家、零售商和最终消费者联系在一个有效的市场环境中。也就是说，能够在整个青啤股份内实现物流、资金流、信息流的同步处理与全面集成，提高企业信息准确度、及时性，提高企业综合信息的决策能力。

(二)采用 Oracle 软件，领航实施，滚动推广

为实现这一目标，青岛啤酒与佳邦信合作，采用在全球范围内拥有大量大型集团公司成功应用案例的 Oracle 电子商务系统，部署集团级 ERP 系统。为了有效地推动系统实施，并在此过程中规避风险，青岛啤酒与佳邦确立了“总体规划、领航实施、建立模板、滚动推广”的实施策略。选择信息化建设基础较好的华南事业部作为领航实施单位，在领航实施中建立相对完整的模板，针对各事业部所处的经营地域、经营环境和管理基础的不同，在保持统一的规范管理下对领航实施模板进行适当的调整，滚动推广，从而有效提高解决方案的可重用性，并提高集团管理信息结构的标准化。通过领航实施消化了绝大部分技术风险，从而降低项目技术风险，压缩实施周期，减少人员投入。由于所有事业部采用了统一的模块、统一的数据，因此，在每一个事业部的系统成功实施后，可以立即参与集团级信息合并，最终完成集团级系统集成，消除信息孤岛。

(三)为什么选择 Oracle?

Oracle 电子商务系统采用 100% Internet 体系结构，具有极大的伸缩性，与 Oracle 数据库、应用服务器一起，能够有效地帮助大型集团公司建立集团数据中心，全面集中各分支机构的系统，通过完全集中式的管理和部署，提高数据的增值能力和系统的可用性，并极大地降低企业整体 IT 拥有成本。

从应用体验上，青岛啤酒拥有 Oracle 技术的成功应用经验。在 2000 年时，青岛啤酒便采用 Oracle 技术部署的财务与分销系统(青啤股份 ERP 项目一期)，为青岛啤酒推行“新鲜度管理”提供了强有力的支持，实现资金流和物流的透明管理，提高管理效率，有效降低了库存占用资金、仓储费用及周转运输费。比如，实行“新鲜度管理”之初，青啤股份公司青岛本部的产量为 30 万吨，而库存量曾达到 3 万吨。现在，实际产量已超过了 50 万吨，库存却能控制在万吨以内，大大减少了库存占用资金。

“一个企业成功实施 ERP 系统有三个主要因素：一是要有好的系统，二是要有经验丰富的优势实施队伍，三是企业必须提供强大的支持力量。”青啤股份分管信息化的常务董事兼副总经理刘英弟如是说：“青啤的发展目标是建设成为一

家国际化大公司，在业务运营、财务管理、市场拓展等等方面都要与国际接轨。因此，我们需要一个支持国际化企业运作的信息系统作为我们实现目标的基础平台。Oracle 电子商务套件不仅提供了集成、完整、可扩展的管理平台和解决方案，使青啤能够在未来的不断发展壮大过程中，及时扩展系统的应用范围，为青啤的未来发展提供保障，而且还包含了全球化企业运营的管理思想和方法，满足我们集团化、国际化管理的应用需求。”

（四）为什么选择佳邦信息咨询有限公司？

丰富的实施经验是企业能够成功实施 ERP 系统的关键，佳邦在帮助大型集团公司信息系统规划和实施方面拥有丰富的成功经验，与 Oracle 公司有着紧密的合作关系，对如何在大型企业中推广 Oracle 电子商务套件有着独到的见解。佳邦与青啤共同制定的“总体规划、领航实施、建立模板、滚动推广”信息化实施策略尤其适合于青啤的部署环境，为青啤有效部署 ERP 系统指明了战略方向。

（五）强有力的项目推进确保系统顺利实施

在青啤股份决策层的大力支持和积极推动下，青岛啤酒的 ERP 领航项目得以在华南事业部顺利实施。整个项目从 2002 年 6 月启动，经过近 5 个月的奋战，2002 年 11 月 8 日基于 Oracle 平台的青啤集团 ERP 系统得以在华南事业部的本部及 5 个试点企业（4 家工厂、1 个销售公司及其下属 1 个销售分公司）成功上线。领航实施更深远的意义在于建立起系统模型，探索出成功实施的经验，坚定了信息化的信心，在实践中逐步培养了企业的信息管理人才。根据规划，青啤股份将在整个股份公司范围内滚动推广这些系统模型，最终实现整个集团的全面整合，以管理信息系统的整合有力地支持青岛啤酒内组织整合、市场整合、品牌整合、资本整合。

（六）未来发展

随着新一轮 ERP 系统在领航试点单位华南事业部成功上线，以及在集团范围内滚动推广，青岛啤酒将能够更有效地实现集团内部市场网络、管理、品牌、销售等方面的整合工作，实现资源的优化配置，更强有力地贯彻执行集团公司“系统整合、机制创新，提高核心竞争力；结构调整，做强做大，再创新百年辉煌”的工作方针，继续进行市场、品牌、管理等方面的内部系统整合，进一步提高资源的综合利用效率，真正形成协同效应及规模效益，不断提升盈利水平，充分挖掘青岛啤酒品牌所蕴涵的巨大市场潜力，并引入国外先进的管理模式和经验，不断提高核心竞争力和可持续发展能力。

（七）取得的效果

经过两期的实施，统一了 22 041 种物料的编码、品名、计量单位、基本属性及分类；统一会计科目编码；统一固定资产分类编码，清理资产；统一客户、供应商编码及信息格式，整理 1 400 余个客户档案、2 000 余个供应商档案等。通过以上集成数据的规范整理形成公司整体的编码规则，加强公司的基础管理，为将来的滚动实施做好准备。另外还规范优化了公司内部业务流程：全面梳理了 6 大类 100 多个流程，通过软件平台固化，划分责、权、利；流程设计以客户为中心，剔除非增值环节，向“服务导向型”发展；按新流程的要求取消、修改了 8 种关键业务单据。通过以上工作，使业务流程尽可能地向规范、透明、符合国际惯例的标准业务流程靠拢。

资料来源：百度文库，http://wenku.baidu.com

案例思考：

1.青啤 ERP 系统实施前后，企业在信息管理的效能上发生了怎样的变化？这种变化对企业的价值体现在哪里？

2.从以上案例中，你是否可看出 ERP 系统的实施与企业业务流程重组(BPR)之间的关系如何？

第七章 决策支持系统

所谓决策，简单地说，就是从两个以上的备选方案中选择一个方案的过程。它包括在作出最后选择之前必须进行的一切活动。所以，决策就是人们为了达到一定目标，在掌握充分的信息和对有关情况进行深刻分析的基础上，用科学的方法拟定并评估各种方案，从中选出合理方案的过程。

自从 Scott Morton 等人在 20 世纪 70 年代初提出计算机对于决策的支持作用和决策支持系统的概念后，三十多年来，随着决策理论、计算机技术、人工智能、信息技术的发展，决策支持系统无论在概念、结构方面还是在应用方面，都取得了较快的发展。本章主要介绍有关决策、决策支持系统的基本概念，以及决策支持系统的基本原理、开发技术和工具，最后介绍决策支持系统的应用及发展趋势。

基于数据挖掘的物流决策支持系统

近年来，随着物流行业的发展壮大，物流的信息化管理日益为物流企业所重视。大部分物流企业已应用了库存管理信息系统、配送中心管理信息系统、生产管理系统等，这些系统的成功实施为各物流企业的日常管理工作带来了很大的便利，提高了管理效率和水平。但是，这些系统大都是孤立地分属于不同部门，为完成某一个具体的工作而设计。如何有效地整合这些数据，帮助决策者快速、准确地做出决策，提高企业的运作效率，达到企业利益最大化，是物流企业目前急需解决的问题。

基于数据挖掘的物流决策支持系统能够从整体、宏观的角度去分析、解决问题，优化物流资源的配置，提高物流资源的利用率，同时能够帮助物流企业的决策者根据物流发展形势的变化及历史数据做出正确的决策。

(一)理论依据

1.数据挖掘

数据挖掘是将人工智能技术(神经网络、模糊逻辑、遗传算法等)应用到大规模数据中,从大量的、不完全的、有噪声的、模糊的、随机的数据中,提取隐含在其中的、人们事先不知道的、但又是潜在有用的信息和知识的过程。

数据挖掘作为知识发现的一个特定步骤,是知识发现的核心。数据挖掘是一系列技术及应用,或者说是对大容量数据及数据间关系进行考察和建模的方法集,它的目标是,利用算法,从数据中抽取模式,将大容量数据转换为有用的知识和信息。

(1)数据挖掘的过程

数据挖掘的过程一般由三个主要的阶段组成:数据准备、数据采集、结果表达和解释。

(2)数据挖掘方法

数据挖掘方法有很多种,其中比较典型的有关联分析、序列模式分析、分类分析、聚类分析等。

关联分析。即利用关联规则进行数据挖掘,而关联规则是描述事物之间同时出现的规律的知识模式。关联分析的目的是挖掘出隐藏在数据间的相互关系。

序列模式分析。序列模式分析和关联分析相似,它把数据之间的关联性与时间性联系起来,为了发现序列模式,不仅需要知道事件是否发生,而且需要确定事件发生的时间。其目的也是为了挖掘数据之间的联系。但序列模式分析的侧重点在于分析数据间的前后或因果关系。

分类分析。分类分析就是分析示例数据库中的数据,为每个类别做出准确的描述建立分析模型或挖掘出分类规则,能够把集中的数据映射到某个给定的类上,其输入集是一组记录集合和几种标记。

聚类分析。与分类分析不同,聚类分析法的输入集是一组未标定的记录,也就是说此时输入的记录还没有进行任何分类。其目的是根据一定的规则,合理地划分记录集合,使组之间的差别尽可能大,组内的差别尽可能小。

2.决策支持系统

决策支持系统(DSS)是一种以计算机为工具,应用决策科学及有关学科的理论与方法,以人机交互方式辅助决策者解决结构化与非结构化问题的人机信息系统。

(1)决策支持系统的基本任务

主要包括:分析和识别问题;描述决策问题、存储和表达决策问题的有关知识;构造决策问题的求解模型,如运筹学模型、程序模型等;形成候选的决策方案;建立评价问题的准则,如价值准则、效益准则等;进行多方面、多目标、多准则情况下的方案比较和优化;进行各种方案或结果的综合分析,包括分析对实际问题的作用和影响,分析环境对决策方案和结果的影响等。

(2)决策支持系统的基本特征

Dss 的基本特征主要包括:数据和模型是决策支持系统的主要资源;功能是支持用户决策而不是代替用户决策;主要用于解决半结构化和非结构化决策问题;目的是提高决策的有效性而不是提高决策的效率。

(3)决策支持系统的基本功能

DSS 的功能可归纳为以下几点:

· 收集、管理并提供与决策问题有关的组织外部、内部信息,如政策法规。

· 收集、管理并提供各项决策方案执行情况的反馈信息,如订单与合同。

· 能以一定的方式存储和管理与决策问题有关的各种数字模型,如定价。

· 能够存储并提供常用的数学方法及算法,如回归分析方法。

· 能够对上述数据、模型与方法进行修改和添加,如数据模式的变更。

· 能灵活地运用模型与方法对数据进行加工、汇总、分析、预测,得出所需的综合信息与预测信息。

· 具有方便的人机对话和图像输出功能,能满足随机的数据查询要求。

· 提供良好的数据通信功能,以保证及时收集所需数据并将加工结果传递给使用者。

(二)系统基本结构

根据目前物流企业信息管理系统的特点,首先要在较高层次上将不同信息系统中的数据进行整合、抽象,以形成数据仓库,然后在数据仓库的基础上再进行数据挖掘。系统基本结构见下页图所示。

(三)系统应用

在物流系统中,需要管理的要素便是:储存、发送物、运送时间、接受地的状态、收发中的单据管理、运输工具、外包资源,以及成本分析等。

储存:实现物资的时间效益。是物流体系中的唯一的静态环节,相当于物流系统中的一个结点。起着缓冲和调节的作用。其主要的载体是仓库。

发送物:安排进入物流体系中的生产材料、半成品或成品。

运送时间:发送这些物品的时间估计。

接受地状态:不能假设仓库是无限的,特别是生产车间,需要预先知道是否可接受货物。

单据管理:运输交接单为物流的原始凭证,也作为库存变动的资料。

运输工具:如何选择或安排自己的运输工具,运力、成本都需要调度管理。

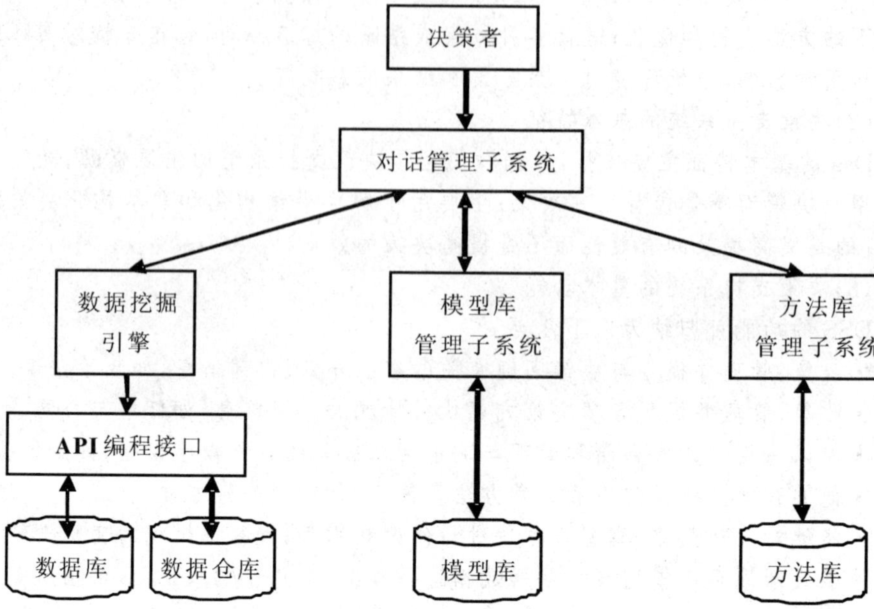

系统基本结构图

外包资源：可能会与第三方的物流服务公司合作，他们的信用、成本、物权交接等。

成本分析：对物流过程中的装卸、运输、存储的成本进行分析管理。

下面，以物流仓储管理为例来说明基于数据挖掘的物流决策支持系统的应用。

无论从宏观的角度还是微观的角度，加速周转是创造财富最有效的方法和途径，物流的重要目标是消灭库存，把从起运地到目的地之间的所有运行工具都充分利用起来，实现最短送达方案，包括路途最短、时间最短和费用最低的综合目标。仓储成本无疑在企业总的成本核算中占很大一部分，如何合理安排货品的存储、压缩货品的存储成本，正成为现代物流管理者不断思考的问题。哪些货品放在一起可以提高拣货效率？哪些货品放在一起却达不到这样的效果呢？我们可以采取数据挖掘技术来帮助解决这方面的问题。

1.数据挖掘流程

首先要清晰地定义出业务问题，确定数据挖掘的主要任务。之后需要开展数据准备工作。数据准备包括选择数据，即在大型数据库和数据仓库目标中提取数据挖掘的目标数据集以及数据预处理，即进行数据再加工，包括检查数据的完整性及数据的一致性、填补丢失的数据、删除无效数据等。

数据挖掘是根据数据功能的类型和数据的特点选择相应的算法，在净化和转换过的数据集上进行数据挖掘。结果分析是对数据挖掘的结果进行解释和评价，转换成为能够最终被用户理解的知识。最后将分析所得到的知识集成到业务信息系统的组织结构中去。

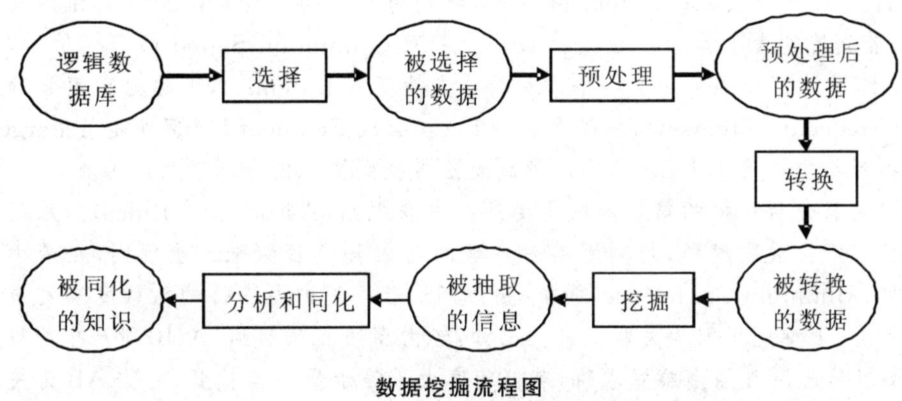

数据挖掘流程图

2.数据挖掘的方法

要解决物流仓储问题，可以用数据挖掘中的关联分析方法。关联分析的目的就是挖掘出隐藏在数据间的相互关系。即通过量化的数字，描述产品A的出现对产品B的出现有多大影响。关联分析就是给定一组Item和一个记录集合，通过分析记录集合，推导出Item间的相关性。可以用四个属性来描述关联规则：

(1)可信度：在产品集A出现的前提下，B出现的概率

(2)支持度：产品集A、B同时出现的概率

(3)期望可信度：产品集B出现的概率

(4)作用度可信度：对期望可信度的比值

目前大多数的关联分析都基于"支持度—置信度"的框架，其目的是抽取形如"ifA then B"的规则。上述规则的支持度用S表示，置信度用C表示。

通过上述关联分析可以得出一个关于同时购买商品的简单规则，以及每条规则的置信度和支持度。

支持度高表示规则经常被使用，置信度高表示规则比较可靠。通过关联分析后可以得到关于产品A、B的关联程度，从而来决定这两种货品在货架上的配置了。

3.关联分析挖掘的过程

关联分析挖掘过程主要包含两个阶段：第一阶段必须先从资料集合中找出所有的高频项目组(Frequent Itemsets)，第二阶段再由这些高频项目组中产生关联规则(Association Rules)。

关联分析挖掘的第一阶段必须从原始资料集合中，找出所有高频项目组(LargeItemsets)。高频的意思是指某一项目组出现的频率相对于所有记录而言，必须达到某一水平。一项目组出现的频率称为支持度(Support)，以一个包含A与B两个项目的2-itemset为例，我们可以求得包含{A,B}项目组的支持度，若支持度大于等于所设定的最小支持度(Minimum Support)门槛值时，则{A,B}称为高频项目组。一个满足最小支持度的k-itemset，则称为高频k-项目组(Frequent k-itemset)，一般表示为Large k或Frequent k。算法是从Large k的项目组中再产生Large k+1，直到无法再找到更长的高频项目组为止。

关联分析挖掘的第二阶段是要产生关联规则(Association Rules)。从高频项目组产生关联规则，是利用前一步骤的高频k-项目组来产生规则，在最小信赖度(Minimum Confidence)的条件门槛下，若一规则所求得的信赖度满足最小信赖度，则称此规则为关联规则。例如：经由高频k-项目组{A,B}所产生的规则AB，其信赖度可经由公式求得，若信赖度大于等于最小信赖度，则称AB为关联规则。

例如：在某电脑公司，销售人员发现购买计算机整机的顾客中，有70%的人同时也购买了摄像头，说明计算机、摄像头之间存在着潜在的关联。经过实际调查和分析，原来是现今社会网络发展得非常迅速，网络实时视频通信已被越来越多的人所接受，因此大部分顾客在购买计算机的同时也购买了摄像头。

就上述案例而言，使用关联分析挖掘技术，对交易资料库中的纪录进行资料挖掘，首先必须设定最小支持度与最小信赖度两个门槛值，在此假设最小支持度min_support=5%且最小信赖度min_confidence=70%。因此符合此该公司需求的关联则将必须同时满足以上两个条件。若经过挖掘过程所找到的关联规则「计算机，摄像头」，满足下列条件，将可接受「计算机，摄像头」的关联规则。用公式可以描述Support(计算机，摄像头)>=5%且Confidence(计算机，摄像头)>=70%。其中，Support(计算机，摄像头)>=5%于此应用范例中的意义为：在所有的交易纪录资料中，至少有5%的交易呈现计算机与摄像头这两项商品被同时购买的交易行为。

Confidence(计算机，摄像头)>=70%于此应用范例中的意义为：在所有包含计算机的交易纪录资料中，至少有70%的交易会同时购买摄像头。因此，今后该公司在给下属分公司配货时，就会有针对性地分配计算机和摄像头的数量。这个商品配货的行为则是根据「计算机，摄像头」关联规则进行的，因为就该公司过去的交易纪录而言，支持了“大部分购买计算机的交易，会同时购买摄像头”的消费行为。

数据来源：丁祖原.基于数据挖掘的物流决策支持系统[J].品牌(理论版).2009.Z2.

(四)小结

数据挖掘技术在计算机辅助决策中展现出了巨大的潜力,已经在金融业、电信业中得到了广泛的应用并取得了令人满意的效果。而对于决策支持系统而言,其优异点就是对决策的高效支持,而这种支持都是建立在智能计算与海量复杂数据处理基础之上的。

第一节　决策的基本概念

一、决策的概念与类型

所谓决策,简单地说,就是从两个以上的备选方案中选择一个方案的过程。它包括在作出最后选择之前必须进行的一切活动。所以,决策就是人们为了达到一定目标,在掌握充分的信息和对有关情况进行深刻分析的基础上,用科学的方法拟定并评估各种方案,从中选出合理方案的过程。

决策理论的核心概念和根本前提是“有限理性”。对此,美国经济学家西蒙(Simon)在其研究中有一个著名的“蚂蚁”比喻:一只蚂蚁在海边布满大大小小的石块的沙滩上爬行,蚂蚁爬行所留下的曲曲折折的轨迹,绝不表示蚂蚁认知能力的复杂性,而只表示着海岸的复杂性。当我们把人当作一个行为系统来看的时候,人和蚂蚁一样,其认知能力是极其单纯的。蚂蚁在海边爬行,它虽然能感知蚁巢的大致方向,但它既不能预知途中可能出现的障碍物,其视野也是很有限的。由于这种认知能力的局限性,所以每当蚂蚁遇到一块石头或什么别的障碍时,就不得不改变前进的方向。蚂蚁行为看起来的复杂性,是由于海岸的复杂性引起的。同样,人们在决策中就有点像这种海边的蚂蚁,只能根据有限信息和局部情况,依照不那么全面的主观判断来进行决策。此外,人们的技能、学识、价值观等因素也会影响到能否进行正确的决策。可以说,管理者拥有“知识”的程度,决定着他决策和行动的合理性和满意化的程度。

1.决策的类型

随着生产的发展、科学技术的进步和人类活动范围的扩大,需要进行决策的问题也越来越复杂多样。为了把握决策的共性与个性,以利于决策支持系统的开发和运用,下面我们从不同角度来列举决策的几个主要类型。

从决策者属性角度出发,可以把决策分为个人决策和集体决策两类。个人决策是指按个人的知识、经验、判断力和爱好或厌恶来进行决策;集体决策,是由一个集体的成员共同进行决策，多用于某一组织的全局、长远性决策，具有群众性，可以集中智慧，但也可能出现议而不决的情况。

从决策的职级层次出发(特别是相对于较大的组织)，决策可以分为高层决策、中层决策和基层决策。

从决策涉及的范围和着眼点来看，决策可分为宏观决策、中观决策和微观决策。

从决策的影响面和影响时间来看，决策可分为战略决策、战术决策和作业决策。

按照决策是否具有例行性，又可把决策分为结构化决策、非结构化决策和半结构化决策。结构化决策是指经常重复发生，能按原已规定的程序、处理方案和标准进行的决策，多属于日常活动的决策和规范化的技术决策。非结构化决策是指那些决策过程复杂，其决策过程和决策方法没有固定的规律可以遵循，没有固定的决策规则和通用模型可依，决策者的主观行为(学识、经验、直觉、个人偏好和决策风格等)对各阶段的决策效果有相当影响的决策。半结构化决策问题介于上述两者之间，其决策过程和决策方法有一定规律可以遵循，但又不能完全确定，即有所了解但不全面，有所分析但不确切，有所估计但不确定。这样的决策问题一般可适当建立模型，但无法确定最优方案。

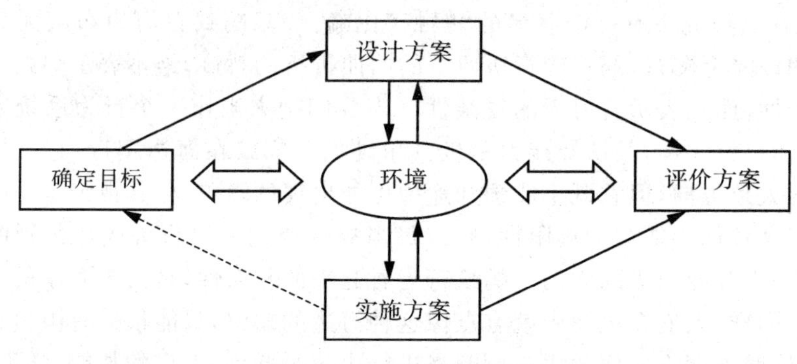

图 7-1 决策过程示意图

2.决策的过程

决策是一个过程。也就是说，决策是为达到一定的目标，从两个或多个可行方案中选择一个合理方案的分析判断和抉择的过程。西蒙(Simon)认为，决策过程是一个系统的逻辑分析与综合判断的过程，可以把决策的整个过程大致分成四个阶段。

(1)情报阶段：决策者在进行决策活动时，首先要发现问题或某种可能性，发现用于决策的信息资源以及约束条件等。

(2)设计阶段:设计各种可行方案。

(3)选择阶段:对比评价各种可行方案,决策者从可能的设计方案中选择一个。

(4)实施阶段:按照决策方案实施决策活动。

二、决策问题的性质和层次

根据企业的职位层级结构,决策者可能是企业的普通职员、部门负责人或高层负责人,每一层级的决策者面临的决策问题各不相同,需要不同的资源支持。普通职员面对的决策问题往往是一些程序性的问题,如作业调度;部门负责人则需要进行一些战术层次的决策,如生产调度;而高层(顶层)负责人则需要进行一些战略性的决策,如新市场开拓。

按照决策问题的层次和类型,可以把决策问题进一步分为 9 类,如表 7-1 所示。

表 7-1 决策问题的类型

	作业调度	运筹管理	战略规划	支持需求
结构化问题	库存报表、零件订货等	线性规划、生产调度等	新厂位置选择	EDP MS/OR
半结构化问题	股票管理、贸易等	开发市场、经费预算等	资本获利分析	DSS
非结构化问题	为杂志选择封面等	聘用管理人员等	研究、开发分析	经验和直觉

三、决策风格

不同的决策者有不同的决策风格,即决策的方法和习惯。按决策者获取数据的方式不同,决策风格可分为感知型(S)和直觉型(N)两种。感知型决策者喜欢与特定问题有关的硬数据,而直觉型决策者喜欢描写可能性的整体信息。

按决策者处理数据的方式,可将决策分为思考型(T)和感觉型(F)两种。思考型决策者喜欢用逻辑或其他规范化的手段去推理,而感觉型决策者喜欢用个人的感觉来考虑问题。

将上述两种风格分类组合起来,可形成四种类型的决策风格,即系统型(ST)、思辨型(NT)、司法型(SF)和直观推断型(NF)。系统型决策风格的人喜欢运用量化信息,喜欢运用成本效益分析和评价作为辅助决策的工具。思辨型决策风格的人善于思索未来的可能性，喜欢运用带有灵敏度分析的决策树作为决策的帮助。司法型决策风格的人注意力集中于当前的环境，喜欢运用决策小组进行决策。直观推断型决策风格的人十分重视现实的可能性，喜欢运用双向调整的方法来达到决策的目的。

上述各种决策风格之间，并没有严格的优劣之分，决策结果的好坏是由决策问题的性质、决策者的经验、决策者所具备的知识能力等共同决定的。

第二节　决策支持系统概述

决策支持系统(Decision Support System，DSS)是一种辅助决策者通过数据、模型和知识，以人机交互方式进行半结构化或非结构化决策的计算机应用系统。它是管理信息系统向更高一级发展而产生的先进的信息管理系统。它为决策者提供分析问题、建立模型、模拟决策过程和方案的环境，调用各种信息资源和分析工具，帮助决策者提高决策水平和质量。

决策支持系统是20世纪80年代迅速发展起来的新型计算机学科，主要是为了解决由计算机自动组织和协调多模型的运行及数据库中大量数据的存取和处理，达到更高层次的辅助决策能力。

决策支持系统主要是在管理信息系统和运筹学的基础上发展起来的。管理信息系统重点对海量数据进行处理，运筹学则主要运用数学模型进行辅助决策。决策支持系统具有交互式计算机系统的所有特征，帮助决策者利用数据和数学模型去解决半结构化问题。为此，一个好的决策支持系统应该具备以下特点：

(1)辅助决策者解决半结构化或非结构化的问题。DSS只是起辅助决策的作用，不应当取代管理者的判断，而应当让管理者处于主动地位。

(2)允许用户试探几种不同的决策方案。

(3)必须具备决策支持模型的管理功能。

(4)把数学模型或分析技术与数据存储和检索功能结合起来。系统具有专门的结构存储和研究备用的模型及方法，提供模型的比较、联结和合成的功能。

(5)系统必须具备友好的人机交互界面。管理者同系统之间的多次对话，使决策得以完成。

(6)系统必须具备良好的适应能力，可以满足不同环境和用户的需求。DSS应当便于学习、使用和修改，因而要对用户的需求作动态性的分析，做到及时完善DSS的各种功能。

一、决策支持系统的产生与发展

1.决策支持系统的发展历程

20 世纪 70 年代，运筹学模型发展已经比较完善，多目标决策分析突破了单一效用理论的框架，计算机软、硬件及网络技术的迅猛发展，人工智能特别是知识处理技术的发展，数据库技术、图形显示技术、各类工具软件的发展与完善，构成了 DSS 形成与发展的技术基础。70 年代中期 Keen 和 Scott Morton 在《管理决策系统》(1971)一书中提出了决策支持系统的概念，其目标是对管理者作决策提供技术支持。决策支持系统的提出，标志着利用计算机与信息支持决策的研究与应用进入了一个新的阶段，并形成了决策支持系统新学科。Peter G. W. Keen 等人编写了一套丛书，阐明 DSS 的主要观点，初步构造出 DSS 的基本框架。

20 世纪 80 年代末 90 年代初，决策支持系统开始与专家系统(Expert System，ES)相结合，形成智能决策支持系统(Intelligent Decision Support System，IDSS)。智能决策支持系统充分发挥了专家系统以知识推理形式解决定性分析问题的特点，又发挥了决策支持系统以模型计算为核心的解决定量分析问题的特点，充分做到了定性分析和定量分析的有机结合，使得解决问题的能力和范围得到了一个大的发展。

20 世纪 90 年代中期出现了数据仓库(Data Warehouse，DW)、联机分析处理(On-Line Analysis Processing，OLAP)和数据挖掘(Data Mining，DM)等新技术，这些新技术的综合应用逐渐形成新决策支持系统的概念。新决策支持系统的特点是从数据中获取辅助决策信息和知识，完全不同于传统决策支持系统用模型和知识辅助决策。

进一步地，人们把传统决策支持系统(智能决策支持系统)和新决策支持系统中的数据仓库、联机分析处理、数据挖掘、模型库、数据库、知识库结合使用，形成了一种更高级形式的决策支持系统，即综合决策支持系统(Synthetic Decision Support System，SDSS)。综合决策支持系统发挥了传统决策支持系统和新决策支持系统的辅助决策优势，实现更有效的辅助决策，成为决策支持系统未来的发展方向。

20 世纪 90 年代末，由于 Internet 的普及，基于网络环境的决策支持系统开始出现。决策支持系统的决策资源(如数据资源、模型资源、知识资源等)以共享资源的形式在网络上供决策者调用，为决策支持系统开辟了一条新路。

知识经济时代的知识管理(Knowledge Management，KM)与决策支持系统也有密切的关系。知识管理系统强调知识共享，决策支持系统是利用共享的决策资源(数据、模型、知识)辅助解决各类决策问题，基于数据仓库的决策支持系统是知识管理的应用技术基础。

2.决策支持系统在我国的发展情况

DSS的概念是20世纪80年代末引入我国的，但在此之前有关辅助决策的研究早就有所开展，经过30多年的发展，在理论探讨、系统开发和实际应用诸方面都有很大的进步，但总体上还需进一步提高。目前我国DSS的实际应用的显著成果主要体现在宏观决策支持方面，如政府宏观经济管理和公共管理问题决策支持，水资源调配与防洪预警系统，生态和环境控制系统的决策，以及自然灾害的预防管理，金融系统的投资决策与风险分析与管理，产业(或行业)规划与管理，各类资源开发与利用决策等，但在众多中小企业中的应用情况还不是很理想，这主要反映在软件制作周期长、生产率低、质量难以保证等方面。

二、决策支持系统的理论基础

1.决策支持系统的基础理论

决策支持系统是基于运筹学、计算机技术、人工智能等多种理论及技术的基础上发展起来的计算机辅助支持系统，它的发展和应用离不开各种基础理论的支持。

(1)信息论。信息是现代科学技术中普遍使用的一个重要概念。信息论是运用信息的观点，把系统看作是借助于信息的获取、传送、加工处理、输出而实现其目地的研究方法。

(2)计算机技术。包括计算机软件技术、硬件技术、网络技术、图形处理技术、知识处理技术等。

(3)管理科学与运筹学。管理科学(Management Science，MS)是面向管理者，研究决策问题，如决策目标、决策效能等的一种系统科学。运筹学(Operations Research，OR)则提供一系列优化、仿真、决策等模型。

(4)信息经济学。信息经济学从经济学的角度研究信息的产生、获得、传递、加工处理、输出等方面的价值问题，研究信息产生和获得的成本、利润，即研究信息价值问题。

(5)行为科学。行为科学主要是研究决策者的决策风格、在决策过程中的决策行为等，指导DSS的设计和开发。这涉及决策者的心理学。

(6)人工智能(Artificial Intelligence,AI)。将人工智能技术用于管理决策是一项开拓性工作。智能决策支持系统(IDSS)就是决策支持系统与人工智能技术相结合的产物,它用领域专家的知识来选择和组合模型,完成问题的推理和运行,为用户提供智能的交互式接口。

专家系统、智能机器人和模式识别是人工智能中最活跃、最富有成果的三个研究领域。其中专家系统(Expert Systems,ES)研究取得了许多实用化的成果。当今世界上已经有多个专家系统,应用于医疗、诊断、探矿、军事、调度、质谱分析、计算机配置、辅助教育等各种领域,并已开始涉足财务分析、计划管理、工程评估、法律咨询等管理决策领域。

2.决策支持系统与专家系统的关系

决策支持系统和专家系统处于不同的学科范畴,有着不同的解决问题的方法。决策支持系统主要运用数据和模型,专家系统主要运用知识和推理。决策支持系统为了强调数据与模型的有机结合和方便用户而引入了人工智能思想和技术;而专家系统则是抽取专家的知识并加以组织,以提供专家水平的咨询。决策支持系统强调在大范围内支持决策者工作,它可按照人的思维规律引导用户解决问题,强调通用性;而专家系统则是专用的,它强调在某一领域内代替决策者工作。因为问题对象的复杂多变,决策支持系统在处理过程中对某些不能解决的问题仍需调用人脑解决,强调人机间的紧密配合;而专家系统除了要求用户回答问题、提供必要的数据外,基本是自动独立工作的。

决策支持系统与专家系统间也存在着紧密的联系。因为决策的正确性关系到经营效果和事业成败,因此,决策理论、决策方法和决策工具的科学化和现代化是正确决策的重要保证,专家系统的知识库及其推理逻辑,为决策支持系统提供了有效的理论和方法,为决策支持系统所需要的数据和模型提供了基础来源;决策支持系统的计算机辅助技术则丰富了专家系统的技术内容,二者的互相结合和互相渗透,把计算机用于决策支持技术推向一个新的高度。

3.决策支持系统与 MIS 的关系

一般说来,决策支持系统和 MIS 都是人机系统,都强调人在系统中的重要作用,要求系统应具有决策支持功能,具有相似的目标。但对于人在系统中的作用方式则有所不同,决策支持系统强调人机交互作用及人的定性分析与机器的定量计算相结合,因此对决策问题的类型及其结构化程度有较明确的要求;MIS 对此则并未作出明确的限制。

MIS 的设计思想是实现一个相对稳定协调的工作系统,设计方法强调系统的客观性,努力使系统设计符合实际情况。而决策支持系统的设计思想是努力实现一个具有巨大发展潜力的、适应性强的开发系统,设计方法强调充分发挥人的经验、智慧、判断力和创造性，努力使决策更加正确。MIS 趋向于信息的集中管理，而决策支持系统趋向于信息的分散使用。另外，从二者的实际内容上看，MIS 关注的是结构化的决策支持，而决策支持系统则更关注于半结构化的决策支持，以发展的眼光来看，决策支持功能的实现要有一个由低到高的发展过程，我们可以把 MIS 看作是决策支持系统的基础，而决策支持系统则是 MIS 的高级阶段或高层分系统。

三、决策支持系统的目标

因为决策支持系统可以看作是 MIS 发展到更高阶段的必然形式，所以它与传统的 MIS 在目标设置上略有不同。早在 20 世纪 70 年代，麻省理工学院的 Peter G. W. Keen 和 Scott Morton 就定义了决策支持系统应该达到的三个目标：帮助管理者进行决策以解决半结构化问题；支持管理者的判断而不是取代它；提高管理者决策的有效性而不是效率。随着人们对决策支持系统研究与应用的不断深入，决策支持系统的目标与任务也进一步地明确翔实起来。

决策支持系统的任务是建立一个灵活性、适应性很强的交互式计算机信息系统，它使用决策规则、模型和模型库，并把它们与综合性数据库和决策者的认识能力结合起来，从而形成特定的、可以实现的决策，以求解那些难以用管理科学优化模型本身检验的问题。因此，决策支持系统总的目标是支持复杂的决策，增加决策的有效性。

决策支持系统的目标应当是与其服务对象（即决策者，包括高层、中层和基层的决策人员）的工作目标一致的，因此，决策支持系统的目标具体来说包含两层含义，即决策者的工作环境和决策的任务。不同的环境对决策支持系统的要求各不相同。如决策一般可分为作业决策、战术决策和战略决策三个层次。作业决策处理的问题主要是结构化问题，定量分析比较多，对分析和结论的要求比较具体和细致。战略决策面对的主要是非结构化问题，一般难以进行量化分析，即使有一些定量分析，也很粗糙，综合性比较强。因此，采用决策支持系统支持战略决策时，一般都要求有知识库和推理机这个重要的部件，在这个层次上，人对于系统的影响显得更重要一些。战术决策处理的问题主要是半结构化问题，它对决策支持系统内部的定量计算和推理分析的结合要求比较高。这个层次最能发挥决策支持系统的优势。

决定目标的另一个因素是决策的任务。决策支持系统的工作环境并不等于它的工作任务。明确工作任务实际上相当于考虑决策支持系统的支持水平，即在给定的工作环境下做了些什么事情。决策支持系统应尽量满足管理人员对决

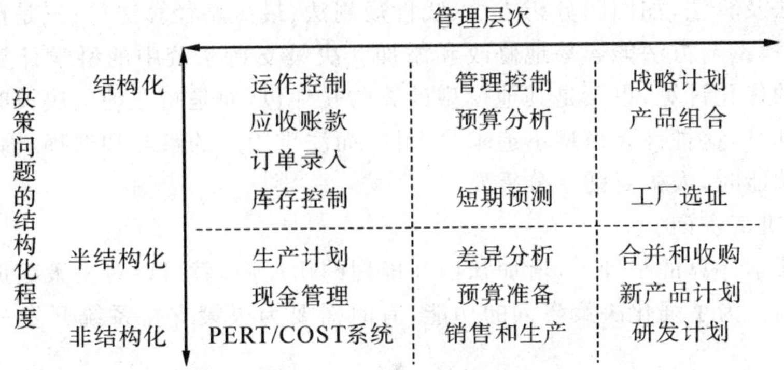

决策问题的结构化程度 \ 管理层次			
结构化	运作控制 应收账款 订单录入 库存控制	管理控制 预算分析 短期预测	战略计划 产品组合 工厂选址
半结构化	生产计划 现金管理	差异分析 预算准备	合并和收购 新产品计划
非结构化	PERT/COST系统	销售和生产	研发计划

图 7-2　决策问题网格图

策的要求(但并不是所有的要求都要被满足)。管理人员和决策支持系统开发人员共同协商确定工作任务时,主要应考虑系统的实用性、合理性、可能性、阶段性。

当决策支持系统的工作任务确定以后,决策支持系统的目标就算建立起来了。

四、决策支持系统的功能与特征

1.决策支持系统的功能

为了完成预定的工作任务,DSS 应该具备相应的支持功能,可以根据支持水平来划分功能的类型。

(1)信息服务

决策支持系统的信息服务可以分为三大类。第一类是管理并随时提供与决策问题有关的组织内部信息,为组织功能的实现提供基础数据,如订单要求、库存状况、生产能力与财务报表等;第二类是收集、管理并提供与决策问题有关的组织外部信息,为组织功能的实现提供环境信息,如政策法规、经济统计、市场行情、同行动态与科技进展等;第三类是收集、管理并提供各项决策方案执行情况的反馈信息,为组织功能的实现提供控制信息,如订单或合同执行进程、物料供应计划落实情况、生产计划完成情况等。

(2)科学计算

信息服务是为科学计算提供支持服务的。一般说来,科学计算功能包含三个方面的要求:一是能以一定的方式存储和管理与决策问题有关的各种数学模型,如定价模型、库存控制模型与生产调度模型等;二是能够存储并提供常用的数学方法及算法，如回归分析方法、线性规划法、最短路径算法等；三是前两者中的数据、模型与方法能容易地修改和添加。决策支持系统中的科学计算并不是运筹学的优化计算，也不是其他模型计算的软件包，而是指在辅助决策时进行的必要的计算，这种计算模型不追求复杂性，而注重用户的参与和选择，因此，在实现计算功能时，人机对话十分重要。

(3)决策咨询

在科学计算的基础上，增加知识和推理的功能后，就可以对决策起进一步的支持作用。为了强化决策咨询的功能，有时需要为决策支持系统开发一个准专家系统。

(4)人工智能

具有人工智能支持功能的是最理想的决策支持系统，它追求的目标主要是人和机器充分的交互，达到共同协作完成决策任务的目的。

2.决策支持系统的特征

考虑到决策者和决策过程的特点，一个高效的决策支持系统应该具有下述功能特征：

(1)对准上层管理人员经常面临的结构化程度不高、说明不充分的问题

对于结构化的决策问题，可由信息系统自动作出。而对于半结构化决策问题，既要利用自动化的数据处理，又要靠决策者的直观判断。因此，对人的技能要求不同于传统的数据处理系统。

(2)把模型或分析技术与传统的数据存取技术及检索技术结合起来

把模型引入软件系统，是决策支持系统与狭义 MIS 的重要区别之一。半结构化的决策问题，其求解方法和求解过程是不完全明确的。发生这些问题的时间、具体内容、问题本身的性质，都不能完全预见。因此，系统首要的任务是确定系统的模型。模型一旦确定，问题就有了求解的可能，模型是推动系统运行的关键因素。决策支持系统试图把模型或分析技巧的应用与传统数据访问或检索的功能结合起来。管理者通过确定适当的数据，通过定义需要的数据分析模型和识别有意义的输出，能够克服传统信息系统存在的问题。决策支持系统应提供一个数据容易存取和改动的数据库，它经常要调用支持事务信息系统的数据库的子集或数据库的副本。

(3)易于为非计算机专业人员以交互会话的方式使用

企业各层决策者是决策支持系统的使用者(用户)，而他们大多是一些管理方面的专业人士而非计算机专业人士，为方便他们的使用，决策支持系统必须具备方便的人机接口，它负责接收和检验用户的请求，协调数据库系统、模型库系统和方法库系统之间的通信，为决策者提供信息收集、问题识别以及模型构造、

使用、改进、分析和计算等功能。因此,对话子系统硬件和软件的开发和配置往往是决策支持系统成败的关键。

(4)强调灵活性及适应性

决策支持系统处理的决策问题主要是一些半结构化的决策问题,环境和条件的变化使得这类问题具有多变性,需要决策者依据个人经验和对环境条件因素认知的深入,反复学习、分析、再学习。因此,决策支持系统必须具备相应的灵活性和适应性,为决策者使用并充实(或改进)决策方法提供相应的功能上的支持。

(5)支持但不是代替高层决策者制定决策

决策支持系统必须支持组织不同层次的决策,但这并不意味着其可以代替决策者进行决策。决策支持系统主要是帮助管理者进行决策以解决半结构化问题,对于同样的问题,不同的决策者由于经验、知识及决策风格等方面的不同,其对方案的选择要求也不同,决策支持系统实际上更多的是为决策者提供方法和技术上的支持,而不是代替他们去进行决策。

根据上述决策支持系统的功能特征,我们进一步地可以总结出它的结构特征:

- 数据库及其管理系统;
- 模型库及其管理系统;
- 交互式计算机硬件及软件;
- 图形及其他高级显示装置;
- 对用户友好的建模语言。

第三节　决策支持系统的基本结构

决策支持系统是一个由多种功能协调配合而成的,以支持决策过程为目标的集成系统。决策支持系统的组成部件及其之间的关系构成了决策支持系统的结构。系统的功能主要由系统的结构决定,具有不同功能特色的决策支持系统,其系统结构也不相同。

一、决策支持系统的概念结构

从概念上讲,一个决策支持系统由三个部分组成:人机交互系统、问题处理系统和知识系统。

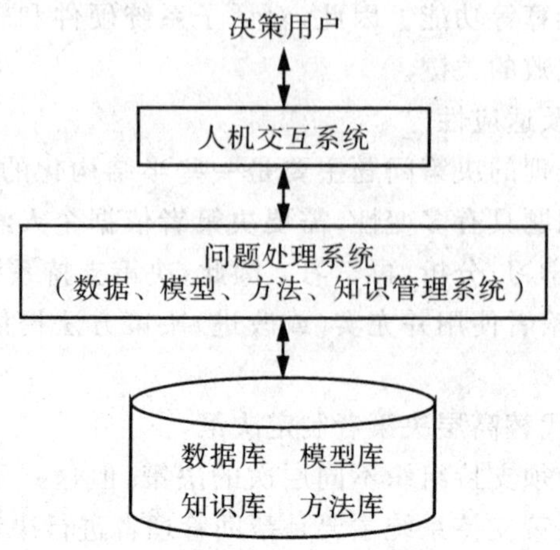

图 7-3 决策支持系统的概念结构

1.人机交互系统

人机交互系统是系统用户与决策支持系统的接口。通过该系统，用户把问题及约束条件的描述和求解要求输入给决策支持系统，经决策支持系统处理后，再通过该系统将各种处理结果输出给用户。人机交互系统一般由交互语言和提示库组成，交互语言为用户提供直接检索和运算处理手段，提示库为方便用户使用决策支持系统提供一套屏幕提示功能。一般说来，人机交互系统应该具备以下功能：

(1)良好的用户界面，可为用户提供多种方式的输入途径；

(2)贴近于自然语言的理解能力；

(3)较全面的提示功能，可启发用户顺利使用系统；

(4)适应多种输出设备的适配能力，输出结果的格式及类型丰富多样，以满足不同类型用户和问题的需求。

2.问题处理系统

问题处理系统是决策支持系统求解决策问题的处理核心，是人机交互系统与知识系统的接口。问题处理系统是基于数据库、模型库、知识库和方法库的管理系统，是一组软件。它首先接收决策用户通过人机交互系统的各种输入；其次，通过数据库系统和知识库系统，收集和存储有关该问题的信息和知识，并完成用户问题的识别和定义；再次，利用模型库系统构造模型，通过方法库系统建立和识别求解问题的具体方法，并进行求解分析和评价；最后，将处理结果传递给人机交互系统。

3.知识系统

知识系统是决策支持系统处理决策问题的理论和方法核心。这里说的知识,可以是他人的经验教训,决策问题的外部环境,决策过程中所用的公式、模型或规则,各种分析工具、推理规则和评价标准等。理想的决策支持系统,应尽可能具备类似于人的认识能力,能够按人的方式去感知和判断问题。

一般说来,知识系统应具备以下几种功能:

(1)具有一个内容丰富的知识库,并能灵活使用其中的知识解决问题。更进一步来说,可以通过学习,扩大知识库。

(2)具有识别问题的能力,能了解用户要求,并找出所需要的数据和模型。

(3)具有拟定模型和选择算法的能力。知识系统中应含有丰富决策模型和算法的模型库和算法库,模型库中有各种现成的程序模块,模型的拟定就是根据问题的需要,取出几个程序模块,加以必要的修改合并。

(4)具有分析问题的能力,在明确用户要求之后,能从数据库中选择恰当的数据,将数据代入模型进行运算,并以恰当的形式处理运算结果。

为便于决策支持系统运用各种知识,知识系统中所表示的知识必须按一定的方式进行组织和存储,可以是一组规则,根据这些规则组织和存储知识。

二、决策支持系统的系统结构

决策支持系统的系统结构主要研究决策支持系统各主要部件的连接关系。它是随决策理论和方法、计算机技术的发展而进化的。早期由 H.Sprague 等人提出的数据库、模型库、人机对话管理系统组成的两库结构最为简便,随着方法库的引入又形成了较常见的三库结构,即数据库、模型库、方法库和人机对话管理系统。

由于半结构化和非结构化的决策问题十分复杂,经常需要专家来帮助决策者进行问题求解,于是专家系统(ES)开始被引入决策支持系统中,形成了智能决策支持系统(Intelligent Decision Support Systems,IDSS)。IDSS 是在传统决策支持系统的基础上与人工智能(Artificial Intelligence,AI)技术的结合和集成,它在系统结构上也有了改进,形成了较为经典的四库结构,即决策支持系统由人机对话管理系统、数据库系统、模型库系统、方法库系统和知识库系统几部分构成。

目前也有人提出决策支持系统的五库结构(在四库结构的基础上增加文本库)、六库系统(在五库结构的基础上增加图形库)、七库系统(在六库结构的基础上增加语音库)、八库系统(在七库结构的基础上增加工具库)等。

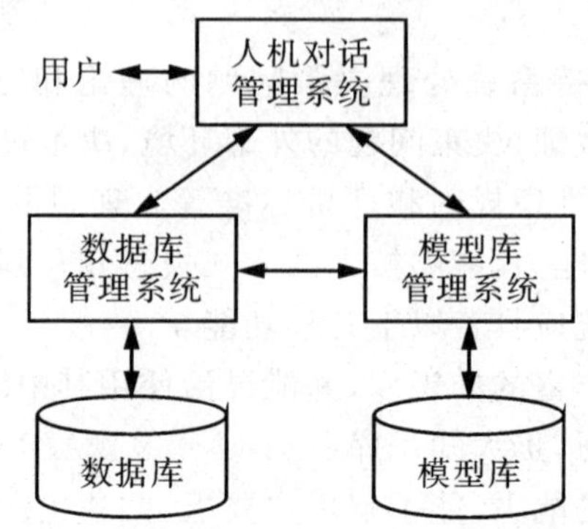

图 7-4　决策支持系统的两库结构

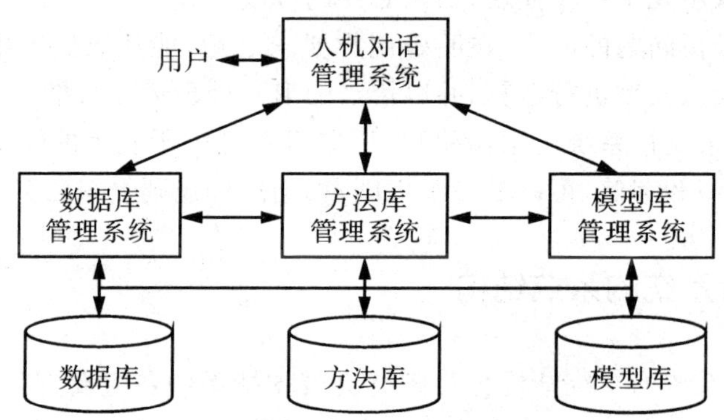

图 7-5　决策支持系统的三库结构

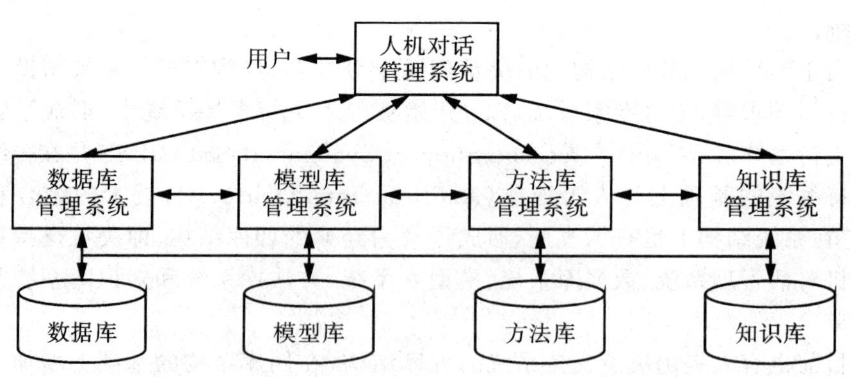

图 7-6　决策支持系统的四库结构

下面我们以经典的四库结构为例，对决策支持系统各组成部分加以介绍。

1.人机对话管理系统

人机对话管理系统(Dialogue Generation Management System，DGMS)是决策支持系统的人机接口，它负责接收和检验用户的请求，协调数据库系统、模型库系统和方法库系统之间的通信，为决策者提供信息收集、问题识别以及模型构造、使用、改进、分析和计算等功能。人机对话管理系统通过人机对话，使决策者能够依据个人经验，主动地利用决策支持系统的各种支持功能，反复学习、分析、再学习，以便选择一个最优决策方案。显然，对话这种决策方式充分重视和发挥了认识主体人的思维能动性，必然使管理决策质量大幅度提高。由于决策者大都是非计算机专业人员，他们要求系统使用方便，灵活性好，所以，对话子系统硬件和软件的开发和配置往往是决策支持系统成败的关键。

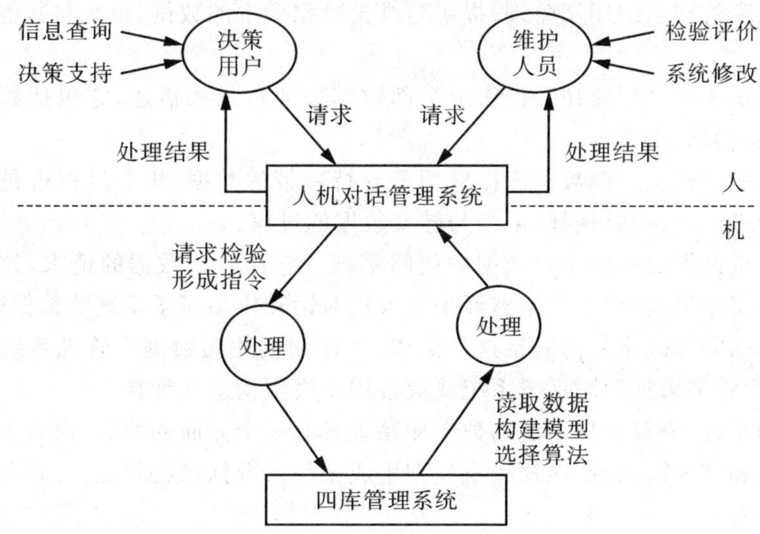

图 7-7 人机对话管理系统

2.数据库系统

数据和信息是减少决策不确定因素的根本所在，因此，数据库子系统是决策支持系统不可缺少的重要组成部分。决策支持系统和 MIS 的数据库及其管理系统在概念上有许多共同点，如数据库的某些功能及其实现的方法，数据库管理系统的某些作用等，这主要是由于决策支持系统对数据库系统的某些概念来自 MIS 系统。决策支持系统与传统的 MIS 对数据库的要求有很大的不同。决策支持系统使用数据的主要目的是支持决策，因此它对综合性数据或者经过预处理后的数据比较重视。传统的 MIS 支持日常事务处理，所以它特别注意对原始资料的收集、整理和组织。一般来讲,为 MIS 服务的数据库和为决策支持系统服务的数据库相比,后者要庞大、复杂得多。

决策支持系统的数据库要能够适应管理者广阔的业务范围的需求,因此数据库中的数据不仅要有来自企业内部的数据,也要有来自企业外部的数据。数据库不仅可以存储用于决策支持系统的数据,而且可以存储工作空间、数据间的连接、中间结果及最后结果报表等相关内容。数据库系统是由数据库、数据库管理系统、数据字典、数据析取模块、数据查询模块等构成的。

决策支持系统数据库中存放着来源于其他信息系统的源数据库的数据,这些数据大部分是经过预处理后的决策数据,作为决策支持系统决策的依据。与一般的数据库相比,决策支持系统的数据库特别要求灵活易改,并且在修改和扩充中不丢失数据。

数据库管理系统用于管理、提供与维护数据库中的数据,也是与其他子系统的接口。

数据字典是对存储在数据库中全部数据项的目录和描述,它包括数据项的定义、主要功能、来源等。

数据析取模块从源数据库提取用于支持决策的数据,析取过程也是对源数据加工处理的过程,是选择、浓缩与转换数据的过程。

数据查询模块提供了对数据的访问基础。它接收对数据的请求,处理这些请求然后将结果输出;它用来解释来自人机对话和模型库子系统的数据请求,通过查询数据字典确定如何满足这些请求,并详细阐述向数据库管理系统的数据请求,然后将结果返回对话子系统或直接用于模型构造或计算。

总的来说,决策支持系统的数据库系统具有三个方面的特点:面向决策支持过程组织和管理数据;面向模型及模型生成来使用数据;数据描述方式要面向不同的决策者。

3.模型库系统

所谓模型,就是以某种形式对一个系统的本质属性的描述,揭示系统的功能、行为及其变化规律。

现实数据表示的是过去已经发生了的事实,因此数据必然是面向历史的。我们利用各种模型,就可以把面向过去的数据变换成面向现在或者将来的有意义的信息。在决策支持系统中,决策支持模型体现了管理者解决问题的途径,所以随着管理者对问题认识程度的深化,他们所使用的模型也必然会跟着产生相应的变化。

模型库系统是以库的形式对模型进行组织和管理的集合,包括模型库、模型库管理系统、建模语言、模型字典、模型的运行集成和建模命令处理器等。模型库系统应具有灵活地完成模型的存储和管理等方面的功能。

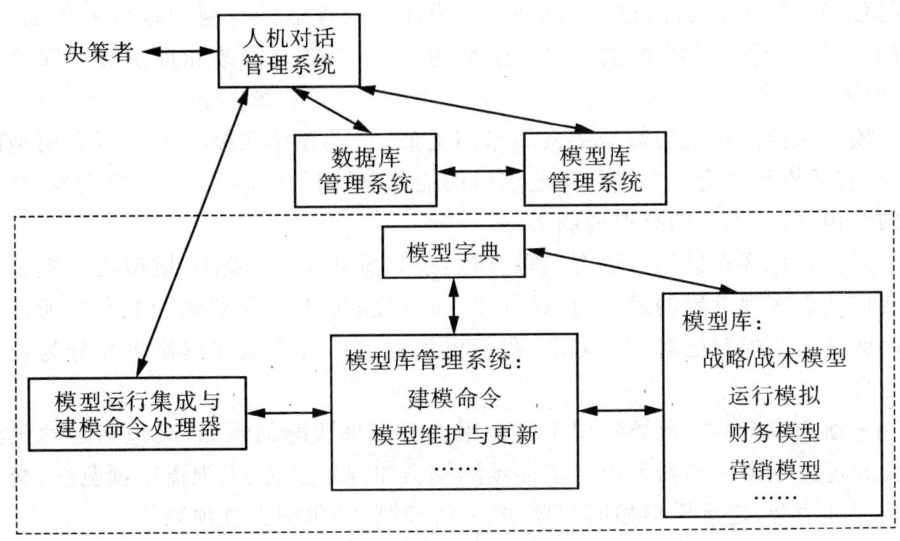

图 7-8　模型管理子系统

模型库系统是构建和管理模型的系统，决策支持系统被称为是由模型驱动的系统，因为具有丰富的运行模型，输出的结果可作为决策的依据。

模型库(Model Base，MB)用于存储决策所需的各种模型，包括战略模型、战术模型、业务操作模型、财务模型、市场营销模型等。模型库系统的模型有两类：一类是标准模型(如规划模型、网络模型等)，这些模型按照某些常用的程序设计语言编程，并存在库中；另一类是由用户应用建模语言而建立的模型。其实标准模型也有个再开发的过程。另外模型库中还存储有建模所需的模块和子程序等内容。需要注意的是，模型库并不是简单地存储某一个决策模型，它主要存储各种决策问题可以共享或专门用于某特定决策问题的模型基本模块或单元模型，以及它们之间的相互联系、通讯规则等。在决策者使用决策支持系统进行决策时，先是通过人机对话，生成对某一决策问题的求解算法序列，然后根据求解算法序列和模型库中的基本模型模块及单元模型来构造决策支持模型。也就是说，模型库中主要存储一些基本模型模块，利用这些基本模型模块可以生成满足决策支持的各种决策模型，以达到灵活组合、动态生成的目的。目前，模型在模型库中主要以子程序、语句、数据三种方式存储。

建模语言是为建立模型库中未存储的特殊模型而提供的高级或专用命令集，它为模型库的不断丰富和完善提供了程序语言基础。

模型库管理系统(Model Base Management System，MBMS)支持决策问题

的定义和概念模型化、维护模型，包括联结、修改、增删等，它的主要功能是模型的创建、模型的执行、模型的集成、建模命令处理器的控制和报告的生成、模型的维护等，模型的维护主要包括模型的连接、更新与修改和提供数据库接口等功能。

模型字典的作用与数据字典的作用类似，它是存储在模型库中所有模型的目录，包括模型的定义和进行问题求解的能力、模型的限制和约束、模型参数、模型的结构、关于模型的存取说明等。

人们认识客观世界一般有三种方法：逻辑推理法、实验法、模型法。模型法是我们认识客观世界的最得力、最方便、最有效的方法。可供解决软科学所涉及的问题使用的模型已有 100 多个，我们可根据它们的功能和用途将其分为若干模型群。

• 预测模型群。此类模型主要是用来对未来状况的预测，又包括定性预测模型和定量预测模型两大类。定性预测模型如特尔斐法、主观概率预测法、交叉影响巨阵法等；定量模型如回归预测、平滑预测、马尔柯夫链预测等。

• 系统结构模型群。此类模型主要用来分析社会经济系统以及其他系统的结构，反映系统各要素之间的主要联系和关联作用，从宏观上和结构上来揭示系统的运行规律。如系统结构模型、层次分析模型、投入产出模型、系统动力学模型等。

• 数量经济模型群。此类模型主要是用计量方法来分析社会经济各影响要素间的相关关系及相关程度，如计量经济模型、经济控制论模型等。

• 优化模型群。此类模型主要用来分析处理优化选择方面的问题，如线性规划、非线性规划、动态规划、目标规划和最优控制等。

• 不确定模型群。此类模型主要用于数据信息缺乏或非结构化程度较高的决策问题，如模糊数学模型、灰色模型、随机模型等。

• 决策模型群。此类模型主要用于决策支持分析，如单目标风险性决策、多目标决策，以及一些不确定性决策方法等。

4.方法库系统

方法库系统（Method Base System，MEBS）是存储、管理、调用和维护决策支持系统各个部件所需要的通用算法、标准函数等方法的系统。设置方法库系统的主要目的是为决策支持系统提供一个友好的交互环境。决策支持系统需要把数据库中的数据、模型库中的模型、方法库中的算法有机地结合在一起，才能对决策问题进行求解。同一种模型可能有很多不同的算法，不同的模型也可能使用的是同一种算法。方法库系统主要由方法库、方法库管理系统、方法字典等构成。

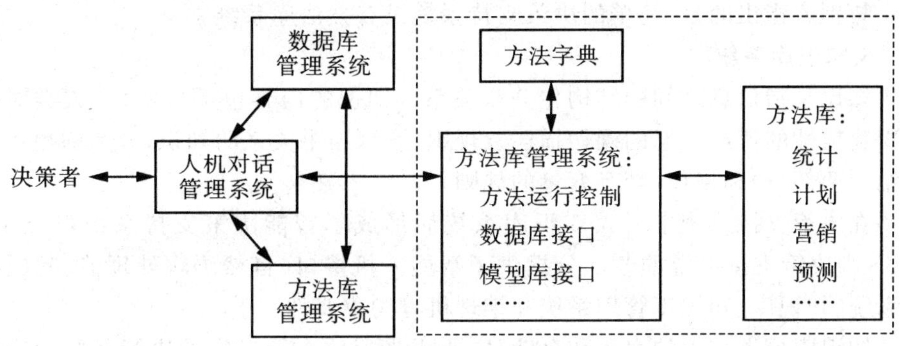

图 7-9 方法库管理子系统

方法库(Method Base,MEB)是存储方法模块的工具,由各种数学模型的方法程序以及其他模型的方法程序组成。在决策支持系统中,通常是把决策过程中的常用方法(如优化方法、预测方法、蒙特卡罗法、矩阵方程求根法等)作为子程序存入方法库中。

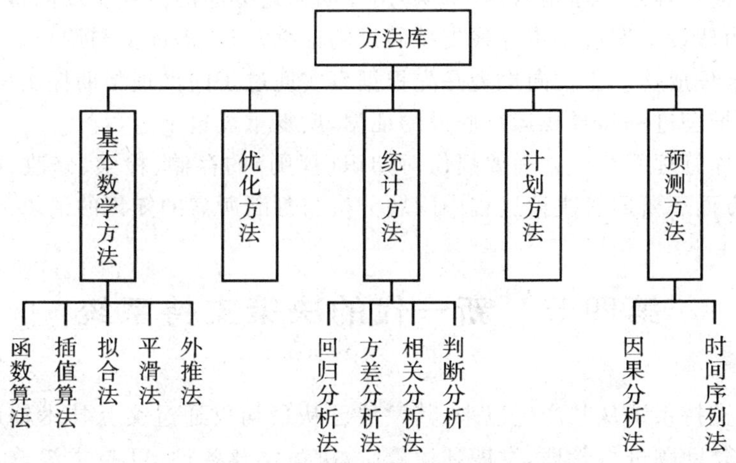

图 7-10 方法库构成示意图

方法库管理系统对方法库中的程序方法提供多种功能操作及对方法库的维护。一般要求方法库管理系统中要具有可扩充的程序组件,可与多种数据库系统相连接,可随时加入新的程序组件等功能。

方法字典的功能是将方法库中的方法程序进行登录和索引。方法库管理系统的功能是方法的创建、更新、检索,以及方法库与模型库的通讯、方法库与数据库的通讯、方法字典的管理和有关文件的管理。

特别要指出的是,简单的决策支持系统没有方法库系统。

5.知识库系统

知识是指信息之间的结构化关联关系。知识的内容包括事实(指人类对客观事物属性的值或状态的确切描述)、规则(表示因果关系的知识,分为前提条件和结论两部分)和规律(带有变量的规则)等。

在决策支持系统中引入知识库系统后形成了智能决策支持系统(IDSS),IDSS 为决策支持系统的各部分提供了智能人机接口、自然语言处理器、问题处理系统、知识库、知识库管理系统和推理机等构成要件。

知识库提供知识的表示和存储,主要用来存放决策专家的决策经验和决策知识,以及某一领域专家提供的进行问题求解的经验和知识。存放在知识库中的知识是以一定的形式表示的。常用的、简单的知识表示方法是产生式规则。在产生式规则中,知识库包含事实库和规则库两部分。

推理机根据一定的推理策略从知识库中选择知识(规则),对用户提供的事实进行推理,直到推出新事实(结论)为止。推理有正向推理、反向推理和正反向推理。正向推理是由原始数据(事实)出发向结论方向的推理。反向推理是先提出假设,由假设出发进一步寻找支持假设的证据,当所需证据与用户提供的事实匹配时,推理成功。正反向推理是先根据事实通过正向推理帮助提出假设,然后再用反向推理进一步寻找运行假设的证据,反复重复这个过程。

知识库管理系统一方面要提供对知识(规则)的存储、检索、修改、检查等操作,另一方面还要回答决策过程中问题分析与判断所需的知识的请求。

第四节 新一代的决策支持系统

决策支持系统从其产生以来,其发展已从最初仅通过交互技术辅助管理者对半结构化问题进行管理,发展到运筹学、决策学及各种 AI 技术渗透其中的各种实用决策支持系统,其应用涉及多个领域,并成为信息系统领域内的热点之一。但是传统决策支持系统投入应用的成功实例并不多,一方面是因为基于传统 DBMS 的决策支持系统只能提供辅助决策过程中的数据级支持,而现实决策所需的数据却往往是分布、异构的;另一方面是因为实际中大多决策支持系统的应用对决策者有较高的要求,不仅要有专业领域知识,也要有较高的决策支持系统构模知识。因此针对不同的社会需求,人们提出了多种类型的决策支持系统,有智能决策支持系统、分布式决策支持系统、群体决策支持系统、决策支持中心、综合决策支持系统、战略决策支持系统等等,这些系统的提出与实现,各自适用于不同的场合，都在不同程度上满足了新的决策形势的需求。以下将对当前最主要的几种决策支持系统的发展进行简要介绍。

一、群决策支持系统

随着网络经济的发展，决策支持系统所支持的决策用户开始从单个决策者慢慢扩展到更大范围的决策群体，决策群体在企业(组织)中的作用日益增强，企业中的许多活动需要通过群体协作来完成。群决策支持系统(Group Decision Support System，GDSS)是利用计算机网络与技术，为具有共同任务和目标的决策群体解决非结构化决策问题提供决策支持功能的集成化、交互式的信息系统。

群决策支持系统支持多人或集体的共同决策，它是对通信技术(如计算机网络、电子信息交换)、计算机技术(如多用户系统、数据仓库、数据挖掘技术等)和决策支持技术(如议程设置、人工智能与推理技术、决策模型方法等)的高级综合应用。

GDSS 通过提供有助于群体交流的工作环境，为决策者利用决策支持系统处理决策问题提供支持。图 7-11 列示了 4 种可能的 GDSS 环境，它们都是基于群体的大小和成员所处的位置来进行划分的。在每一个环境中，群体的成员可能处于不同的地点、不同的时间点参与决策。

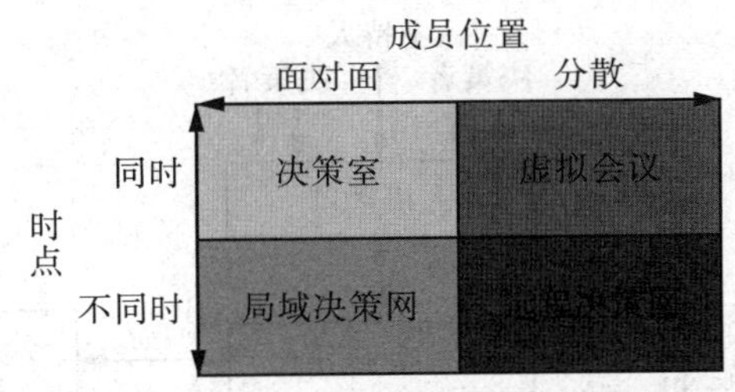

图 7-11 GDSS 的环境设置与时间及位置的关系

(1)决策室

决策室是用来让小群体召开面对面会议的。决策者面对面地集于一室、在同一时间进行群体决策时，GDSS 可设立一个与传统的会议室相似的电子会议室或决策室，决策者通过互联的计算机站点相互合作完成决策事务。根据为每一次会议所做的安排，群体中一个成员向另一个成员输入的信息能在公共屏幕上显示出来，让整个群体都能看到。GDSS 的两个独特性质是并行交流和匿名，并行交流是指所有的参与者同时写出自己的意见，匿名是指没有人可以分辨出某一条特写的意见是谁写的。匿名让每一个参与者能够写出自己的真实想法，而不必担心受到其他成员的影响,这也能使对每个建议的评估都依据它的真正的价值,而非根据它是谁提出的。决策室是相对较简单的 GDSS。

(2)局域决策网

多位决策者在近距离内的不同房间(一般是自己的办公室)里定时或不定时作群体决策时,GDSS 可建立计算机局域网,网上各位决策者通过连网的计算机站点进行通信,成员用计算机终端输入自己的意见或查看他人的意见,共享存于网络服务器或中央处理机的公共决策资源,各决策者在某种规程的控制下实现群体决策。局域决策网的主要优点是可克服定时决策的限制,也即决策者可在决策周期内时间分散地参与决策。

(3)虚拟会议

当一个群体的人数过多以至于决策室无法容纳,或者群体的很多成员处于不同的地理位置时,GDSS 可以通过建立虚拟会议的形式为群体决策提供支持。虚拟会议利用计算机网络的通信技术,使分散在各地的决策者在某一时间内能以不见面的方式进行集中决策。虚拟会议的实现方式与决策室相似,它的优点在于克服了空间距离的限制。

(4)远程决策网。

远程决策网综合了局域决策网和虚拟会议的优点,它利用计算机网络技术和各类虚拟办公应用软件,允许分布在不同地方的群体成员在不同的时间进行交流。

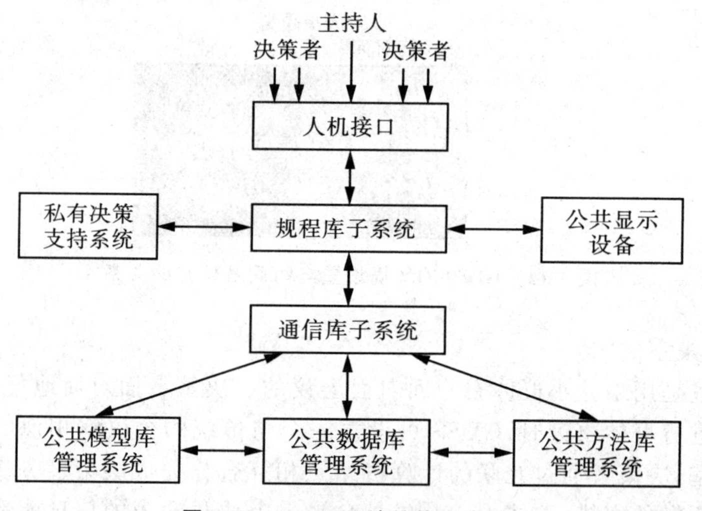

图 7-12 GDSS 系统结构示意图

一般说来,GDSS 在计算机网络的基础上,由私有决策支持系统、规程库子系统、通信库子系统,以及共享的数据库、模型库、方法库、公共显示设备等部件组成。

二、分布式决策支持系统

随着 DSS 的迅速发展，人们很自然地希望在更高的决策层次和更复杂的决策环境下得到计算机的支持。许多大规模管理决策活动已不可能或不便于用集中方式进行。这些活动涉及许多承担不同责任的决策人，决策过程必需的信息资源或某些重要的决策因素分散在较大的范围中，属于组织决策或分布决策的范畴。于是，分布式决策支持系统（Distributed Decision Support System，DDSS）应运而生。

分布式决策支持系统研究的是 DSS 在分布式环境中、与分布式技术相结合的问题。它是一个由多台计算机分布在不同地点，通过网络与通讯手段组成的系统，位于各个结点上的计算机可以对当地的决策者进行支持，同时各节点也可互相支持，并相互协调，对全局决策进行支持。

分布式决策支持系统是由多个物理分离的信息处理节点构成的计算机网络，网络的每个结点至少含有一个决策支持系统或具有若干辅助决策功能的决策模块。与一般的决策支持系统相比，分布式决策支持系统具有以下特点：

（1）既可支持个人决策，又可支持群体决策。DDSS 是一类专门设计的系统，能支持处于不同结点的多层次的决策，提供个人、群体和组织的决策支持。

（2）具有支持人机交互、机机交互和人人交互的多种交互功能，便于系统内的信息交流，进行情况与意向的沟通。

（3）具有处理结点间可能发生的冲突的能力，能协调各结点的运行。

（4）提供具有良好透明性的资源共享。

DDSS 是对传统集中式 DSS 的扩展，是分布决策、分布系统、分布支持三位一体的结晶。它与群体决策支持系统一样，均是上世纪 80 年代以来决策支持系统研究与应用的热门方向，目前主要应用于制造业发展虚拟企业、网络化制造等方面。

三、智能决策支持系统

将人工智能技术引入传统决策支持系统，便形成了智能决策支持系统（Intelligent Decision Support System，IDSS）。IDSS 是在传统 DSS 的基础上结合了人工智能技术而形成的。从系统结构上看，IDSS 在传统决策支持系统的基础上，增设了知识库、推理机与问题处理系统，人机对话部分还加入了自然语言处理功能，将 DSS 从三库结构上升到四库结构。详见图 7-13。

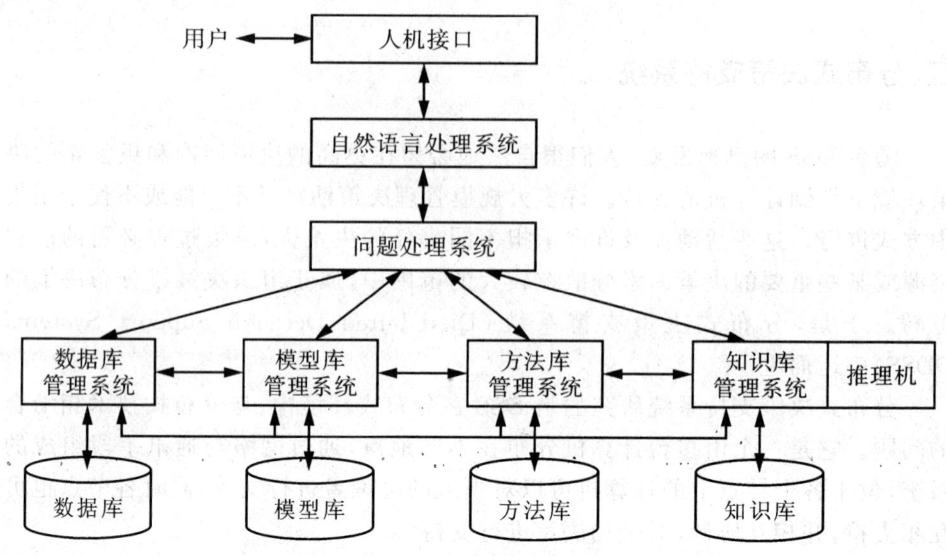

图 7-13　IDSS 系统结构示意图

问题处理系统处于决策支持系统的中心位置，是联系人与机器及所存储的各种资源（数据、模型、方法、知识等）的桥梁，主要由问题分析器与问题求解器两部分组成。其工作流程如图 7-14 所示。

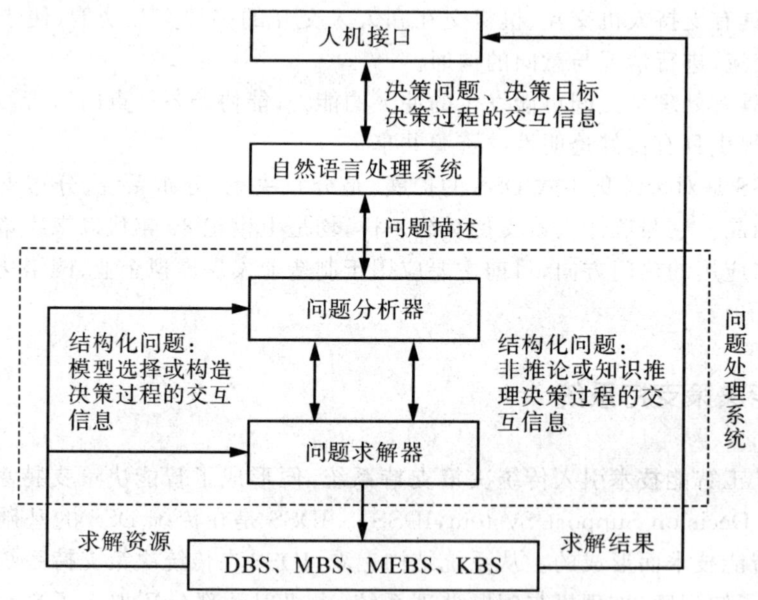

图 7-14　IDSS 问题处理系统工作流程示意图

四、决策支持中心

决策支持中心(Decision Support Center,DSC)这一概念出现于1985年,它是在决策方法、数据采集和处理方法、计算机技术相结合的基础上,进一步融合多领域专家的技术经验、研究结果和社会知识后,形成的一种综合集成化的决策支持系统。DSC由先进的信息技术设备和决策信息专家组成。他们随时准备开发和修改决策支持系统,以支持高层领导作出的紧急和重要的决策。

DSC的主要特点就是在DSS基础上,采取了以决策支持小组为核心的人机结合的决策思想,以及定性和定量相结合的综合集成方法,来支持决策者解决决策问题。

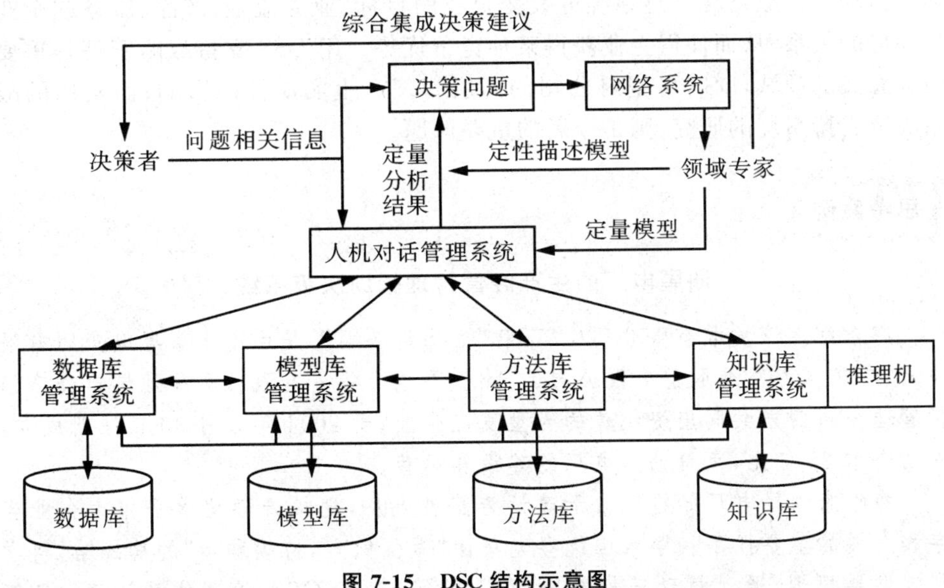

图7-15 DSC结构示意图

DSC与决策者的交互方式有两种形式:一种是决策者与决策支持小组的交互方式,这是DSC非常重要的交互方式,它充分注意决策支持小组的决策支持地位和作用,当然,决策支持小组在支持决策者时,需要使用决策支持系统;另一种是决策者与决策支持系统人机交互方式。

DSC实现了定性分析和定量分析的有机结合,遵循了系统论解决问题的指导思想,由计算机系统处理精确的、大量的、定量性的问题,由专家小组处理不精确的、关键的、定性的问题,充分发挥人与计算机系统的协同作用。

五、战略决策支持系统

战略决策支持系统(Strategic Decision Support Systems,SDSS)主要支持战略级或高层管理者的决策过程。它一般由数据库系统、模型库系统、方法库系统、知识库系统、案例分析系统、输入输出系统、控制与通信系统等组成。

战略决策支持系统是旨在使用信息技术,实现企业的战略目标的信息系统。因为,一个企业很少有机会寻找所谓战略信息的机会,企业主要是通过改变它的运作方式来获得竞争力,而引进信息系统正是引进一种新运作方式。因此,发掘信息系统的战略性意义,就是要知道企业需要做什么改变,以及如何去改变。战略性信息系统可用在高层决策者制定竞争战略、编制长期计划、确定企业战略目标等活动中。战略性信息系统可改变企业的目标、业务流程、产品、服务或企业与环境的关系,从而使得企业获得某种竞争优势。用 DSS 支持战略管理是重要而有意义的领域,DSS 可望对公司的高层管理产生实质性的影响;而实用的战略决策支持系统的研究,则是今后的重要课题。

汕尾电厂的生产经营管理辅助决策系统

广东红海湾发电有限公司(以下称“红海湾公司”)是由广东省粤电集团有限公司、广东电力发展股份有限公司、广州发展电力投资有限公司和汕尾市资产经营管理公司四方共同出资组建的大型发电企业,于 2004 年 3 月 30 日注册成立,注册资本 25 亿元,负责汕尾电厂的建设和运营。

多年来汕尾电厂始终致力于建设智慧型电厂,把提升管理水平作为企业生存和发展的重要抓手。紧紧围绕粤电集团“做强做大,持续和谐”的总战略,科学制定发展规划,通过推动三标整合管理体系认证、NOSA 管理体系认证、6S 管理,实施绩效管理,加强节能减排管理,力争把汕尾电厂打造为技术先进、安全经济、节能高效、环保清洁的一流发电企业。

(一)渴求统一决策支持平台

红海湾公司管理层十分重视企业信息化建设。目前红海湾公司的信息化基础设施日臻完善,在企业建设、生产、管理各个方面都已不同程度地采用了信息化手段,信息化系统随着技术变化不断更新提高。早在 5 年前的 2008 年,汕尾电厂已有包括 MAXIMO、Q4Safe、燃料系统和点检系统等 16 个信息系统在运行使用。

然而，发电市场竞争较为激烈，在多方压力剧增的状况下，红海湾公司管理层对于企业的信息化提出了全新的、层级更高的要求：要使信息系统成为帮助贯彻和落实企业管理思想的有效工具；要使系统植入“科学用能、系统节能”的思想，通过科学运行和精细化管理实现节能减排；要在对电厂各项管理全面监控和科学决策的基础上，帮助打造全新的智慧型电厂。

纵览汕尾电厂现有的系统，虽为过去企业的高速发展提供了保障和动力，但各系统间存在信息壁垒，缺乏有效的信息共享机制，致使管理层进行系统决策时需访问分布在网络不同位置的多个业务管理系统，一定程度上影响了决策的时效性，阻碍了信息系统在决策支持和管理应用方面发挥更大的功效。

鉴于上述的管理诉求，红海湾公司进行了审慎的调研分析，决定联手景华天创(北京)咨询有限责任公司，利用国际先进的商务智能分析技术，结合汕尾发电厂实际情况和多年管理经验实施“智能电厂生产经营管理辅助决策系统”项目。

(二)厂级数据共享中心

汕尾电厂管理辅助决策系统的实施所采用的产品具备可以将关系型数据模型转化为多维数据模型的 ROLAP 技术，同时以电厂各个业务部门的管理核心为基础点，打破各业务系统的信息壁垒，以建立统一的电厂级数据中心、经营决策辅助中心为目标，形成覆盖电厂生产、经营和管理等方面的管理决策辅助平台。

按照项目规划，红海湾公司智能电厂生产经营管理辅助决策系统主要涉及四大模块，即生产经营模块、设备管理模块、财务应用模块和生产运行模块。

这一管理决策辅助平台的实施到底有何作用呢？对此，景华天创公司首席专家丘创先生表示，智能电厂生产经营管理辅助决策系统打破火电厂传统的控制系统、管理信息系统、分析决策系统各自独立的局面，基于先进的数据仓库技术、ROLAP 数据集成多维转化技术和信息共享的理念，通过收集归纳各业务系统的信息，建立真正的厂级数据共享中心，实现预算、采购、项目、库存、设备、生产经营、生产运行、财务管理、人力资源管理决策等各个层面的信息共享，以及发电厂生产管理过程信息、经营管理分析信息的“纵向贯通”，以达成工业过程信息和管理业务信息的无缝融合。

通过建立厂级数据中心，还可实现电厂现有各种生产、经营管理应用系统的横向融合和信息集成，最终建立起全厂统一的智能化辅助决策管理平台，为电厂生产运行管理人员提供功能强大，并具有广阔扩展空间的管理、分析和决策的平台，给电厂管理者提供及时、定量的分析和决策支持。

(三)项目价值“多点开花”

红海湾公司智能经营管理辅助决策系统项目的实施，真正做到从电厂的整体生产经营管理出发，以电厂量化分析科学决策分析为基础，提升电厂核心竞争力为目标，基于先进的技术和智能分析平台强大的分析功能，整合电厂的经营管理、生产运行各个业务系统的信息和数据，打破了系统和信息的壁垒，并结合二次开发技术，为电厂的生产经营管理提供全面的技术支持和完整的解决方案，为管理决策提供准确、及时的信息保障。对此，红海湾公司总经理张洪刚先生表示项目价值可谓是“多点开花”。

例如在设备运维、故障消缺分析层面，在保证数据及时准确的基础上，不仅可实现对设备运维进行即时的监控和结构分析、历史对比分析和专业对比分析等，还可建立故障消缺分析，监控故障消缺情况及相关预警指标和体系，为设备运维和故障消缺提供管理分析手段。

而对于生产运行、生产经营以及库存分析方面的价值，则突出体现在为生产运行建立了发电指标体系并进行专业管理分类方面。不同的专业分类提供不同分析，并允许专业人员对月度生产运行情况编写专业分析说明，使人脑与电脑结合，形成专业生产运行分析报告。系统不仅为生产经营、库存、项目及预算管理等提供系统化的分析结果，而且通过建立业务间的信息整合，使分析不再集中于单一业务而是集成多项业务，为生产管理提供更有价值的信息，对实际业务管理有更大的决策参考价值。

尤为值得一提的是，通过对电厂经营管理指标的提炼，项目组开发出了电厂发电量、利润、保利煤价敏感性分析模块，对电厂经营的关键指标进行生产经营预测，以辅助管理决策。

在财务管理方面，项目组对电厂财务数据建立不同角度的财务分析主题，并提炼其中的关键财务指标，形成电厂特色的财务三大主题分析(资产负债分析、利润分析、现金流量分析)。根据实时发电量计算生成的实时利润分析、财务指标分析、经营业务考核分析、三大敏感性分析(保本电量分析、保利煤价分析、利润分析)、日保本电量分析、月保本电量分析、利润影响分析、项目预算管理分析等，为电厂的财务管理和生产经营管理提供了功能强大的电厂特色分析。此外，通过对电厂多年财务管理、预算管理经验的总结，项目组开发出新的功能应用，对财务、预算管理过程中的关键信息进行专项分析，为电厂管理提供及时、准确、高效的管理分析报告。

毋庸置疑，在大数据时代，高效的信息整合、智能分析与传递已经成为企业信息化发展的必然趋势。通过生产经营管理辅助决策系统项目的建设，红海湾公司在生产经营、财务管理、设备管理和生产运行管理方面实现了大跨越，企业管理思想和先进技术手段的完美结合，也将企业引入一个全新的发展里程。

资料来源：百度文库，http://wenku.baidu.com

案例思考：

1.汕尾电厂的生产经营管理辅助决策系统的主要功能是什么？

2.试根据上述内容，结合你的理解，勾画出汕尾电厂的生产经营管理辅助决策系统的基本结构图。

第八章 企业电子商务

互联网的产生和发展形成了新的虚拟世界，是20世纪最后最重要的科技成果，是第三次产业革命，其影响更大更广，将完全改变社会生活的各方面。商务活动中，全球信息化的发展，基于信息技术的网络服务的开展，电子商务打破时空界限，改变了贸易形态，改善了物流/资金流/信息流的环境与系统，加速了整个社会的商品流通，有效降低了成本，提高了竞争力。电子商务的影响远远超过了商务活动本身，对人类社会的生产经营活动、生活就业、政府职能、法律制度及教育文化等都带来了十分深刻的影响，其对行业的渗透也是空前的。发展中国的电子商务是中国在新世纪缩小与发达国家经济实力差距，进入世界市场，参与全球竞争不可回避的选择。

"戴尔"的直销模式

(一)企业背景

戴尔计算机公司于1984年由企业家迈克尔·戴尔创立，在全球34个国家中拥有大约35 800名员工。其理念非常简单：按照客户要求制造计算机，并向客户直接发货，使戴尔公司能够更有效和明确地了解客户需求，继而迅速地作出回应。戴尔公司设计、开发、生产、营销、维修和支持一系列从笔记本电脑到工作站的个人计算机系统。每一个系统都是根据客户的个别要求量身订制的。这种革命性的举措已经使其成为全球领先的计算机系统直销商，跻身业内主要制造商之列。

(二)电子商务物流模式简介

最终消费者直接通过电子商务网站订货，公司按照消费者的需求，个性化地量身定制产品及服务，并通过第三方物流直接送货上门，这就是电子商务物流模式。通过该模式,戴尔公司将供应商和最终消费者整合成一条优化的供应链,通过互联网媒介以及第三方物流的介入,大大提高了产品的竞争力。

1.大型的、专业化的第三方物流

一个覆盖面广、反应迅速、成本有效的物流系统是戴尔直销模式成功的重要支柱。戴尔的物流完全外包给第三方物流公司,主要由DHL、BAX、FedEX等跨国性物流企业承担。这些第三方物流公司具有健全的网络、专业化的运营和现代化的管理。通过采用第三方物流的门到门服务,戴尔大大降低了物流成本,提高了物流效率,改善了客户服务水平。

2.与供应商结成战略联盟

戴尔将供应商视作公司体系中的一环,以维系紧密的供应关系。戴尔采取严格的资格评审,要求供应商不仅在效率上保持先进,在产品质量管理上,也要采取量化评估方式,从而确保供应商生产的零部件可以直接进入公司的生产线而无须进行来料抽样检验。通过互联网,戴尔公司与供应商间建立了紧密的虚拟整合关系,从而保证能够按照戴尔本身的标准衡量零部件的品质,迅速有效地管理订货流通和紧急补货所需的存货。同时,戴尔也将最新需求信息和预测信息等实时地传递给供应商,开放地在供应链上共享计划和资源,帮助他们权衡市场,把库存量降到最低。戴尔带动供应商共同发展直销模式,实现公司与供应商双赢的合作关系。

(三)戴尔公司电子商务物流模式

戴尔的物流从确认订货开始,确认订货以收到货款为标志,在收到货款之后需要两天时间进行生产准备、生产、测试、包装、发运准备等。戴尔通过供应链的管理与重组,有效地减低了库存,缩短了生产周期,大大提高了竞争力。

戴尔一方面通过电话、网络以及面对面的接触,和顾客建立了良好的沟通和服务支持渠道;另一方面,通过网络,利用电子数据交换连接,使得上游的零件供应商能够及时准确地知道公司所需零件的数量、时间,从而大大降低了存货,这就是戴尔所称的"以信息代替存货",这样,戴尔也和供应商建立起一个"虚拟"的企业。

(四)戴尔物流供应链的流程及功能

戴尔对待任何消费者都采用定制的方式销售,其物流服务也配合这一销售政策而实施。有以下八个功能:

• 订单处理。在这一步,戴尔要接收消费者的订单,首先检查项目是否填写齐全;然后检查订单的付款条件,只有确认支付完款项的订单才会立即自动发出零部件的订货并转入生产数据库中,订单也才会立即转到生产部门进行下一步作业。用户订货后,可以对产品的生产过程、发货日期甚至运输公司的发货状况等进行跟踪。

• 预生产。从接收订单到正式开始生产之前,有一段等待零部件到货的时间,这段时间叫做预生产。预生产的时间因消费者所订的系统不同而不同,主要取决于供应商的仓库中是否有现成的零部件。订货确认一般通过两种方式,即电话或电子邮件。

• 配件准备。当订单转到生产部门时,所需的零部件清单也就自动产生,相关人员将零部件备齐传送到装配线上。

• 配置。组装人员将装配线上传来的零部件组装成计算机,然后进入测试过程。

• 测试。检测部门对组装好的计算机用特制的测试软件进行测试,通过测试的机器被送到包装间。

• 装箱。测试完后的计算机被放到包装箱中。

• 配送准备。一般在生产过程结束的次日完成送货准备。

• 发运。将顾客所订货物发出,并按订单上的日期送到指定的地点。

戴尔所建立起来的供应链中没有分销商、批发商和零售商,而是直接由生产厂商(戴尔公司)把产品卖给顾客。这就是戴尔所引以为豪的"把电脑直接销售到使用者手上,去除零售商的利润剥削,把这些省下的钱回馈给消费者。"

在这条供应链上,戴尔处理的最多的是信息流,使其既能够集中力量提供优质的售后服务支持,同时又避免了公司面临"过度庞大的组织架构"。零件供应商、戴尔公司和代理服务商三者共同形成了一个"虚拟"的企业,他们通过电子数据交换等方式密切配合,达到了资源的更优化配置,同时也降低了成本,共同为顾客提供优质的产品和服务。

(五)构建的经验

戴尔的销售全是通过国际互联网和企业内部网进行的。电子商务化物流使其可以先拿到用户的预付款,待货运到后货运公司再结算运费(运费还要用户自己支付)。戴尔既占压着用户的流动资金,又占压着物流公司的流动资金,按单生产又没有库存风险。这些因素使其年均利润率超过50%。戴尔的电子商务型直销方式对用户的价值包括:

• 用户的需求不管多么个性化都可以满足;

• 戴尔精简的生产、销售、物流过程可以省去一些中间成本,因此戴尔的价格较低;

• 用户可以享受到完善的售后服务。

戴尔公司通过直销模式，以需定产，倒着做供应链，可以使用户根据自己的情况选择所需要的产品；采取电子商务销售模式，大大缩短了作业时间，也简化了信息在公司内部传递的流程。戴尔开创了电子商务化物流的先河。

资料来源：根据百度文库（http://wenku.baidu.com）相关资料整理。

（六）小结

戴尔公司实施电子商务化物流后取得了显著的绩效：(1)成品库存基本为零；(2)零部件库存量仅占其盈利的1.5%左右；(3)年库存周转次数超过50次，库存期平均不足7天；(4)增长速度4倍于市场成长速度，两倍于竞争对手。由本案例可以看出，电子商务对现代物流业的发展起到了至关重要的作用，电子商务的出现和兴起对现代物流业的发展和企业物流的运作都产生了深远的影响。电子商务一方面为物流提供了良好的运作平台，大大节约了交易成本；另一方面极大地方便了物流信息的收集和传递，极大地提高了企业物流的效率。

第一节　电子商务概述

一、电子商务的含义

电子商务源于英文 Electronic Commerce，简写为 EC。顾名思义，其内容包含两个方面：一是电子方式，二是商贸活动。电子商务指的是利用简单、快捷、低成本的电子通讯方式，买卖双方不谋面地进行各种商贸活动。

随着电子通信网络技术的迅猛发展而出现的电子商务不同于传统的商务活动，作为一个新兴的事物，何为电子商务，国内外一些比较有影响的组织和公司对其有着各自不同的表述方式。

联合国经济合作和发展组织（OECD）在有关的电子商务报告中对电子商务的定义：电子商务是发生在开放网络上的包含企业之间（Business to Business）、企业和消费者之间（business to Consumer）的商业交易。

著名的 IBM 公司认为，电子商务是把买方、卖方、厂商及其合作伙伴在因特网（Internet）、企业内部网（Intranet）和企业外部网（Extranet）中结合起来的应用。这种应用是动态的和交互式的。

总的来说，电子商务就是把传统的商业活动在新兴的通讯网络上来运作，或者说是在 Internet 上进行的商务活动。对于这种商务活动，可以从狭义和广义两方面对其有不同的理解。狭义的电子商务也称作电子交易(E-commerce),主要是指利用 Web 提供的通信手段在网上进行的交易。广义的电子商务包括电子交易在内的利用 Web 进行的全部商业活动,其主要功能包括网上的广告、订货、付款、客户服务和货物递交等销售、售前和售后服务,以及市场调查分析、财务核计及生产安排等多项利用 Internet 开发的商业活动,因此,广义的电子商务又称为电子商业(E-business)。但归根结底,电子商务离不开网络和交易,它是一种全新模式的商务活动。

要对电子商务有一个科学全面的理解,就要从电子商务的特性、目的性、涵盖的范围、参与者、使用的技术手段等方面对电子商务进行分析。

(1)电子商务是整个商务活动的自动化和电子化。电子商务是利用各种电子工具和电子技术从事各种商务活动的过程。其中电子工具是指计算机硬件和网络基础设施(包括 Internet、Intranet、各种局域网等);电子技术是指处理、传递、交换和获得数据的多技术集合。

(2)电子商务渗透到商务活动的各个阶段,因而内容广泛,包括信息交换、售前售后服务、销售、电子支付、运输、组建虚拟企业、共享资源等。

(3)电子商务的参与者包括消费者、销售商、供货商、企业雇员、银行或金融机构以及政府等各种机构或个人。

(4)电子商务的目的就是要实现企业乃至全社会的高效率、低成本的贸易活动。

电子商务可以通过多种电子通讯方式来完成。简单说,比如你通过打电话或发传真的方式来与客户进行商务活动,似乎也可以称作为电子商务;但是,现在人们所探讨的电子商务主要是以 EDI(电子数据交换)和 Internet 来完成的。尤其是随着 Internet 技术的日益成熟,电子商务真正的发展将是建立在 Internet 技术上的。所以也有人把电子商务简称为 IC(Internet Commerce)。

从商务活动的角度分析,电子商务可以在多个环节实现,由此也可以将电子商务分为两个层次:较低层次的电子商务如电子商情、电子贸易、电子合同等;最完整的也是最高级的电子商务应该是利用 Internet 网络能够进行全部的商务活动,即在网络环境中将信息流、商流、资金流和部分的物流完整地实现,也就是说,你可以从寻找客户开始,一直到洽谈、订货、在线付(收)款、开具电子发票乃至电子报关、电子纳税等都通过电子网络平台一气呵成。

要实现完整的电子商务还会涉及很多方面,除了买家、卖家外,还要有银行或金融机构、政府机构、认证机构、配送中心等机构的加入才行。由于参与电子商务中的各方在物理上是互不谋面的,因此整个电子商务过程并不是物理世界商务活动的翻版，网上银行、在线电子支付等条件和数据加密、电子签名等技术在电子商务中发挥着重要的不可或缺的作用。

二、电子商务的类型与内容

1.电子商务的分类

电子商务可以按不同的方式进行分类。对商家和消费者来说，不同种类的电子商务过程蕴含着不同的发展机遇。

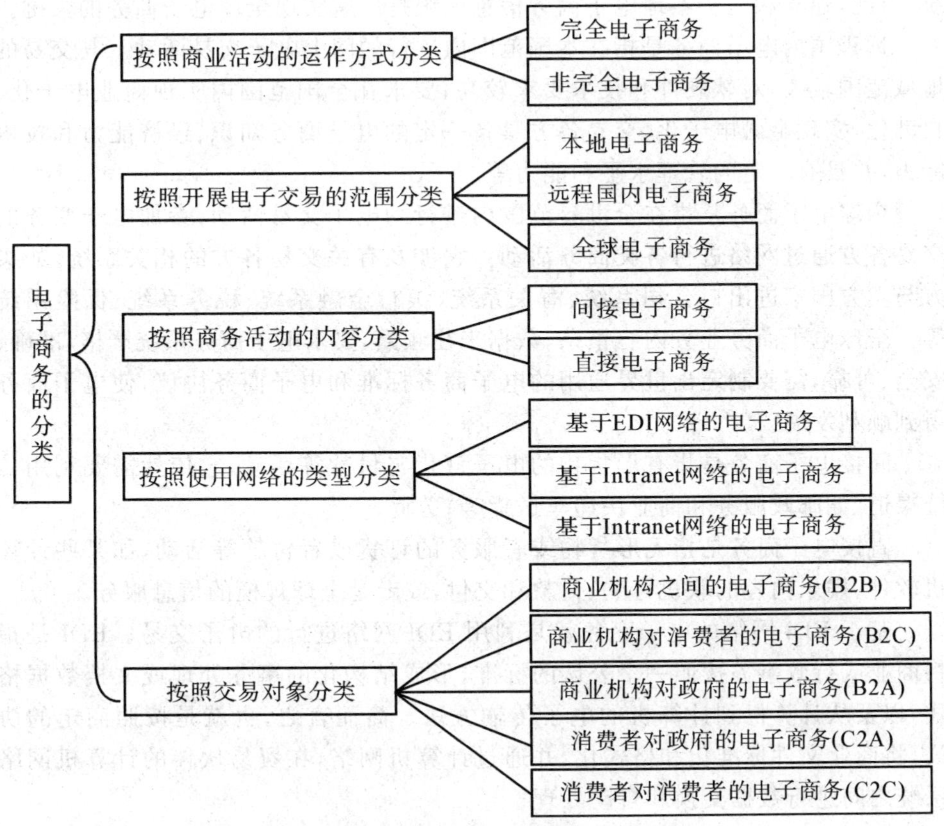

图 8-1 电子商务的类型

完全电子商务是指完全可以通过电子商务方式实现和完成完整交易的交易行为和过程。换句话说，完全电子商务是指商品或者服务的完整过程是在信息网络上实现的电子商务。完全电子商务能使双方超越地理空间的障碍进行电子交易，可以充分挖掘全球市场的潜力。

非完全电子商务是指不能完全依靠电子商务方式实现和完成完整交易的交易行为和过程。非完全电子商务要依靠一些外部因素，如运输系统的效率等。

本地电子商务通常是指利用本城市或者本地区的信息网络实现的电子商务活动，电子交易的范围较小。本地电子商务系统是利用 Internet、Intranet 或者专用网络将下列系统联系在一起的网络系统：(1)交易各方的电子商务信息系统，包括买方卖方以及其他各方的电子商务信息系统；(2)银行等金融机构的电子信息系统；(3)保险公司的信息系统；(4)商品检验信息系统；(5)本地区 EDI 中心系统。本地电子商务系统是开展国内电子商务和全球电子商务的基础系统，因此，建立和完善本地电子商务信息系统是厂家实现全球电子商务的关键。

远程国内电子商务是指在本国范围内进行的网上电子交易活动。其交易的地域范围较大，对软硬件和技术要求较高，要求在全国范围内实现商业电子化、自动化，实现金融电子化，交易各方具备一定的电子商务知识、经济能力和技术能力，并具有一定的管理水平和能力等。

全球电子商务是指在全世界范围内进行的电子交易活动，参加电子商务的交易各方通过网络进行各类商务活动。它涉及有关交易各方的相关系统，如买方与卖方国家进出口公司系统、海关系统、银行金融系统、税务系统、保险系统等。全球电子商务业务内容繁杂，数据来往频繁，要求电子商务系统严格、准确、安全、可靠，需要制定出世界通用的电子商务标准和电子商务协议，使电子商务得到顺利发展。

间接电子商务是指有形货物的电子订货与付款等活动，它依然需要利用传统渠道(如邮政服务和商业快递车送货等)送货。

直接电子商务是指无形货物或者服务的订货或者付款等活动，如某些计算机软件、娱乐内容的联机订购、付款和交付，或者是全球规模的信息服务。

基于 EDI 网络的电子商务就是利用 EDI 网络进行的电子交易。EDI 是指将商业或行政事务按照一个公认的标准，形成结构化的事务处理或文档数据格式，以及从计算机到计算机的电子传输方法。简而言之，也就是按照商定的协议，将商业文件标准化和格式化，并通过计算机网络，在贸易伙伴的计算机网络系统之间进行数据交换和自动处理。

基于 Internet 网络的电子商务就是利用 Internet 网络进行的电子交易。Internet 是一种采用 TCP/IP 协议组织起来的松散的、独立的、国际合作的国际互联网络。

基于 Intranet(企业内部网)网络的电子商务就是利用企业内部网络进行的电子交易。Intranet 是在 Internet 基础上发展起来的企业内部网，是在原有局域网上附加一些特定的软件，将局域网与 Internet 连接起来，从而形成的企业内部的虚拟网络。

商业机构对商业机构的电子商务是指企业和企业之间进行的电子商务活动。例如,某商店利用计算机网络向某电器工厂订购电风扇,并且通过网络进行付款等。这一类电子商务已经存在很多年,其中以企业通过专用网或增值网(VAN),采用EDI方式所进行的商务活动尤为典型。这种类型是电子商务的主流,也是企业面临激烈的市场竞争,改善竞争条件,建立竞争优势的主要方法。

商业机构对消费者的电子商务是指企业与消费者之间进行的电子商务活动。这类电子商务主要是借助于Internet开展的在线销售活动,例如,Amazon的在线销售书店。近年来,随着Internet为企业和消费者开辟了新的交易平台,再加上全球网民的增多,使得这类电子商务得到了较快发展。特别是,企业的网页对于广大消费者,并不需要统一标准的单据传输,而且在线销售和支付行为通常只涉及信用卡、电子货币或电子钱包。另外,Internet上提供的搜索浏览功能和多媒体界面,又使得消费者更容易寻找和深入了解所需的产品。因此,开展商业机构对消费者的电子商务具有巨大的潜力,是今后电子商务发展的主要动力。

商业机构对政府的电子商务是指企业与政府机构之间进行的电子商务活动。例如,政府采购清单可以通过Internet发布,公司可以以电子化方式回应;另外,政府通过电子交换的方式向企业征税等。这种方式可以更好地树立政府的形象,实施对企业的行政事务管理,推行各种经济政策等等。

消费者对政府的电子商务是指政府对个人的电子商务活动。例如,社会福利基金的发放以及个人报税等。这类电子商务活动目前还处于初始阶段,但随着商业机构对消费者以及商业机构对政府电子商务的发展,各国政府将会对个人实施更为完善的电子方式服务。

消费者之间的电子商务是一种个人之间的较为简单的利用网络进行的商务活动,最为常见的如:BBS中的二手市场、网络竞标活动等。

2.B2B的运行流程

B2B电子商务是指商业机构(或企业、公司)使用Internet或各种商务网络向供应商(企业或公司)订货和付款的电子商务运营模式。商业机构对商业机构的电子商务发展最快,已经有了多年的历史,特别是通过增值网络(Value Added Network,VAN)上运行的电子数据交换(EDI),使企业对企业的电子商务得到了迅速扩大和推广。公司之间可以使用网络进行订货、接受订货、签订合同等单证和进行付款。

目前B2B形态的电子商务是各种形态的电子商务活动中最为重要的一种形态,交易额巨大,引入后能产生可观的经济效益。其运行流程可简单用图8-2表示。

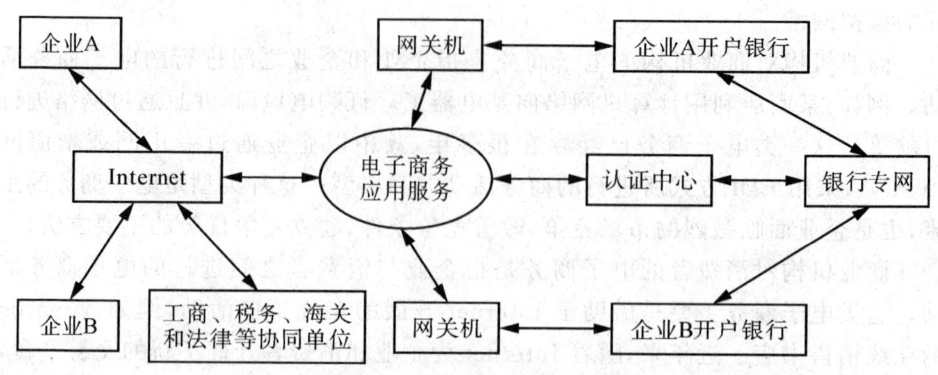

图 8-2 B2B 电子商务的运作流程

在图中，企业 A 提出商务业务请求，将请求信息和银行账户信息通过因特网发送到电子商务应用服务提供商（ASP）提供的电子商务应用服务中心；智能搜索引擎在因特网上寻找合适的交易企业 B，并将请求信息通过因特网发送给企业 B；企业 B 得到企业 A 的请求信息后，经过分析处理，响应交易请求，并将响应信息和自身银行账户信息发送给电子商务应用服务中心；收到企业 B 的交易请求后，电子商务应用服务中心对交易双方进行身份认证，将认证合格的银行账户信息通过支付网关发送给交易双方的开户银行，以银行专网为基础完成银行转账；将转账后的信息通过电子商务应用服务中心发送给交易企业，并联合工商、税务、海关、法律和运输等协同作业单位完成配送。

三、电子商务的功能与特性

1.电子商务的基本功能

电子商务可提供网上交易和管理等全过程的服务，因此它具有广告宣传、咨询洽谈、网上订购、网上支付、电子账户、服务传递、意见征询、交易管理等各项功能。

• 广告宣传。企业可以利用 Web 服务器建立网上主页（Home Page）或电子邮件（E-mail）等方式在 Internet 上开展广告宣传或发布信息。Internet 也被称为第四媒体，与传统的媒体比较，电子商务的广告宣传具有灵活、及时、成本低、范围广、信息量大等特点。

• 咨询洽谈。电子商务交易各方可借助非实时的电子邮件（E-mail）、新闻组（News Group）和实时的讨论组（Chat）、网上的白板会议（Whiteboard Conference）来了解市场和商品信息，洽谈交易事务。网上的咨询和洽谈能超越空间的限制，提供多种方便的异地交谈形式。

• 网上订购。在电子商务活动中，企业或顾客可以通过访问网上商店来从事网上订购活动。网上订购通常会在产品介绍的页面上提供十分友好的订购提示信息和订购交互格式框。当客户填完订购单后，系统会回复确认信息单来保证订购信息的收悉。同时，订购信息一般会采用加密的方式以使顾客和商家的商业信息不会泄漏。

• 网上支付。在电子商务过程中，网上支付是重要的环节。网上支付就是通过网络直接采用电子支付手段实施支付。这种支付手段可省去交易中传统支付手段所需人员的开销。当然，网上支付必须有可靠的信息传输安全性控制，以防止欺骗、窃听、冒用等非法行为。

• 电子账户。电子账户是银行或信用卡公司及保险公司等金融机构提供的可在网上操作的资金账户。信用卡号或银行账号都是电子账户的一种标志。电子账户操作的安全性需要通过诸如数字凭证、数字签名、加密等技术措施来保证。

• 服务传递。对于已完成付款的客户，应尽快地将其订购的货物传送给他们。电子商务能通过网络进行物流的配送。当然，要完成货物传送还需要相关运输企业的协作。而最适合在网上直接传递的货物是一些非实物性的信息产品，如软件、电子读物、信息服务等。它能直接从电子仓库中将货物发到用户端。

• 意见征询。电子商务能十分方便地采用网页上的表单来收集用户对销售服务的反馈意见。这种意见征询方式省时少力，并能满足个性化的需求。客户的反馈意见不仅能提高售后服务的水平，更使企业获得改进产品、发现市场的商业机会。

• 交易管理。交易管理涉及企业和企业、企业和客户及企业内部等各方面的协调和管理。电子商务为企业提供了商务活动全过程的管理。

随着网络通信技术和环境的飞速发展以及多种多样的应用服务系统不断涌现，电子商务的各项功能不断增强，从而使电子商务获得了更广泛的应用。

2.电子商务的系统功能

(1)信息管理(Content Management)

信息管理即管理网上需要发布的各种信息。通过信息管理能更好地利用信息来提升产品的品牌价值。其具体内容包括：

• 提供公司内部信息的传送。如在企业内部网上发布公司政策、招聘信息及通知等。

• 提供万维网上的信息发布。通过静态和动态方式对网站上的内容进行不定期的发布和刷新。

• 提供相关产品品牌广告宣传及相关的信息。包括产品供货、服务和策略等信息。

• 提供保护及管理关键数据的能力。例如公司重要的经营资料、财务资料、客户资料、产品信息等。

• 提供存储和利用复杂的多媒体信息的能力。包括图片、录像录音、工程计划等。

(2)协同合作(Collaboration)

商务活动是一种协调过程,它需要雇员和客户,生产方、供货方和商务伙伴的协调。协同合作能自动处理商业流程,包括加强企业内部信息的传递,将供货方连接至管理系统,再连接到客户订单处理系统,并通过一个供货渠道加以处理。通过协同合作能减少成本和缩短开发周期。其主要内容为:

• 通信与信息共享:包括电子邮件和信息系统。

• 人事和内部工作管理:包括员工的自我服务,了解员工情况及项目组织计划等。

• 企业内部网和企业外部网:将企业内部各组织紧密地联系在一起,并与制造商、供货方及企业伙伴共享信息和进行流水作业。

• 销售自动化:包括合同管理、合同审定及签署。

(3)交易服务(Commerce)

交易服务就是通过电子商务创造新的交易方式,开拓新的市场,并通过电子渠道开辟新的盈利方式。它包含了以下内容:

• 市场与售前服务。通过建立网上商店消除时间和空间上的障碍,全天候24 小时服务,使买卖货物更加行之有效。

• 客户服务。网上站点的客户自助服务系统提供了网上问题解决方案,强化了与客户联系的能力。

• 销售活动管理,如智能目录及安全支付,并可完成电子订单。

电子商务的系统功能分类是既有区别又相互联系的三个方面,它们组合构成了电子商务的基本功能。

3.电子商务的应用功能

(1)售前服务

Internet 作为一个新媒体,具有“即时互动、跨越时空和多媒体展示”等特性,它强调了互动性,而且广告资料更新较快,比传统媒体的广告费用低廉。企业可利用网上主页(Homepage)和电子邮件(E-mail)在全球范围内作广告宣传;客户可借助网上检索工具(Search)迅速地找到所需要的商品信息。

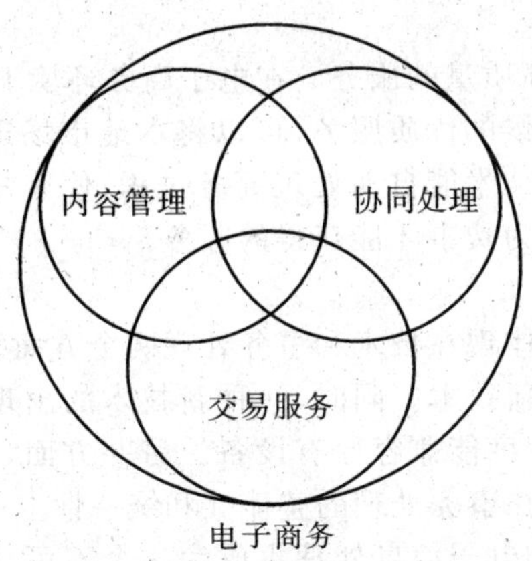

图 8-3 电子商务系统功能结构

(2)售中服务

网上售中服务主要是帮助企业完成与客户之间的咨询洽谈、网上订购、网上支付等商务过程。对于销售无形产品的公司来说，Internet 上的售中服务为网上的客户提供了直接试用产品的机会，例如音像制品的试听、试看以及软件的试用等。

(3)售后服务

网上售后服务的内容主要包括帮助客户解决产品使用中的问题，排除技术故障，提供技术支持，传递产品改进或升级的信息以吸引客户对产品与服务的反馈信息。电子商务能十分方便地采用网页上的“选择”、“填空”等格式文件来收集用户对销售服务的反馈意见。这样使企业的市场营销能形成一个封闭的回路。网上售后服务不仅响应快、质量高、费用低，而且可以大大减低服务人员的工作强度。

4.电子商务的特性

电子商务是一种有别于传统商务活动的新兴的商务活动模式，与传统商务活动相比，它具有一些特殊的性质，概括地说，主要体现在商务性、服务性、集成性、可扩展性、安全性和协调性等几个方面。同时电子商务还具有很强的个性化，使得业者可针对不同的客户进行个性化的营销活动。

(1)商务性

电子商务提供了崭新的买卖、贸易、服务的手段和机会。这也是电子商务最基本的特性。由于电子商务提供了一种全新的方便、快捷和低廉的商务通道，从而创造了新的市场，出现了新的商机。电子商务开创了全新的、虚拟的市场。由于网络可以说是一个全新的通路以及消费渠道，在这个市场中，没有时间、空间和人力等条件的限制，市场具有更强的可塑性。

(2)服务性

即提供及时、方便高质量的服务。在电子商务环境下,企业可超越时间和空间限制为客户提供全天候的优质服务,可以将本地市场迅速方便地扩大为全球市场。企业利用因特网技术能自动处理商务过程,使客户能以一种比过去简捷的方式完成过去他们较为费事才能获得的服务。

(3)集成性

电子商务的集成性体现在技术和事务处理两个方面。一方面,就技术而言,电子商务集成了大量的新技术。同时,一种新技术的出现并不一定必须淘汰老设备,即新技术在一定程度能兼容原有设备。另一方面,从事务处理过程看,电子商务的集成性还体现在事务处理的整体性和统一性上。它能规范事务处理的工作流程,将人工操作和电子信息处理集成为一个不可分割的整体。这样不仅能提高人力和物力的利用,也提高了系统运行的严密性。

(4)可扩展性

要使电子商务正常运行,必须确保其可扩展性。因特网上有数以百万计的用户,而传输过程中,时不时地会出现高峰状况。一旦出现访问高峰,可方便地扩展服务器来扩充系统功能。对于电子商务来说,可扩展的系统才是稳定的系统。

(5)安全性

即利用加密机制、签名机制、安全管理、存取控制、防火墙等措施建立安全的电子商务环境。

(6)协调性

电子商务能使客户、供应商、生产制造商、银行、海关、税务各部门之间协调一致。为了加强协调,提高效率,许多组织或部门都通过提供交互式的协议,使电子商务活动可以在这些协议的基础上进行。在效率提高的同时,也就缩短了商品进入市场的时间,也有效地降低了成本。

四、电子商务对社会经济的影响

随着电子商务魅力的日渐显露,虚拟企业、虚拟银行、网络营销、网上购物、网上支付、网络广告等一大批前所未闻的新词汇正在为人们所熟悉和认同,这些词汇同时也从另一个侧面反映了电子商务正在对社会和经济产生的影响。

1.电子商务改变了商务活动的方式

传统的商务活动最典型的情景就是“推销员满天飞”,“采购员遍地跑”,“说破了嘴、跑断了腿”;消费者在商场中筋疲力尽地寻找自己所需要的商品。现在,通过互联网只要动动手就可以了,人们可以进入网上商场浏览、采购各类产品,而且还能得到在线服务;商家们可以在网上与客户联系,利用网络进行货款结算服务;政府还可以方便地进行电子招标、政府采购等。

2.电子商务改变了人们的消费方式

网上购物的最大特征是消费者的主导性,购物意愿掌握在消费者手中;同时消费者还能以一种轻松自由的自我服务的方式来完成交易,消费者主权可以在网络购物中充分体现出来。

3.电子商务改变了企业的生产方式

由于电子商务是一种快捷、方便的购物手段,消费者的个性化、特殊化需要可以完全通过网络展示在生产厂商面前,为了取悦顾客,突出产品的设计风格,制造业中的许多企业纷纷发展和普及电子商务,如美国福特汽车公司在1998年3月将分布在全世界的12万个电脑工作站与公司的内部网连接起来,并将全世界的1.5万个经销商纳入内部网。福特公司的最终目的是实现能够按照用户的不同要求,做到按需供应汽车。

4.电子商务将对传统行业带来一场革命

电子商务是在商务活动的全过程中,通过人与电子通讯方式的结合,极大地提高商务活动的效率,减少不必要的中间环节。传统的制造业借此进入小批量、多品种的时代,"零库存"成为可能;传统的零售业和批发业开创了"无店铺""网上营销"的新模式;各种线上服务为传统服务业提供了全新的服务方式。

5.电子商务将带来一个全新的金融业

由于在线电子支付是电子商务的关键环节,也是电子商务得以顺利发展的基础条件,随着电子商务在电子交易环节上的突破,网上银行、银行卡支付网络、银行电子支付系统以及网上汇款、电子支票、电子现金等服务,将传统的金融业带入一个全新的领域。1995年10月,全球第一家网上银行"安全第一网络银行"(Security First Network Bank)在美国诞生,这家银行没有建筑物,没有地址,营业厅就是首页画面,员工只有10人,与总资产超过2 000亿美元的美国花旗银行相比,"安全第一网络银行"简直是微不足道,但与花旗银行不同的是,该银行所有交易都透过互联网进行,1996年存款金额达到1 400万美元,1998年,安全第一网络银行被加拿大皇家银行以2 000万美元收购,其业务范围得到进一步扩大。

6.电子商务将转变政府的行为

政府承担着大量的社会、经济、文化的管理和服务的功能,尤其作为"看得见的手",在调节市场经济运行,防止市场失灵带来的不足方面有着很大的作用。在电子商务时代,当企业应用电子商务进行生产经营,银行实现金融电子化,以及消费者实现网上消费的同时,将同样对政府管理行为提出新的要求,电子政府或称网上政府,将随着电子商务发展而成为一个重要的社会角色。

总而言之,作为一种商务活动过程,电子商务将带来一场史无前例的革命,其对社会经济的影响会远远超过商务活动本身。除了上述这些影响外，它还将对就业、法律制度以及文化教育等带来巨大的影响。电子商务会将人类真正带入信息社会。

第二节　电子商务的运作模式

一、电子商务的组成要素

1.网络环境

目前，电子商务的网络环境模式包括：因特网(Internet)、企业内部网(Intranet)、企业外部网(Extranet)。这三种网络环境模式既有区别又相互联系，如图8-4所示。

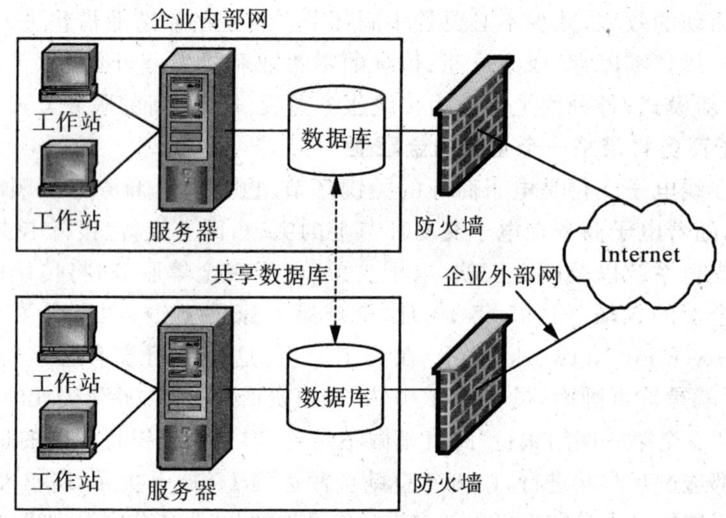

图 8-4　电子商务网络环境模型

(1)因特网(Internet)

起源于20世纪60年代末美国的ARPAnet，以后随着各种计算机网络的不断加入形成了Internet，并急剧发展。1999年，通过Internet实现的销售额达到1 800亿美元，2011年，仅我国大陆地区通过Internet实现的销售额就已突破20 000亿元。Internet构成了电子商务最主要的网络环境基础，是商务信息和业务信息传送的载体。

(2)企业内部网(Intranet)

主要用于企业内部管理和通信,包括处理企业内部的商务操作及工作流,增加对重要系统和关键数据的存取,共享资源和经验,协作解决客户问题,并保持企业内部各部门之间的联系等。Intranet 是一种有效的商务工具,通过防火墙与 Internet 连接。

(3)企业外部网(Extranet)

是企业间遵循一定的协议和标准,用于密切交换信息和数据,从而提高社会协作生产能力和水平的应用网络。在电子商务中,这种分工协作使得企业可以利用电子形式将关键的商务处理过程连接起来,形成虚拟企业,可以无缝地完成整个商务过程。

2.用户

电子商务用户主要分为个人消费者和商家。个人消费者使用浏览器、电视机顶盒、个人数字助理、可视电话等接入 Internet 参与商务活动。商家通过 Intranet 或 Extranet 并连接 Internet 进行网上商务和业务活动,即通过电子报送、电子支付、电子报税等,与海关、银行、税务局进行有关的商务和业务处理。

3.认证中心(CA)

认证中心全称为电子商务认证授权机构(Certificate Authority,CA),即承担电子商务安全交易认证服务、负责管理和签发数字证书并能确认用户身份的受法律承认的权威机构。认证中心的主要任务是受理数字证书的申请、签发及对数字证书的管理。认证中心依据认证操作规定(Certificate Practice Statement,CPS)来实施服务操作。

4.配送中心

即接受商家的委托,从事和组织运送无法从网上直接发送的商品,并跟踪商品流向的专业机构。

5.网上银行

即应用网络技术提供在线金融服务的银行系统。一方面,网上银行在因特网上突破时间和空间的限制,在线实现一些传统的银行业务,提供全天候服务。另一方面,网上银行与信用卡公司合作,发放电子钱包,提供网上支付手段,为电子商务交易中的用户和商家服务。

二、电子商务的概念模型

电子商务的概念模型由交易主体、电子市场、交易事务、信息流、资金流、物资流等基本要素构成。

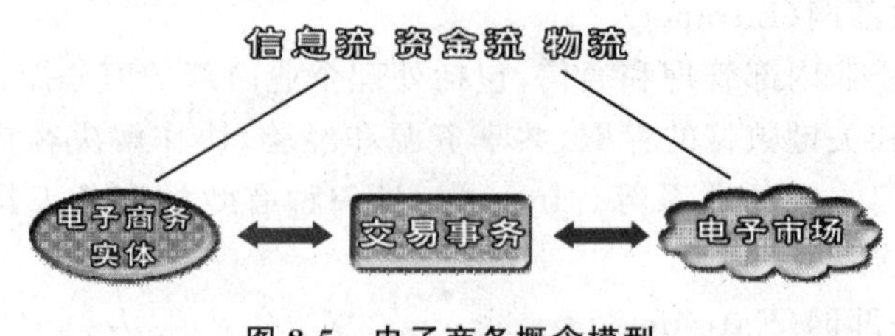

图 8-5　电子商务概念模型

（1）电子商务实体（电子商务交易主体）：企业、银行、商店、政府机构、科研教育机构和个人等。

（2）电子市场：指电子商务实体从事商品和服务交换的场所，它由各种各样的商务活动参与者，利用各种通信设备，通过网络连接成一个统一的经济整体。

（3）交易事务：指电子商务交易主体之间所从事的具体的商务活动的内容，如广告宣传、询价、报价、签订合同、转账支付、商品运输等。

三、电子商务的流转程式

电子商务的流转程式指的是电子商务运行的过程模型，大致可分为网络商品直销模式和网络商品中介交易模式两类。

1.网络商品直销模式

（1）网络商品直销模式流程

网络商品直销是指消费者和生产者，或者是需求方和供应方直接利用网络形式开展的买卖活动。这种买卖交易的最大特点是不提供直接见面、环节少、速度快、费用低。网络商品直销的流程可以用图 8-6 来说明。

①消费者进入 Internet，查看企业和商家的发布的网页。

②消费者通过企业或商家网页中提供的购物对话框填写购货信息，包括：姓名、地址、所购商品名称、数量、规格、价格。

③消费者选择支付方式，如信用卡、电子货币、电子支票、借记卡等。

④企业或商家的客户服务器检查支付方服务器（由消费者开户银行设置），确认消费者支付方式的合法性及汇款额是否认可。

⑤支付方服务器（由消费者开户银行设置）确认消费者支付方式和汇款额的合法性后，将信息反馈给企业或商家的客户服务器。

⑥企业或商家的客户服务器确认消费者付款后，将交易成功信息传递给消费者。

⑦企业或商家的客户服务器确认消费者付款后，通知销售或物流配送部门送货上门。

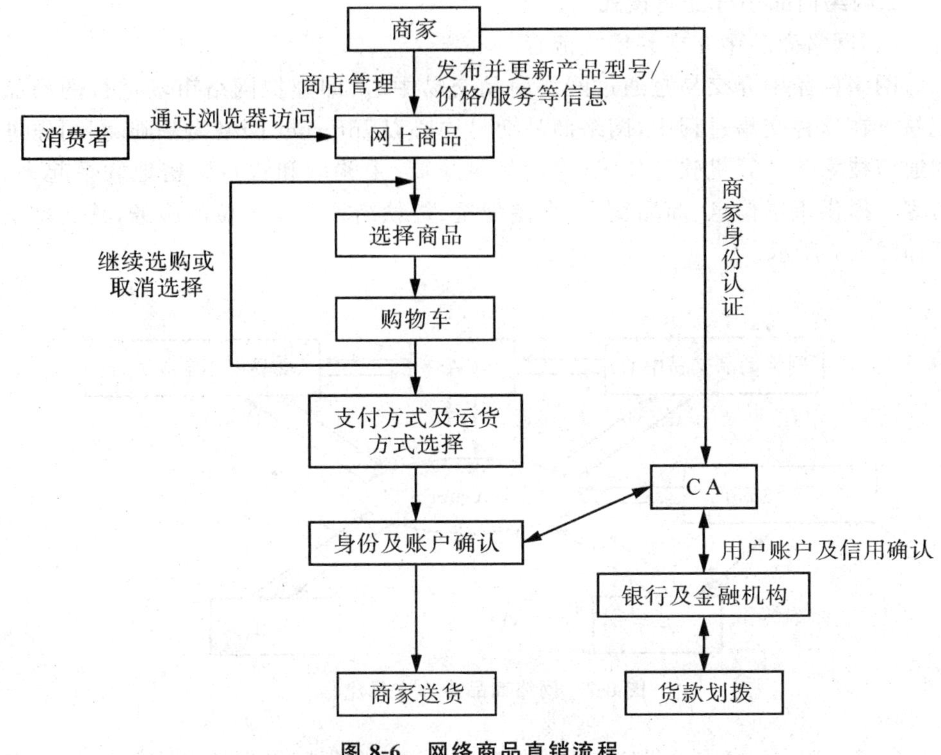

图 8-6 网络商品直销流程

⑧消费者的开户银行将支付款项传递到消费者的信用卡公司，信用卡公司负责发给消费者收费单。

(2)网络商品直销模式的优点

该模式下，消费者可十分方便地得到所需商品，有效地减少了交易环节，减少了商品库存造成的资金积压，减少了服务人员的费用，大幅度地降低了交易成本，从而降低了消费者所购商品的最终价格。网络商店直销还能有效减少售后服务的技术支持费用，许多使用中出现的问题，可通过网络查阅厂家主页或通过E-mail 与厂家技术人员商讨解决。

(3)网络商品直销模式的不足

该模式下，消费者只能通过查阅商店主页了解商品的型号、性能、样式和质量，对实物没有直接的感知。价钱略高或非品牌的商品，消费者一般不会用网络直销方式购买。此外，购买者利用信用卡进行网络交易，不可避免地要面临众多的安全威胁。

2.网络商品中介交易模式

(1)网络商品中介交易模式流程

网络商品中介交易是通过网络商品交易中心，即虚拟网络市场进行的商品交易。在这种交易过程中，网络商品交易中心以 Internet 网络为基础，利用先进的通信技术和计算机软件技术，将商品供应商、采购商和银行紧密地联系起来，为客户提供市场信息、商品交易、仓储配送、货款结算等全方位的服务，其交易流程如图 8-7 所示。

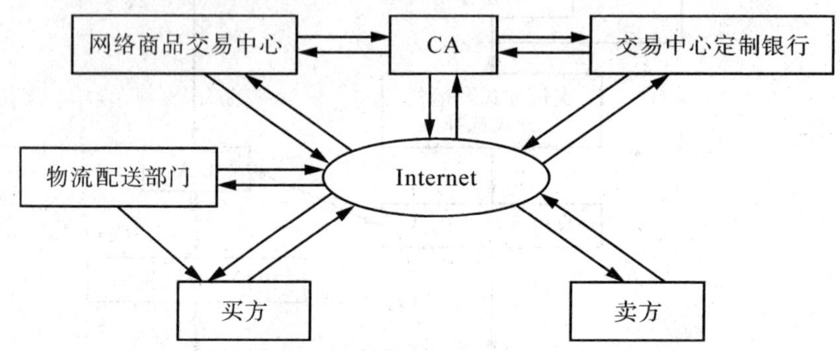

图 8-7 网络商品中介交易流程

①买卖双方将各自的供应和需求信息通过网络告诉网络商品交易中心，网络商品交易中心通过信息发布服务向参与者提供大量的详细的交易数据和市场信息。

②买卖双方根据网络商品交易中心提供的信息，选择自己的贸易伙伴。网络商品交易中心从中撮合，促使买卖双方签订合同。

③买方在网络商品交易中心指定的银行办理转账付款手续。

④网络商品交易中心在各地的配送部门将卖方货物送交买方。

(2)网络商品中介交易的优点

网络商品交易中心为买卖双方展现了一个巨大的世界市场，买卖双方可以获得大量的、详细准确的数据和市场信息，选择最佳的贸易伙伴和获得最优的商品价格。参加者还可以通过网络商品交易中心充分地宣传自己的产品，及时沟通市场信息。在买卖合同签订前，网络商品交易中心可以协助买方对商品进行检验，只有符合质量标准的产品才可上网，防止因“假、冒、伪、劣”商品问题使交易双方发生纠纷。买卖合同签订后，网络商品交易中心将监督合同的履行情况，如果出现违约现象，系统将自动报警，网络商品交易中心可督促有关方面履行合同或终止合同的执行，避免双方发生经济损失。如合同顺利进行，货物到达后，网络商品交易中心将协助双方对货物进行验收。在验收合格后 24 小时内，将货款转到卖方账户方可提货,避免"货款拖欠"现象。在结算方式上,网络商品交易中心采用统一集中的结算模式,对结算资金实行统一管理,有效地避免了多层次、多形式的资金截留、占用和挪用,提高了资金的风险防范能力。

(3)网络商品中介交易的不足

通过网络商品交易中心进行的交易成功后,网络商品交易中心将对交易双方提取一定的费用。当然总体来说,由于交易双方能取得最佳价格,所提取的费用,企业一般是可以承受的。由于网络商品交易中心参与交易过程,与交易有关各方如买方、卖方、认证中心、银行等具有较多关系,所以也存在对网络商品交易中心的监管问题。最好的方式是认证中心同时具备网络商品交易中心的功能和作用,这样企业间的电子商务将会更好地进行。

第三节 电子商务中的信息安全

一、电子商务的安全问题

电子商务的安全问题涉及范围较广。首先,它是一个复杂的管理问题。管理公司内部的网络环境已很复杂,当把企业网与 Internet 相连时,性能、安全、可管理性等方面就面临挑战。其次,它是一个技术安全问题。电子商务应由合法的系统进行确认和支持。文件上的数字签字在法庭上与书面签字具有同等效力。再次,它是一个法律问题,电子商务安全问题的真正解决需要通过法律的完善来加以保证。

电子商务的实质是通过网络和计算机进行商务事件的处理活动。Internet 的开放性,使基于这一平台所建设的电子商务系统与所展开的电子商务活动面临着较传统商务活动更复杂、更频繁的攻击和破坏。主要的安全隐患体现在以下方面:

- Internet 是一个开放性、无控制机构的网络,黑客会经常侵入造成破坏。
- TCP/IP 协议本身存在着安全缺陷。
- Internet 上使用的操作系统本身存在着安全漏洞。
- 网络管理方面存在不完善的问题。

二、电子商务的安全要求

为保证电子商务的安全,抵御各种攻击与破坏,相应的安全控制要素可以归结为如下几个问题：

1.信息的保密性

信息的保密性是指交易各方在网络上所传递的信息不会被他人所识别。交易中的商务信息均有保密的要求。如信用卡的账号和用户名被人知悉，就可能被盗用而造成损失；订货或合同的信息被竞争对手获悉，就可能丧失商机。与交易有关信息的保密是实现电子商务安全的基本前提。

2.信息的完整性

也称不可修改性，指信息内容没有被未经授权的人所篡改。例如甲公司提交订单给乙公司，采购原油 1 000 吨，后因油价变动，乙公司将 1 000 吨改为 500 吨，那么甲公司将蒙受经济损失。因此，交易文件必须做到不可修改，以保障交易的严肃与公正。

3.交易者身份的确定性

交易双方在进行交易前应该能够可靠地确认对方的身份。在现实的交易中，我们要到某公司购买物品时，首先应该确认对方是合法的公司，例如可以通过有无合法的营业执照进行验证。由于电子商务活动的特点，交易双方难以方便验证对方的书面资格证明，因此需要特别的手段来确保交易者身份的确定性。这也是顺利开展电子商务活动的重要条件。

4.交易的不可否认性

即防止交易双方在交易发生后却否认交易曾经进行过。例如，生活中我们也许会因为某件商品而动心，于是汇款邮购，但却迟迟未收到产品，而向对方查询时，却得到否认收到订单的回答。因此，为保护交易双方各自的权益，必须保证交易一旦达成是不能被否认的，并且交易过程的各个环节都必须是不可否认的。

5.信息的可靠传输

即数据在传送过程中不会因为网络的故障而丢失信息，也就是说在故障发生时能够恢复原来所传送的信息。

三、电子商务中的安全技术

1.防火墙技术

防火墙是一种用来保护专用网上的数据和计算机不受 Internet 上其他不信任用户和软件的非法活动的安全机制。Web 的工作主要是在 Web 的客户端端口和服务器端口建立一个连接，而防火墙的作用就是控制和管理这两个端口之间的连接。防火墙通过定义和强制限定的方法，对通过防火墙的网络流量进行隔离和保护。防火墙外部的计算机必须遵从防火墙定义的某种限制，才能访问到防火墙内的数据、主机等资源，否则，网络访问被认为是非法的。

有很多方法可以被防火墙用来限定对内部网主机的访问。防火墙可以分为以下几种类型：包过滤型、代理服务型、线路级网关、应用网关、双重基地型网关、屏蔽主机防火墙和屏蔽子网防火墙等。

防火墙设置的原则一般有两条：一是“凡是未被允许的就是禁止的”，二是“凡是未被禁止的就是允许的”。

防火墙的主要目的是禁止防火墙外未经证实的、受限制的网络访问流量的通过。位于防火墙外的客户要访问防火墙内的服务器之所以非常困难，是因为防火墙不知道这些用户的标识。在防火墙看来，对授权使用的服务不仅仅是网络地址和端口。因此，不受限制的访问可以置于防火墙外面的 Web 服务器上。

防火墙技术的局限性：

• 只能防止经由防火墙的攻击，而不能防止绕过防火墙或网络内部用户对网络的攻击，不能防止数据驱动式的攻击。

• 经不起人为因素的攻击。

• 不能保证数据的秘密性，不能对数据进行鉴别，也不能保证网络不受病毒的攻击。

2.加密技术

(1)加密技术概述

加密技术就是利用技术手段把重要的数据变为乱码(加密)传送，到达目的地后再用相同或不同的手段还原(解密)。

加密包括两个元素：算法和密钥。一个加密算法是将普通的文本(或者可以理解的信息)与一串数字(密钥)结合，产生不可理解的密文的步骤。密钥和算法对加密同等重要。

密码是一种保护信息的有效且可行的办法。有效是指它能达到确保信息不被窃取或破坏的目的；可行是指它要求的代价很低。

密码实际上就是含有一个参数 k 的变换，即：

$$C=E_k(m)$$

其中 m 是信息明文，C 是密文，E_k 是含有参数 k 的变换，k 为密钥。

密钥是用来对数据进行编码和解码的一种算法。在安全保密中，可通过适当的密钥加密技术和管理机制，来保证网络的信息通讯安全。密钥加密技术的密码体制分为对称密钥体制和公用密钥体制两种。

相应的，对数据加密的技术分为两类，即对称加密(私人密钥加密)和非对称加密(公开密钥加密)。对称加密以数据加密标准(DNS, Data Encryption

Standard)算法为典型代表，非对称加密通常以 RSA(Rivest Shamir Adleman)算法为代表。传统密匙方法的密匙具有针对性，即加密密匙和解密密匙相同。而公开密匙密码方法的加密密匙和解密密匙不同，加密密匙可以公开而解密密匙需要保密。

(2)对称加密技术

对称加密采用了对称密码编码技术，它的特点是文件加密和解密使用相同的密钥，即加密密钥也可以用作解密密钥。这种方法在密码学中叫做对称加密算法。对称加密算法使用起来简单快捷，密钥较短，且破译困难。除了数据加密标准(DES)外，另一个对称密钥加密系统是国际数据加密算法(IDEA)，它比 DES 的加密性好，而且对计算机功能要求也没有那么高。

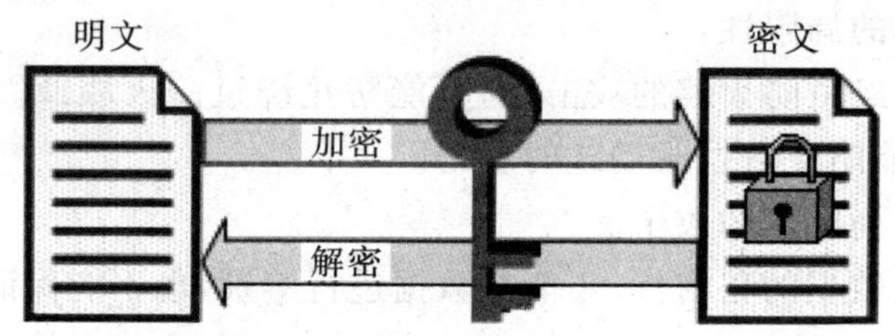

图 8-8　对称加密/解密过程

对称加密技术的优点：简单快捷，密钥较短，破译困难。

对称加密技术的缺点：需要提供一个安全的渠道来使双方在首次通讯时协商一个共同的密钥；密钥数目众多，难以管理；无法验证发送者和接受者的身份。

(3)非对称加密技术

非对称加密也叫公开密钥加密，它用两个数学相关的密钥对信息进行编码。具体是指对信息加密和解密分别使用不同的密钥，即需要一对密钥：公开密钥(Public Key)和私有密钥(Private Key)。用其中任何一个密钥对信息加密，都可用另一个密钥对其解密。所以，用户可将密钥对中任一密钥作为公钥对外公开，而保留另一密钥私用。

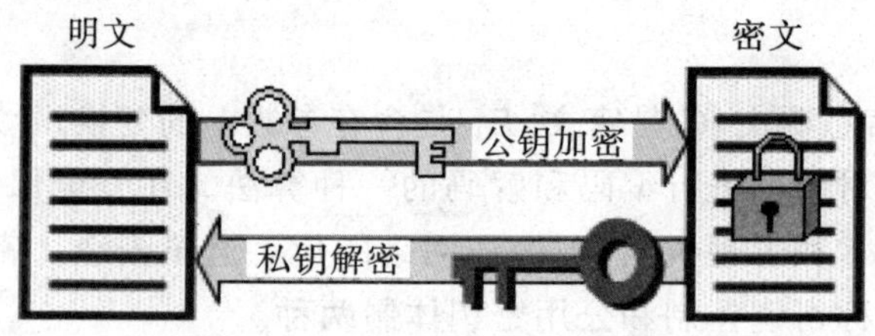

图 8-9　非对称加密/解密过程

使用公开密钥对文件进行加密传输的实际过程包括四步：

(1)发送方生成一个自己的私人密钥(对称密钥)，并用接收方的公开密钥对自己的私人密钥(对称密钥)进行加密，然后通过网络传输到接收方；

(2)发送方对需要传输的文件用自己的私人密钥(对称密钥)进行加密，然后通过网络把加密后的文件传输到接收方；

(3)接收方用自己的公开密钥进行解密后得到发送方的私人密钥(对称密钥)；

(4)接受方用发送方的私人密钥(对称密钥)对文件进行解密，得到文件的明文形式。

非对称加密技术的优点：保密性好，不需交换密钥，密钥管理容易，解决了身份认证问题。

非对称加密技术的缺点：加密解密时间长，速度慢，只适用于对较少量数据进行加密。

综合非对称加密算法和对称加密算法的优点，安全专家们设计出了一些综合加密系统。比如利用 DES 算法加(解)密速度快、算法容易实现、安全性好的优点对大量的数据进行加密，利用 RSA 算法密匙管理方便的特点来对 DES 的密匙进行加密。用 RSA 算法对 DES 的密匙加密后就可将其公开，而 RSA 的加密密匙也是可以公开的，因此，整个系统需保密的只有少量的 RSA 的保密密匙。原因是 DES 的密匙量并不大(只有 64bits)，RSA 只要对其做 1～2 个分组的加密即可完成对 DES 密匙的处理，也不会影响系统效率，这样，少量的密匙在网络中就能比较容易地分配和传输了。

3.信息认证技术

认证技术是电子商务安全技术的一个重要方面，它解决了交易中信息的不可否认性、信息的完整性和身份认证等问题，能有效防范网上交易存在的篡改、伪造、抵赖等种种威胁，使电子商务活动公平、公正、可靠地进行。一般来说，信息认证技术主要包括：数字签名与验证、数字证书、数字时间戳和认证中心等。这些技术都与加密技术有关，都是加密技术的具体应用。

(1)数字签名与认证

数字签名与书面文件签名有相同之处，采用数字签名，也能确认以下两点：其一，信息是由签名者发送的；其二，信息自签发后到收到为止未曾作过任何修改。

由于一般企业的商务文件的数据量很大，为实现数字签名，首先需要使用到数字摘要技术。常用的数字摘要技术主要是安全 Hash 编码法(SHA：Secure Hash Algorithm)和 MD5(MD Standards for Message Digest)。Hash 编码法采用单向 Hash 函数，将需加密的明文"摘要"成一串 128bit 的密文，这一串密文亦称为数字指纹，它有固定的长度，且不同的明文摘要成密文，其结果总是不同的，而同样的明文其摘要必定一致。这样，这串摘要便可成为验证明文是不是“真身”的“指纹”了。

基于 Hash 数字摘要技术的公钥加密数字签名的信息的收发送过程如图 8-10 所示。

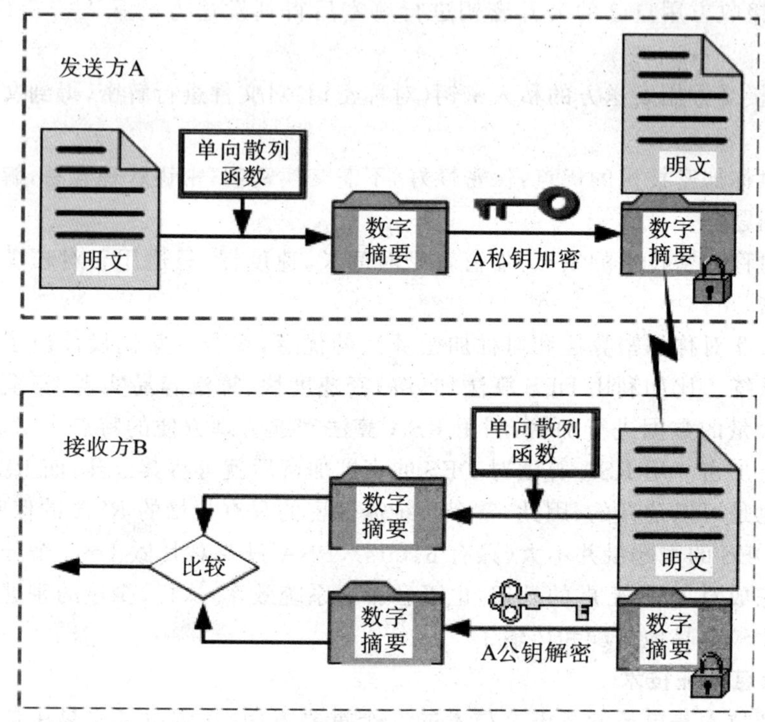

图 8-10　基于公钥及数字摘要技术的数字签名收发过程

①被发送文件用 SHA 编码加密产生 128bit 的数字摘要。

②发送方用自己的私用密钥对摘要再加密，这就形成了数字签名。

③将原文和加密的摘要同时传给对方。

④对方用发送方的公共密钥对摘要解密，同时对收到的文件用 SHA 编码加密产生又一摘要。

⑤将解密后的摘要和收到的文件与接收方重新加密产生的摘要相互对比。如两者一致，则说明传送过程中信息没有被破坏或篡改过。

(2)数字时间戳

商务活动中，交易的时间常常是一个非常重要的影响因素。在真实世界里文件的签署日期和签名一样是十分重要的防止文件被伪造和篡改的关键性内容。在电子交易中，同样需对交易文件的日期和时间信息采取安全措施，而数字时间戳服务（DTS：Digital Time-stamp Service）就能提供电子文件发表时间的安全保护。数字时间戳服务（DTS）是网上安全服务项目，由专门的机构提供。时间戳（Time-stamp）是一个经加密后形成的凭证文档，它包括三个部分：

• 加时间戳的文件的摘要（Digest）；

• DTS收到文件的日期和时间；

• DTS的数字签名。

时间戳产生的过程为：用户首先将需要加时间戳的文件用HASH编码加密形成摘要，然后将该摘要发送到DTS，DTS在加入了收到文件摘要的日期和时间信息后再对该文件加密（数字签名），然后送回用户。

(3)数字证书

数字证书（Digital Certificate，Digital ID）又称数字凭证或数字标识，即用电子手段来证实一个用户的身份和对网络资源的访问权限。在网上的电子交易中，如双方出示了各自的数字证书，并凭它来进行交易操作，那么交易双方都可不必为对方身份的真伪担心。

数字证书的内部格式是由CCITTX.509国际标准所规定的，它包含了以下几点：

• 版本：X.509证书格式的版本。

• 序号：用来识别证书的唯一编号。

• 算法：认证中心用来签发这份证书的公钥算法。

• 发证者：核发此证的认证中心。

• 发证者识别码：发证者的识别代码。

• 使用者：拥有此证书公钥的使用者。

• 使用者识别码：用来识别个别使用者的识别码。

• 公钥信息：与使用者对应的公钥与其公钥算法的名称。

• 有效日期：证书有效日期，包括起始日期和结束日期。

数字证书有三种类型：

• 个人证书（Personal Digital ID）：它仅仅为某一个用户提供凭证，以帮助其个人在网上进行安全交易操作。个人身份的数字凭证通常是安装在客户端的浏览器内的。并通过安全的电子邮件（S/MIME）来进行交易操作。

• 企业（服务器）证书（Server ID）：它通常为网上的某个Web服务器提供凭证，拥有Web服务器的企业就可以用具有凭证的万维网站点（WebSite）来进行安全电子交易。有凭证的 Web 服务器会自动地将其与客户端 Web 浏览器通信的信息加密。有些企业数字证书是发给支付网关、银行等特殊机构的。

• 软件(开发者)证书(Developer ID):它通常为 Internet 中被下载的软件提供凭证,该凭证用于和微软公司 Authenticode 技术(合法化软件)结合的软件,以使用户在下载软件时能获得所需的信息。

(4)认证中心

电子交易中,无论是数字时间戳服务(DTS)还是数字证书(Digital ID)的发放,都不是靠交易的双方自己能完成的,而需要有一个具有权威性和公正性的第三方来完成。认证中心(CA)就是承担网上安全电子交易认证服务、能签发数字证书、并能确认用户身份的服务机构。认证中心通常是企业性的服务机构,主要任务是受理数字凭证的申请、签发及对数字凭证进行管理。认证中心依据认证操作规定来实施服务操作。

在电子商务交易过程中,交易双方是通过出示由某个 CA 签发的证书来证明自己的身份的,这一做法建立在对 CA 认证中心信任的基础之上。如果对签发证书的 CA 本身不信任,那么这样的身份确认方式就没有任何实际的意义。因此,对 CA 认证中心也存在一个验证的问题,需要一个体制来确保 CA 中心本身的真实可靠。因此,可以对 CA 中心进行身份验证,这样的认证是通过逐层认证方式进行的,每一个证书与数字化签发证书的实体的签名证书关联。沿着信任树一直到一个公认的信任组织,就可以确认证书的有效性。例如,C 的证书是由名称为 B 的 CA 签发的,而 B 的证书又是由名称为 A 的 CA 签发的,而 B 的证书又是由名称为 A 的 CA 签发的,A 是权威的机构,通常称为根(Root)CA。验证到了 Root CA 处,就可以确信 C 的证书是合法的。

第四节 电子商务应用

一、电子商务应用系统的构成

从技术角度看,电子商务的应用系统由三部分组成:一是企业内部网(Intranet);二是企业内部网(Intranet)与 Internet 的连接;三是电子商务应用系统。

1.企业内部网(Intranet)

企业内部网(Intranet)由 Web 服务器、电子邮件服务器、数据库服务器以及电子商务服务器和客户端的PC机组成。所有服务器和PC机都通过先进的网络设备集线器或交换机连接在一起。

• Web服务器最直接的功能是可以向企业内部提供一个WWW站点，借此可以完成企业内部日常的信息访问；

• 邮件服务器为企业内部提供电子邮件的发送和接收；

• 电子商务服务器和数据库服务器通过Web服务器向企业内部和外部提供电子商务处理服务；

• 协作服务器主要保障企业内部能协同工作，例如，在一个软件企业，其内部的开发人员可以通过协作服务器共同开发一个软件；

• 账户服务器提供企业内部网络访问者的身份验证，不同的身份对各种服务器的访问权限将不同；

• 客户端PC机上要安装Internet浏览器，如Microsoft Internet Explorer或Netscape Navigator，借此访问Web服务器。

在企业内部网中，每种服务器的数量随企业的情况不同而不同。例如，如果企业内访问网络的用户比较多，可以放置一台企业Web服务器和几台部门级Web服务器；如果企业的电子商务种类比较多样性或者电子商务业务量比较大，可以放置几台电子商务服务器。

2.企业内部网(Intranet)与互联网连接

为了实现企业与企业之间、企业与用户之间的连接，企业内部网(Intranet)必须与互联网进行连接，但连接后，会产生安全性问题。所以在企业内部网(Intranet)与互联网连接时，必须采用一些安全措施或具有安全功能的设备，这就是所谓的防火墙。

为了进一步提高安全性，企业往往还会在防火墙外建立独立的Web服务器和邮件服务器供企业外部访问用，同时在防火墙与企业内部网(Intranet)之间，一般会有一台代理服务器。代理服务器的功能有两个：一是安全功能，即通过代理服务器，可以屏蔽企业内部网内服务器或PC，当一台PC访问互联网时，它先访问代理服务器，然后代理服务器再访问互联网；二是缓冲功能，即代理服务器可以保存经常访问的互联网上的信息，当PC访问互联网时，如果被访问的信息存放在代理服务器中，那么代理服务器将把信息直接送到PC机上，省去对互联网的再一次访问，可以节省费用。

3.电子商务应用系统

在建立了完善的企业内部网(Intranet)和实现了与互联网之间的安全连接后，企业已经为建立一个好的电子商务系统打下了良好基础，在这个基础上，再增加电子商务应用系统，就可以进行电子商务了。

一般来讲，电子商务应用系统主要以应用软件形式实现，它运行在已经建立的企业内部网(Intranet)之上。电子商务应用系统分为两部分：一部分是完成企业内部的业务处理和向企业外部用户提供服务，比如用户可以通过互联网查看产品目录、产品资料等；另一部分是极其安全的电子支付系统，电子支付系统使得用户可以通过互联网在网上购物、支付等，真正实现电子商务。

二、初级电子商务

初级电子商务系统没有真正和企业内部网连接，企业网站仅作为信息交流的平台，在网站上增加了简单的产品目录和订购单、常见问题解答、客户咨询等内容。此时企业的电子商务网站相对独立于企业内部的管理信息系统，其所实现的作用主要体现在对外宣传(广告)、服务支持(解答程序性问题)、订单收集、初级客户关系维持等方面。

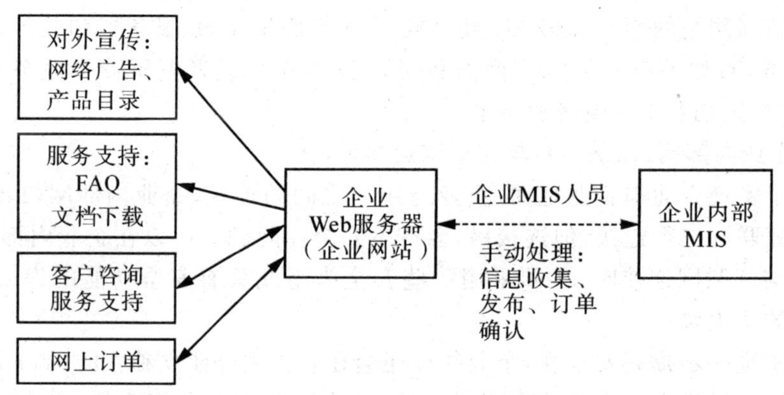

图 8-11 初级电子商务示意图

由于未涉及支付、企业内部数据库连接、实时磋商等内容，初级电子商务系统对信息流的安全性和实时性要求并不高。

三、完全电子商务

完全电子商务是指完全可以通过电子商务方式实现和完成完整交易的交易行为和过程。换句话说，完全电子商务是指商品或者服务的完整交易过程是在信息网络上实现的电子商务。完全电子商务针对企业及产品的性质不同，包含的功能内容上略有差异。理论上讲，完全电子商务涵盖了企业从市场调查、产品设计、采购、生产控制、市场营销、财务管理、物流配送、客户关系管理、售后支持、企业决策的全过程，目前多见于提供数字产品及信息服务的企业。

完全电子商务系统与初级电子商务系统最大的不同之处在于，完全电子商务要求企业内部MIS与互联网完全实现对接，企业中的各类信息在物理环境上完全共享，因此，其信息管理的效率最高，能最大限度地实现信息管理的自动化和智能化，能够更好地为企业决策者提供决策支持服务。但由于其涉及企业内部数据安全、电子支付等敏感性内容，并且涉及面极为广泛，因此系统的繁杂性高，对安全和技术方面的要求极高，对信息系统开发人员及维护人员的要求也很高。

凡客诚品B2C电子商务盈利模式

目前，我国网民队伍迅速扩大，大量的B2C电子商务网站应运而生，而许多传统生产企业也纷纷转战电子商务，这更加推动了行业的发展。虽然市场规模和交易量都非常可观，但很多B2C电子商务网站并没有实现可持续性盈利。因此，建立合理、科学和持久的盈利模式是亟待解决的重要问题。

(一)B2C网站的盈利模式分析

B2C是英文Business-to-Customer的简称，又称之为"商家对顾客"，是电子商务的一种模式，由商业零售商直接向消费者销售产品和服务。一般来说，B2C企业在互联网上为消费者提供网上购物商店，销售者通过固定的网络平台进行购物和支付活动，这种模式节省了企业和客户的交易空间和时间，提高了交易效率。不同类型的B2C企业，其盈利模式是不同的，包含以下几个方面。

(1)产品租赁。通过网络平台提供租赁服务，例如租赁宝为商家提供租赁服务的交易平台。

(2)会员。发展企业会员，收取会员会费。

(3)上网服务。为行业企业提供相关服务，例如中华服装信息网。

(4)广告。广告收入是目前电子商务网站收益的很大一部分，其关键点在于网站能否吸引和留住顾客。

(5)销售产品。通过网络平台销售本企业或者加盟公司产品，以此拓宽销售途径，提高企业效益，例如海尔电子商务网站、凡客诚品等。

(二)凡客诚品的盈利模式分析

1.凡客诚品电子商务网站盈利模式

(1)网站联盟CPS营销

所谓CPS(Cost Per Sale)，是按照销售额分成的广告模式。凡客诚品网站联盟是以CPS模式计费的广告联盟平台，在我国境内的合法网店、网站、博客均可在网站免费注册加盟，登陆后获取广告代码，广告代码可放置到博客或者网站广告位，消费者点击专属广告后进入凡客诚品官网，形成有效交易后，该博客或网店主可领取凡客诚品的广告佣金。CPS模式不仅降低了企业广告费，也增加了网站的访问量和成交量。

(2)顾客体验式营销

为了使顾客对企业品牌铭记于心，凡客诚品提供了体验服务，让客户参与到体验活动中。例如凡客诚品开展"魅力BRA试穿与体验活动"，顾客只要填写真实信息就可以拿到免费试用装，在使用之后，顾客按规定进行产品评价，通过凡客诚品客户的讲解、参与者的相互交流，使用户潜移默化地认可产品。

(3)优良口碑营销

目前媒体广告的公信力正在不断下降，考虑到这一点，凡客诚品没有选择大量的媒体广告，而是采用了口碑营销，通过老客户的口碑相传来促进产品的销量。为此，凡客诚品对已购买客户进行积分奖励，以此提高老客户的推荐欲望，由此来达到口碑宣传的目的。

(4)会员制营销

顾客在订购商品时会自动成为终身会员，随着会员等级的提高，可享受不同的会员服务，例如可免费获赠DM杂志，享受会员打折专区服务，加入会员俱乐部，享受会员专属二维码等等。这些活动提高了会员于凡客诚品的品牌归属感，拉近了企业与消费者之间的距离。

(5)采用轻资产模式

公司甩掉了笨重的、庞大的制造业务和传统的销售门店，只开了设计部、市场部、呼叫中心及仓库，专注于产品质量监控、销售以及品牌建设，靠业务的拉动促进公司的整体发展。凡客诚品精心调研客户的潜在需求和未来的需求导向，并据此开发设计服装产品，通过呼叫中心和网络平台形成交易，最后通过自有物流公司或第三方物流公司将订单产品送到客户手上，收取货款。整个销售模式简单快捷，降低了顾客的购买成本，也降低了凡客诚品的销售成本，有利于公司保持竞争优势。

2.凡客诚品模式SWOT分析

(1)优势分析

①目标消费群体为年轻消费者，可以有针对性地设计、生产和销售产品。年轻消费群体的消费观念比较先进，敢于尝试新鲜事物，其支出分配中个人服饰支出占较大比例，具有一定的消费能力。

②根据目标消费群体设计主打产品。凡客诚品对目标消费群体进行大量调

查，并根据其对服饰嗅觉的灵敏度，在不同季节推出时尚主流产品。例如夏季推出29元T恤，春秋季推出99元卫衣，冬季推出全棉针织衫。

③减少中间环节，让利于顾客，薄利多销。传统服装业的分析表明，一般利润率在60%上下，而凡客诚品利用自身优势将产品价格降低到实体电批的50%左右，并且利润能达到30%。凡客诚品凭借价格优势快速拓展市场。据调查得知，在影响网络购物的因素当中，价低质优是最吸引目标消费群体的因素，凡客诚品利用这一点重点宣传，打动受众心扉。

④通过良好体验打动顾客。相比传统销售渠道，顾客对于网络销售渠道信任度较低。凡客诚品出台体验服务措施，例如推出顾客收货当场试穿满意后再签收、收货后30天无条件退换货服务保证措施等等。这些举措放大了顾客的信任尺度，提升了顾客体验，解决了顾客购买后的后顾之忧，使之能安心消费。

⑤坚定互联网营销信念。凡客诚品采用互联网营销模式，充分利用网络平台高传播速度向顾客传递品牌形象，并在各大网络媒体大量投放广告，建立邮件营销、播客营销、百度引擎营销等等，使品牌传播无孔不入，不断刺激网络群体的眼球，扩大网站访问率。凡客诚品充分利用年轻群体上网时间长、频率高、接受新事物速度快等特点，加大产品对于目标受众的推广力度。

2.劣势分析

①凡客诚品目标顾客定位为年轻人，而忽视了中老年人市场，限制了市场规模，并且目前年轻人的经济压力较大，可自由支配收入不高，购买力能力有限，导致凡客诚品的主打产品利润回报率较低。

②核心竞争力不强，高端市场知名度不高。凡客诚品的营销策略中，强调同质低价，当人们提到凡客诚品的衬衫时，首先想到的就是价格低廉，占据了职场新人的衣橱，而在高端市场却知名度不高。凡客要想在硝烟弥漫的服装行业里面生存和发展，必须形成自身的独特价值，形成核心竞争力。目前，凡客诚品从产品、技术、供应链、配送上都还无法形成核心竞争力。

③物流成本高，但配送服务不专业，服务质量较低。凡客诚品建立物流子公司如风达，但物流设施不健全，也无法覆盖全国所有城市和地区，其中很大一部分依赖于第三方物流公司。第三方物流公司人员素质较低，培训难度大，服务质量无法保证，从而影响了顾客配送体验。

④产品与服务缺乏特色。公司专门针对年轻消费者主打服装，但是很容易仿造，并且在其他渠道也容易买到，同时与之配套的售后服务质量不高，缺乏创意。

⑤产品品种较少，产品质量有待提高。公司从最初的男式衬衫、休闲裤单一产品拓展到现有的包括童装、男装、女装、鞋、配饰等八大产品线，但与卓越网、京东商城等相比，产品线较少，产品品种单一，可选择性不强。

凡客诚品实行的是低价策略，这种策略迅速扩大了产品市场份额。虽然凡客诚品宣称“低价高质”，但是以低价取胜的产品，注定质量不会太高。服装企业要想长远发展，不能只满足于一时的市场份额，还需要提高产品质量，把新客户变成满意客户甚至忠诚客户。倒闭的PPG，从表面来看是因为资金链断裂，但其本质还是质量问题。PPG产品的质量问题，导致订单大量流失，同时公司花费巨额广告费从而导致资金链断裂。可以说，质量问题已经影响凡客诚品品牌未来的命运。

(3)机会分析

①年轻消费群体越加倾向于网上购物。据调查，没有网络购物经验的年轻人仅仅占调查人群的13.60%，曾经有过网络购物经历的年轻人达到了86.4%。这说明年轻一代乐于接受网络购物，并且这个比例将会越来越高。

②年轻消费者在选择电子商务企业的时候，看重企业信誉保障和产品服务质量，另外，快递服务、售后服务和产品资源也是消费者考虑的因素。

③年轻消费者网购产品主要为服装鞋包。

从调查结果来看，年轻人网购的商品排名依次是：服装鞋包、饰品、服装音像、数码设备、家居日用、食品酒水。由此可以看出网购产品主要为生活必需品，而其中服装鞋包在网购中是最受欢迎的。

④目前的网购大军主要为年轻人，学生是很重要的一部分，其对网络的依赖性越来越强，而大部分消费者对网购还是比较满意的。因此，凡客诚品可加强校园推广，开发90后、00后消费群体。

(4)威胁分析

①B2C电子商务网站门槛低，只要具有货源渠道就可以在网上开张营业，这就导致了竞争对手增多，行业竞争激烈。

②传统企业加盟网络营销竞争力增强。例如美特斯邦威、森马、金犀宝、宾伲纳等多家传统服装企业也向网络经营迈进。

③网络安全性和技术水平不高。目前很多消费者都习惯在当当网、淘宝网、京东商城以及卓越购物，这些购物平台成立时间早、知名度高、安全性好、技术水平高。而凡客诚品的网站在用户数据加密、新网络技术、高端服务器推广应用上都还需要加强和提高。

(三)凡客诚品盈利模式优化

通过对凡客诚品电子商务网站经营模式以及盈利模式的分析，想要建立可持续盈利模式，必须不断探索企业发展新途径，实现盈利模式创新。

1.顾客体验至上的服务营销策略

凡客诚品在用户购买体验上做出了一定的努力和成绩，但还是经常存在顾客不满意的情况，所以需要更进一步提高用户体验，关注服务细节，提升客户体验质量。

(1)建立畅通的网络反馈通道，及时搜集顾客建议。虽然凡客诚品也建立了相关反馈平台，但功能性和实用性并不强，例如对顾客的不良评价进行审核筛查，不良贴子被禁止显示，这些措施抑制了消费者的反馈积极性，并产生反面效果。建议取消发贴筛查机制，充分尊重顾客的真实想法，鼓励顾客多提改进建议，及时广泛收集顾客建议。

(2)关注服务细节。从服务方面来说，公司应该制定精细化服务策略，用心倾听顾客的合理要求并尽量满足，想顾客所想，急顾客所急。同时，企业还应设计出适应消费者需求的新产品，从产品细节处提高产品的顾客感知价值。

2.加强品牌形象塑造

企业想要提升品牌形象，就需要从广告宣传上做出改变，改变单纯的低价策略，向优质品牌转型，提高产品品牌信任度和依赖度。顾客在购买产品时会有名牌心理状态，名牌会使顾客得到心理上的满足。因此，企业可利用顾客的求名心理塑造品牌形象，增强顾客对品牌的自豪感。具体可以从以下几个方面着手：

(1)选择合适的企业形象代言人。目前凡客诚品不断更换形象代言人，但明星效应并不明显，应该选择合适的形象代言人并树立其高档形象。

(2)优化企业产品终端表现力。终端表现力主要包括产品的包装和设计以及配送服务质量。凡客诚品在包装设计上做得非常好，但是在物流配送服务方面还需要改进。企业可以加强服务培训，统一配送员工的服务标准，建立服务机制。当然，好的措施也需要激励措施，这样更容易获得消费者好感。

(3)不断创新产品，以此保持企业品牌活力。企业在产品设计中应该求新求异，以此增加产品品类，吸引顾客眼球，满足顾客需求，并保持其品牌的活力。

3.建立联盟，实现规模制胜

目前大多数电子商务网站还未实现联盟机制，越来越多的企业涉足电子商务，力图在B2C领域有所发展，导致竞争越来越激烈。而大多数电商企业也依赖于大幅度广告、低价策略和促销策略来吸引消费者，孤军奋战必将导致利润亏损。凡客诚品可以建立企业联盟实现规模制胜。具体可以从三方面着手。

(1)与其他B2C网站签署联盟协议，实现资源共享，顾客在联盟网站上也可以购买到凡客诚品网站商品，从而消除市场局限性。

(2)集中各商家的技术优势，节省人力开发新项目，并鼓励产品创新，满足顾客个性化需求。

(3)当消费者对所订购的商品和服务不满意或要求退换货时，当地联盟公司可代劳配送及售后服务，这样就解决了凡客诚品在库存、配送上的瓶颈问题。

总之，电子商务行业是一个充满变数的领域。凡客诚品作为电子商务企业，应该立足自身，审时度势，不断改进，不断创新，探索出适合自己的盈利模式。

资料来源：方梅.凡客诚品B2C电子商务盈利模式研究[J].黄冈职业技术学院学报，2015(2).

案例思考：

1.与阿里巴巴的、谷歌的盈利模式相比，凡客诚品的盈利模式有哪些特点？

2.为提高盈利，造就企业的核心竞争力，你觉得电子商务企业的B2C营销策略的核心应该是什么？你觉得本文中作者所提出的优化策略可行性如何？为什么？

第九章 信息系统的安全

在信息时代，信息已成为生产生活的关键。业务信息（Business Information）是指为完成业务工作而通过信息系统进行采集、加工、存储、传输、检索和使用的各种信息。业务信息安全性是保证业务信息机密性、完整性和可用性程度的表征，信息的安全关系到所有者的知识资本，一旦其安全受到威胁，往往会导致重大损失。

信息系统（Information System）是基于计算机或计算机网络，按照一定的应用目标和规则对信息进行采集、加工、存储、传输、检索和服务的人机系统。信息系统的安全是指计算机信息系统的硬件、软件、网络及其系统中的数据受到保护，不因偶然的或者恶意的原因而遭受破坏、更改、泄露，系统连续可靠地正常运行，信息服务不中断。信息安全指的是保护计算机信息系统中的资源，包括计算机硬件、计算机软件、存储介质、网络设备和数据等，免受毁坏、替换、盗窃或丢失等。

随着网络的不断发展，信息系统的开放性大大增加，全球信息化已成为人类发展的趋势。以企业为例，供应链、电子商务、云服务、移动办公带来了信息系统开放互联的需求，同时企业的关键数据和个人隐私也对信息系统的安全性提出了更高的要求。

由于网络具有开放性和互联性等特征，使得信息系统易受计算机病毒、黑客、恶意软件和其他不轨行为的攻击。以 2011 年为例，3 月 RSA 宣布受到攻击，SecurID 令牌身验证有关的信息被盗。4 月黑客从索尼在线 PlayStation 网络中窃取了 7 700 万客户信息，包括信用卡账号。随后，索尼在 5 月表示，攻击导致其损失了 1.7 亿美元。6 月，美国花旗银行证实，该银行系统近日被黑客侵入，21 万个北美地区银行卡用户的姓名、账户、电子邮箱等信息可能被泄露。12 月，黑客在网上公开 CSDN 网站的用户数据库，导致 600 余万个用户注册信息被泄露。此后，还有多家网站用户数据库又相继被公开，从而于 2011 年末将网站安全和密码危机推向了高峰。

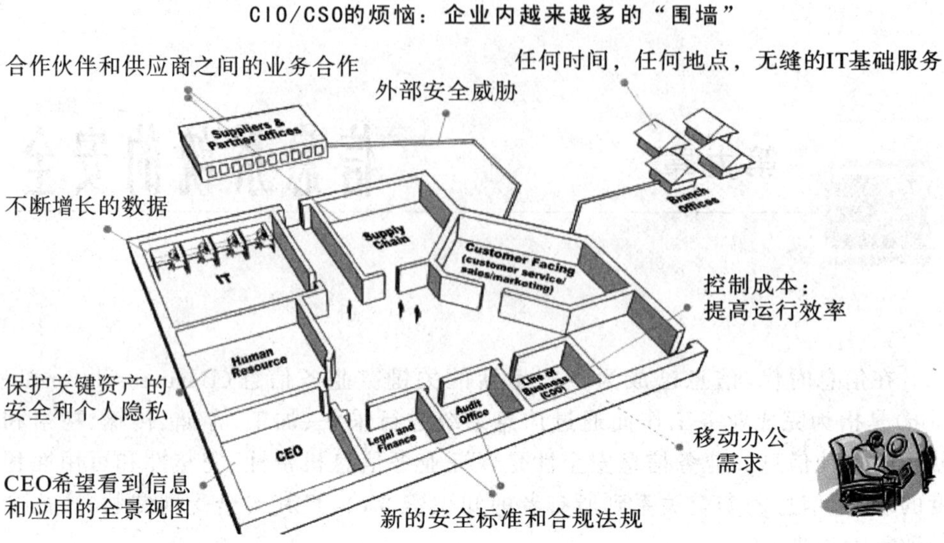

CIO/CSO的烦恼：企业内越来越多的“围墙”
合作伙伴和供应商之间的业务合作
外部安全威胁
任何时间，任何地点，无缝的IT基础服务
Suppliers & Partner offices
Branch Offices
不断增长的数据
IT
Supply Chain
Customer Facing (customer service/ sales/marketing)
控制成本：
提高运行效率
Human Resource
保护关键资产的
安全和个人隐私
Line of Business (COO)
Audit Office
Legal and Finance
CEO
移动办公
需求
CEO希望看到信息
和应用的全景视图
新的安全标准和合规法规

图 9-1 信息系统的开放需求和威胁

由此可见信息系统的安全是一项很重要的工作，保护知识资本，采用适当的措施防止其受攻击或失窃，是十分必要的。

开篇案例

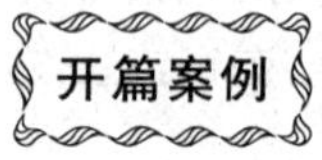

全国最大的网上盗窃通讯资费案

（一）案例背景

31岁的程××是UT斯达康（中国）有限公司深圳分公司资深软件研发工程师，主要工作是帮助公司解决网络安全问题，此前任华为技术有限公司工程师，负责西藏移动等公司的设备安装。

2005年3月至8月间，程××在海口用公司配发的电脑上网，经由西藏移动通信有限责任公司计算机系统，登录北京移动公司主机进入北京移动公司充值中心，获得最高系统权限，在充值数据库修改已充值的充值卡的状态和有效日期，激活了已经使用过的充值卡。他修改了14 000张充值卡，盗取的充值卡的面值总计为410余万元，在网上实际卖出390余万元，实际得到380余万元。

2005年7月16日，北京移动接到用户投诉说购买的充值卡无法充值。经公司初步核查，发现部分充值卡被盗用，才发现公司智能网系统遭到非法入侵，充值卡数据库的充值记录被修改了。

北京市第二中级人民法院判定程××以非法占有为目的，非法侵入北京移动公司充值中心，将已充值的充值卡进行非法充值后予以销售，已构成盗窃罪，盗窃数额特别巨大，依法应予惩处。鉴于被告人程××认罪态度较好，其非法所得已全部被追缴，未给北京移动公司造成实际损失，对其酌予从轻处罚。最后判处被告有期徒刑12年，剥夺政治权利2年，并处罚金人民币5万元。

（二）小结

仅凭这件事情中被媒体公开的信息看，移动公司的信息系统管理有很大的问题。造成这么大的损失，不仅仅是技术问题，更重要的是内部控制程序上的问题。主要的管理缺陷有：

(1)移动公司对设备、服务提供商的管理缺陷。华为完成设备安装后，移动公司没有马上修改提供商原先设置的初始密码，这是导致该事件发生的直接原因。

(2)移动公司对密码的管理缺陷。关键设备的超级用户密码没有做到定期更换，如果做到了，这项补偿性控制能够大大降低入侵风险。

(3)没有异常数据变更的检查报告机制。

主要的技术缺陷有：

(1)系统密码设置简单。程××要登录北京移动的充值中心数据库修改数据，除了已知的西藏移动公司的设备密码外，还需要知道进入北京充值中心数据库的用户名和密码。从已知的信息看，后者的用户名和密码被很容易地破解了。

(2)内外网络连接安全性低。程××是从公共网环境登录到西藏移动公司设备的，再通过该设备由内部网登录到北京移动公司充值中心主机的。

要保证信息系统的安全，技术起很大作用，但技术并不是万能的，严格健全的内部控制措施也是非常重要的，有时候它比技术措施更加有效。因此本章将从管理的角度讲述如何保障信息系统的安全。

第一节　信息系统安全概述

1994年2月18日颁布的《中华人民共和国计算机信息系统安全保护条例》第一章第三条规定：计算机信息系统的安全保护，应当保障计算机及其相关的配套设备、设施(含网络)的安全以及运行环境的安全，保障信息的安全，保障计算机功能的正常发挥，以维护计算机信息系统的安全运行。

ISO 17799指出："信息安全是使信息避免一系列威胁，保障商务的连续性，最大限度地减少商务的损失，最大限度地获取投资和商务的回报，涉及的是机密性、完整性、可用性。”

中国国家标准《计算机信息系统安全保护等级划分准则》的定义：计算机信息人机系统安全的目标是着力于实体安全、运行安全、信息安全和人员安全维护。安全保护的直接对象是计算机信息系统，实现安全保护的关键因素是人。

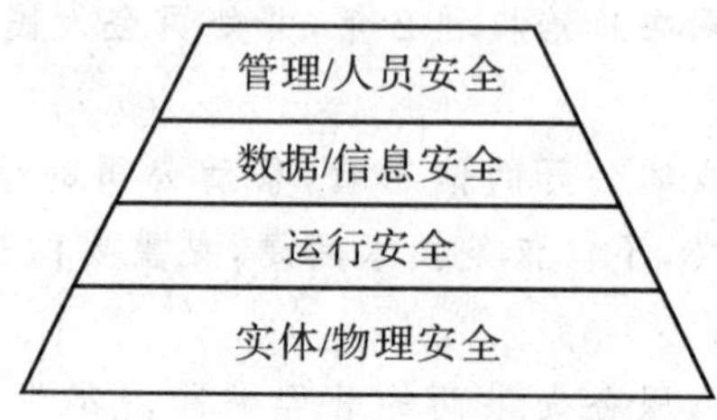

图 9-2 信息安全分层结构

一、实体安全

计算机信息系统的实体安全是整个计算机信息系统安全的前提。因此，保证实体的安全是十分重要的。计算机信息系统的实体安全是指计算机信息系统设备及相关设施的安全、正常运行。其内容包括以下三个方面：

图 9-3 实体安全

1.环境安全

环境安全是指计算机和信息系统的设备及相关设施所放置的机房的地理环境、气候条件、污染状况以及电磁干扰等对实体安全的影响。根据中国国家标准规定，选择计算机信息系统的站场地时应远离地质灾害高发、环境污染严重、潮湿及雷击区、台风及洪涝灾害高发等危险地区。

2.设备安全

设备安全保护是指计算机信息系统的设备及相关设施的防盗、防毁以及抗电磁干扰、静电保护、电源保护等几个方面。防盗、防毁主要是防止犯罪分子偷盗和破坏计算机信息系统的设备、设施及重要的信息和数据。这方面的安全保护主要通过安装防盗设备和建立严格的规章制度来实现。计算机信息系统的设备在受到电磁场的干扰后,其设备电路的噪声加大,会导致设备的工作可靠性降低,严重时会致使设备不能工作。在站场地选择时,应远离强电磁场设备或通过屏蔽来抑制电磁场的干扰影响。为计算机提供能源的供电及其电源质量直接影响到计算机运行的可靠性。电气干扰超过设备规定值时会影响设备正常工作,降低其可靠性,严重时会烧坏计算机。

3.介质媒体安全

介质安全是指对存储数据的介质进行安全保护。在计算机信息系统中,存储信息的媒体主要有:纸介质、磁介质(硬盘、软盘、磁带)、半导体介质的存储器以及光盘。媒体是信息和数据的载体,媒体损坏、被盗或丢失,损失最大的不是媒体本身,而是媒体中存储的数据和信息。对于存储一般数据信息的媒体,这种损失在没有备份的情况下会造成大量人力和时间的浪费;对于存储重要和机密信息的媒体,造成的是无法挽回的巨大损失,甚至会影响到社会的安定和战争的成败。

二、运行安全

运行安全的保护是指计算机信息系统在运行过程中的安全必须得到保证,使之能对信息和数据进行正确的处理,正常发挥系统的各项功能。影响运行安全的因素主要有以下几个:

1.工作人员的误操作

工作人员的业务技术水平、工作态度及操作流程的不合理都会造成误操作,误操作带来的损失可能是难以估量的。常见的误操作包括误删除程序和数据、误移动程序和数据的存储位置、误切断电源以及误修改系统的参数等。

2.硬件故障

造成硬件故障的原因很多,如电路中的设计错误或漏洞、元器件的质量、印刷电路板的生产工艺和焊接工艺、供电系统的质量、静电影响及电磁场干扰等均会导致硬件在运行过程中发生故障。硬件故障轻则使计算机信息系统运行不正常,数据处理出错;重则导致系统完全不能工作,造成不可估量的巨大损失。

3.软件故障

软件故障通常是由于程序编制错误而引起的。程序越复杂,出现错误的机率就会越多。错误对于很复杂的程序来说是不可能完全排除的,因为在对程序进行调试时,不可能对所有的软硬件环境和数据进行测试。这些错误只有当满足特定的条件时才会表现出来,平时是难以发现的。众所周知,微软的操作系统就存在大量错误、漏洞。发现这些错误后均需通过打补丁的形式来解决，以至于“打补丁”这个词在软件产业界已经习以为常。程序编制中的错误尽管不是恶意的，但仍会带来巨大的损失。例如，“2000 年问题”就是一个因设计缺陷而引起的涉及范围最广、损失最大的特例，各国均花费了巨额资金和大量人力、物力来解决此问题。

4.计算机病毒

计算机病毒是破坏计算机信息系统运行安全的最重要因素之一，Internet 在为人们提供信息传输和浏览方便的同时，也为计算机病毒的传播提供了方便。计算机病毒一旦发作，轻则造成计算机运行效率降低，重则使整个系统瘫痪，既破坏硬件，也破坏软件和数据。

5.黑客攻击

黑客一词是网络时代产生的新名词，它是英文 Hacker 的音译，原意是指有造诣的计算机程序设计者，现在专指那些利用所学计算机知识，利用计算机系统偷阅、篡改或偷窃他人的机密资料，甚至破坏、控制或影响他人计算机系统运行的人。黑客具有高超的技术，对计算机硬、软件系统的安全漏洞非常了解。他们的攻击目的具有多样性，一些是恶意的犯罪行为，一些是玩笑型的调侃行为。

6.恶意破坏

恶意破坏是一种犯罪行为，它包括对计算机信息系统的物理破坏和逻辑破坏两个方面。物理破坏只要犯罪分子能足够地接近计算机便可实施，通过暴力对实体进行毁坏。逻辑破坏是利用冒充身份、窃取口令等方式进入计算机信息系统，改变系统参数、修改有用数据和程序等，造成系统不能正常运行。物理破坏容易发现，而逻辑破坏具有较强的隐蔽性，常常不能及时发现。

三、信息安全

信息是一种资产，同其他重要的资产一样，它对其所有者而言具有一定的价值。信息可以以多种形式存在，它能被打印或者写在纸上，能够数字化存储；也可以由邮局或者用电子方式发送；还可以在电影中展示或者在交谈中提到。无论以何种形式存在，或者以何种方式共享或存储，信息都应当得到恰当的保护。

信息安全是指防止信息财产被故意地或偶然地泄漏、破坏、非法更改，保证信息使用完整、有效、合法。信息安全主要表现在如下几个方面：

1.可用性(Availability)

信息的可用性是指用户的应用程序能够利用相应的信息进行正确的处理。

计算机程序与信息数据文件之间都有约定的存放磁盘、文件夹、文件名的关系，如果将某数据文件的文件名称进行了改变，对于它的处理程序来说这个数据文件就变成了不可用，因为它不能找到要处理的文件。同样，将数据文件存放的磁盘或文件夹进行了改变后，数据文件的可用性也遭了破坏。另一种情况是在数据文件中加入一些错误的或应用程序不能识别的信息代码，导致程序不能正常运行或得到错误的结果。

在当前的信息系统建设、操作、维护和扩展中，硬件故障、计算机病毒、应用软件故障以及人为操作的错误是影响可用性的主要问题。据统计，在这几个常见的问题当中，系统硬件故障占 44%，人为错误占 32%，而应用软件故障占 14%。信息可用是解决系统硬件故障和人为错误的主要手段，它帮助我们最大化系统可用性或运行时间，对于信息基础架构建设至关重要。

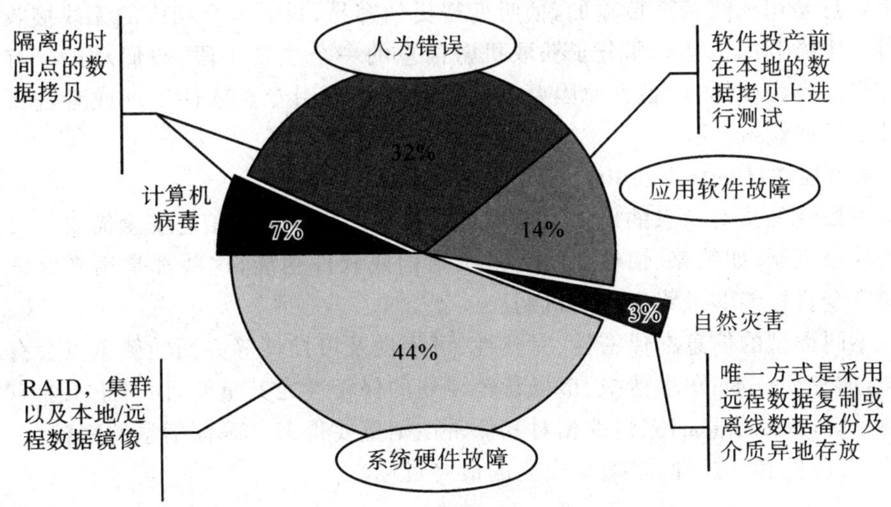

图 9-4　可用性的威胁和对应措施

2.真实性(Authentication)

信息的真实性是指信息与信息系统的行为不被伪造、篡改、冒充。

信息真实性的破坏可能来自多个方面：人为的因素、设备的因素、自然的因素及计算机病毒等均可能破坏信息的真实性。在信息的录入或采集过程中可能产生错误的数据，已有的数据文件也可能被人有意或无意地修改、删除或重排。

3.机密性(Confidentiality)

在国民经济建设、国家事务、国防建设及尖端科学技术领域的计算机信息系统中，有许多信息具有高度的保密性，一旦其保密性遭到破坏，其损失是极其重大的，它可能关系到战争的成败，甚至国家和民族的存亡。当然，普通的民用或商业计算机信息系统，同样有许多保密信息，保密性的破坏对于企业来说，同样是致命的。对保密性的破坏一般包括非法访问、信息泄漏、非法拷贝、盗窃，以及非法监视、监听等方面。非法访问指盗用别人的口令或密码等对超出自己权限的信息进行访问、查询、浏览。

信息泄漏包含人为泄漏和设备、通信线路的泄漏。人为泄漏是指掌握有机密信息的人员有意或无意地将机密信息传给了非授权人员；设备及通信线路的信息泄漏主要有电磁辐射泄漏、搭线侦听、废物利用几个方面。电磁辐射泄漏是指计算机及其设备、通信线路及设备在工作时所产生的电磁辐射，利用专门的接收设备，可以在其他地方接收并解码。另一种泄漏的方式是被搭线侦听，当信息的传输是依靠电话线路、电缆时，则可以在线路上搭线侦听，从而获取机密信息。如果信息是用无线信道传输的，侦听变得更加容易，只需一台相应的无线接收机即可。废物利用也是犯罪分子获取机密信息的一个主要手段，我们对记录有机密信息的各类媒体，因各种原因要进行销毁时必须用专业软件处理或者进行粉碎性处理或烧毁。

4.可控性(Controllability)

可控性是指对信息的传播及内容具有控制能力。实现信息安全需要一套合适的控制机制，如策略、惯例、程序、组织结构或软件功能，这些都是用来保证信息的安全目标能够最终实现的机制。

不同类型的信息在保密性、完整性、可用性及可控性等方面的侧重点会有所不同，如专利技术、军事情报、市场营销计划的保密性尤其重要，而对于工业自动控制系统，控制信息的完整性相对其保密性则重要得多。确保信息的完整性、保密性、可用性和可控性，是信息安全的最终目标。

四、人员安全管理

人是信息安全中最活跃的因素，同时也是信息安全中最薄弱的环节。很多重要的信息系统安全问题都涉及用户、设计人员、实施人员以及管理人员。如果这些与人员有关的安全问题没有得到很好的解决，任何一个信息系统都不可能达到真正的安全。只有对人员进行了正确完善的管理，才有可能降低人为错误、盗窃、诈骗和误用设备的风险，从而减小信息系统遭受人为错误造成损失的概率。

对人的管理包括法律、法规与政策的约束，安全指南的帮助，安全意识的提高，安全技能的培训，人力资源管理措施以及企业文化的熏陶，这些功能的实现都是以完备的安全管理政策和制度为前提的。这里所说的安全管理制度包括信息安全工作的总体方针、策略，规范各种安全管理活动的管理制度，以及管理人员或操作人员日常操作的规程。

安全管理，首先要建立一个健全、务实、有效、统一指挥、统一步调的完善的安全管理机构，明确机构成员的安全职责，这是信息安全管理得以实施、推广的基础。在单位的内部结构上，必须建立一整套从单位最高管理层到执行管理层再到业务运营层的管理结构来约束和保证各项安全管理措施的执行。其主要工作内容包括：对机构内重要的信息安全工作进行授权和审批，内部相关业务部门和安全管理部门之间的沟通协调以及与机构外部各类单位的合作，定期对系统的安全措施落实情况进行检查，以发现问题进行改进。

对人员安全的管理，主要涉及两方面：对内部人员的安全管理和对外部人员的安全管理。具体包括人员录用、人员离岗、人员考核、安全意识教育和培训、外部人员访问管理等。

2007 年，根据相关文件，围绕信息安全等级工作，公安部制定了《信息系统安全等级保护基本要求》，在整体上把技术部分分为：物理安全、网络安全、主机安全、应用安全和数据安全及备份恢复等五大类；把管理部分分为：安全管理制度、安全管理机构、人员安全管理、系统建设管理和系统运维管理等五大类。每个大类下有若干关键控制点，如物理安全大类中的“物理访问控制”作为一个控制点。控制点下设若干具体要求项，如“机房出入应安排专人负责，控制、鉴别和记录进入的人员”。关于信息安全等级保护的详细内容，可以进一步阅读该要求，并以此为标准制定符合实际需要的部门或企业信息安全规范。

第二节 信息系统安全分级管理制度

1994 年国务院颁布的《中华人民共和国计算机信息系统安全保护条例》规定：“计算机信息系统实行安全等级保护，安全等级的划分标准和安全等级保护的具体办法，由公安部会同有关部门制定。”

2003 年中央办公厅、国务院办公厅转发的《国家信息化领导小组关于加强信息安全保障工作的意见》（中办发[2003]27 号）明确指出：“要重点保护基础信息网络和关系国家安全、经济命脉、社会稳定等方面的重要信息系统，抓紧建立信息安全等级保护制度，制定信息安全等级保护的管理办法和技术指南。”

2004年公安部、国家保密局在66号文件中印发了《关于信息安全等级保护工作的实施意见》,指出:"信息安全等级保护制度是国家在国民经济和社会信息化的发展过程中,提高信息安全保障能力和水平,维护国家安全、社会稳定和公共利益,保障和促进信息化建设健康发展的一项基本制度。实行信息安全等级保护制度,能够充分调动国家、法人和其他组织及公民的积极性,发挥各方面的作用,达到有效保护的目的,增强安全保护的整体性、针对性和实效性,使信息系统安全建设更加突出重点、统一规范、科学合理,对促进我国信息安全的发展将起到重要推动作用。"

由此可见,信息系统的分级可以使信息系统的所有者和使用者了解信息系统的重要性,有利于根据信息系统的安全等级合理地分配资源,科学合理地促进信息系统的安全发展。

一、分级安全框架结构

信息系统的安全保护等级应当根据信息系统在国家安全、经济建设、社会生活中的重要程度决定,从另一个角度看,信息系统重要程度越高,其遭到破坏后对国家安全、经济建设、社会秩序、公共利益以及公民、法人和其他组织的合法权益的危害程度也越高。

信息系统的重要性由以下要素决定:

(1)信息系统所属类型,即信息系统资产的安全利益主体。

(2)信息系统主要处理的业务信息类别。

(3)信息系统服务范围,包括服务对象和服务网络覆盖范围。

(4)业务对信息系统的依赖程度。

其中前两个要素决定信息系统内信息资产的重要性,后两个要素决定信息系统所提供服务的重要性,而信息资产及信息系统服务的重要性决定了信息系统的重要性。

信息系统所属类型在较大程度上决定了信息系统受到破坏后对其社会价值的影响程度。根据社会影响高低,作为保护对象,可将信息系统分为五级,分别为:

第一级,信息系统受到破坏后,会对公民、法人和其他组织的合法权益造成损害,但不损害国家安全、社会秩序和公共利益。

第二级,信息系统受到破坏后,会对公民、法人和其他组织的合法权益产生严重损害,或者对社会秩序和公共利益造成损害,但不损害国家安全。

第三级,信息系统受到破坏后,会对社会秩序和公共利益造成严重损害,或者对国家安全造成损害。

第四级，信息系统受到破坏后，会对社会秩序和公共利益造成特别严重的损害，或者对国家安全造成严重损害。

第五级，信息系统受到破坏后，会对国家安全造成特别严重的损害。

通过对威胁主要因素的分析，我们可以组合得到不同等级的威胁。

第一级：本等级的威胁是 1）危害范围为局部的环境或者设备故障、2）无意的员工失误以及 3）低能力的渗透攻击等威胁情景。典型情况如灰尘超标（环境）、单个非重要工作站（设备）崩溃等。

第二级：本等级的威胁主要是 1）危害局部的较严重的自然事件、2）具备中等能力、有预设目标的威胁情景。典型情况如有组织的情报搜集等。

第三级：本等级的威胁主要是 1）危害整体的自然事件、2）具备较高能力、大范围的、有预设目标的渗透攻击。典型情况如较严重的自然灾害、大型情报组织的情报搜集等。

第四级：本等级的威胁主要是 1）危害整体的严重的自然事件、2）国家级渗透攻击。典型情况如国家经营，组织精良，有很好的财政资助，从其他具有经济、军事或政治优势的国家收集机密信息等。

能够应对威胁的能力构成了系统的安全保护能力之一——对抗能力。但在某些情况下，信息系统无法阻挡威胁对自身的破坏时，如果系统具有很好的恢复能力，那么即使遭到破坏，也能在很短的时间内恢复系统原有的状态。能够在一定时间内恢复系统原有状态的能力构成了系统的另一种安全保护能力——恢复能力。对抗能力和恢复能力共同形成了信息系统的安全保护能力。

不同级别的信息系统应具备相应等级的安全保护能力，即应该具备不同的对抗能力和恢复能力，以对抗不同的威胁和能够在不同的时间内恢复系统原有的状态。

不同等级信息系统所具有的保护能力如下：

一级安全保护能力：应能够防护系统免受来自个人的、拥有很少资源的威胁源发起的恶意攻击，一般的自然灾难，以及其他相当危害程度的威胁所造成的关键资源损害，在系统遭到损害后，能够恢复部分功能。

二级安全保护能力：应能够防护系统免受来自外部小型组织的、拥有少量资源的威胁源发起的恶意攻击，一般的自然灾难，以及其他相当危害程度的威胁所造成的重要资源损害，能够发现重要的安全漏洞和安全事件，在系统遭到损害后，能够在一段时间内恢复部分功能。

三级安全保护能力：应能够在统一安全策略下防护系统免受来自外部有组织的团体、拥有较为丰富资源的威胁源发起的恶意攻击，较为严重的自然灾难，以及其他相当危害程度的威胁所造成的主要资源损害，能够发现安全漏洞和安全事件，在系统遭到损害后，能够较快恢复绝大部分功能。

四级安全保护能力：应能够在统一安全策略下防护系统免受来自国家级别的、敌对组织的、拥有丰富资源的威胁源发起的恶意攻击，严重的自然灾难，以及其他相当危害程度的威胁所造成的资源损害，能够发现安全漏洞和安全事件，在系统遭到损害后，能够迅速恢复所有功能。

不同级别的信息系统，其应该具备的安全保护能力不同，也就是对抗能力和恢复能力不同；安全保护能力不同意味着能够应对的威胁不同，较高级别的系统应该能够应对更多的威胁；应对威胁将通过技术措施和管理措施来实现，应对同一个威胁可以有不同强度和数量的措施，较高级别的系统应考虑更为周密的应对措施。

各等级的基本安全要求，由包括物理安全、网络安全、主机系统安全、应用安全和数据安全等五个层面的基本安全技术措施，和包括安全管理机构、安全管理制度、人员安全管理、系统建设管理和系统运维管理等五个方面的基本安全管理措施来实现和保证。

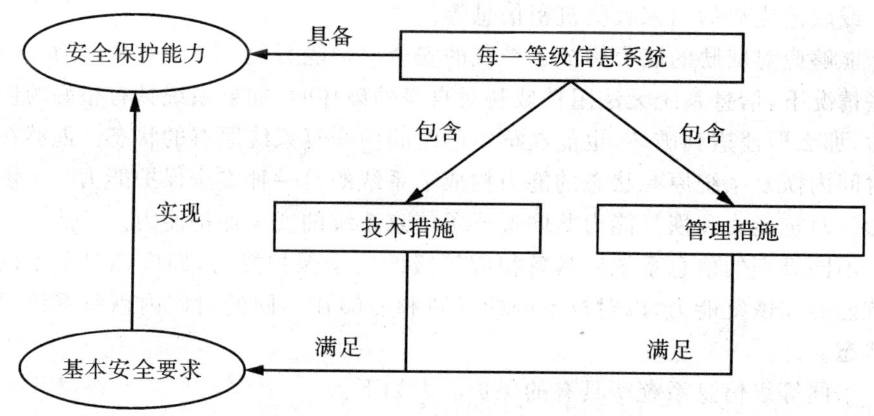

图 9-5　分层安全审核模型

二、逐级增强的原则

不同级别的信息系统应该具备的安全保护能力其基本原则就是逐级增强。当前安全领域的专家设计了几种分级安全模型，其考虑思路和增强原则的比较如图 9-6 所示。

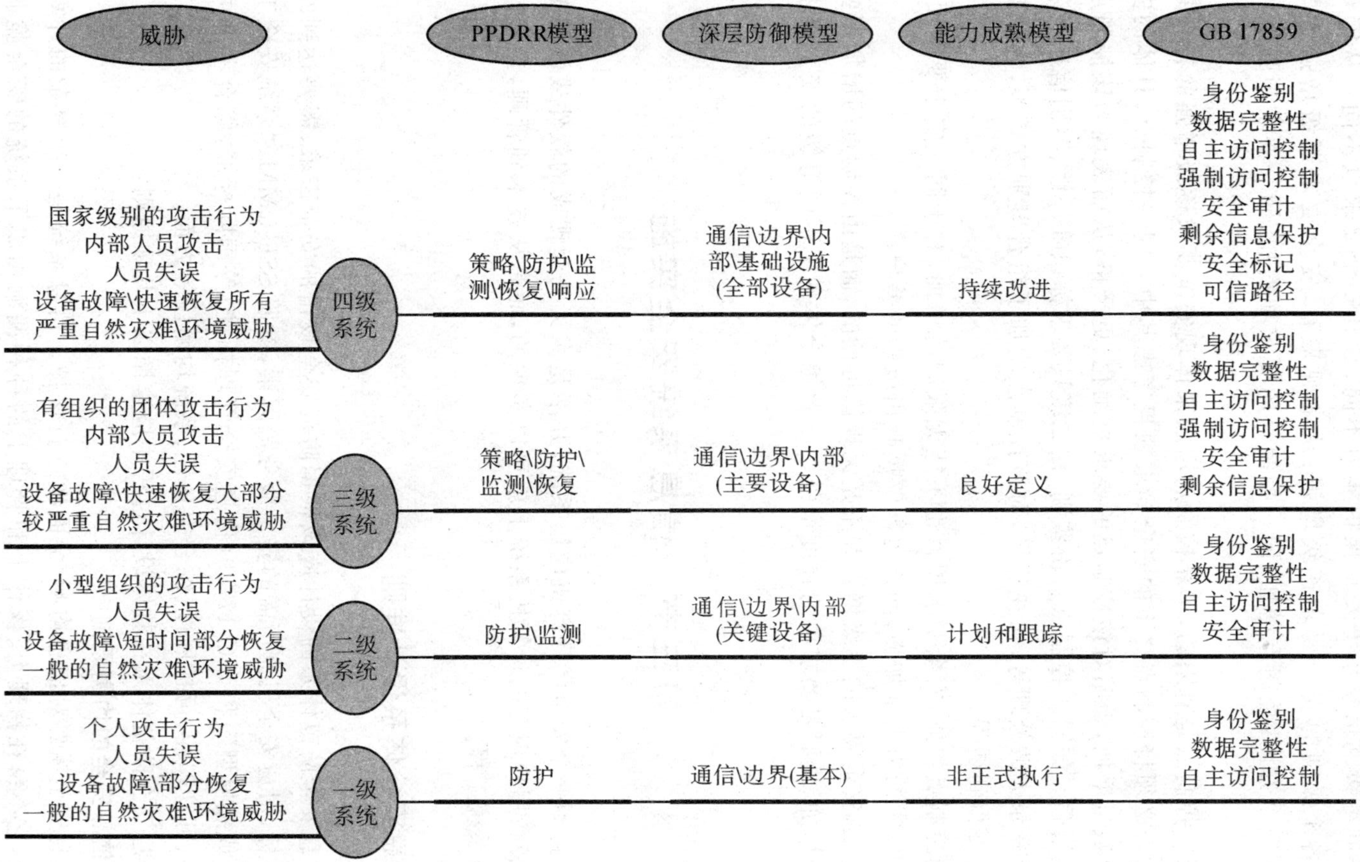

威胁		PPDRR模型	深层防御模型	能力成熟模型	GB 17859
国家级别的攻击行为 内部人员攻击 人员失误 设备故障\快速恢复所有 严重自然灾难\环境威胁	四级系统	策略\防护\监测\恢复\响应	通信\边界\内部\基础设施 (全部设备)	持续改进	身份鉴别 数据完整性 自主访问控制 强制访问控制 安全审计 剩余信息保护 安全标记 可信路径
有组织的团体攻击行为 内部人员攻击 人员失误 设备故障\快速恢复大部分 较严重自然灾难\环境威胁	三级系统	策略\防护\ 监测\恢复	通信\边界\内部 (主要设备)	良好定义	身份鉴别 数据完整性 自主访问控制 强制访问控制 安全审计 剩余信息保护
小型组织的攻击行为 人员失误 设备故障\短时间部分恢复 一般的自然灾难\环境威胁	二级系统	防护\监测	通信\边界\内部 (关键设备)	计划和跟踪	身份鉴别 数据完整性 自主访问控制 安全审计
个人攻击行为 人员失误 设备故障\部分恢复 一般的自然灾难\环境威胁	一级系统	防护	通信\边界(基本)	非正式执行	身份鉴别 数据完整性 自主访问控制

图9-6 逐级的考虑思路和增强原则

不同等级的信息系统安全保护能力不同，故其安全要求也不同。从宏观来看，各个级别的安全要求逐级增强；从微观来看，安全要求逐级增强主要表现在三个方面：控制点增加、同一控制点的要求项增加、同一要求项强度增强。

由于控制点是有限的，单靠控制点增加来体现安全要求逐级增强的特点是很难的。必须将控制点之下的安全要求项目考虑其中。同一控制点，具体的安全项目数量增加，表明对该控制点的要求更细化、更严格，从而表现为该控制点的强度增强。如对于控制点身份鉴别，在二级只要求标识唯一性、鉴别信息复杂性以及登录失败处理等；而在三级，对该控制点增加了组合鉴别方式等，该控制点的强度得到增强。

同控制点类似，安全要求项目也不能无限制的增加，对于同一安全要求项，如果在要求的力度上加强，同样也能够反映出级别的差异。

可见，安全要求的逐级增强并不是无规律可循的，而是由控制点的增加到要求项的增加，进而是要求项的强度增强。三者综合体现了不同等级的安全要求的级差。

第三节　信息系统安全实施

要得到一个安全的计算机应用系统，并不是靠买几套现成的软件或硬件工具，安装在用户现有的计算机系统上就可以实现的，而是从技术到管理，全方位的一项系统工程。

一、信息安全体系设计准则

信息安全防范体系的设计应该根据防范安全攻击的安全需求、需要达到的安全目标、对应安全机制所需的安全服务等因素，参照 SSE-CMM（“系统安全工程能力成熟模型”）和 ISO 17799（信息安全管理标准）等国际标准，综合考虑可实施性、可管理性、可扩展性、综合完备性、系统均衡性等方面。

信息安全防范体系在整体设计过程中应遵循以下几项原则：

1.信息安全的均衡原则

信息安全需要对信息均衡、全面地进行保护。信息系统是一个复杂的计算机系统，它本身在物理上、操作上和管理上的种种漏洞构成了系统的安全脆弱性。攻击者使用的“最易渗透原则”，必然在系统中最薄弱的地方进行攻击。因

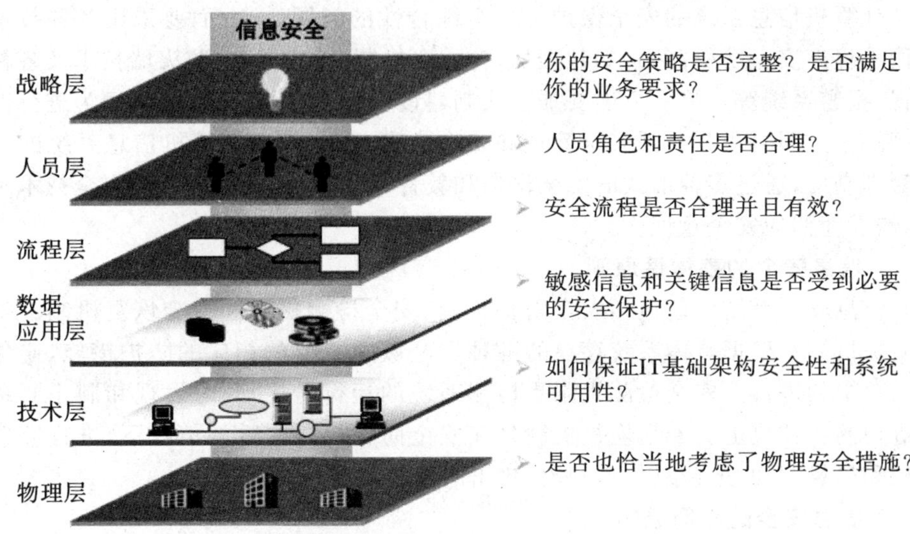

图 9-7 信息安全的立体框架

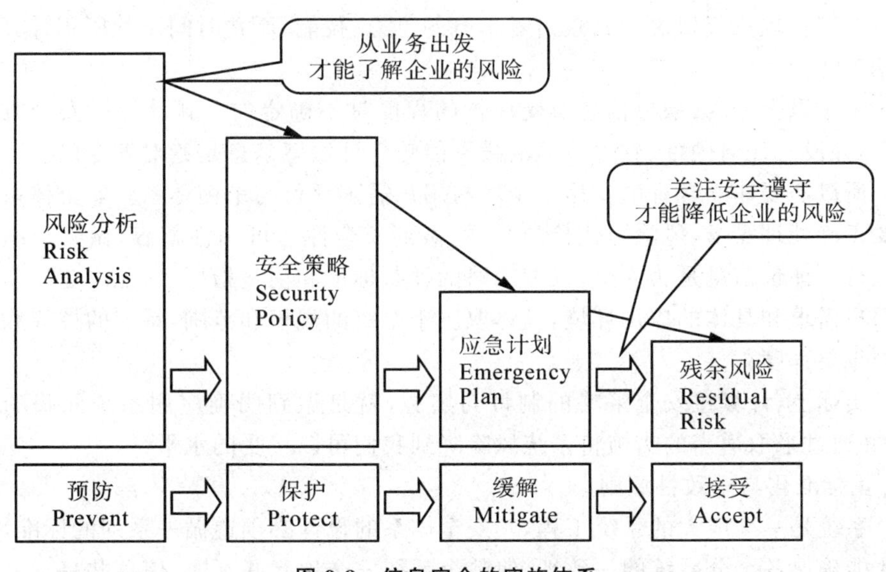

图 9-8 信息安全的实施体系

此，充分、全面、完整地对系统的安全漏洞和安全威胁进行分析、评估和检测（包括模拟攻击），是设计信息安全系统的必要前提条件。安全机制和安全服务设计的首要目的是防止最常见的攻击手段，根本目的是提高整个系统的“安全最低点”的安全性能。

计算机信息系统的安全保护是一个综合性的问题，一方面要采用各种技术手段来提高安全防御能力，如数据加密、口令机制、电磁屏蔽、防火墙技术及各种监视、报警系统等。另一方面要加强法制建设和宣传，对计算机犯罪行为进行严厉的打击。同时也要加强安全管理和安全教育，建立健全计算机信息系统的安全管理制度，通过多种形式的安全培训和教育，提高系统使用人员的安全技术水平，增强他们的安全意识。

2.信息安全的整体性原则

信息安全系统应该包括安全防护机制、安全检测机制和安全恢复机制。安全防护机制是根据具体系统存在的各种安全威胁采取的相应的防护措施，避免非法攻击的进行。安全检测机制是检测系统的运行情况，及时发现和制止对系统进行的各种攻击。安全恢复机制是在安全防护机制失效的情况下，进行应急处理和尽量、及时地恢复信息，减少攻击的破坏程度。

3.信息安全的平衡原则

计算机安全依赖计算机系统本身来保证信息安全。计算机系统本身既可以被编程来用于保障信息安全，又可以被用于破坏计算机安全。预设的安全屏障是否能够被攻克仅取决于其攻击者本身的意志、技能、所费时间及其所用计算机的处理能力。

由于以上原因，敏感信息所受保护的程度是不确定的。就计算机安全方面而言，并没有任何硬件、软件方面的投资能够保证敏感信息是绝对安全的。

所以需要建立合理的实用安全性与用户需求评价与平衡体系。安全体系设计要正确处理需求、风险与代价的关系，做到安全性与可用性相容，做到组织上可执行。评价信息是否安全，没有绝对的评判标准和衡量指标，只能决定于系统的用户需求和具体的应用环境，具体取决于系统的规模和范围，系统的性质和信息的重要程度。

实际上，计算机安全策略的制订与实施，就是做到明确应用系统面临的风险，并通过采取适当的措施将系统风险降到我们可以接受的水平。

4.标准化与一致性原则

系统是一个庞大的系统工程，其安全体系的设计必须遵循一系列的标准，这样才能确保各个分系统的一致性，使整个系统安全地互联互通、信息共享。

5.技术与管理相结合原则

安全体系是一个复杂的系统工程，涉及人、技术、操作等要素，单靠技术或单靠管理都不可能实现。因此，必须将各种安全技术与运行管理机制、人员思想教育与技术培训、安全规章制度建设相结合。

系统攻击往往是由公司内部人员发动的。那些对公司不满的雇员往往伺机窃取公司的最新情报来牟取一己私利。例如:在被公司辞退后,某个雇员在离职前闯入公司机密的设计库,删除了重要的设计细节,并将该资料带去公司的竞争对手处,则公司方面将会蒙受巨大损失。比较而言,内部人员攻击比外部人员攻击更危险,会给一个公司带来更大的损失。外部攻击通常仅仅使一个公司的形象受损,而内部攻击却能够毁掉一个公司的一切。

6.统筹规划,分步实施原则

由于政策规定、服务需求的不明朗,环境、条件、时间的变化,攻击手段的进步,安全防护不可能一步到位,可在一个比较全面的安全规划下,根据实际需要,先建立基本的安全体系,保证基本的、必需的安全性。今后随着系统规模的扩大及应用的增加,随着系统应用和复杂程度的变化,调整或增强安全防护力度,保证整个信息系统最根本的安全需求。

7.等级性原则

良好的信息安全系统必然是分为不同等级的,包括对信息保密程度分级、对用户操作权限分级,从而针对不同级别的安全对象,提供全面、可选的安全算法和安全体制,以满足不同层次的各种实际需求。

8.易操作性原则

首先,安全措施需要人去完成,如果措施过于复杂,对人的要求过高,本身就降低了安全性。其次,措施的采用不能影响系统的正常运行。

一个理想的安全系统环境应该能够让用户在毫不知觉安全机制存在的情况下,自如地访问计算机系统及敏感信息。当然,它首先应该能够保证有效杜绝用户的不当访问。

二、信息系统安全等级实施的基本过程

信息系统的安全管理贯穿系统的整个生命周期,对信息系统实施等级保护的过程包括五个主要阶段:系统定级阶段、安全规划设计阶段、安全实施阶段、安全运行维护阶段、系统终止阶段。在安全运行维护阶段,当局部调整等原因导致安全措施变化时,如果不影响系统的安全等级,应从安全运行维护阶段进入安全实施阶段,重新调整和实施安全措施,确保满足等级保护的要求;在安全运行维护阶段,当系统发生重大变更导致影响系统的安全等级时,应从安全运行维护阶段进入系统定级阶段,重新开始一次等级保护的实施过程。详见图 9-9。

这五个阶段的具体内容是:

1.系统定级阶段

系统定级阶段通过对信息系统调查和分析,进行信息系统划分,确定包括的

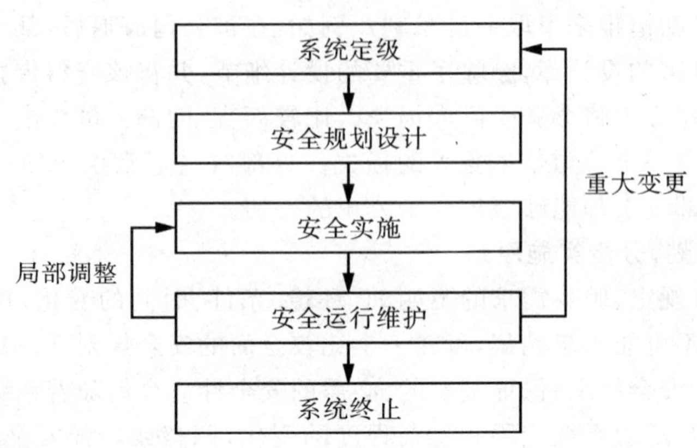

图 9-9 信息安全实施的基本过程

相对独立的信息系统的个数，选择合适的信息系统安全等级定级方法，科学、准确地确定每个信息系统的安全等级。

通常情况下，系统定级阶段包括系统识别和描述、信息系统划分和安全等级确定等几项主要安全活动。详见图 9-10。

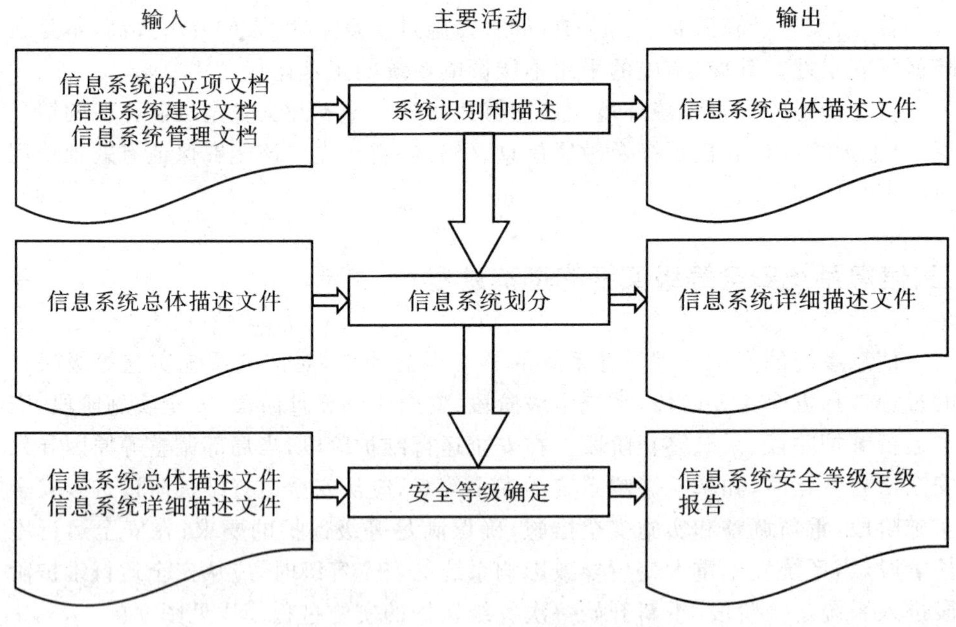

图 9-10 系统定级阶段

2.安全规划设计阶段

安全规划设计阶段通过安全需求分析，判断信息系统的安全保护现状与国家等级保护基本要求之间的差距，确定安全需求，然后根据信息系统的划分情况、信息系统定级情况、信息系统承载业务情况和安全需求等，设计合理的、满足等级保护要求的总体安全方案，并制定出安全实施规划等，以指导后续的信息系统安全建设工程实施。

通常情况下，安全规划设计阶段包括安全需求分析、安全总体设计、安全建设规划等几个主要活动。详见图 9-11。

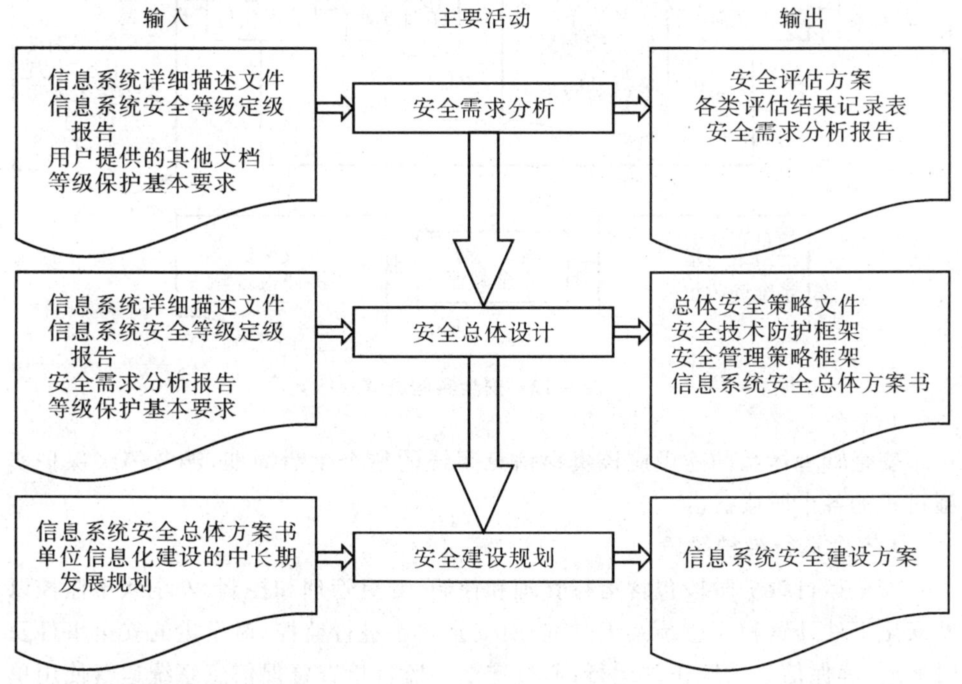

图 9-11　安全规划设计流程

3.安全实施阶段

安全实施阶段通过安全方案详细设计、安全产品的采购、安全控制的开发、安全控制集成、机构和人员的配置、安全管理制度的建设、人员的安全技能培训等环节，将规划阶段的安全方针和策略，具体落实到信息系统中去，其最终的成果是提交满足用户安全需求的信息系统以及配套的安全管理体系。

通常情况下，安全实施阶段包括安全方案详细设计、等级保护技术实施和等级保护管理实施等几个主要活动。详见图 9-12。

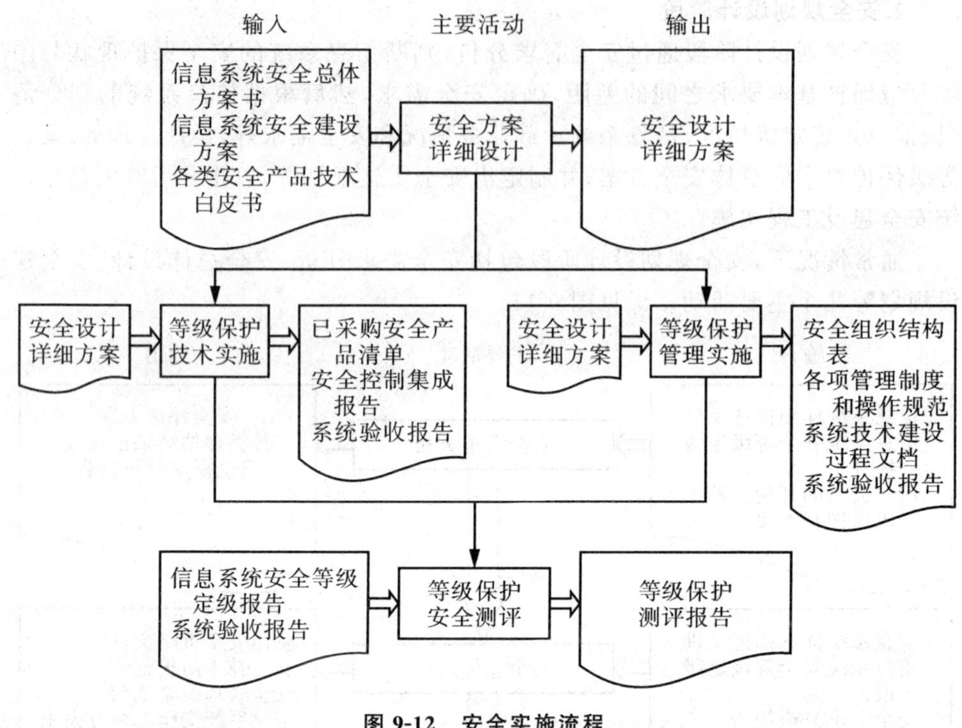

图 9-12 安全实施流程

安全管理体系的建设应该贯穿信息系统的整个生命周期,涉及等级保护实施过程的各个阶段。

4.安全运行维护阶段

安全运行维护阶段包含运行管理和控制、变更管理和控制、安全状态监控以及安全事件处置和应急预案等过程;对安全状态进行监控,对发生的安全事件及时响应,确保信息系统正常运行;通过定期的监督检查督促信息系统运营使用单位做好信息系统的日常安全维护工作,确保其满足相应等级的安全要求,达到相应等级的安全保护能力;通过安全风险评估和持续改进等活动过程实现对信息系统的动态保护。

安全运行维护阶段需要进行的安全控制活动很多,重要的安全控制活动包括:运行管理和控制、变更管理和控制、安全状态监控以及安全事件处置和应急预案等。详见图 9-13。

5.系统终止阶段

系统终止阶段是对信息系统的过时或无用部分进行报废处理的过程,主要涉及对信息、设备、存储介质或整个信息系统的废弃处理。系统终止阶段的主要

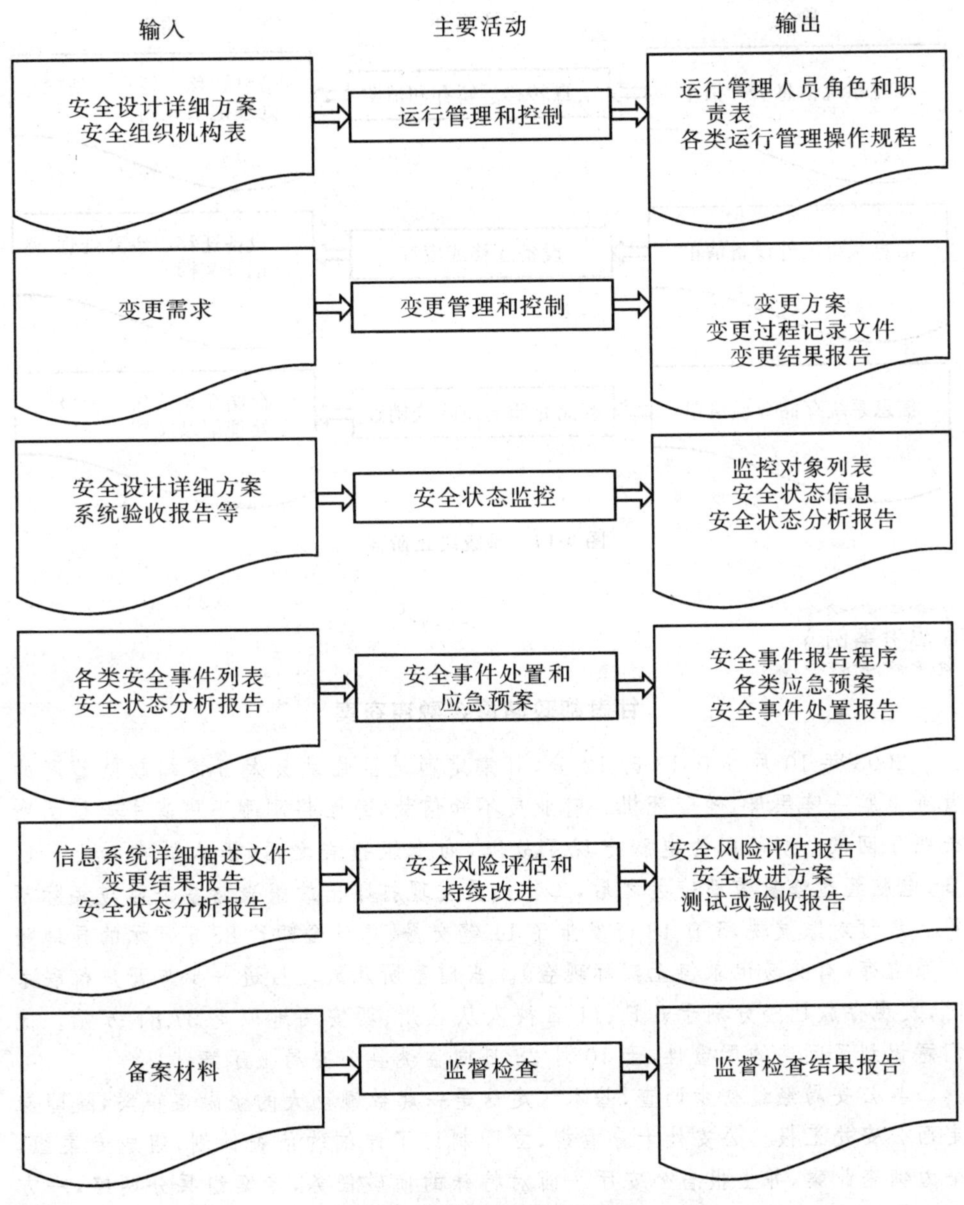

图 9-13　安全运行维护阶段

活动可能包括：对信息的转移、暂存或清除，对设备迁移或废弃，对存储介质的清除或销毁。系统终止阶段当要迁移或废弃系统组件时，核心关注点是防止敏感信息泄漏。详见图 9-14。

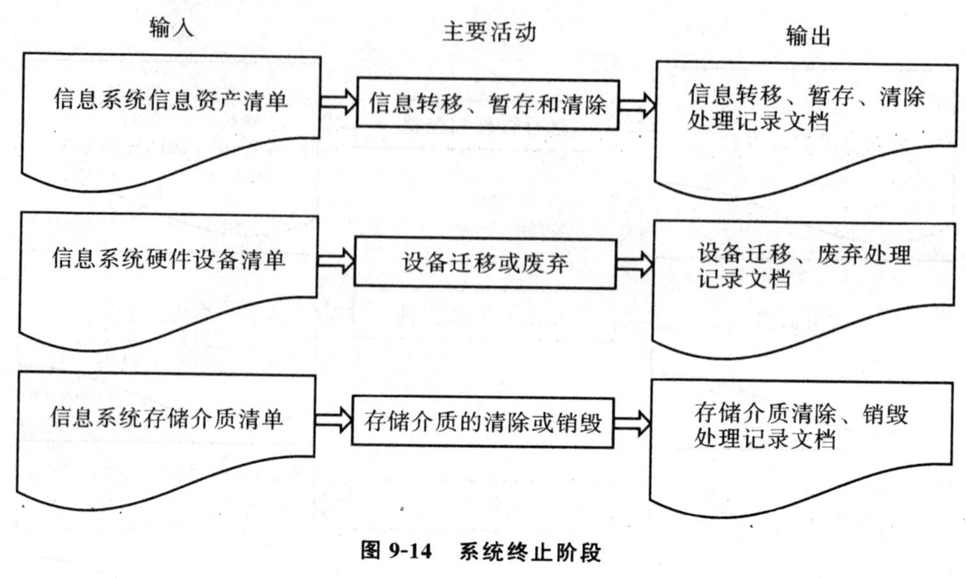

图 9-14　系统终止阶段

思考案例

甘肃邮政储蓄金融盗窃案

2003年10月5日13时12分，甘肃定西地区临洮县太石镇邮政储蓄所的营业电脑一阵黑屏，随即死机。营业员不知何故，急忙将刚刚下班尚未走远的所长叫了回来。所长以为电脑出现了故障，向上级报告之后，没太放在心上。17日，电脑经过修复重新安装之后，工作人员发现打印出的报表储蓄余额与实际不符。经过对账发现，5日13时发生了11笔交易、总计金额达83.5万元的异地账户系虚存(有交易记录但无实际现金)。当储蓄所几天之后进一步与开户行联系时，发现存款已经分别于6日、11日被人从兰州、西安两地取走37.81万元。他们意识到了问题的严重性，于10月28日向临洮县公安局报了案。

县公安局经过初步调查，基本认定这是一起数额巨大的金融盗窃案，随即向定西公安处汇报。公安处十分重视，立即制订了详细的侦查计划，组成专案组，全力侦查此案，并上报省公安厅。面对特殊的侦破任务，专案组兵分两路，一方面在省、市邮政局业务领导和计算机专家的协助下，从技术的角度分析黑客作案的手段以及入侵的路径；另一方面，使用传统的刑侦方法，大范围调查取证。专案组首先对有异常情况的8个活期账户进行了调查，发现都属假身份证储户。此时，技术分析的结果也出来了，经过大量网络数据资料的分析，发现作案人首先是以会宁邮政局的身份登录到了永登邮政局，然后再以永登邮政局的名义登入了临洮太石邮政储蓄所。专案组对会宁邮政局进行了调查,发现该局系统维护人员张××最近活动异常。暗查发现,其办公桌上有一条电缆线连接在了不远处的邮政储蓄专用网络上。专案组基本确认,张××正是这起金融盗窃案的主谋。11月14日22时,张××在其住所被专案组抓获。

经过审问,张××交代了全部犯罪事实。10月5日,张××在会宁利用笔记本电脑侵入邮政储蓄网络后,由于临洮县太石镇的邮政储蓄网点竟然一直使用原始密码,不仅没有定期更改,也没有在工作人员之间互相保密,于是张××很轻松地就突破了数道密码关,直接进入了操作系统,非法远程登录访问临洮太石邮政储蓄所的计算机,破译对方密码之后进入操作系统,以营业员身份向自己8月末预先在兰州利用假身份证开设的8个活期账户存入了11笔共计83.5万元的现金,并在退出系统前,删除了营业计算机的打印操作系统,造成机器故障。第二天,他在兰州10个储蓄网点提取现金5.5万元,并将30.5万元再次转存到他所开设的虚假账户上。10月11日,张××乘车到西安,利用6张储蓄卡又提取现金1.8万元。至此,这起远程金融盗窃案告破,83.5万元完璧归赵。

邮政储蓄网络的防范措施不可谓不严:邮政储蓄使用的是专用的网络,和互联网物理隔绝;网络使用了安全防火墙系统;从前台分机到主机,其中有数道密码保护。

为什么张××本人并不精通电脑和计算机网络技术,作为一名普通的系统维护人员,竟然能够闯入邮政储蓄专用网络,从容地实施犯罪?案发后当工作人员发现已经出了问题时,还认为是内部网络系统出了故障,根本没有想到会有网络犯罪的情况发生。等到发现问题到向公安机关报案已经过了23天,足以让一名有准备的罪犯逃之夭夭。在这段时间内,邮政储蓄专用网络依然处在门户大开状态,如果张××再起贼心,很有可能损失会更大。

案例问题:

结合公安部《信息系统安全等级保护基本要求》讨论:

1.甘肃邮政储蓄信息系统的安全技术要求有哪些未达标?

2.甘肃邮政储蓄信息系统的安全管理要求有哪些未达标?

3.你对该所的安全整改有何建议?

参考文献

[1]郑文礼.管理信息系统[M].厦门大学出版社.1996.

[2]肯尼斯·C.劳顿,简·P.劳顿著,薛华成编译.管理信息系统[M].机械工业出版社.2007.

[3]薛华成主编.管理信息系统[M].清华大学出版社.2007.

[4]小瑞芒德·麦克劳德,乔治·谢尔著,张成洪,顾卓珺等译.管理信息系统[M].电子工业出版社.2007.

[5]Stephen Haag,Paige Baltzan,Amy Phillips 著,高阳等编译.管理信息系统:商务驱动的技术[M].高等教育出版社.2008.

[6]何有世,刘秋生编著.管理信息系统[M].东南大学出版社.2009.

[7]邓苏,张维明,黄宏斌等编著.决策支持系统[M].电子工业出版社.2009.

[8]钟雁."管理信息系统理论与实践"课件.http://4a.hep.edu.cn/NCourse/glxxxt/mis_files/preface.htm.

[9]钟雁.管理信息系统的战略规划[J].http://www.csai.cn.2009-8-25.

[10]中国发改委中小企业司.2007 全国中小企业信息化调查报告.2007.

[11]仲秋雁.管理信息系统[M].清华大学出版社.2010.

[12]陈国青,李一军主编.管理信息系统[M].高等教育出版社.2008.

[13]高学东,武森,喻斌,宫雨.管理信息系统基础教程[M].经济科学出版社.2007.

[14]黄梯云编.管理信息系统[M].高等教育出版社.2009.

[15]肯尼思·C.劳东.管理信息系统[M].中国人民大学出版社.2009.

[16]陈永红,龙虹编.管理信息系统[M].机械工业出版社.2008.

[17](英)安德森著,齐宁等译.信息安全工程[M].清华大学出版社.2012.

[18](美)海吉著,田果,刘丹宁译.网络安全技术与解决方案(修订版)[M].人民邮电出版社.2010.

[19]公安部信息安全等级保护评估中心.信息安全等级测评师培训教程(初

级)[M].电子工业出版社.2010.

[20]中国就业培训技术指导中心.安全评价师:基础知识(第2版)[M].中国劳动社会保障出版社.2010.

[21]莲花软件中国有限公司.Lotus Domino R5 安全技术[M].机械工业出版社.2000.

[22]谢斌.Linux 网站建设技术指南[M].机械工业出版社.2000.

[23]国土资源部信息中心.全国国土资源信息网络系统安全管理规定(试行).2002.

[24]中华人民共和国国家质量监督检验检疫总局.GBT 22240—2008《信息系统安全等级保护定级指南》.2008.

[25]公安部,国家保密局,国家密码管理局,国务院信息化工作办公室.关于开展全国重要信息系统安全等级保护定级工作的通知.2007.

[26]鼎捷软件有限公司.2009 中国中小制造业企业 ERP 应用发展报告[J].中国中小企业.2010.2.

[27]高本河,缪立新,沐潮.供应链管理[M].海天出版社.2004.

[28]工业和信息化部中小企业司.2009 中国中小企业管理信息化发展报告.[M].机械工业出版社.2010.

[29]计世资讯.2009 中国管理软件发展状况调查报告[M].2009.

[30]计世资讯.2009 中国制造业 ERP 行业白皮书[M].2009.

[31]李雪松.供应链管理[M].清华大学出版社.2010.

[32]林玲玲.供应链管理[M].清华大学出版社.2008.

[33]罗光,常俊丽.浅析供应链管理的效益源泉[J].经济师.2005.4.

[34]罗鸿.ERP 实施全程指南[M].电子工业出版社.2003.

[35]马士华,林勇.供应链管理[M].高等教育出版社.2011.

[36]饶艳超.我国 ERP 系统实施应用问题研究:来自国内已实施企业的经验数据分析[M].上海财经大学出版社.2005.

[37]上海朗域供应链管理研究中心供应链管理学科系列丛书编写委员会.21 世纪供应链管理实务[M].中国海关出版社.2004.

[38]盛宇华,潘持春.供应链管理及虚拟产业链[M].科学出版社.2004.

[39]施先亮,王耀球.供应链管理[M].机械工业出版社.2010.

[40]斯蒂芬·哈伍德.ERP 实施流程:企业如何实施 ERP[M].清华大学出版社.2005.

[41]王方.中国 CRM 市场的发展历程及未来趋势[J].科技创业月刊.2006.7.

[42]王广宇.客户关系管理方法论[M].清华大学出版社.2004.

[43]王善明，杨风阁.CRM的实施及注意问题[J].专家论坛.2002.5.

[44]王永贵.客户关系管理[M].清华大学出版社.2007.

[45]吴让军.企业资源计划系统运用——供应链管理与ERP[J].现代经济信息.2011.11.

[46]吴志华.供应链管理：战略、策略与实施[M].重庆大学出版社.2009.

[47]夏永林，顾新.客户关系管理理论与实践[M].电子工业出版社.2011.

[48]谢大贤.企业有效实施CRM研究[J].当代经济.2010.6.

[49]辛文昉，慕艳芬.供应链管理[M].中国矿业大学出版社.2009.

[50]颜安.企业ERP应用研究[M].西南财经大学出版社.2006.

[51]杨路明，巫宁.客户关系管理理论与实务[M].电子工业出版社.2004.

[52]杨尊琦，林海.企业资源规划原理与应用[M].机械工业出版社.2006.

[53]袁宏杰，臧永娜，魏虹雨.供应链管理系统的设计与实现[J].当代经济物流技术.2009.

[54]张晓东，韩伯领.供应链管理原理与应用[M].中国铁道出版社.2008.

[55]张学军，吴潇，刘翠响.CRM实施宝典[M].国防工业出版社.2005.

[56]张毅.企业资源计划(ERP)与SCM、CRM[M].电子工业出版社.2002.

[57]张真继，邵丽萍.企业资源计划[M].电子工业出版社.2009.

[58]赵道致.供应链管理[M].中国水利水电出版社.2007.

[59]李东，梁定澎著.决策支持系统与商务智能[M].中国人民大学出版社.2010.

[60]高洪深编纂.决策支持系统(DSS)案例集[M].清华大学出版社.2009.

[61](美)埃弗雷姆·特班，杰伊·E.阿伦森，梁定澎著.决策支持系统与智能系统[M].机械工业出版社.2009.

[62]刘敏主编.电子商务物流管理[M].中国铁道出版社.2011.

[63]李蛟主编.商务信息化管理：电子商务[M].北京邮电大学出版社.2011.

[64]于樊鹏，王艳平，沈宏等编著.电子商务基础教程[M].清华大学出版社.2009.

[65]计世网.CRM的成功从结构化选型开始[J].http://cio.ccw.com.cn/solution/htm2004/20040831_10TIC.asp.2004－08－31.

[66]计世网.2010－2011年中国生产制造ERP软件市场研究报告[M].http://www.ccwresearch.com.cn/store/report_contentn.asp?columnId=1846&view=.2011－08.

[67]施福莱，海艳.CRM软件系统的实施过程[J].http://www.ctiforum.com/technology/CRM/2001/10/crm1018.htm.2001－10－26.

[68]新浪网.SCM 市场规模逐年增大，行业应用推动发展[N].http://tech.sina.com.cn/s/s/2008－04－24/0757642554.shtml.2008－04－24.

[69]徐征.CIO 需要注意的 CRM 软件八大发展趋势[J].http://info.chinabyte.com/448/12258448.shtml.2012－02－10.

[70]雅虎科技.Gartner：2010 年 SCM 市场收入达 68 亿美元，增 10%[N].http://tech.cn.yahoo.com/ypen/20110513/359999.html.2011－05－13.

图书在版编目(CIP)数据

管理信息系统原理与应用/郑文礼,周红刚,钟锃光编著. —2 版. —厦门:厦门大学出版社,2016.8

(管理学系列教材)

ISBN 978-7-5615-6149-2

Ⅰ.①管… Ⅱ.①郑…②周…③钟… Ⅲ.①管理信息系统-高等学校-教材

Ⅳ.①C931.6

中国版本图书馆 CIP 数据核字(2016)第 155103 号

出 版 人 蒋东明
责任编辑 许红兵
装帧设计 李夏凌
责任印制 吴晓平

出版发行 厦门大学出版社
社　　址 厦门市软件园二期望海路 39 号
邮政编码 361008
总 编 办 0592-2182177　0592-2181406(传真)
营销中心 0592-2184458　0592-2181365
网　　址 http://www.xmupress.com
邮　　箱 xmupress@126.com
印　　刷 泉州新春印刷有限公司

开本 720mm×970mm　1/16
印张 22
字数 415 千字
印数 4 000～7 000 册
版次 2016 年 8 月第 2 版
印次 2016 年 8 月第 1 次印刷
定价 38.00 元

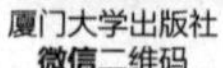

厦门大学出版社
微信二维码

厦门大学出版社
微博二维码